CW00571160

Schriftenreihe des Archivs für
Urheber- und Medienrecht (UFITA)

herausgegeben von
Prof. Dr. Michael Grünberger, LL.M. (NYU)
Prof. Dr. Nadine Klass, LL.M. (Wellington)
Band 288

Matthias Marz

Corporate Governance im Recht der Verwertungsgesellschaften

Nomos

Die Deutsche Nationalbibliothek verzeichnet diese Publikation in der Deutschen Nationalbibliografie; detaillierte bibliografische Daten sind im Internet über http://dnb.d-nb.de abrufbar.

Zugl.: Bayreuth, Univ., Diss., 2019

ISBN 978-3-8487-6403-7 (Print)
ISBN 978-3-7489-0494-6 (ePDF)

1. Auflage 2020

Vorwort

Die vorliegende Arbeit wurde im Sommersemester 2019 von der Rechts- und Wirtschaftswissenschaftlichen Fakultät der Universität Bayreuth als Dissertation angenommen und ist auf dem Stand von Januar 2019. Für die Drucklegung wurde vereinzelt Literatur bis September 2019 nachgetragen und die Richtlinie 2019/790/EU vom 17. April 2019 berücksichtigt.

Meinem Doktorvater, Herrn Prof. Dr. *Michael Grünberger*, LL.M., danke ich herzlichst für die herausragende Betreuung und die schöne Zeit an seinem Lehrstuhl. Seine Unterstützung sowie die von ihm ermöglichte Teilnahme an zahlreichen Tagungen und Doktorandenseminaren waren bei der Entstehung dieser Arbeit äußerst wertvoll.

Mein Dank gilt auch Herrn Prof. Dr. *Peter W. Heermann*, LL.M. für die zügige Erstellung des Zweitgutachtens und Herrn Prof. Dr. *Brian Valerius* für die Übernahme des Vorsitzes der Prüfungskommission.

Die Arbeit entstand weitgehend während meiner Tätigkeit am Lehrstuhl für Bürgerliches Recht, Wirtschafts- und Technikrecht. Nicht zuletzt wegen meiner dortigen Kolleginnen und Kollegen werde ich diese Zeit stets in bester Erinnerung behalten. Insbesondere *Petra Dötsch*, *Michael Eginger*, *Lukas Firsching*, Dr. *Sebastian Köhler*, *Ingrid Krodel-Kießling*, *Martin Sommer*, *Lena Tofaute* und *Marcus Werner* bin ich daher zu Dank verpflichtet.

Meine Eltern *Bärbel* und *Axel Marz* sowie meine Lebensgefährtin *Lena Maibaum* haben mich – wie auch der Rest meiner Familie – während des Studiums und der Promotion vorbehaltlos unterstützt. Ihnen gilt mein besonderer Dank.

Düsseldorf, im September 2019 *Matthias Marz*

Inhaltsverzeichnis

Einleitung

I. Einführung in den Untersuchungsgegenstand

1. Die Funktion von Verwertungsgesellschaften

Das Urheberrecht und die verwandten Schutzrechte sind als Immaterialgüter ubiquitär und nicht-rivalisierend. Selbst großen Musiklabels (sog. *Majors*), Filmstudios oder Weltstars ist es daher kaum möglich, ihre Rechte selbst abschließend zu lizenzieren und die Nutzung zu überwachen.[1] Der dafür notwendige Verwaltungs- und Kontrollapparat lässt sich erst wirtschaftlich und effizient betreiben, wenn sich mehrere Rechtsinhaber zusammenschließen und ihre Rechte bündeln.[2] Genau dort setzen die Verwertungsgesellschaften an, indem sie kollektiv die Rechte wahrnehmen.

Auch für den Nutzer vereinfachen Verwertungsgesellschaften den Lizenzerwerb erheblich: Regelmäßig nehmen die Verwertungsgesellschaften die Rechte *aller* Rechtsinhaber der jeweiligen Werkskategorie wahr. Durch Gegenseitigkeitsverträge mit ausländischen Verwertungsgesellschaften kann häufig sogar das gesamte sogenannte *Weltrepertoire* angeboten werden.[3] Zusätzlich ermächtigen sich die Verwertungsgesellschaften untereinander zum Inkasso.[4] Möchte der Nutzer eine Lizenz erwerben, muss er nicht erst aufwendig die jeweiligen Rechtsinhaber ermitteln, sondern kann sich direkt und einheitlich für alle Werke und alle Rechte an diesen an *eine*

---

1 *Augenstein*, Rechtliche Grundlagen des Verteilungsplans urheberrechtlicher Verwertungsgesellschaften, 2004, S. 18 f.; *Schack*, Urheber- und Urhebervertragsrecht, 9. Aufl. 2019, Rn. 1300; *W. Nordemann/Wirtz* in: Fromm/Nordemann, UrhR, 11. Aufl. 2014, Einl. UrhWahrnG Rn. 1; *Gerlach* in: Wandtke/Bullinger, Praxiskommentar UrhR, 5. Aufl. 2019, Vor. §§ 1 ff. VGG Rn. 28; *Heine/Staats* in: MAHdb UrhR, 2. Aufl. 2017, § 6 Rn. 1.

2 *Gerlach* in: Wandtke/Bullinger, Praxiskommentar UrhR, 5. Aufl. 2019, Vor. §§ 1 ff. VGG Rn. 28; *Wandtke*, NJW 2019, 1841 (1844); vgl. *Drexl* in: Gerlach/Evers, 50 Jahre GVL, 2004, S. 21 f.

3 *Rehbinder/Peukert*, Urheberrecht, 18. Aufl. 2018, Rn. 1200 f.; vertiefend *Melichar* in: Loewenheim, HdB UrhR, 2. Aufl. 2010, § 45 Rn. 21 ff.

4 Ausführlich *Melichar* in: Loewenheim, HdB UrhR, 2. Aufl. 2010, § 46 Rn. 32 ff.

Verwertungsgesellschaft wenden.[5] Eine Verhandlung über die Konditionen der Rechtenutzung ist dabei nicht notwendig, weil die Verwertungsgesellschaften allgemeingültige Tarife aufstellen und veröffentlichen.[6] Damit kommt ihnen eine marktschaffende Funktion zu[7]; denn in einer Vielzahl der Fälle ermöglichen es erst Verwertungsgesellschaften, den Parteien zueinanderzufinden.[8] Von der Reduzierung der Transaktionskosten[9] profitieren nicht nur die Vertragsparteien, sondern auch die Allgemeinheit.[10] *Schierholz/Gerlach* sehen in den Verwertungsgesellschaften daher sogar einen „Garant der kulturellen Vielfalt".[11]

2. Marktmacht als Folge

Die andere Seite dieses marktschaffenden „*One-Stop-Shops*"[12] ist eine große Marktmacht der Verwertungsgesellschaften.[13] In Deutschland gibt es für die jeweilige Rechtekategorie bislang immer nur eine einzige Verwer-

---

5 *Podszun/Franz*, ZGE 2015, 15 (17); *Gerlach* in: Wandtke/Bullinger, Praxiskommentar UrhR, 4. Aufl. 2014, Vor. §§ 1ff. WahrnG Rn. 25; *Augenstein*, Rechtliche Grundlagen des Verteilungsplans urheberrechtlicher Verwertungsgesellschaften, 2004, S. 17 f.; *Rehbinder/Peukert*, Urheberrecht, 18. Aufl. 2018, Rn. 1101; *Rehbinder*, DVBl. 1992, 216 (217); ähnlich *Drexl* in: Gerlach/Evers, 50 Jahre GVL, 2004, S. 21; *Mestmäcker* in: FS Lukes, 1989, S. 447.

6 Ausführlich *Heine/Staats* in: MAHdb UrhR, 2. Aufl. 2017, § 6 Rn. 73 ff.

7 *Lerche*, ZUM 2003, 34 = *Lerche* in: Kreile/Becker/Riesenhuber, Recht und Praxis der GEMA, 2. Aufl. 2008, Kap. 3 Rn. 3; *Mestmäcker* in: FS Lukes, 1989, S. 448; ähnlich *Augenstein*, Rechtliche Grundlagen des Verteilungsplans urheberrechtlicher Verwertungsgesellschaften, 2004, S. 17 f.; grundlegend aus transaktionsökonomischer Sicht *Hansen/Schmidt-Bischoffshausen*, GRUR Int. 2007, 461 (469 ff.).

8 *Staats*, ZUM 2013, 162 (164) spricht von einer *Ermöglichungsfunktion*.

9 Ausführlich *Bing*, Die Verwertung von Urheberrechten, 2002, S. 116 ff.

10 *Limper*, IPRB 2016, 163; *KEA European Affairs*, The Collective Management of Rights in Europe. The Quest for Efficiency, 2006, S. 13 f.; vgl. auch *Augenstein*, Rechtliche Grundlagen des Verteilungsplans urheberrechtlicher Verwertungsgesellschaften, 2004, S. 20 f.

11 *Schierholz/Gerlach* in: FS UrhG, 2015, S. 146 u. 148. Ähnlich auch ErwGr. 3 RL 2014/26/EU („Förderer der Vielfalt kultureller Ausdrucksformen") und *Di Fabio*, Urheberrecht und Kunstfreiheit unter digitalen Verwertungsbedingungen, 2018, S. 96.

12 *Schierholz/Gerlach* in: FS UrhG, 2015, S. 145; *Drexl* in: Gerlach/Evers, 50 Jahre GVL, 2004, S. 21; *Rehbinder/Peukert*, Urheberrecht, 18. Aufl. 2018, Rn. 1102.

13 Vgl. *Rehbinder/Peukert*, Urheberrecht, 18. Aufl. 2018, Rn. 1102. Zu der damit einhegenden kartellrechtlichen Situation siehe *Drexl* in: Gerlach/Evers, 50 Jahre GVL, 2004, S. 11 ff.

tungsgesellschaft[14], sodass jeweils ein faktisches Monopol besteht.[15] Es wäre theoretisch möglich, dass Rechtsinhaber Verwertungsgesellschaften aus anderen Mitgliedstaaten mandatieren, doch ist dies bislang die Ausnahme.[16] Die unbekannte Rechtslage im anderen Land, mitunter eine fremde Sprache sowie die Mitgliederhauptversammlung im Ausland werden einen Großteil der Rechtsinhaber davon abhalten, für ihre Rechtewahrnehmung die Landesgrenze zu überschreiten.[17]

Hinzukommt, dass der Gesetzgeber die gesetzlichen Vergütungsansprüche oftmals mit einer Verwertungsgesellschaftspflichtigkeit versehen hat, sodass zur Geltendmachung ausschließlich die Verwertungsgesellschaften aktivlegitimiert sind.[18] Der Rechtsinhaber steht folglich vor der Wahl, seine Rechte durch *diese eine* Gesellschaft verfolgen zu lassen oder *de facto* auf seine Rechte zu verzichten.[19]

Das Gesetz reagiert darauf mit einem in § 9 *Verwertungsgesellschaftengesetz* (VGG)[20] normierten Wahrnehmungszwang: Die Verwertungsgesell-

---

14 Vgl. dazu *Schack*, Urheber- und Urhebervertragsrecht, 9. Aufl. 2019, Rn. 1341. Abweichendes soll nach *J. Kreile*, ZUM 2018, 13 (17) im Filmbereich gelten.

15 Zum Monopol der Verwertungsgesellschaften: *Schulze* in: Dreier/Schulze, UrhG, 5. Aufl. 2015, § 24 UrhWahrnG Rn. 2; *Drexl* in: Gerlach/Evers, 50 Jahre GVL, 2004, S. 11 f.; *ders.* in: Hilty/Geiger, Impulse für eine europäische Harmonisierung des Urheberrechts, S. 375 f.; *Heindorf*, Die staatliche Aufsicht über Verwertungsgesellschaften, 2011, S. 45; *Becker* in: FS Kreile, 1994, S. 29; *Peifer*, ZUM 2014, 453 (458); *Podszun*, GPR 2013, 97 (103).

16 Im Geschäftsjahr 2017 wohnten lediglich 5 % der GEMA-Mitglieder außerhalb Deutschlands, siehe dazu Geschäftsbericht mit Transparenzbericht der GEMA für das Geschäftsjahr 2017, S. 11. Die Transparenzberichte der GEMA und aller anderen deutschen Verwertungsgesellschaften sind entsprechend § 58 Abs. 4 auf ihren Internetseiten veröffentlich. Sie beinhalten den Geschäftsbericht, der zusätzlich auch über <www.unternehmensregister.de> abrufbar ist.

17 ErwGr. 23 RL 2014/26/EU zeigt, dass man sich dem Problem bewusst ist, wenn es dort heißt, dass die Möglichkeit einer Stellvertretung auf der Mitgliederhauptversammlung den Rechtsinhabern „eine echte Gelegenheit, sich unabhängig von dem Mitgliedstaat, in dem eine Organisation für kollektive Rechtewahrnehmung ansässig ist, frei für eine Organisation zu entscheiden“ bietet. Siehe auch *Guibault* in: Stamatoudi/Torremans, EU Copyright Law, 2014, Rn. 14.43.

18 Siehe nur *Flechsig* in: Loewenheim, HdB UrhR, 2. Aufl. 2010, § 89 Rn. 35.

19 Vgl. *Schack*, Urheber- und Urhebervertragsrecht, 9. Aufl. 2019, Rn. 1077, 1341; *v. Ungern-Sternberg* in: FS Büscher, 2018, S. 265; *Hentsch* in: Dreyer/Kotthoff/Meckel/Hentsch, UrhR, 4. Aufl. 2018, § 1 VGG Rn. 2.

20 Gesetz über die Wahrnehmung von Urheberrechten und verwandten Schutzrechten durch Verwertungsgesellschaften vom 24.5.2016, BGBl. I, S. 1190. Zuletzt geändert durch Art. 14 G zur Änderung des BundesversorgungsG und anderer Vorschriften vom 17.7.2017, BGBl. I, S. 2541.

schaft ist verpflichtet, die Rechte zu angemessenen Bedingungen wahrzunehmen, soweit die Gesellschaft auf dem entsprechenden Gebiet tätig ist und keine objektiven Gründe entgegenstehen.

3. Pluralität der Rechtsinhaber

Da die Werkschaffenden, unabhängig von ihrem Erfolg oder ihrer Größe, nur mithilfe der Verwertungsgesellschaft die Nutzungen ihrer Werke effektiv monetisieren können, findet sich keine homogene Masse von Rechtsinhabern zusammen, sondern eine Mischung unterschiedlichster Akteure mit unterschiedlichen Interessen:[21] Berufskreative und hobbymäßig Kulturschaffende, originäre Rechtsinhaber und Verleger, Kreative und Verwerter, natürliche sowie juristische Personen.

Entsprechend unterschiedlich sind die auf die einzelnen Rechtsinhaber entfallenen Einnahmen aus der Rechtewahrnehmung.[22] So stehen sich in der *Gesellschaft zur Verwertung von Leistungsschutzrechten mbH* (GVL) innerhalb der Gruppe der Tonträgerhersteller die unabhängigen Musikunternehmer und die *Majors* gegenüber. Mit dem wirtschaftlichen Gewicht gehen auch die Interessen auseinander.[23] Wie groß dabei die Bandbreite in der Praxis ist, lässt sich am Beispiel der *Gesellschaft für musikalische Aufführungsrechte und mechanische Verwertungsrechte* (GEMA) erahnen.[24] Sie nimmt die Rechte von Komponisten, Textdichtern und Musikverlegern wahr. Damit nahm sie im Geschäftsjahr 2015[25] 875 Mio. € ein, von denen 748 Mio. € unter den knapp über 70.000 Rechtsinhabern verteilt wurden. Die erfolgreichsten 5 % von ihnen erhielten 67 % der Ausschüttungen.

---

21 *Podszun/Franz*, ZGE 2015, 15 (23); *Heinemann*, Die Verteilungspraxis der Verwertungsgesellschaften, 2017, S. 112. Zu den unterschiedlichen Interessen selbst innerhalb einer Gruppe von Rechtsinhabern siehe: *Essinger*, Genug ist nicht genug, Feuilleton, SZ v. 12.9.2016, S. 9; *Verband unabhängiger Musikunternehmen e.V.*, Stellungnahme des VUT vom 11.8.2015 zum Referentenentwurf des VGG, S. 2.

22 Vgl. *Sandberger* in: FS Vogel, 2017, S. 317.

23 *Verband unabhängiger Musikunternehmen e. V.*, Stellungnahme des VUT vom 11.8.2015 zum Referentenentwurf des VGG, S. 2. Siehe auch *Podszun* in: Grünberger/Leible, Die Kollision von Urheberrecht und Nutzerverhalten, 2014, S. 178 f.

24 Die nachfolgenden Zahlen sind dem Geschäftsbericht der GEMA für das Geschäftsjahr 2015 entnommen.

25 In den aktuelleren Geschäftsberichten der GEMA werden die Ausschüttungen nicht mehr nach Empfängern aufgeschlüsselt, sodass hier auf 2015 abgestellt wird.

Dies entspricht durchschnittlich ca. 62.000 € pro Kopf. Die restlichen 95 % mussten sich im Durchschnitt mit nur rund 1.850 € pro Kopf zufriedengeben.

4. Treuhänderische Rechtewahrnehmung

Die Verwertungsgesellschaften sind keine Verlage, die Rechte für eigene Rechnung wahrnehmen, vgl. § 1 S. 1 VerlG.[26] Stattdessen nehmen sie die bei sich eingebrachten Rechte lediglich treuhänderisch zur Verwertung wahr.[27] Dabei wird die Gesellschaft aus *rechtlicher* Perspektive Inhaberin des eingeräumten Nutzungsrechts, *wirtschaftlich* soll hingegen der Urheber bzw. Inhaber des verwandten Schutzrechts weiterhin allein von der Verwertung profitieren. Die Verwertungsgesellschaft verwaltet die Rechte also fremdnützig für den Inhaber, handelt aber im Außenverhältnis im eigenen Namen.[28] Eine Überleitung der wirtschaftlichen Folgen der Verträge der Gesellschaft über die Verwertungshandlungen findet nur im Innenverhältnis statt. Dies schlägt sich in der Legaldefinition der Verwertungsgesellschaft in § 2 Abs. 1 VGG nieder. Dort wird klargestellt, dass die Gesellschaften für Rechnung der Rechtsinhaber tätig werden.[29] Die Nutzer leisten stets an die Verwertungsgesellschaften.

---

26 *Melichar* in: Loewenheim, HdB UrhR, 2. Aufl. 2010, § 45 Rn. 7; zum Unterschied siehe auch: *Schack*, Urheber- und Urhebervertragsrecht, 9. Aufl. 2019, Rn. 1069 und BeckOK-UrhR/*Freudenberg*, 25. Ed. 15.7.2019, § 2 VGG Rn. 20; vgl. *Rehbinder/Peukert*, Urheberrecht, 18. Aufl. 2018, Rn. 1104.

27 *Schack*, Urheber- und Urhebervertragsrecht, 9. Aufl. 2019, Rn. 1348. *Gerlach* in: Wandtke/Bullinger, Praxiskommentar UrhR, 5. Aufl. 2019, § 9 VGG Rn. 3; *Limper*, IPRB 2016, 163.

28 Diese mittelbare Stellvertretung ist nicht zwingend. § 2 Abs. 1 VGG lässt auch ein Handeln im fremden Namen zu. In diesem Fall ist eine Einräumung von Nutzungsrechten überflüssig. Der Rechtsinhaber würde – vertreten durch die Verwertungsgesellschaft – direkt Lizenzverträge mit dem Nutzer eingehen. Da die deutschen Verwertungsgesellschaften allesamt im eigenen Namen handeln, wird auf diese Variante in der Arbeit nicht weiter eingegangen.

29 *Schack*, Urheber- und Urhebervertragsrecht, 9. Aufl. 2019, Rn. 1310.

5. Binnenorganisation der Verwertungsgesellschaften

Obwohl alle Rechtsformen zulässig sind,[30] haben sich bei den deutschen Verwertungsgesellschaften in der Praxis lediglich GmbH und Verein durchgesetzt.[31] Neben den rechtsformspezifischen Regelungen im GmbHG und BGB machte das – zum 1. Juli 2016 außer Kraft getretene – *Urheberrechtswahrnehmungsgesetz* (UrhWahrnG)[32] kaum Vorgaben zur Binnenorganisation.[33] Dies galt besonders für die Einbindung der Rechtsinhaber. Während einige Verwertungsgesellschaften in GmbH-Form ausgewählte Rechtsinhaber als Gesellschafter aufnahmen, hielten bei anderen Nichtrechtsinhaber alle Geschäftsanteile. Die Vereine nahmen ebenfalls nicht stets alle Rechtsinhaber als Mitglieder auf, sondern knüpften die Aufnahme teilweise an bestimmte Mindestvoraussetzungen. Die restlichen Rechtsinhaber waren nur über ihren Wahrnehmungsvertrag, in dem sie der Verwertungsgesellschaft die Rechte zur Verwertung einräumen, mit dieser verbunden. Über die Bedingungen dieser Wahrnehmung, die Tarife und die Verteilung der Einnahmen entschied die Gesellschafter- bzw. Mitgliederversammlung, an der Rechtsinhaber, die nicht als Gesellschafter bzw. Vereinsmitglied aufgenommen wurden, nicht teilnahmen. Um eine angemessene Wahrung ihrer Belange dennoch sicherzustellen, schrieb § 6 Abs. 2 UrhWahrnG vor, dass „eine gemeinsame Vertretung“ zu bilden sei.[34] Die als GmbH organisierten Verwertungsgesellschaften bildeten zu diesem Zweck Beiräte; die Vereine ließen die Nichtmitglieder auf ihrer Mitgliederversammlung durch von ihnen gewählte Delegierte repräsentieren. Weitergehende Vorgaben zur Binnenstruktur machte das UrhWahrnG nicht. Entsprechend unterschiedlich waren die Mitwirkungs-

---

30 *Gerlach* in: Wandtke/Bullinger, Praxiskommentar UrhR, 5. Aufl. 2019, § 2 VGG Rn. 2; ausführlich noch zur Rechtslage nach dem UrhWahrnG *Riesenhuber*, ZUM 2008, 625 (627 f.).

31 Zur Zweckmäßigkeit der einzelnen Rechtsformen in Bezug auf Verwertungsgesellschaften siehe *Menzel*, Die Aufsicht über die GEMA durch das Deutsche Patentamt, 1986, S. 26 ff. Zur derzeit in Gründung befindlichen, vom DPMA noch nicht genehmigten, *Cultural Commons Collecting Society* (C3S) in Rechtsform einer Europäischen Genossenschaft (SCE) siehe <www.c3s.cc> (zuletzt abgerufen am 15.9.2019).

32 Gesetz über die Wahrnehmung von Urheberrechten und verwandten Schutzrechten vom 9.9.1965, BGBl. I, S. 1294.

33 *Sandberger* in: FS Vogel, 2017, S. 314.

34 Siehe zu den Mitwirkungsmöglichkeiten unter Geltung des UrhWahrnG ausführlich unten S. 127 ff.

möglichkeiten der Rechtsinhaber zwischen den einzelnen, teils aber auch innerhalb einer Verwertungsgesellschaft ausgeprägt.

Mit der Richtlinie 2014/26/EU[35] und der nationalen Umsetzung durch das VGG hat sich dies grundlegend geändert. Seit dem 1. Juni 2016 wird der Aufbau und die interne Organisation einer Verwertungsgesellschaft – zumindest grob – vom Gesetz vorgegeben:[36] Neben der Mitgliederhauptversammlung als zentralem Entscheidungsorgan gibt es stets eine Geschäftsführung und ein Aufsichtsgremium. Solchen Rechtsinhabern, die nicht Gesellschafter bzw. Vereinsmitglieder sind, stehen nach dem VGG bestimmte Mindestrechte zu. Die deutschen Verwertungsgesellschaften wurden dadurch ein Stück weit vereinheitlicht. An vielen Stellen gibt das VGG den Verwertungsgesellschaften jedoch nur auf, eine bestimmte Angelegenheit in ihrem Statut[37] zu regeln, ohne Details vorzugeben. Die Bandbreite an gesetzeskonformen Umsetzungsmöglichkeiten ist in diesen Fällen groß. Trotz der höheren Regelungsdichte im VGG kommt es so weiterhin zu verschiedenen Strukturen, Mitwirkungs- und Kontrollrechten der Rechtsinhaber in den Verwertungsgesellschaften. Dass eine Gestaltung mit dem Gesetz vereinbar ist, bedeutet dabei nicht, dass sie – insbesondere aus Sicht der Rechtsinhaber als Treugeber – auch das vom Gesetzgeber intendierte Ziel erreicht. *Recht*mäßigkeit lässt sich nicht mit *Zweck*mäßigkeit gleichsetzen.

6. Aufsicht anstelle von Wettbewerb

Auf einem funktionierenden Markt würden unzweckmäßige Umsetzungen einen Wettbewerbsnachteil für die jeweilige Verwertungsgesellschaft bedeuten. Die negativ betroffenen Rechtsinhaber würden sich für eine andere Verwertungsgesellschaft entscheiden. Um auf dem Markt bestehen zu können, müssten die Verwertungsgesellschaften daher ihre unzweckmäßigen Strukturen anpassen. Ein solcher Markt besteht jedoch bei Verwertungsgesellschaften nicht. Aufgrund der jeweiligen faktischen Monopol-

---

35 Richtlinie (EU) 2014/26 des Europäischen Parlaments und des Rates vom 26.2.2014 über die kollektive Wahrnehmung von Urheber- und verwandten Schutzrechten und die Vergabe von Mehrgebietslizenzen für Rechte an Musikwerken für die Online-Nutzung im Binnenmarkt, ABl. 2014 L 84, S. 72 ff. Zur Entstehungsgeschichte siehe *Reinbothe* in: FS Schulze, 2017, S. 283 ff.

36 *Rehbinder/Peukert*, Urheberrecht, 18. Aufl. 2018, Rn. 1121.

37 Statut ist in § 13 Abs. 1 S. 1 VGG legaldefiniert als Satzung, Gesellschaftsvertrag oder sonstige Gründungsbestimmung und wird hier in diesem Sinne verwendet.

stellung können unzufriedene Rechtsinhaber sich nicht für eine andere Gesellschaft entscheiden. Da die den Gesellschaften eingeräumten Rechte häufig einen wesentlichen Teil des Vermögens der Rechtsinhaber ausmachen,[38] reagierte der Gesetzgeber auf dieses Marktversagen bereits im UrhWahrnG mit einer staatlichen Aufsicht über die Verwertungsgesellschaften.[39] Die Richtlinie 2014/26/EU und das VGG halten hieran fest.

Das *Deutsche Patent- und Markenamt* (DPMA) nimmt gemäß § 75 Abs. 1 VGG die Aufgabe der Aufsichtsbehörde über die Verwertungsgesellschaften wahr. Es handelt sich um eine Rechtsaufsicht.[40] Die Überprüfung von Strukturen und Regelungen der Verwertungsgesellschaften auf ihre Zweckmäßigkeit ist somit nicht vom Aufgabenspektrum umfasst.[41] Das DPMA darf erst eingreifen, wenn die Schwelle zur Rechtswidrigkeit überschritten wird. In der Vergangenheit wurde die Aufsicht jedoch selbst in solchen Fällen häufig nicht tätig,[42] sodass sich insgesamt an ihrer Wirksamkeit zweifeln lässt.[43] Eine Möglichkeit, die Schwächen der externen

38 So die Begründung des Regierungsentwurfs zum UrhWahrnG, BT-Drs. IV/271, S. 10; siehe auch *Riesenhuber*, ZUM 2008, 625 ff.; *Dördelmann*, GRUR 1999, 890 (891).

39 Vgl. *Drexl* in: FS Vogel, 2017, S. 230 f.; *Podszun*, ZUM 2017, 732 (734 f.); *ders./Franz*, ZGE 2015, 15 (29).

40 *VGH München*, Urt. v. 2.5.2012, ZUM-RD 2013, 86 (90 f.); *VGH München*, Urt. v. 25.2.2019, GRUR-RS 2019, 10280 Rn. 30; ähnlich *Podszun* in: Grünberger/Leible, Die Kollision von Urheberrecht und Nutzerverhalten, 2014, S. 186 f., der jedoch den Begriff vermeiden will; a.A. BeckOK-UrhR/*Freudenberg*, 25. Ed. 15.7.2019, § 76 VGG Rn. 9; *Gerlach* in: Wandtke/Bullinger, Praxiskommentar UrhR, 5. Aufl. 2019, § 76 VGG Rn. 12; *J. Kreile*, ZUM 2018, 13 (14 f.), die von einer Aufsicht *sui generis* ausgeht, die zwischen Fach- und Rechtsaufsicht angelegt ist. Ausführlich zur Diskussion um die Rechtsform der Aufsicht *Heinemann*, Die Verteilungspraxis der Verwertungsgesellschaften, 2017, S. 315 ff.

41 Vgl. *Schack*, Urheber- und Urhebervertragsrecht, 9. Aufl. 2019, Rn. 1329.

42 Siehe dazu unten S. 194 f.

43 Kritisch gegenüber der Wirksamkeit der Aufsicht durch das DPMA auch *v. Ungern-Sternberg*, ZGE 2017, 2 (15); *ders* in: FS Büscher, 2018, S. 271, 275; *Podszun*, ZUM 2017, 732 (736); *ders.* in: Grünberger/Leible, Die Kollision von Urheberrecht und Nutzerverhalten, 2014, S. 204 ff.; *Sandberger* in: FS Vogel, 2017, S. 325 f.; *Rehbinder*, DVBl. 1992, 216 ff.; einschränkend auch *Flechsig*, GRUR-Prax 2017, 160 (161); a.A. *Riesenhuber*, ZUM 2018, 407 (413 f.). Das *VG München*, Urt. v. 25.10.2016, ZUM 2017, 779 ff. hat zuletzt die Kontrolle sogar auf eine reine *Evidenzkontrolle* reduziert; zu Recht kritisch dazu *Podszun*, ZUM 2017, 732 (736 ff.) und die Berufungsinstanz *VGH München*, Urt. v. 25.2.2019, GRUR-RS 2019, 10280 Rn. 30.

Aufsicht auszugleichen, ist die Stärkung der internen Kontrolle in den Verwertungsgesellschaften.[44]

II. Ökonomische Grundlagen

Die eigene (Rechts-)Persönlichkeit von Gesellschaften ist eine juristische Fiktion.[45] Sie können nur durch ihre Organe handeln, die von natürlichen Personen als Organwalter gesteuert werden. Daneben treten die Mitarbeiter, die gleichsam das Konstrukt der juristischen Person mit Leben füllen.

Während die neoklassische Ökonomik interne Beziehungen zwischen diesen Akteuren nur unzureichend mit ihren Modellen abbildet[46], rücken sie bei der Neuen Institutionenökonomik in den Fokus. Diese betrachtet die Unternehmen nicht als juristische Personen, sondern als Vertragsnetzwerke (*Nexus of Contracts*[47]), d.h. als Bündelung von Beiträgen verschiedener Akteure zur gemeinsamen Wertschöpfung unter Leitung einer einheitlichen Führung.[48] Dem Unternehmen werden darüber hinaus keine substanziellen Eigenschaften zugeschrieben.[49]

---

44 *Podszun/Franz*, ZGE 2015, 15 (30).

45 Siehe nur *Jensen/Meckling*, Journal of Financial Economics, Vol. 3, No. 4 (October, 1976), 305 (311) („The firm is not an individual. It is a legal fiction [...]").

46 Vgl. *Erlei/Leschke/Sauerland*, Institutionenökonomik, 3. Aufl. 2016, S. 44 f. Siehe auch *Hart*, The Economic Journal, Vol. 105, No. 430 (May, 1995), 678 ff.; *Jensen/Meckling*, Journal of Financial Economics, Vol. 3, No. 4 (October, 1976), 305 (308), die jeweils auf die Firma als *„black box"* verweisen, bei der nur der *In-* und *Output* beobachtet wird.

47 Grundlegend *Coase*, Economica, Vol. 4, No. 16 (November 1937), 386 ff. Siehe auch *Alchian/Demsetz*, The American Economic Review, Vol. 62, No. 5, 777 ff.; *Bainbridge*, The new Corporate Governance in Theory and Practice, 2008, S. 28 ff. Der Begriff „Vertrag" ist nicht juristisch zu verstehen, sondern umfasst neben expliziten auch implizite Vereinbarungen.

48 *Coase*, Economica, Vol. 4, No. 16 (November 1937), 386 ff.; *v. Werder* in: Hommelhoff/Hopt/v. Werder, Handbuch Corporate Governance, 2. Aufl. 2009, S. 6; *Ebers/Gotsch* in: Kieser/Ebers, Organisationstheorien, 8. Aufl. 2019, S. 209; *Eidenmüller*, JZ 2001, 1041 (1042 f.); *Richter/Furubotn*, Neue Institutionenökonomik, 4. Aufl. 2010, S. 177.

49 *Ebers/Gotsch* in: Kieser/Ebers, Organisationstheorien, 8. Aufl. 2019, S. 209; vgl. auch *Eidenmüller*, JZ 2001, 1041 (1042).

1. Principal-Agent-Theorie

Die einzelnen Verträge des Vertragsnetzwerkes lassen sich als Austauschbeziehung zwischen Auftraggeber[50] (*Principal*) und Auftragnehmer (*Agent*) beschreiben.[51] Solche Auftrags- oder Agenturenbeziehungen treten u.a. zwischen Arbeitgeber und Arbeitnehmer, Eigentümer und Geschäftsführer, Aufsichtsrat und Vorstand, Vorstand und Führungskraft oder Fremdkapitalgeber und Geschäftsführer auf.[52] Der Auftraggeber überträgt jeweils bestimmte Aufgaben und Kompetenzen zur Realisierung seiner Interessen auf den Auftragnehmer, wodurch er sich dessen Handlungsvermögen (z.B. spezielle Fachkompetenzen, Wissen, Erfahrung, Zeit) zunutze machen kann.[53] Dadurch entsteht jedoch die Gefahr, dass der Agent die ihm übertragenen Handlungsmöglichkeiten nutzt, um seine eigenen Ziele zulasten des Auftraggebers zu verfolgen.[54]

Dabei geht es nicht immer nur um finanzielle Interessen, die die Agenten verfolgen. Die von ihnen angestrebten Vorteile können ganz anderer Natur sein: Die Agenten können sich Ressourcen der Gesellschaft direkt oder indirekt aneignen, z.B. durch überhöhte Gehälter bzw. Aufwandsentschädigungen, niedrigen Arbeitseinsatz, übertriebenen Repräsentationsaufwand oder durch Finanzierung kultureller und sozialer Aktivitäten, aufgrund derer sich ihr Einfluss oder ihr Ansehen erhöht, die aber nicht ohne Weiteres im Interesse der Prinzipale stehen.[55] Auch die Ausweitung der Aktivitäten der Gesellschaft ohne zusätzlichen Nutzen für den Prinzipal (sog. *Empire Building*) ist eine Gefahr.[56]

Besonders vielfältig treten *Principal-Agent*-Beziehungen in Unternehmen durch die verschiedenen beteiligten Akteure auf. Es gibt die Anteilseigner (*Shareholder*) und die weiteren natürlichen Personen und Organisationen, die Transaktionen mit dem Unternehmen durchführen und aus diesem

---

50 Der Begriff des Auftrags wird hier in einem wirtschaftlichen Sinne gebraucht, nicht im juristischen.

51 *Ebers/Gotsch* in: Kieser/Ebers, Organisationstheorien, 8. Aufl. 2019, S. 207.

52 *Ebers/Gotsch* in: Kieser/Ebers, Organisationstheorien, 8. Aufl. 2019, S. 207.

53 *Ebers/Gotsch* in: Kieser/Ebers, Organisationstheorien, 8. Aufl. 2019, S. 207 f.; *Kumpan*, Der Interessenkonflikt im deutschen Privatrecht, 2014, S. 61.

54 *Ebers/Gotsch* in: Kieser/Ebers, Organisationstheorien, 8. Aufl. 2019, S. 208.

55 Vgl. *Schäfer/Ott*, Lehrbuch der ökonomischen Analyse des Zivilrechts, 5. Aufl. 2012, S. 700; *Teichmann*, ZGR 2001, 645 (646). Siehe zum überhöhten Repräsentationsaufwand auch *Hölters* in: Hölters, AktG, 3. Aufl. 2017, § 93 Rn. 121 f.

56 Vgl. *Teichmann*, ZGR 2001, 645 (646); *Welge/Eulerich*, Corporate-Governance-Management, 2. Aufl. 2014, S. 17.

Grund ein ökonomisches Interesse am Unternehmensgeschehen haben (*Stakeholder*).[57]

2. Annahmen der Neuen Institutionenökonomik

a. Unvollständige Verträge

Die Beziehungen der *Share-* und *Stakeholder* zu dem Unternehmen sind in impliziten und expliziten Verträgen geregelt.[58] Im Idealfall legen diese Verträge die Rechte, Zuständigkeiten und Pflichten der Vertragsparteien verbindlich fest.[59] In der Realität hingegen sind sie zwangsläufig bis zu einem gewissen Grade unvollständig, d.h. sie regeln nicht das gesamte Verhältnis zwischen den Vertragsparteien detailliert und fair – insbesondere nicht komplexe und kaum vorhersehbare Entwicklungen in der Zukunft.[60] *Fair* meint in diesem Zusammenhang eine adäquate Gegenleistung für den erbrachten Wertschöpfungsbeitrag.[61] Die Ursachen für unvollständige Verträge liegen in fehlenden oder ungleich verteilten Informationen.[62]

---

57 *v. Werder* in: Hommelhoff/Hopt/v. Werder, Handbuch Corporate Governance, 2. Aufl. 2009, S. 9. Zu den beiden an diese Unterscheidung anknüpfenden Ansätzen siehe *Bainbridge*, The New Corporate Governance in Theory and Practice, 2008, S. 8 ff.

58 *v. Werder* in: Hommelhoff/Hopt/v. Werder, Handbuch Corporate Governance, 2. Aufl. 2009, S. 6; *Ebers/Gotsch* in: Kieser/Ebers, Organisationstheorien, 8. Aufl. 2019, S. 209. „Vertrag" ist hier nicht in einem juristischen Sinne zu verstehen.

59 *Ebers/Gotsch* in: Kieser/Ebers, Organisationstheorien, 8. Aufl. 2019, S. 209.

60 *Williamson*, Die ökonomischen Institutionen des Kapitalismus, 1990, S. 35 f., 79; *Hart*, The Economic Journal, Vol. 105, No. 430 (May, 1995), 678 (680); *v. Werder* in: Hommelhoff/Hopt/v. Werder, Handbuch Corporate Governance, 2. Aufl. 2009, S. 6 f.; *Ebers/Gotsch* in: Kieser/Ebers, Organisationstheorien, 8. Aufl. 2019, S. 209 f.; vgl. *Richter/Furubotn*, Neue Institutionenökonomik, 4. Aufl. 2010, S. 179; *Voigt*, Institutionenökonomik, 2. Aufl. 2009, S. 92 f.

61 *v. Werder* in: Hommelhoff/Hopt/v. Werder, Handbuch Corporate Governance, 2. Aufl. 2009, S. 9.

62 *Erlei/Leschke/Sauerland*, Institutionenökonomik, 3. Aufl. 2016, S. 45; *Schäfer/Ott*, Lehrbuch der ökonomischen Analyse des Zivilrechts, 5. Aufl. 2012, S. 426.

b. Begrenzte Rationalität

Anders als die Neoklassik geht die Neue Institutionenökonomik nicht von vollständigen Informationen aus.[63] Es gilt die Prämisse einer begrenzten Rationalität (sog. *Bounded Rationality*).[64] Hinzu kommen divergierende Interessen zwischen Prinzipal und Agenten. Insgesamt lassen sich drei Grundprobleme in *Principal-Agent*-Beziehungen ausmachen:[65]

Erstens hat der Auftraggeber nur begrenzte Informationen über die Fähigkeiten, Leistungsbereitschaft und andere Eigenschaften des Auftragnehmers. Diese unvollständig bekannten Eigenschaften, auf deren Basis der Prinzipal einen Agenten wählen muss, werden als *Hidden Characteristics* bezeichnet.[66] Aufgrund dieser fehlenden Informationen kommt es zu einer adversen Selektion (auch sog. Negativauslese) durch den Prinzipal, d.h. er wählt nicht unbedingt den geeignetsten Agenten aus.

Zweitens stellen sich nach der Auswahl weitere Probleme. Der Auftraggeber kennt zum einen die Absichten des Auftragnehmers nicht (sog. *Hidden Intention*).[67] So könnte der Agent versucht sein, Vertragslücken zu seinem Vorteil auszunutzen oder eine entstandene Abhängigkeit in nachfolgenden Vertragsverhandlungen auszunutzen. Zum anderen erlangt der Agent im Rahmen seiner Vertragserfüllung regelmäßig einen Wissensvorsprung gegenüber seinem Prinzipal.[68] Dieses sogenannte *Hidden Knowledge* versetzt ihn in die Lage, Entscheidungen zu treffen, die der Auftraggeber nicht oder nur unvollständig verstehen und beurteilen kann.[69]

Drittens kennt der Auftraggeber nicht die Handlungen und das Leistungsniveau des Agenten. Er sieht lediglich *ex post* das Ergebnis, wodurch er höchstens unsichere Rückschlüsse auf die Entscheidungssituation und den Leistungsbeitrag des Agenten ziehen kann.[70] Diese sogenannte *Hidden*

---

63 *Erlei/Leschke/Sauerland*, Institutionenökonomik, 3. Aufl. 2016, S. 44.

64 Vgl. *Williamson*, Die ökonomischen Institutionen des Kapitalismus, 1990, S. 34, 51 f.

65 Vgl. *Schäfer/Ott*, Lehrbuch der ökonomischen Analyse des Zivilrechts, 5. Aufl. 2012, S. 426 f., die *vier* Grundprobleme ausmachen. Da vertragsspezifische Investitionen im vorliegenden Zusammenhang keine Rolle spielen, sollen sie hier außer Betracht bleiben.

66 *Ebers/Gotsch* in: Kieser/Ebers, Organisationstheorien, 8. Aufl. 2019, S. 213; *Voigt*, Institutionenökonomik, 2. Aufl. 2009, S. 85 f.

67 *Voigt*, Institutionenökonomik, 2. Aufl. 2009, S. 86 f.

68 *Kumpan*, Der Interessenkonflikt im deutschen Privatrecht, 2014, S. 60 f.

69 *Ebers/Gotsch* in: Kieser/Ebers, Organisationstheorien, 8. Aufl. 2019, S. 213.

70 *Ebers/Gotsch* in: Kieser/Ebers, Organisationstheorien, 8. Aufl. 2019, S. 213; *Voigt*, Institutionenökonomik, 2. Aufl. 2009, S. 86; *Williamson*, Die ökonomischen Insti-

Actions ermöglichen es dem Auftragnehmer, über seinen Leistungsbeitrag zu täuschen, weshalb auch von *Moral Hazard* gesprochen wird.[71]

Diese aus der asymmetrischen Informationsverteilung folgenden Probleme bilden mögliche Grundlagen für opportunistische Transaktionen. Dabei realisiert eine Vertragspartei einen zusätzlichen Nutzen zulasten der anderen,[72] d.h. sie verfolgt ihre „Eigeninteressen unter Zuhilfenahme von List“[73]. Für die benachteiligte Partei realisiert sich damit ihr Opportunismusrisiko, während der übervorteilte Akteur seine Opportunismuschance genutzt hat.[74]

Solche Abhängigkeiten können grundsätzlich alle Unternehmensbeteiligten berühren und sind nicht auf die Beziehung zwischen Prinzipal und Agent beschränkt. Sie lassen sich in zwei Gruppen aufteilen: Gruppeninterne – etwa zwischen Mehrheits- und Minderheitsgesellschaftern – und gruppenübergreifende, z.B. zwischen Gesellschaftern und (Fremd-)Geschäftsführung.[75]

c. Homo oeconomicus und Verhaltensökonomie

Die in diesen Opportunismusinterdependenzen[76] latent angelegten Konflikte realisieren sich nur, wenn ein Akteur das sich ihm bietende opportunistische Verhalten auch tatsächlich wahrnimmt.[77] Es kommt damit entscheidend auf die Handlungen der einzelnen Beteiligten an. Um dieses Verhalten vorhersagen zu können, greift die Neue Institutionenökonomik

---

tutionen des Kapitalismus, 1990, S. 93; *Schäfer/Ott*, Lehrbuch der ökonomischen Analyse des Zivilrechts, 5. Aufl. 2012, S. 426 f.

71 Ausführlich *Holmström*, The Bell Journal of Economics, Vol. 10, No. 1 (1979), 74 ff.

72 *v. Werder* in: Hommelhoff/Hopt/v. Werder, Handbuch Corporate Governance, 2. Aufl. 2009, S. 10.

73 *Williamson*, Die ökonomischen Institutionen des Kapitalismus, 1990, S. 54 ff., vertiefend S. 73 ff.

74 *v. Werder* in: Hommelhoff/Hopt/v. Werder, Handbuch Corporate Governance, 2. Aufl. 2009, S. 10; *ders.*, Führungsorganisation, 3. Aufl. 2015, S. 11 ff.

75 Vgl. *v. Werder* in: Hommelhoff/Hopt/v. Werder, Handbuch Corporate Governance, 2. Aufl. 2009, S. 10; *ders.*, Führungsorganisation, 3. Aufl. 2015, S. 13.

76 Zum Begriff siehe *v. Werder* in: Hommelhoff/Hopt/v. Werder, Handbuch Corporate Governance, 2. Aufl. 2009, S. 9 f.; *ders.*, Führungsorganisation, 3. Aufl. 2015, S. 10 ff.

77 *v. Werder* in: Hommelhoff/Hopt/v. Werder, Handbuch Corporate Governance, 2. Aufl. 2009, S. 10.

herkömmlicherweise auf das Modell des rational egoistischen Menschen (*Homo oeconomicus*) zurück.

Die Grundannahme ist, dass jeder Mensch seine eigenen, egoistischen Interessen verfolgt und dabei rational vorgeht.[78] Rational bezeichnet die bestmögliche Zweck-Mittel-Relation, d.h. ein Einsatz der zur Verfügung stehenden Instrumente derart, dass ein möglichst hoher Grad der Zielerreichung gewährleistet wird.[79]

Beim *Homo oeconomicus* handelt es sich nicht um ein möglichst realitätsnahes Menschenbild. Vielmehr ist es eine heuristische Fiktion, die Komplexität reduzieren und eine Folgenanalyse in Tauschgeschäften ermöglichen soll.[80] Dennoch werden die Hypothesen durch die Verhaltensökonomie (*Behavioral Economics*) kritisch hinterfragt. Empirische Studien auf dem Gebiet der Soziologie und Psychologie zeigen, dass es teilweise zu erheblichen Abweichungen vom Modell des *Homo oeconomicus* in der Praxis kommt.[81] Dabei wurden insbesondere drei Abweichungen herausgearbeitet: *Erstens* haben Menschen heuristische Schwächen, d.h. sie überschätzen oft und systematisch ihre Fähigkeiten und machen Fehler bei der Verarbeitung von Informationen.[82] *Zweitens* unterliegen Menschen Willensschwächen. So schätzen sie etwa den gegenwärtigen Nutzen hoch ein, während sie Zukunftsnutzen überhöht diskontieren.[83] *Drittens* folgt der Mensch gewissen Gerechtigkeits- und Fairnessvorstellungen, auch wenn er dadurch auf eigene Vorteile verzichtet oder sich selbst schädigt.[84] Durch diese Erkenntnisse ist das Bild des rational egoistischen Menschen im Einzelfall abzuwandeln.[85]

---

78 *Schäfer/Ott*, Lehrbuch der ökonomischen Analyse des Zivilrechts, 5. Aufl. 2012, S. 95; *Kumpan*, Der Interessenkonflikt im deutschen Privatrecht, 2014, S. 60.

79 *Schäfer/Ott*, Lehrbuch der ökonomischen Analyse des Zivilrechts, 5. Aufl. 2012, S. 96.

80 *Watzenberg*, Der homo oeconomicus und seine Vorurteile, 2014, S. 64. Vgl. auch *Beck*, Behavioral Economics, 2014, S. 6 f.; *Williamson*, Die ökonomischen Institutionen des Kapitalismus, 1990, S. 49 f.

81 *Welge/Eulerich*, Corporate-Governance-Management, 2. Aufl. 2014, S. 24.

82 *Schäfer/Ott*, Lehrbuch der ökonomischen Analyse des Zivilrechts, 5. Aufl. 2012, S. 104; *Beck*, Behavioral Economics, 2014, S. 3.

83 *Schäfer/Ott*, Lehrbuch der ökonomischen Analyse des Zivilrechts, 5. Aufl. 2012, S. 109; *Beck*, Behavioral Economics, 2014, S. 3.

84 *Schäfer/Ott*, Lehrbuch der ökonomischen Analyse des Zivilrechts, 5. Aufl. 2012, S. 104, 109 f.; *Beck*, Behavioral Economics, 2014, S. 3.

85 Vgl. *Rühl* in: Krüper, Grundlagen des Rechts, 3. Aufl. 2016, § 11 Rn. 9 m.w.N.

An diese Erkenntnisse knüpft die *Stewardship*-Theorie an.[86] Auch sie untersucht die Beziehung zwischen Prinzipalen und Agenten, doch basiert dabei nicht auf der Annahme, dass der Agent stets danach strebt, seinen eigenen Nutzen zu maximieren. Ausgehend von den Erkenntnissen der *Behavioral Economics* kann ein Agent auch intrinsisch motiviert sein und Nutzen, der sich nicht auf materielle Vorteile beschränkt, aus der verantwortungsvollen Erfüllung der ihm durch den Agenten übertragenen Aufgaben ziehen.[87] Der der klassischen *Principal-Agent*-Theorie zugrunde liegende Interessenkonflikt entfällt,[88] denn die Interessen sind in diesem Fall gleichgerichtet. Insbesondere in Aufsichtsorganen wurde mittels Studien ein solches Rollenverständnis der Organwalter festgestellt.[89]

3. Principal-Principal-Konflikt

Nicht nur zwischen den Anteilseignern und dem Management einer Aktiengesellschaft kann es zu Interessenkonflikten kommen, sondern auch innerhalb der Gruppe der Anteilseigner.[90] Abweichende Risikoneigungen, unterschiedliche Informationen oder Renditeerwartungen können Gründe dafür sein.[91] Typischerweise treten diese Konflikte zwischen Mehr- und Minderheitsaktionären auf. Dem Agenten stehen damit mehrere Prinzipale gegenüber.[92] Diskutiert werden diese Konstellationen unter dem Stichwort *Principal-Principal*-Modell, Mehrprinzipalmodell oder *Common-Agency*-Modell.[93]

Im Fall des obigen Beispiels der verschiedenen Aktionäre verschärft sich der Konflikt dadurch, dass die Minderheitsaktionäre entsprechend ihrem Anteil nur geringen Einfluss auf die Beschlüsse der Hauptversammlung

---

86 Grundlegend *Donaldson/Davis*, Australian Journal of Management, Vol. 16 No. 1 (1991), 49 ff. Siehe auch *Velte*, ZP 2010, 285 ff.

87 *Welge/Eulerich*, Corporate-Governance-Management, 2. Aufl. 2014, S. 25.

88 *Velte*, ZP 2010, 285 (286 f.); *Welge/Eulerich*, Corporate-Governance-Management, 2. Aufl. 2014, S. 25; *Bresser/Thiele*, ZfB 2008, 178.

89 *Welge/Eulerich*, Corporate-Governance-Management, 2. Aufl. 2014, S. 25 m.w.N.; *Bresser/Thiele*, ZfB 2008, 175 (181 ff.).

90 *Seibert* in: FS Hoffmann-Becking, 2013, S. 1102.

91 Vgl. *Welge/Eulerich*, Corporate-Governance-Management, 2. Aufl. 2014, S. 20; *Seibert* in: FS Hoffmann-Becking, 2013, S. 1102.

92 Auch in anderen Fällen stehen dem Agenten mehrere Prinzipale gegenüber. Wenn diese kollektiv handeln, lassen sie sich jedoch als eine Einheit behandeln. Siehe dazu *Bernheim/Whinston*, Econometrica, Vol. 54, No. 4 (1986), 923 (924).

93 *Welge/Eulerich*, Corporate-Governance-Management, 2. Aufl. 2014, S. 20 f.

haben. Auch mindern die Kosten der Teilnahme an der Hauptversammlung (z.B. Anreise, Hotel oder Verdienstausfall) den Gewinn durch die ausgeschütteten Erträge bzw. übersteigen diesen schlimmstenfalls.[94] Deshalb nimmt ein Minderheitsaktionär häufig seine Kontroll- und Mitwirkungsrechte nicht wahr und überlässt das Feld den Großaktionären.[95] Die von der Hauptversammlung ausgehende Kontrolle kommt ihm jedoch ebenso zugute. Der passive Minderheitsaktionär profitiert damit ohne eigene Opportunitätskosten vom Einsatz des Mehrheitsaktionärs als sogenannter *Free Rider*.[96] Die Nichtteilnahme bietet ihm die beste Zweck-Mittel-Relation und wäre nach dem Modell des *Homo oeconomicus* folglich zu unterstellen (sog. rationale Apathie).[97]

III. Problemstellung und Forschungsfrage

ErwGr. 5 RL 2014/26/EU nennt eine „mangelhafte[] Verwaltung des Aufkommens", „Mängel in der Funktionsweise" und eine „ineffiziente[] Verwertung" durch die Verwertungsgesellschaften im Binnenmarkt als Gründe für den Erlass der Richtlinie. Die 13 deutschen Verwertungsgesellschaften arbeiten zwar im Vergleich zu vielen ihrer europäischen Pendants sehr effizient[98] und in jüngerer Zeit sind keine Fälle von Missmanagement bekannt geworden.[99] Trotzdem sind *Principal-Agent*-Konflikte symptomatisch für Treuhandbeziehungen, wie bei Verwertungsgesellschaften, und beste-

---

94 Vgl. *Dördelmann* in: FS Hertin, 2000, S. 47.

95 *Welge/Eulerich*, Corporate-Governance-Management, 2. Aufl. 2014, S. 21, 73.

96 Vgl. *Hart*, The Economic Journal, Vol. 105, No. 430 (May, 1995), 678 (681); ausführlich *Teichmann*, ZGR 2001, 645 (651 ff.); *C. Zöllner*, Interne Corporate Governance, 2007, S. 93 f.

97 Siehe dazu auch *Bainbridge*, The New Corporate Governance in Theory and Practice, 2008, S. 202 f.

98 Dies drückt sich in niedrigen Verwaltungskosten und hohen Ausschüttungen an die Rechtsinhaber aus. Nach Angaben der Kommission, Entsch. v. 16.7.2008, K(2008)3435 endg. – *CISAC*, S. 44 Fn. 104, liegen die Verwaltungskosten der Verwertungsgesellschaften im EWR durchschnittlich zwischen 10 % und 27 %. Ausführlich zu den Verwaltungskosten der südosteuropäischen Verwertungsgesellschaften siehe *Mešević*, Urheberrechtssysteme und kollektive Rechtwahrnehmung in Südosteuropa, 2015, S. 405 ff. Siehe auch *Schack*, Urheber- und Urhebervertragsrecht, 9. Aufl. 2019, Rn. 1366.

99 Dass dies nicht immer so war, zeigt ein Blick in die 1950er-Jahre als die Gesellschaft zur Verwertung literarischer Urheberrechte (GELU) Konkurs anmelden musste, nachdem ihr Geschäftsführer Geld veruntreut hatte. Siehe dazu *Keiderling*, Geist, Recht und Geld: Die VG WORT 1958–2008, 2008, S. 34 ff. Beispiele

hen daher immer zumindest latent – also auch bei den deutschen Verwertungsgesellschaften.[100] Die Rechtssache *Verlegeranteil*[101] belegt, dass zudem *Principal-Principal*-Konflikte in den Gesellschaften auftreten.

An dieser Stelle setzt die vorliegende Arbeit an. Sie untersucht mithilfe der *Corporate-Governance*-Forschung[102], wie die einzelnen Konflikte gelöst oder zumindest entschärft werden können. Dabei kommt den Umsetzungsspielräumen des VGG eine zentrale Bedeutung zu: Wie sind sie auszufüllen, um eine möglichst gute *Corporate Governance* zu erreichen?

Für die Verwertungsgesellschaften wird diese Frage zunehmend relevant. Bislang hatten die deutschen Verwertungsgesellschaften auf ihrem jeweiligen Gebiet quasi ein natürliches Monopol.[103] Ihre Struktur oder ihre Verwaltungskosten waren somit für die Rechtsinhaber kein Entscheidungsmerkmal, wenn es um den Abschluss eines Wahrnehmungsvertrages ging. Mangels Wettbewerbs hatte der Rechtsinhaber keine Auswahl, wen er mit der Rechtewahrnehmung betraut.[104] Die Richtlinie 2014/26/EU will die bislang weitgehend nationalen Märkte der Verwertungsgesellschaften aufbrechen und einen europäischen Binnenmarkt der Rechtewahrnehmung etablieren.[105] Der deutsche Rechtsinhaber steht zukünftig vor der Frage, ob er die deutsche Verwertungsgesellschaft oder lieber die spanische, französische oder österreichische Schwestergesellschaft mandatiert und umgekehrt.

Die Verwertungsgesellschaften finden sich dadurch in einer völlig neuen Situation wieder. Sie müssen versuchen, besonders attraktiv für die Rechtsinhaber zu sein, um sich gegen die neue Konkurrenz auf dem Binnenmarkt zu behaupten. Auch wenn das primäre Entscheidungsmerkmal

---

aus der jüngeren Zeit in Europa: *Kretschmar*, Mafiöse Methoden, 2011; *Neuroth*, Betrug mit Musikrechten, 2017.

100 Ähnlich *Heinemann*, Die Verteilungspraxis der Verwertungsgesellschaften, 2017, S. 111 f.

101 *BGH*, Urt. v. 21.4.2016, ZUM 2016, 639 – *Verlegeranteil*.

102 Siehe ausführlich sogleich unten S. 39 ff.

103 *Drexl* in: Hilty/Geiger, Impulse für eine europäische Harmonisierung des Urheberrechts, S. 376; *Tietzel/Weber* in: Ott/Schäfer, Ökonomische Analyse der rechtlichen Organisation von Innovation, S. 134 f.; kritisch *Hansen/Schmidt-Bischoffshausen*, GRUR Int. 2007, 461 (470).

104 Vgl. *Schack*, Urheber- und Urhebervertragsrecht, 9. Aufl. 2019, Rn. 1077, 1341; *Drexl* in: Hilty/Geiger, Impulse für eine europäische Harmonisierung des Urheberrechts, S. 372.

105 Vgl. *Beger*, ZUM 2014, 482; *Schack*, Urheber- und Urhebervertragsrecht, 9. Aufl. 2019, Rn. 1326; zum Richtlinien-Entwurf *Nérisson*, ZUM 2013, 185. Siehe auch ErwGr. 1, 4 f., 23 RL 2014/26/EU.

wechselwilliger Rechtsinhaber häufig die monetäre Attraktivität sein wird, sind daneben weitere Differenzierungen zwischen den Gesellschaften zu beachten. Die Verwertungsgesellschaften sollten ihren vom VGG belassenen Umsetzungsspielraum also so ausüben, dass sie möglichst attraktiv für die Rechtsinhaber sind, um auf dem Binnenmarkt zu bestehen. Eine gute *Corporate Governance* kann ihnen dabei helfen. Aufgrund der Aktualität des VGG sind an vielen Stellen Vorfragen zum Verständnis der gesetzlichen Regelungen zu behandeln. Die Arbeit ist damit auch eine Untersuchung der Binnenstruktur einer Verwertungsgesellschaft nach dem VGG.[106]

IV. Gang der Untersuchung

Die Arbeit gliedert sich in fünf Kapitel. Ausgehend von der treuhänderischen Rechtewahrnehmung durch die Verwertungsgesellschaften ist die *Corporate-Governance*-Forschung und die Übertragbarkeit ihrer Ansätze Gegenstand des *ersten* Kapitels. Anhand der Besonderheiten von Verwertungsgesellschaften wird analysiert, ob diese eine Fruchtbarmachung für die Verwertungsgesellschaft verhindern und welche Anpassungen gegebenenfalls nötig sind. Das Kapitel schließt ab mit einem kurzen Überblick über die einzelnen im VGG angelegten *Corporate-Governance*-Bestandteile.

Sodann widmet sich die Arbeit der Untersuchung der Gestaltungsspielräume des VGG. Die einzelnen Umsetzungsmöglichkeiten werden dabei nach *Corporate-Governance*-Prinzipien, denen sie sich zuordnen lassen, unterteilt. Entsprechend untersucht das *zweite Kapitel* die Machtverteilung zwischen den einzelnen Organen und innerhalb der Rechtsinhaber. Dort, wo durch eine angemessene Machtverteilung nicht alle Probleme gelöst werden können, setzen Maßnahmen zur Eindämmung von Interessenkonflikten an. Ihre Ausgestaltung ist Gegenstand des *dritten Kapitels*.

Um die Rechtsinhaber in die Lage zu versetzen, darüber hinaus bestehende (Interessen-)Konflikte zu erkennen, schreibt das VGG eine Reihe an Transparenz- und Informationsmaßnahmen vor. Das *vierte Kapitel* beschäftigt sich damit, wie diese Vorgaben umgesetzt werden sollten.

---

106 Dabei werden die Strukturen der Verwertungsgesellschaften bis Ende 2018 berücksichtigt. Sich danach ergebende Änderungen, etwa bei der *Verwertungsgesellschaft für Nutzungsrechte an Filmwerken mbH* (VGF) durch die Aufnahme eines Rechtsinhabers als Mitglied, werden hier nicht berücksichtigt.

Die im zweiten bis vierten Kapitel gefundenen Ergebnisse werden an den jeweiligen Stellen mit der aktuellen Praxis der Verwertungsgesellschaften verglichen. Dadurch soll herausgestellt werden, ob und inwiefern die bisherige Situation bereits als *„gute" Corporate Governance* bezeichnet werden kann. Sofern dies nicht der Fall ist, werden Handlungsempfehlungen gegeben, um die Attraktivität der Verwertungsgesellschaften im europäischen Wettbewerb zu erhöhen oder im Einzelfall die Rechtmäßigkeit herzustellen.

Im *fünften Kapitel* werden die Erkenntnisse zusammengefasst und mit Blick auf die Forschungsfrage bewertet. Abschließend wird vorgeschlagen, die Attraktivität der deutschen Verwertungsgesellschaften mittels eines *Corporate-Governance*-Kodex speziell für Verwertungsgesellschaften hervorzuheben und sicherzustellen.

V. Begrenzung der Untersuchung

Aufgrund der Vielzahl möglicher Ansatzpunkte wird die Untersuchung begrenzt. Wohlfahrtsökonomische Gesichtspunkte bleiben bei der Frage der optimalen Gestaltung außen vor. Zum einen dürften Gesamtwohlfahrtsverluste für den einzelnen Rechtsinhaber bei seiner Wahl von untergeordnetem Interesse sein, solange er seine Einnahmen aus der Rechtewahrnehmung maximieren kann. Zum anderen versagt die Wohlfahrtsökonomie hier, weil alle Vorgänge innerhalb der Verwertungsgesellschaft rein die Verteilung eines fix vorgegeben Topfes betreffen.[107] Sämtliche Verteilungsalternativen zwischen den Rechtsinhabern untereinander, aber auch zwischen ihnen und der Gesellschaft – in Form von Verwaltungskosten – sind daher *pareto-optimal*.[108]

Nicht betrachtet werden im Rahmen der Untersuchung weitere mögliche *Corporate-Governance*-Maßnahmen, die nicht explizit an Gestaltungsfreiräume einzelner VGG-Regelungen anknüpfen oder von den Besonderheiten der Verwertungsgesellschaften berührt werden. Eine Altersgrenze für Aufsichtsräte oder der Anteil von Frauen in Führungspositionen und Gremien geht auf Überlegungen zurück, die von dem Unternehmensgegenstand und -aufbau nicht beeinflusst werden. Diesbezüglich kann auf die bestehenden *Corporate-Governance*-Erkenntnisse zurückgegriffen wer-

107 Vgl. *Riesenhuber*, ZUM 2018, 407 (409).

108 Siehe zum Pareto-Kriterium *Rühl* in: Krüper, Grundlagen des Rechts, 3. Aufl. 2016, § 11 Rn. 11.

den, ohne dass eine Modifikation notwendig ist. Die zahllosen *Corporate-Governance*-Maßnahmen ohne spezifischen Bezug zu Verwertungsgesellschaften sind deshalb von der vorliegenden Untersuchung ausgenommen.

Ebenso klammert die Arbeit abhängige Verwertungsgesellschaften wie z.B. die *Zentralstelle für private Überspielungsrechte* (ZPÜ) aus. Sie sind als Tochtergesellschaften anderer Verwertungsgesellschaften nicht im selben Maße auf die Gunst der Rechtsinhaber angewiesen.

Aufgrund ihrer Komplexität soll hier auch nicht auf den Verteilungsplan und den Wahrnehmungsvertrag an sich eingegangen werden. Nur die Entstehung des Verteilungsplans als Entscheidung der Mitgliederhauptversammlung und die Auswirkungen des Wahrnehmungsvertrags auf die Willensbildung innerhalb der Verwertungsgesellschaft geraten an den entsprechenden Stellen in das Blickfeld der Untersuchung.

VI. *Stand der Forschung*

Soweit ersichtlich, gibt es bislang keine vollumfängliche Untersuchung der deutschen Verwertungsgesellschaften, die sich auf deren *Corporate Governance* fokussiert. Nur ganz punktuell wurde das Thema in der Literatur aufgegriffen.[109] Insbesondere im Nachgang der BGH-Entscheidung *Verlegeranteil* rückten im Kontext der Stellung der Verleger in Verwertungsgesellschaften einzelne Fragen der Machtverteilung in den Fokus.[110] Allein die als Grundlage für die *Corporate-Governance*-Forschung dienenden ökonomischen Ansätze wurden bereits mehrfach auf Verwertungsgesellschaften übertragen.[111] Hervorzuheben ist dabei die staatliche Aufsicht über die Verwertungsgesellschaften, die mehrfach mittels *Principal-Agent-*

109 Siehe etwa zu Transparenzmaßnahmen: *Riesenhuber*, ZUM 2004, 417 ff.; in Ansätzen auch *J. Kreile*, ZUM 2018, 13 (16 f.); zum Aufsichtsregime: *Podszun/Franz*, ZGE 2015, 15 ff.; *Podszun* in: Grünberger/Leible, Die Kollision von Urheberrecht und Nutzerverhalten, 2014, S. 177 ff.; *ders.*, GPR 2013, 97 (102 f.).

110 Siehe beispielhaft *Riesenhuber*, ZUM 2018, 407; *v. Ungern-Sternberg* in: FS Büscher, 2018, S. 277 ff.; *ders.*, JurPC Web-Dok. 105/2018.

111 Zur internen Kontrolle unter Verwendung des *Principal-Agent*-Ansatzes *Bing*, Die Verwertung des Urheberrechts, 2002, S. 205 ff.; *Hansen/Schmidt-Bischoffshausen*, GRUR Int. 2007, 461 ff.; siehe aber auch in Ansätzen *Podszun/Franz*, ZGE 2015, 15 ff.; *Podszun*, GPR 2013, 97 (102 f.).

Theorie untersucht wurde.[112] *Heinemann*[113] beschäftigt sich in seiner 2017 erschienenen Arbeit zwar stellenweise mit der ökonomischen Analyse von Verwertungsgesellschaften, den Mitwirkungsrechten der Rechtsinhaber und der Binnenorganisation von Verwertungsgesellschaften, jedoch liegt der Schwerpunkt seiner Untersuchung auf der Verteilungs- und Förderpraxis der Gesellschaften, d.h. den in dieser Arbeit nur nebensächlich thematisierten Verteilungsplänen.

Während die Richtlinie 2014/26/EU bereits häufiger Gegenstand von Untersuchungen war,[114] gibt es zum VGG erst wenige und meist auf einzelne Themen limitierte Literatur.[115] Die vorhandenen Kommentierungen[116] erschöpfen sich weitgehend in einer Wiedergabe der Begründung zum Regierungsentwurf und einer Übertragung der Ausführungen zu den jeweiligen Vorgängernormen im UrhWahrnG. Häufig wurde dabei nicht ausreichend beachtet, dass selbst bei gleichbleibendem Wortlaut der Normen aufgrund der nun zugrunde liegenden Richtlinie 2014/26/EU eine Auslegung unter Beachtung des Unionsrechts nötig ist. Mithin hat die Neuordnung des Rechts der Verwertungsgesellschaften durch die Richtlinie 2014/26/EU und das VGG eine Reihe von Fragen mit sich gebracht, deren Beantwortung noch aussteht. Soweit sie die Binnenorganisation der

112 Siehe nur *Heindorf*, Die staatliche Aufsicht über Verwertungsgesellschaften, 2011; *Podszun*, ZUM 2017, 732 ff.; *J. Kreile*, ZUM 2018, 13 (16 f.); zum selben Aspekt mit Blick auf die Richtlinie 2014/26/EU *Podszun/Franz*, ZGE 2015, 15 ff.; *Podszun*, GPR 2013, 97 ff.

113 *Heinemann*, Die Verteilungspraxis der Verwertungsgesellschaften, 2017.

114 Etwa die Kommentierung der Richtlinie 2014/26/EU von *Guibault* in: Stamatoudi/Torremans, EU Copyright Law, 2014, Rn. 14.01 ff. Siehe außerdem ZUM 2013, Heft 3 und ZUM 2014, Heft 6, in denen die Beiträge der Arbeitssitzungen „Europäischer Rechtsrahmen für Verwertungsgesellschaften" und „Umsetzung der EU-Richtlinie für Verwertungsgesellschaften in deutsches Recht" des *Instituts für Urheber- und Medienrecht* (IUM) vom 7.12.2012 bzw. 28.3.2014 in München abgedruckt sind. Siehe noch zum Richtlinien-Entwurf auch *Podszun*, GPR 2013, 97 ff.

115 Vgl. *Sandberger* in: FS Vogel, 2017, 307 ff.; *Riemer/Welp* in: Ensthaler/Weidert, Hdb UrhR-IntR, 3. Aufl. 2017, Kap. 6; *Heine/Staats* in: MAHdb UrhR, 2. Aufl. 2017, § 6. Siehe auch ZUM 2016, Heft 2, in dem die Beiträge der Arbeitssitzung „Entwurf für ein Verwertungsgesellschaftengesetz" des IUM vom 20.11.2015 in München abgedruckt sind.

116 Vgl. BeckOK-UrhR/*Freudenberg*, 25. Ed. 15.7.2019; *Hentsch* in: Dreyer/Kotthoff/Meckel/Hentsch, UrhR, 4. Aufl. 2018, VGG; *Schulze* in: Dreier/Schulze, UrhG, 6. Aufl. 2018, VGG.

Gesellschaften und ihre *Corporate Governance* betreffen, schließt die vorliegende Arbeit diese Forschungslücke[117].

117 Vgl. *v. Ungern-Sternberg*, JurPC Web-Dok. 105/2018 Abs. 2: „Vor allem aber fehlt eine eingehende wissenschaftliche Aufarbeitung der problematischen Strukturen, die bei der VG Wort eine Praxis wie die Verlegerbeteiligung erst möglich gemacht haben".

Kapitel 1: Corporate Governance in Verwertungsgesellschaften

Nach einer Einführung in die *Corporate-Governance*-Forschung (I.) wird untersucht, ob und unter welchen Voraussetzungen eine Übertragung der Ansätze auf Verwertungsgesellschaften möglich ist (II.). Schließlich wird das VGG auf grundlegende Vorgaben für einen *Corporate-Governance*-Rahmen untersucht (III.).

I. Corporate Governance

1. Begriffsbestimmung

Lösungsansätze für *Principal-Agent*-Konflikte in Unternehmen werden von den Ökonomen der Neuen Institutionsökonomie und den Rechtswissenschaftlern auf dem Gebiet des Gesellschaftsrechts unter dem Schlagwort *Corporate Governance*[118] diskutiert. Darunter versteht man den rechtlichen und faktischen Ordnungsrahmen für die Leitung und Überwachung eines Unternehmens.[119] Ihren Ursprung hat die *Governance*-Forschung in den Sozial-, Politik- und Wirtschaftswissenschaften.[120] Sie untersucht die Regelungs- und Steuerungsmechanismen von institutionellen Einheiten und arbeitet damit einen Ordnungsrahmen heraus.

Der Analyserahmen der *Corporate Governance* geht dabei über den deutschen Begriff der „Unternehmensverfassung" – diese bezieht sich nur auf die Binnenordnung des Unternehmens – hinaus und erfasst auch die Einbindung des Unternehmens in sein Umfeld.[121] Im Fokus der interdisziplinären *Corporate-Governance*-Forschung stehen Publikumsgesellschaften,

---

118 Zum Begriff siehe *Abeltshauser* in: Abeltshauser/Buck, Corporate Governance, 2004, S. 4 ff.

119 *v. Werder* in: Hommelhoff/Hopt/v. Werder, Handbuch Corporate Governance, 2. Aufl. 2009, S. 4; MüKo-GmbHG/*Fleischer*, 3. Aufl. 2018, Einl. Rn. 295.

120 *Riesenhuber* in: Rieble/Junker/Giesen, Finanzkriseninduzierte Vergütungsregulierung und arbeitsrechtliche Entgeltsysteme, 2011, S. 138.

121 *v. Werder* in: Hommelhoff/Hopt/v. Werder, Handbuch Corporate Governance, 2. Aufl. 2009, S. 4; vgl. auch *Riesenhuber/Möslein* in: Riesenhuber, Perspektiven des Europäischen Schuldvertragsrechts, S. 6.

insbesondere die Aktiengesellschaft.[122] Der *Principal-Agent*-Konflikt ist bei ihnen besonders klar ersichtlich: Der Aktionär (Prinzipal) stellt sein Geld der Gesellschaft zur Verfügung, deren Geschicke durch Vorstand und Aufsichtsrat (jeweils Agenten) gelenkt werden. Der Konflikt ist damit der Fremdorganschaft immanent.[123]

Eine *Corporate-Governance*-Struktur versucht, solche Situationen einzudämmen. Da nicht nur die Unternehmensverfassung, sondern auch die Beziehungen zur Umwelt Gegenstand der *Corporate Governance* sind[124], lässt sich nach der Wirkungsrichtung unterscheiden.[125] Interne *Corporate-Governance*-Mechanismen betreffen die Rollen, Kompetenzen, Funktionsweisen und das Zusammenwirken der einzelnen Unternehmensorgane wie Vorstand, Hauptversammlung oder Aufsichtsrat.[126] Sie versetzen *Stakeholder* durch Informations-, Entscheidungs- oder Überwachungsrechte in die Lage, Opportunitätsrisiken zu identifizieren und möglicherweise zu reduzieren.[127] Dahingegen bezieht sich die externe *Corporate Governance* auf das Verhältnis der Unternehmensführung zu den unterschiedlichen *Stakeholdern*.[128] *Externe Corporate-Governance*-Maßnahmen umfassen daher neben dem (Kapital-)Markt[129] behördliche Kontrollinstanzen und Abschlussprüfer.[130]

---

122 *Behrens* in: FS Dobing, 1999, S. 494.

123 Vgl. auch *Abeltshauser* in: Abeltshauser/Buck, Corporate Governance, 2004, S. 7, wonach *Corporate Governance* alle Gesellschaftstypen untersucht, bei denen nicht „der Geschäftsführer auch gleichzeitig alleiniger Eigentümer ist". Ähnlich *Hart*, The Economic Journal, Vol. 105, No. 430 (May, 1995), 678 (688).

124 Dies folgt schon zwingend aus der Betrachtung des Unternehmens als *nexus of contracts*, wodurch die Grenzen zwischen der juristischen Person und ihrer Umwelt verschwimmen.

125 Vertiefend *Welge/Eulerich*, Corporate-Governance-Management, 2. Aufl. 2014, S. 71 ff.

126 *Abeltshauser* in: Abeltshauser/Buck, Corporate Governance, 2004, S. 8; *v. Werder* in: Hommelhoff/Hopt/v. Werder, Handbuch Corporate Governance, 2. Aufl. 2009, S. 4.

127 *v. Werder* in: Hommelhoff/Hopt/v. Werder, Handbuch Corporate Governance, 2. Aufl. 2009, S. 16; vgl. *Ebers/Gotsch* in: Organisationstheorien, 7. Aufl. 2014, S. 209.

128 *v. Werder* in: Hommelhoff/Hopt/v. Werder, Handbuch Corporate Governance, 2. Aufl. 2009, S. 4 und zum engeren *Shareholder*-Ansatz S. 7 f.

129 Dazu, dass es einen solchen auch bei nicht (eigen)gewinnorientierten Unternehmen geben kann, siehe *Kreutz*, ZRP 2007, 50 (53).

130 *v. Werder* in: Hommelhoff/Hopt/v. Werder, Handbuch Corporate Governance, 2. Aufl. 2009, S. 16 f.; *Podszun/Franz*, ZGE 2015, 15 (38); *Abeltshauser* in: Abeltshauser/Buck, Corporate Governance, 2004, S. 8.

2. Normatives Verständnis

Versteht man den Begriff *Corporate Governance* deskriptiv, ist er denkbar weit und erfasst alle Regelungen, die die Organisation des Unternehmens und seine Einbettung in die Umwelt regeln. Rückschlüsse über die Qualität der Regelungen lassen sich daraus nicht ziehen.

Abweichend davon wird der Begriff – insbesondere im wirtschaftswissenschaftlichen Diskurs – häufig *normativ* verwendet.[131] Dabei geht es zumeist darum, herauszufinden, wie ein *Corporate-Governance*-System optimalerweise ausgestaltet sein sollte.[132] Daher wird im Fall des normativen Begriffsverständnisses synonym von *guter Corporate Governance* gesprochen. Im Kontext der vorliegenden Arbeit ist stets dieser normativ geprägte Begriffssinn gemeint, wenn von *Corporate Governance* die Rede ist. Um die Qualität einer Maßnahme beurteilen zu können, bedarf es eines Maßstabs. Ökonomen greifen zur Beurteilung von *Corporate Governance* ganz überwiegend auf die Effizienz zurück und – in Ausnahmefällen – auf die Gesamtwohlfahrt. Im Fall von empirischen Ansätzen werden unter dem Begriff *„gute Corporate Governance“ Best Practice*s gesammelt.[133]

3. Corporate-Governance-Prinzipien

Es gibt kein Universalmodell, wie ein gutes *Corporate-Governance*-System aufgebaut sein sollte.[134] Die Vielzahl an unterschiedlichen Rechtsformen sowie inneren und äußeren Rahmenbedingungen macht eine einzelfallabhängige Betrachtung notwendig. Allerdings gibt es bestimmte Gemeinsamkeiten, die sich bei allen Formen einer guten Unternehmensführung wiederfinden.[135]

---

131 Siehe nur *Lattemann*, Corporate Governance im globalisierten Informationszeitalter, 2010, S. 5 m.w.N.; vgl. auch *Stiglbauer*, Corporate Governance Berichterstattung und Unternehmenserfolg, 2010, S. 14.

132 Siehe beispielhaft *Neßler/Lis*, ZCG 2014, 106 ff.; *Bachmann/Eidenmüller u.a.*, Rechtsregeln für die geschlossene Kapitalgesellschaft, 2012, S. V (Vorwort).

133 Ähnlich *Stiglbauer*, Corporate Governance Berichterstattung und Unternehmenserfolg, 2010, S. 14; *Nowak/Rott/Mahr*, ZGR 2005, 252 (255 f.) mit Beispielen für entsprechende Kodizes.

134 *OECD*, Grundsätze der Corporate Governance, 2015, S. 11.

135 *OECD*, Grundsätze der Corporate Governance, 2015, S. 11.

Diese wichtigen Grundprinzipien sind die Gewaltenteilung (*Checks and Balances*)[136], Transparenz (etwa in Form von Publizitäts- und Informationspflichten), Reduzierung von Interessenkonflikten (z.B. durch Unabhängigkeitserklärungen oder Zustimmungsvorbehalte) und die Sicherstellung der Qualifikation und Motivation der Organwalter zu einer wertorientierten Unternehmensführung.[137]

4. Corporate-Governance-Maßnahmen

Anknüpfend an diese Grundprinzipien gibt es bestimmte Maßnahmen, die typischerweise zur Erreichung eines guten *Corporate-Governance*-Rahmens beitragen können. Wurden oben insbesondere drei Hauptquellen von *Principal-Agent*-Konflikten ausgemacht, so lassen sich die Maßnahmen ebenso in drei Kategorien unterteilen – je nachdem, wo sie ansetzen:[138] Maßnahmen zur Vermeidung von Fehlanreizen (a.), Maßnahmen zum Abbau von Informationsasymmetrien (b.) und Maßnahmen der direktiven Verhaltenssteuerung (c.).

a. Vermeidung von Fehlanreizen

Eine Möglichkeit zur Disziplinierung des Agenten besteht für den Prinzipal darin, Anreize zu setzen, die zu einer Harmonisierung der Ziele führen.[139] Die Leistung des Agenten muss an die Interessen des Prinzipals gekoppelt werden (sog. Anreizschema).[140] Ein für den Prinzipal negatives

---

136 *Hart*, The Economic Journal, Vol. 105, No. 430 (May, 1995), 678 (681); *v. Werder*, Führungsorganisation, 3. Aufl. 2015, S. 18.

137 *v. Werder* in: Hommelhoff/Hopt/v. Werder, Handbuch Corporate Governance, 2. Aufl. 2009, S. 17 ff.; *ders*, Führungsorganisation, 3. Aufl. 2015, S. 19 f.; vgl. *Ebers/Gotsch* in: Organisationstheorien, 7. Aufl. 2014, S. 210, 213 f.; *Podszun* in: Die Kollision von Urheberrecht und Nutzerverhalten, 2014, S. 179; *Abeltshauser* in: Abeltshauser/Buck, Corporate Governance, 2004, S. 11 f.

138 Vgl. *Lattemann*, Corporate Governance im globalisierten Informationszeitalter, 2010, S. 21 f.; *Ebers/Gotsch* in: Kieser/Ebers, Organisationstheorien, 8. Aufl. 2019, S. 212; ähnlich BeckOGK/*Riesenhuber*, Stand: 1.4.2019, § 662 BGB Rn. 19.

139 *Ebers/Gotsch* in: Kieser/Ebers, Organisationstheorien, 8. Aufl. 2019, S. 214; *v. Werder* in: Hommelhoff/Hopt/v. Werder, Handbuch Corporate Governance, 2. Aufl. 2009, S. 10, 17.

140 *Teichmann*, ZGR 2001, 645 (663); *Welge/Eulerich*, Corporate-Governance-Management, 2. Aufl. 2014, S. 75.

Verhalten ist dann im Idealfall für den Agenten ebenso schädlich, umgekehrt aber auch ein für den Prinzipal positives Verhalten entsprechend vorteilhaft für den Agenten.[141] Klassischerweise werden solche Anreize im Zusammenhang mit Vergütungsfragen relevant.[142]

Eine erfolgsabhängige Vergütung kann jedoch bei falscher Ausgestaltung auch negative Folgen für den Prinzipal haben. Bei börsennotierten Unternehmen können Fehlanreize dadurch entstehen, dass sich die Vergütung des Vorstands an kurzfristigen Unternehmenskennzahlen bemisst. Statt zu einer Angleichung kommt es dadurch zu einem Auseinanderfallen der Interessen von Eigentümern und Managern. Es entsteht ein Anreiz, durch temporäre Performancesteigerungen sein Salär zu erhöhen. Wenn sich in der Zukunft aufgrund des Handelns des Vorstands negative Effekte zeigen, ist der Vorstand im ungünstigsten Falle schon längst ausgeschieden. Knüpft die Vergütung hingegen an die langfristige Wertentwicklung des Unternehmens – etwa durch Aktienpakete mit Haltefristen – wird der Vorstand seine Entscheidungen eher zukunftsbezogen treffen. Entsprechend schreibt § 87 Abs. 1 S. 2 und 3 AktG für die Aktiengesellschaft vor, dass variable Vergütungsbestandteile eine mehrjährige Bemessungsgrundlage haben und auf eine nachhaltige Unternehmensentwicklung ausgerichtet sein sollen.

Problematisch sind ergebnisorientierte Anreize, wenn Umweltfaktoren einen Leistungsbeitrag liefern können.[143] Der Agent hat dann den Grad der Leistungserreichung nicht allein in seiner Hand. Externe Faktoren werden somit in seinen Risikobereich einbezogen.[144] Im Zweifel wird dieses Risiko in der Höhe der Vergütung eingepreist werden.

b. Abbau von Informationsasymmetrien

Durch einen Abbau des Informationsvorsprungs des Agenten kann der Prinzipal versuchen, die Ungewissheit als Grundlage der Unvollständigkeit

---

141 Siehe das Beispiel bei *Engert* in: Möslein, Private Macht, 2016, S. 410 f.

142 Vgl. etwa *Ebers/Gotsch* in: Kieser/Ebers, Organisationstheorien, 8. Aufl. 2019, S. 214; *Welge/Eulerich*, Corporate-Governance-Management, 2. Aufl. 2014, S. 75 f.; *Lattemann*, Corporate Governance im globalisierten Informationszeitalter, 2010, S. 22 f.

143 Siehe hierzu vertiefend *Ebers/Gotsch* in: Kieser/Ebers, Organisationstheorien, 8. Aufl. 2019, S. 214; vgl. auch *Welge/Eulerich*, Corporate-Governance-Management, 2. Aufl. 2014, S. 75.

144 Vgl. *Engert* in: Möslein, Private Macht, 2016, S. 412 f., 415.

des Vertrages zu minimieren.[145] Die Möglichkeiten zur Täuschung des Prinzipals durch den Agenten und zum opportunistischen Handeln werden folglich reduziert.[146] Aufgrund seiner zentralen Stellung verfügt der Vorstand über einen Informationsvorsprung gegenüber den Aktionären. Gerade bei negativen Geschäftsdaten ist es nicht im Interesse des Vorstands, die Aktionäre zu informieren. So kann der Kapitalmarkt nicht auf die Veränderungen reagieren und es kommt aus Sicht der Kapitalanleger zu suboptimalen Investitionsentscheidungen.[147]

Diese Informationsasymmetrien können durch Rechnungslegungs- und Publikationspflichten aufgelöst werden. Durch die entsprechende Pflicht des Vorstands, die Informationen dem Kapitalmarkt zugänglich zu machen, werden dem Aktionär die entscheidungserheblichen Informationen zugeführt. Jedoch gilt es hier wieder zu beachten, dass der Agent typischerweise kein Interesse an der gesteigerten Transparenz hat. Es sind deshalb Kontrollsysteme und drohende Sanktionen nötig, was mit steigenden Agenturkosten einhergeht.[148]

c. Direktive Verhaltenssteuerung

Nach Vertragsschluss auftretender Opportunismus kann mit den Versuch einer direktiven Verhaltenssteuerung des Agenten begegnet werden.[149] Mittels vereinbarter Verhaltensnormen, deren Einhaltung kontrolliert und deren Verletzung sanktioniert wird, kann der Prinzipal seinen Agenten zu einem bestimmten Verhalten motivieren bzw. unerwünschtes Verhalten unterbinden. Mit anderen Worten: Je stärker der Agent „an die Leine genommen wird", desto weniger Handlungsspielraum hat er und entsprechend eingeschränkt wird seine Möglichkeit zu opportunistischem Verhalten.

Solche direktiven Steuerungen des Verhaltenes des Auftragnehmers sind jedoch nur begrenzt möglich, weil sie ein hohes Maß an Informationen

---

145 Vgl. *Ebers/Gotsch* in: Kieser/Ebers, Organisationstheorien, 8. Aufl. 2019, S. 215; *Lattemann*, Corporate Governance im globalisierten Informationszeitalter, 2010, S. 26 f.; *v. Werder*, Führungsorganisation, 3. Aufl. 2015, S. 18.

146 *Ebers/Gotsch* in: Kieser/Ebers, Organisationstheorien, 8. Aufl. 2019, S. 215.

147 *Behrens* in: FS Drobnig, 1999, S. 504.

148 *Ebers/Gotsch* in: Kieser/Ebers, Organisationstheorien, 8. Aufl. 2019, S. 215.

149 *Ebers/Gotsch* in: Kieser/Ebers, Organisationstheorien, 8. Aufl. 2019, S. 215; vgl. *Hart*, The Economic Journal, Vol. 105, No. 430 (May, 1995), 678 (679); *v. Werder*, Führungsorganisation, 3. Aufl. 2015, S. 20 f.

seitens des Auftraggebers – also des Normsetzers – voraussetzen, was bei komplexen Aufgaben selten erfüllt ist.[150] Außerdem verursacht die Überwachung der vorgegebenen Regeln Kosten.[151] Leistungsanreizen ist daher als kostengünstigere Art der Verhaltenssteuerung regelmäßig der Vorzug zu geben.[152]

Mit der Einengung des Ermessensspielraums des Agenten durch die Vorgaben kommt es gleichzeitig zu einer Rückverlagerung der Entscheidungskompetenzen auf den Prinzipal.[153] In Fällen, in denen der Agent beauftragt wurde, um sich seine Fähigkeiten und Kompetenzen zu eigen zu machen, wird das Ziel der Austauschbeziehung letztlich konterkariert.[154]

5. Vertretungskosten

Die Kehrseite der Schutzmaßnahmen ist der mit ihnen verbundene Aufwand. Als Vertretungskosten (sog. *Agency Costs*) sind sie eine besondere Form von Transaktionskosten.[155] Der Begriff erfasst die Kosten, die dem Prinzipal durch die Einschaltung und Überwachung des Agenten entstehen.[156] Sie schmälern das dem Prinzipal zustehende Residualeinkommen.

Daher ist bei allen *Corporate-Governance*-Maßnahmen stets abzuwägen, ob die durch sie verursachten Kosten im Verhältnis zu dem Ertrag stehen. So sollte es z.B. nicht zu ausufernden Informationspflichten des Agenten kommen, deren Erfüllung mit unverhältnismäßig hohem Aufwand verbunden ist.[157]

---

150 *Ebers/Gotsch* in: Kieser/Ebers, Organisationstheorien, 8. Aufl. 2019, S. 215. Vgl. auch *Klöhn*, AcP 2016 (216), 281 (298): „In der Folge würde der Gesellschaftsvertrag […] so umfangreich wie ein Steuergesetz und würde dennoch genauso viele Schlupflöcher enthalten".

151 Vgl. *Hart*, The Economic Journal, Vol. 105, No. 430 (May, 1995), 678 (679).

152 *Ebers/Gotsch* in: Kieser/Ebers, Organisationstheorien, 8. Aufl. 2019, S. 215.

153 *Engert* in: Möslein, Private Macht, 2016, S. 396.

154 Ähnlich *Welge/Eulerich*, Corporate-Governance-Management, 2. Aufl. 2014, S. 80, die eine vollkommene Verhaltenskontrolle für „nicht umsetzbar" halten und auf eine *ex-post*-Kontrolle der Ergebnisse verweisen. Nur bei Entscheidungen von großer Bedeutung für das Unternehmen sei eine Verhaltenskontrolle vorzuziehen. Vgl. auch *Engert* in: Möslein, Private Macht, 2016, S. 390 f., 396 u. 417 (zum selben Problem im Rahmen der Überwachung); ähnlich *Kumpan*, Interessenkonflikte im deutschen Privatrecht, 2014, S. 69.

155 *Richter/Furubotn*, Neue Institutionenökonomik, 4. Aufl. 2010, S. 177.

156 Vgl. *Richter/Furubotn*, Neue Institutionenökonomik, 4. Aufl. 2010, S. 176 f.

157 Vgl. speziell bei Verwertungsgesellschaften *Riesenhuber*, ZUM 2004, 417.

6. Rechts(erkenntnis-)quellen

Institutionen, die sich als *Corporate-Governance*-Maßnahmen verstehen lassen, gibt es viele und von unterschiedlicher Rechtsqualität.[158] Neben die externen Institutionen, die vom Staat einheitlich vorgegeben werden, treten eine Reihe von internen Regelungen, die sich von Organisation zu Organisation unterscheiden können. Doch auch für sie gibt es Studien, bewährte Grundsätze und andere Anhaltspunkte, wie solche Institutionen optimalerweise – d.h. i.S.e. guten *Corporate Governance* – gestaltet werden sollten. Aufgrund der Fülle an solchen Quellen sollen hier nur die wichtigsten überblicksartig vorgestellt werden.

a. Grundsätze der OECD

In einer erstmals 1999 veröffentlichten und seitdem mehrmals aktualisierten Studie hat die *OECD* als wichtigster internationaler Regelsetzer[159] *Corporate-Governance*-Grundsätze erarbeitet.[160] Die Studie richtet sich nicht direkt an die einzelnen Unternehmen, sondern primär an die jeweiligen Gesetzgeber, um ihnen bei der „Evaluierung und Verbesserung des gesetzlichen, regulatorischen und institutionellen Rahmens der Corporate Governance“ zu helfen.[161] Wichtige Eckpfeiler einer *Corporate-Governance*-Struktur sind demnach die Förderung transparenter und fairer Märkte sowie einer effizienten Ressourcenallokation[162], der Schutz von Aktionärsrechten und die Gleichbehandlung aller Aktionäre[163], das Setzen von vernünftigen Anreizen[164], die Einbeziehung der *Stakeholder*[165] sowie die Gewährleistung von Offenlegung und Transparenz hinsichtlich aller wesentlichen Angelegenheiten[166]. Eine Schlüsselrolle kommt nach der Studie dabei dem Aufsichtsorgan (*Board*) zu. Der *Corporate-Governance*-Rahmen soll „die effektive Überwachung der Geschäftsführung durch [das] Board als

---

158 Zur Frage der Rechtsqualität bei privaten Standards *Möllers/Fekonja*, ZGR 2012, 777 (785 ff.).

159 So *Möslein*, JZ 2010, 74 (75).

160 Siehe ausführlich dazu *Hommelhoff*, ZGR 2001, 238 ff.

161 *OECD*, Grundsätze der Corporate Governance, 2015, S. 3.

162 *OECD*, Grundsätze der Corporate Governance, 2015, S. 13.

163 *OECD*, Grundsätze der Corporate Governance, 2015, S. 19.

164 *OECD*, Grundsätze der Corporate Governance, 2015, S. 33.

165 *OECD*, Grundsätze der Corporate Governance, 2015, S. 41.

166 *OECD*, Grundsätze der Corporate Governance, 2015, S. 45.

Aufsichtsorgan sowie dessen Rechenschaftspflicht gegenüber dem Unternehmen und seinen Aktionären gewährleisten."[167]

b. Deutscher Corporate Governance Kodex

Die deutsche Bundesregierung setzte 2000 eine Regierungskommission *Corporate Governance* ein, die sich aus Persönlichkeiten aus Wirtschaft, Politik, Gewerkschaften und Rechtswissenschaft zusammensetzte.[168] Auf Grundlage eines Entwurfs dieser Kommission setzte das Bundesministerium der Justiz 2001 wiederum die Regierungskommission DCGK ein, die 2002 die erste Fassung des *Deutschen Corporate Governance Kodex* (DCGK) vorstellte.[169]

Der DCGK enthält Empfehlungen und Anregungen für eine gute Unternehmungsführung, die in der Praxis als Orientierung dienen sollen.[170] Zwar kommt ihm keinerlei Rechtsnormqualität zu,[171] doch hat der deutsche Gesetzgeber mit § 161 AktG eine gesetzliche Verankerung geschaffen.[172] Danach sind börsennotierte Kapitalgesellschaften dazu verpflichtet, entweder die Vorgaben des Kodex einzuhalten oder – soweit sie dies nicht tun – darzulegen, wieso sie dem DCGK nicht folgen. Dieser sog. *Comply-or-Explain*-Ansatz wird von der *OECD* empfohlen, um Besonderheiten einzelner Unternehmen Rechnung tragen zu können: „Was für ein bestimmtes Unternehmen, einen bestimmten Anleger oder einen bestimmten Unternehmensbeteiligten gut funktioniert, eignet sich nicht zwangsläufig auch für andere Unternehmen, Anleger und Unternehmensbeteiligte, die in einem anderen Kontext und unter anderen Bedingungen tätig sind."[173]

---

167 *OECD*, Grundsätze der Corporate Governance, 2015, S. 57.

168 *v. der Linden* in: Wilsing, DCGK, 2012, Präambel Rn. 6.

169 *v. der Linden* in: Wilsing, DCGK, 2012, Präambel Rn. 7. Ausführlich zur Entstehungsgeschichte: *v. der Linden* in: Wilsing, DCGK, 2012, Präambel Rn. 5 ff.; *Stenger*, Kodex und Entsprechenserklärung, 2013, S. 28 ff. Ausführlich zum Kodex *Krieger*, ZGR 2012, 202 ff.

170 *Grünberger*, RW 2012, 1 (30).

171 *v. der Linden* in: Wilsing, DCGK, 2012, Präambel Rn. 8; *Kirschbaum/Wittmann*, JuS 2005, 1062 (1064); *Busch/Link* in: MünchHdB GesR VII, 5. Aufl. 2016, § 46 Rn. 47.

172 Zusätzlich nehmen u.a. §§ 289a Abs. 2 Nr. 1, 285 Nr. 16, 314 Abs. 1 Nr. 8, 325 S. 1 Abs. 1 Nr. 2 Alt. 2 HGB auf die Verpflichtung aus § 161 AktG Bezug. Siehe dazu *Abeltshauser* in: Abeltshauser/Buck, Corporate Governance, 2004, S. 20 f.

173 *OECD*, Grundsätze der Corporate Governance, 2016, S. 13; vgl. auch *Leyens* in: Hirte/Mülbert/Roth, AktG, 5. Aufl. 2018, § 161 Rn. 34.

Dennoch scheinen die meisten Vorschriften eher auf größere Publikumsgesellschaften zugeschnitten als auf kleinere börsennotierte Unternehmen zu passen.[174]

Während eine Verletzung der Erklärungspflicht aus § 161 AktG durch das Aktienrecht sanktionierbar ist,[175] hat der Gesetzgeber keine Konsequenzen an die Nichtumsetzung der Kodex-Empfehlungen und -Anregungen geknüpft. Das bedeutet jedoch nicht, dass es keine Sanktionen gibt: Der (Kapital-)Markt straft Unternehmen ab, die nicht die DCGK-Vorgaben befolgen.[176] Der Kodex lässt sich somit in der Praxis unabhängig von seiner rechtlichen Verbindlichkeit als „faktisch zwingend" beschreiben.[177]

c. Gesetzliche Regelungen

Nicht erst mit Einführung der § 161 AktG und § 289a HGB hat der nationale Gesetzgeber Regelungen getroffen, die sich als *Corporate Governance* begreifen lassen. Bereits vorher fanden sich viele grundlegende Regelungen zur Leitung und Kontrolle einer Gesellschaft in den jeweiligen Spezialgesetzen, sodass man insoweit auch von *Corporate Governance* im deskriptiven Sinne sprechen kann.[178]

---

174 *Stenger*, Kodex und Entsprechenserklärung, 2013, S. 52, der darin aufgrund des *Comply-or-Explain*-Ansatzes jedoch kein Problem sieht.

175 Ausführlich zur Anfechtbarkeit von Entlastungs- und Wahlbeschlüssen sowie der Haftung von Organmitgliedern aufgrund von fehlerhaften oder unterlassenen Entsprechenserklärungen *Busch/Link* in: MünchHdB GesR VII, 5. Aufl. 2016, § 46 Rn. 46 ff.; *Bayer/Scholz*, ZHR 2017, 861 ff.; *Weitnauer*, GWR 2018, 301 ff.; *Kleefass*, NZG 2019, 299 ff.

176 *Riesenhuber* in: Rieble/Junker/Giesen, Finanzkriseninduzierte Vergütungsregulierung und arbeitsrechtliche Entgeltsysteme, 2011, S. 142; *ders./Möslein* in: Riesenhuber, Perspektiven des Europäischen Schuldvertragsrechts, S. 8; *Stenger*, Kodex und Entsprechenserklärung, 2013, S. 43 f.; kritisch *Nowak/Rott/Mahr*, ZGR 2005, 252 (259 ff.).

177 *Riesenhuber* in: Rieble/Junker/Giesen, Finanzkriseninduzierte Vergütungsregulierung und arbeitsrechtliche Entgeltsysteme, 2011, S. 142. Ähnlich auch *Hoffmann-Becking* in: FS Hüffer, 2010, S. 343; *Bachmann* in: FS Hoffmann-Becking, 2013, S. 82 („faktische Bindungswirkung"); *Wernsmann/Gatzka*, NZG 2011, 1001 (1006) („faktischer Befolgungsdruck", „faktische Bindungswirkung").

178 Vgl. *Riesenhuber* in: Tröger/Karampatzos, Gestaltung und Anpassung von Verträgen in Krisenzeiten, 2014, S. 6; ähnlich *Teichmann*, ZGR 2001, 645 (657), der davon spricht, dass das Gesellschaftsrecht ein bestimmtes *Corporate-Governance*-System zwingend vorschreibt.

So überwacht beispielsweise der Aufsichtsrat einer Aktiengesellschaft nach § 111 Abs. 1 AktG die Geschäftsführung. Im Regelfall werden die Mitglieder des Aufsichtsrats nach § 101 AktG von der Hauptversammlung gewählt, in der die Aktionäre ihre Rechte ausüben. Damit schafft das AktG eine zwingende Kontrollinstanz, die den Agenten, d.h. hier den Vorstand, für den Prinzipal – hier also den Aktionär – überwachen soll. Auf der Gegenseite wird dieser Kontrollmechanismus mit einer Berichtspflicht des Vorstands an den Aufsichtsrat nach § 90 AktG komplementiert. Auch das GmbHG kennt mit § 51a GmbHG ein nicht disponibles Auskunfts- und Einsichtsrecht der Gesellschafter gegenüber der Geschäftsführung. Für den Verein allerdings lassen sich vergleichsweise wenig Vorschriften finden, die in die Kategorie *Corporate Governance* fallen. Dies lässt sich wohl damit erklären, dass der nicht wirtschaftliche Verein i.S.v. § 21 BGB insoweit als Leitbild dient und sich dort das Problem des Auseinanderfallens von Eigentum und Verfügungsmacht nicht in gleicher Weise stellt.[179]

Daneben finden sich im BGB Regelungen, die – weil sie nicht speziell auf Unternehmen zugeschnitten sind – sich zwar nicht als *Corporate Governance* klassifizieren lassen, jedoch ebenfalls *Principal-Agent*-Konflikte adressieren. Beispielsweise betreffen das Verbot von Insichgeschäften des § 181 BGB oder die Auskunfts- und Rechenschaftspflicht des Auftragnehmers aus § 666 BGB dieses Verhältnis.

d. Grünbuch Europäischer Corporate-Governance-Rahmen

2011 hat auch die Europäische Kommission mit dem Grünbuch Europäischer *Corporate-Governance*-Rahmen ein eigenes Konzept vorgestellt. Dieses konzentriert sich besonders auf den Aufsichtsrat als Gegengewicht zur Geschäftsführung, die Rolle der Aktionäre und die Anwendung des *Comply-or-Explain*-Prinzips.[180]

7. Zusammenfassung

Corporate Governance bezeichnet den rechtlichen und faktischen Ordnungsrahmen für die Leitung und Überwachung eines Unternehmens.

---

179 Vgl. *Discher*, Die Mitgliederhaftung im Idealverein, 2012, S 43 f.

180 KOM(2011), 164 endg., S. 3 f. und S. 5, wonach mit Verwaltungsrat i.d.R. der Aufsichtsrat gemeint ist.

Unter anderem sollen damit *Principal-Agent-* und *Principal-Principal*-Konflikte entschärft werden. Es ist zwischen einem rein deskriptiven und einem normativen Begriffsverständnis zu unterscheiden. In vorliegender Arbeit wird letzter Begriff i.S.e. guten Unternehmensleitung und -überwachung genutzt.

Bestimmte Grundprinzipien helfen, dieses Ziel zu erreichen: Gewaltenteilung (*Checks and Balances*), Transparenz und Reduzierung von Interessenkonflikten. Umsetzen lassen sich diese Prinzipien etwa mittels Maßnahmen zur Vermeidung von Fehlanreizen, durch den Abbau von Informationsasymmetrien und durch eine direktive Verhaltenssteuerung der Agenten. Neben diesen internen Maßnahmen gibt es auch externe Ansatzpunkte – etwa eine behördliche Kontrollinstanz oder ein Abschlussprüfer –, um eine gute *Corporate Governance* sicherzustellen. Nicht aus den Augen verloren werden dürfen die im Gegenzug anfallenden Transaktionskosten.

Vorbilder und Empfehlungen für eine gute *Corporate Governance* lassen sich in unterschiedlichen Regelwerken finden. Neben den *OECD*-Grundsätzen und dem Grünbuch der Europäischen Kommission enthält der DCGK, aber auch die deutschen Gesetze, wie z.B. das AktG, entsprechende Regelungen.

II. Übertragbarkeit auf Verwertungsgesellschaften

Verwertungsgesellschaften sind anders als *normale* Unternehmen. *Lerche* spricht gar von „Unternehmen *sui generis*".[181] Dennoch treten auch bei Verwertungsgesellschaften *Principal-Agent*-Konflikten und *Principal-Principal*-Konflikte auf.[182] Die Situation unterscheidet sich insoweit nicht von der einer Aktiengesellschaft – dem herkömmlichen Anwendungsgebiet der *Corporate-Governance*-Forschung. Durch die Ausgestaltung der Verwertungsgesellschaft als Treuhand kommt es zu einem Auseinanderfallen von Eigentum und Kontrolle: An die Stelle des Aktionärs, der sein Kapital der Aktiengesellschaft überlässt, tritt der Rechtsinhaber, der sein Urheber- oder verwandtes Schutzrecht der Verwertungsgesellschaft überlässt. Er bleibt zwar weiterhin Eigentümer der Rechte, die Verwertungsgesellschaft

---

181 *Lerche*, ZUM 2003, 34 ff.

182 *Bing*, Die Verwertung von Urheberrechten, 2002, S. 215; *Tietzel/Weber* in: Ott/Schäfer, Ökonomische Analyse der rechtlichen Organisation von Innovation, S. 135; *Heinemann*, Die Verteilungspraxis der Verwertungsgesellschaften, 2017, S. 111; *Podszun/Franz*, ZGE 2015, 15 (21 ff.); *Podszun*, GPR 2013, 97 (102 f.).

übt diese jedoch weitgehend für ihn aus. Der Rechtsinhaber als Prinzipal macht sich auf diese Weise den Kontroll- und Verwaltungsapparat der Verwertungsgesellschaft zunutze. Einher geht die Gefahr, dass sich die Art und Weise der Rechtewahrnehmung nicht allein an den Interessen des einbringenden Rechtsinhabers orientiert.

Soweit die *Corporate-Governance*-Forschung börsennotierte Kapitalgesellschaften als Ausgangspunkt nimmt, ergeben sich dennoch Besonderheiten bei den Verwertungsgesellschaften dort, wo ihre Grundlagen von denen börsennotierter Kapitalgesellschaften abweichen. Verwertungsgesellschaften sind in der Rechtsform einer Aktiengesellschaft organisiert (1.). Sie sind nicht auf die Erzielung eines (Eigen-)Gewinns ausgerichtet (2.) und ihre Berechtigten partizipieren nicht wie Aktionäre gleichmäßig von den Erträgen (3.). Vielmehr werden die Rechtsinhaber als Treugeber in drei Gruppen unterteilt, woran wesentliche Unterschiede bei den Mitwirkungs- und Kontrollrechten geknüpft sind (4.). Daneben sind Verwertungsgesellschaften nicht auf Märkten aktiv, die eine externe Kontrolle gewährleisten (5.) und haben meist auch intern nur eine schwach ausgeprägte Kontrolle (6.). Es stellt sich daher die Frage, ob und inwieweit die vorgestellten Ansätze der *Corporate-Governance*-Forschung für Verwertungsgesellschaften fruchtbar gemacht werden können.

1. Verein und GmbH als Rechtsform

Die deutschen Verwertungsgesellschaften sind alle als GmbH oder Verein kraft Verleihung nach § 22 BGB organisiert, während die rechtswissenschaftliche *Corporate-Governance*-Forschung ihren Ursprung im Aktienrecht hat. Jedoch wurden die aktienrechtlichen Erkenntnisse bereits in anderen Zusammenhängen erfolgreich auf GmbH und Verein übertragen[183], sodass die Rechtsform der Verwertungsgesellschaften kein Hindernis ist. Lediglich die sich aus den anderen Organisationsstrukturen gegenüber der

183 Siehe nur zu börsenfernen Familienunternehmen *Lange*, BB 2005, 2585 ff.; *Bettermann/Heneric* in: Hommelhoff/Hopt/v. Werder, Handbuch Corporate Governance, 2. Aufl. 2009, S. 849 ff.; zu Nonprofit-Organisationen *Koss* in: Hopt/Hippel/Walz, Nonprofit-Organisationen in Recht, Wirtschaft und Gesellschaft, 2004, S. 197 ff.; *Schuhen* in: Hopt/Hippel/Walz, Nonprofit-Organisationen in Recht, Wirtschaft und Gesellschaft, 2004, S. 221 ff.; *Kreutz*, ZRP 2007, 50 (52 ff.); zu geschlossenen Gesellschaften *Weller*, ZGR 2012, 386 ff.; *Woywode/Keese/Tänzler*, ZGR 2012, 418 ff. (aus betriebswissenschaftlicher Sicht); zu Stiftungen *Schmidt-Schmiedebach*, Stiftung und Governance Kodex, 2016, S. 67 ff.

Aktiengesellschaft ergebenden Besonderheiten müssen Berücksichtigung finden.

2. Keine (Eigen-)Gewinnerzielungsabsicht

Verwertungsgesellschaften erzielen keine Gewinne, da sie sämtliche Einnahmen – nach Abzug ihrer Verwaltungskosten – aufgrund der Wahrnehmungsverträge an die Bezugsberechtigten auszahlen. Bei näherer Betrachtung handelt es sich dabei nicht um eine wirkliche Besonderheit.[184] Auch eine börsennotierte Aktiengesellschaft thesauriert nicht ihre Gewinne für alle Zeiten, sondern schüttet diese in Form von Dividende an ihre Aktionäre aus.

Einziger Unterschied liegt im Rechtsgrund der Zahlung an die Unternehmensbeteiligten. Bei der Aktiengesellschaft liegt er im Gesellschafterverhältnis, während bei der Verwertungsgesellschaft der Wahrnehmungsvertrag die *causa* bildet. In beiden Fällen soll ein Überschuss erwirtschaftet werden, um ihn an die Begünstigten auszuschütten. Blendet man den Rechtsgrund aus und nimmt eine rein wirtschaftliche Betrachtung vor – eine solche liegt der *Corporate Governance* zugrunde –, besteht letztlich kein Unterschied. Dass es bilanziell nicht zur Ausweisung eines Jahresüberschusses kommt[185], liegt einzig daran, dass unmittelbar vorher die Mittelverwendung vorgenommen wird und so stets eine Null unter dem Strich steht.

Es gilt jedoch zu beachten, dass beispielsweise eine Gewinnbeteiligung der Geschäftsführung im klassischen Sinne aufgrund des fehlenden bilanziellen Gewinns ausscheidet.[186] Dies bedeutet nicht, dass eine Bekämpfung von Fehlanreizen durch variable Vergütungsbestandteile unmöglich ist, sondern lediglich andere Anknüpfungspunkte als in der herkömmlichen *Corporate Governance* gewählt werden müssen.

---

184 So hat schon das *Reichsgericht*, Urt. v. 18.9.1915, RGZ 87, 215 (219), die Ausschüttungen als „fortlaufende Gewinnbeteiligung“ eingeordnet. Siehe dazu auch: *Mestmäcker* in: FS Lukes, 1989, S. 446 f.

185 Der Ausweis in der Gewinn- und Verlustrechnung richtet sich nach § 275 Abs. 2 HGB.

186 Zum gleichen Problem bei Stiftungen *Schmidt-Schmiedebach*, Stiftung und Governance Kodex, 2016, S. 68.

3. Keine gleichmäßige Partizipation an den Erträgen

Alle Aktionäre – gegebenenfalls mit Ausnahme einzelner Großaktionäre, die strategische Ziele verfolgen – streben eine möglichst hohe Kapitalrendite an. Die Rendite ist dabei aufgrund der Gleichbehandlungspflicht für alle Aktionäre einer Gattung gleich. Bei den Verwertungsgesellschaften hingegen gibt es einen solchen Gleichlauf nicht. Vielmehr kann eine hohe „Rendite“ des einen Rechtsinhabers zulasten anderer Rechtsinhaber gehen. Durch den Verteilungsplan ergeben sich hohe Opportunismusinterdependenzen zwischen den Rechtsinhabern. Da die zu verteilenden Einnahmen fest vorgegeben sind, bedeutet jedes Plus eines Rechtsinhabers ein Minus für die Übrigen. In der Folge stellen sich im Vergleich zur Aktiengesellschaft *Principal-Principal*-Konflikte im gesteigerten Maße.

4. Die Unterteilung der Rechtsinhaber

Zusätzlich kommt es durch die Unterteilung der Rechtsinhaber in Mitglieder und Nichtmitglieder zu weiteren Spannungsfeldern,[187] denn das VGG unterteilt die Rechtsinhaber in drei Gruppen: (a.) Rechtsinhaber, (b.) Berechtigte und (c.) Mitglieder. Daneben werden in der Praxis teilweise weitere Unterteilungen vorgenommen (d.).

a. Rechtsinhaber

Der in § 5 VGG normierte *Rechtsinhaber* ist der weiteste der drei Begriffe. Er umfasst diejenigen, die Inhaber eines Urheberrechts bzw. verwandten Schutzrechts sind oder einen Anspruch auf einen Anteil an den Einnahmen aus den Rechten haben. Dabei muss sich die letzte Variante auf Personen beziehen, die nicht Urheber oder Inhaber verwandter Schutzrechte sind. Ansonsten würde dieses Tatbestandsmerkmal keine Wirkung entfalten, weil stets bereits die erste oder zweite Variante eingreifen würde. Da-

187 Ähnlich *Heinemann*, Die Verteilungspraxis der Verwertungsgesellschaften, 2017, S. 112.

mit geht der Begriff über die Richtlinie 2001/29/EG[188] hinaus,[189] in der nur originäre Rechtsinhaber erfasst werden.[190]

Fraglich ist, wie weit der Begriff im VGG reicht. § 5 Abs. 1 Var. 3 VGG setzt einen Anteil an den Einnahmen aus den Rechten voraus. Teilweise wird vertreten, es genüge ein Anspruch gegen einen Urheber auf einen Teil seiner Einnahmen.[191] Dagegen spricht der Wortlaut der Richtlinie und des Gesetzes. Wenn sonst im VGG von „Einnahmen aus den Rechten" gesprochen wird – z.B. im so überschriebenen Unterabschnitt 3 (§§ 23 ff. VGG) –, geht es stets um die Einnahmen der Verwertungsgesellschaften. Auch die weitestgehend wortlautidentische Definition des Rechtsinhabers in Art. 3 lit. c RL 2014/26/EU spricht für dieses Verständnis.[192] In der Richtlinie findet sich sogar eine Legaldefinition für „Einnahmen aus den Rechten". Nach Art. 3 lit. h RL 2014/26/EU erfasst der Begriff alle Einnahmen der Verwertungsgesellschaft, die sie für die Rechtsinhaber aus einem Ausschließlichkeitsrecht oder Vergütungs- und Ausgleichsansprüchen eingezogen hat. Dass ein Beteiligungsanspruch im Verhältnis Urheber – Dritter nicht genügt, unterstreicht auch ErwGr. 20 S. 1 RL 2014/26/EU. Dort wird klargestellt, dass die hier gegenständlichen Rechtsinhaber solche sind, die ihren Anspruch auf einen Anteil an den Einnahmen „von der Organisation für die kollektive Rechtewahrnehmung einziehen dürfen". Richtigerweise wird also nur erfasst, wer – aufgrund von Gesetz oder Rechteverwertungsvertrag – *unmittelbar* an den Ausschüttungen der Verwertungsgesellschaft beteiligt wird. Die dritte Variante des § 5 Abs. 1 VGG reicht nicht soweit, auch Ansprüche gegen einen Rechtsinhaber i.S.v. § 5

---

188 Richtlinie (EG) 2001/29 des Europäischen Parlaments und des Rates vom 22.5.2001 zur Harmonisierung bestimmter Aspekte des Urheberrechts und der verwandten Schutzrechte in der Informationsgesellschaft, ABl. Nr. L 167, S. 10.

189 So jetzt auch *Gerlach* in: Wandtke/Bullinger, Praxiskommentar UrhR, 5. Aufl. 2019, § 5 VGG Rn. 1; vgl. auch *v. Ungern-Sternberg*, GRUR 2017, 217 (224); und *Schulze* in: Dreier/Schulze, UrhG, 6. Aufl. 2018, § 5 VGG Rn. 1, der darauf hinweist, dass der Begriff hinsichtlich aller Richtlinien, in denen er auftaucht, autonom auszulegen ist (einschränkend aber wiederum Rn. 3).

190 *EuGH*, Urt. v. 12.11.2015 – C-572/13, ZUM 2016, 153 (157) Rn. 46 ff. – *Hewlett-Packard/Reprobel*.

191 *Riesenhuber* in: FS Schulze, 2017, S. 300; *Schulze* in: Dreier/Schulze, UrhG, 6. Aufl. 2018, § 5 VGG Rn. 3.

192 So auch *Riesenhuber* in: FS Schulze, 2017, S. 300; *v. Ungern-Sternberg*, JurPC Web-Dok. 105/2018 Abs. 22.

Abs. 1 Var. 1 oder 2 VGG genügen zu lassen.[193] Keine Aussage trifft § 5 Abs. 1 Var. 3 VGG dazu, *wann* ein solcher unmittelbarer Anspruch auf einen Anteil an den Einnahmen der Verwertungsgesellschaft vorliegt.[194] Daher lässt sich aus der Norm keine Antwort zu dem Streit um die Verlegerbeteiligung ableiten.

§ 5 Abs. 2 VGG stellt klar, dass Verwertungsgesellschaften selbst nicht Rechtsinhaber i.S.d. Gesetzes sind.

b. Berechtigte

Bereits etwas enger gefasst ist § 6 VGG, der *Berechtigte* als diejenigen Rechtsinhaber definiert, die in einem unmittelbaren Wahrnehmungsverhältnis mit der Verwertungsgesellschaft stehen.[195] Nicht in allen Fällen wird zwischen dem Rechtsinhaber und der Verwertungsgesellschaft eine schuldrechtliche Verbindung mittels Wahrnehmungsvertrag geschlossen.[196] Ein solches Verhältnis kann sich auch durch Gesetz ergeben, etwa wenn die Gesellschaft Rechte *ipso iure* wahrnimmt, ohne explizit von dem Inhaber beauftragt worden zu sein[197]: § 50 Abs. 1 S. 1 VGG fingiert in bestimmten Fällen unwiderlegbar, dass die Verwertungsgesellschaft beauftragt wurde.[198] In der Folge hat der betroffene Rechtsinhaber (sog. Außenseiter) gemäß § 50 Abs. 2 S. 1 VGG dieselben Rechte und Pflichten, als ob

---

193 So auch *v. Ungern-Sternberg* in: FS Büscher, 2018, S. 269 f.; *ders.*, ZGE 2017, 1 (3 f.); *ders.*, JurPC Web-Dok. 105/2018 Abs. 22; wohl auch *Rehbinder/Peukert*, Urheberrecht, 18. Aufl. 2018, Rn. 1127. Mit Blick auf Verleger i.E. wohl auch *Hentsch* in: Dreyer/Kotthoff/Meckel/Hentsch, UrhR, 4. Aufl. 2018, § 5 VGG Rn. 2.

194 Vgl. *v. Ungern-Sternberg*, JurPC Web-Dok. 105/2018 Abs. 21; *Gerlach* in: Wandtke/Bullinger, Praxiskommentar UrhR, 5. Aufl. 2019, § 5 VGG Rn. 2, der davon spricht, dass der Norm durch § 27a VGG ein „praktischer Anwendungsbereich" zukommt.

195 *Klett/Schlüter*, K&R 2016, 567 (568), führen die Unterscheidung zwischen Rechtsinhabern und Berechtigten auf den Streit um die Verlegerbeteiligung zurück. Doch nach der Legaldefinition kann nur ein Rechtsinhaber i.S.d. § 5 VGG Berechtigter i.S.d. § 6 VGG sein. Dazu, ob die Verleger Rechtsinhaber sind, schweigt die Norm indes. Zur Verlegerbeteiligung trifft die Unterscheidung damit keine Aussage.

196 Siehe zur Differenzierung auch *Heinemann*, Die Verteilungspraxis der Verwertungsgesellschaften, 2017, S. 16 f.

197 Begründung des Regierungsentwurfs zum VGG, BT-Drs. 18/7223, S. 73; *Hentsch* in: Dreyer/Kotthoff/Meckel/Hentsch, UrhR, 4. Aufl. 2018, § 6 VGG Rn. 2.

198 BeckOK-UrhR/*Freudenberg*, 25. Ed. 15.7.2019, § 50 VGG Rn. 1, 6.

er tatsächlich einen Wahrnehmungsvertrag abgeschlossen hätte.[199] Ein weiterer Anwendungsfall könnte bei einer (fakultativen) Umsetzung der kollektiven Lizenzvergabe mit erweiterter Wirkung aus Art. 12 RL 2019/790/EU[200] in nationales Recht hinzukommen.[201] Solche Rechtsinhaber, die ihre Rechte nicht von der Verwertungsgesellschaft wahrnehmen lassen (Art. 12 Abs. 1 RL 2019/790/EU) und der kollektiven Lizenzierung nicht widersprochen haben (Art. 12 Abs. 3 lit. c RL 2019/790/EU), stünden ebenfalls in einem unmittelbaren Wahrnehmungsverhältnis mit der Verwertungsgesellschaft nach Art. 12 Abs. 4 UAbs. 3 RL 2019/790/EU i.V.m. Art. 7 Abs. 1 RL 2014/26/EU.[202]

Für die Wahrnehmung der meisten verwertungsgesellschaftspflichtigen Vergütungsansprüche stellt § 49 Abs. 1 VGG die widerlegbare Vermutung auf, dass die Verwertungsgesellschaft aktivlegitimiert ist.[203] Soweit die Gesellschaft Vergütungsansprüche eingezogen hat, besteht zwischen ihr und dem Rechtsinhaber ein gesetzliches Schuldverhältnis nach den Regeln der Geschäftsführung ohne Auftrag.[204] Da es an einer mit § 50 Abs. 2 S. 1 VGG vergleichbaren Regelung fehlt, handelt es sich in diesem Fall nicht um ein unmittelbares Wahrnehmungsverhältnis, sodass die betroffenen Rechtsinhaber nicht Berechtigte i.S.d. § 6 VGG sind.[205] Diese Verhältnisse werden in der vorliegenden Arbeit ausgeklammert, da sie sich weitgehend nach Regeln außerhalb des VGG vollziehen.

Das Gesetz knüpft an die Stellung als Berechtigter einige Informations- und Mitwirkungsrechte (vgl. z.B. §§ 16, 20, 47 oder 54 VGG). Ein Vorbild findet sich dafür nur mittelbar in der RL 2014/26/EU.[206] Sie kennt den Be-

---

199 Vgl. BeckOK-UrhR/*Freudenberg*, 25. Ed. 15.7.2019, § 50 VGG Rn. 14 ff; *Gerlach* in: Wandtke/Bullinger, Praxiskommentar UrhR, 5. Aufl. 2019, § 6 VGG Rn. 2.

200 Richtlinie (EU) 2019/790 des Europäischen Parlaments und des Rates vom 17. April 2019 über das Urheberrecht und die verwandten Schutzrechte im digitalen Binnenmarkt und zur Änderung der Richtlinien 96/9/EG und 2001/29/EG, ABl. Nr. L 130, S. 92.

201 Siehe dazu *Wandtke*, NJW 2019, 1841 (1843 f.); *Stieper*, ZUM 2019, 211 (217); ausführlich *Staats*, ZUM 2019, 703 (706ff.).

202 Siehe dazu *Staats*, ZUM 2019, 703 (709), der auf die Parallele zu § 50 VGG hinweist.

203 BeckOK-UrhR/*Freudenberg*, 25. Ed. 15.7.2019, § 49 VGG Rn. 2, 5.

204 Vgl. noch bezogen auf die Vorgängernorm § 13 Abs. 2 UrhWahrnG *Melichar* in: Loewenheim, HdB UrhR, 2. Aufl. 2010, § 47 Rn. 30.

205 Vgl. Begründung des Regierungsentwurfs zum VGG, BT-Drs. 18/7223, S. 73; BeckOK-UrhR/*Freudenberg*, 25. Ed. 15.7.2019, § 6 VGG Rn. 6.

206 Ähnlich *Hentsch* in: Dreyer/Kotthoff/Meckel/Hentsch, UrhR, 4. Aufl. 2018, § 6 VGG Rn. 1; *Gerlach* in: Wandtke/Bullinger, Praxiskommentar UrhR, 5. Aufl. 2019, § 6 VGG Rn. 1.

griff „Berechtigte“ nicht. In der Sache jedoch findet sich mit Art. 7 Abs. 1 RL 2014/26/EU eine Regelung, die an den Wahrnehmungsvertrag anknüpft.[207] Die Norm erklärt bestimmte Vorschriften auch auf solche Rechtsinhaber anwendbar, „die gesetzlich oder auf der Grundlage einer Abtretungs-, Lizenz- oder sonstigen vertraglichen Vereinbarungen in einem unmittelbaren Rechtsverhältnis [zur Verwertungsgesellschaft] stehen, jedoch nicht ihre Mitglieder sind“.[208] Damit grenzt sie diese Gruppe negativ von den Rechtsinhabern ab, sodass es nicht, wie im VGG, eine gemeinsame Schnittmenge zwischen den beiden Kategorien gibt.

c. Mitglieder

Auf dritter Stufe folgt das *Mitglied* (§ 7 Nr. 1 VGG). Die Legaldefinition des VGG lehnt sich eng an die des Art. 3 lit. d RL 2014/26/EU an. Berechtigte i.S.v. § 6 VGG, die von der Verwertungsgesellschaft aufgenommen wurden, sind deren Mitglieder. Daneben kennt § 7 Nr. 2 VGG noch eine zweite Kategorie: Als Mitglieder können auch Einrichtungen, die Rechtsinhaber vertreten, aufgenommen werden. Dazu zählen u.a. auch Verwertungsgesellschaften selbst.[209] In der Praxis kommt dies tatsächlich vor: Die *Gesellschaft zur Wahrnehmung von Film- und Fernsehrechten mbH* (GWFF) hält 51 % der Anteile der *AGICOA Urheberrechtsschutz GmbH* (AGICOA). Bezüglich der Mitglieder nach Nr. 2 liegt kein Stufenverhältnis vor. Sie haben selbst keine Rechte inne, können damit keine Rechtsinhaber i.S.d. § 5 Abs. 1 VGG sein und mithin nicht Berechtigte i.S.d. § 6 VGG.[210]

Nach der Konzeption des VGG setzt die Mitgliedschaft ein korporationsrechtliches Verhältnis zur Verwertungsgesellschaft voraus.[211] Der Begriff erfasst somit nicht nur Mitglieder im vereinsrechtlichen Sinne, sondern ebenfalls – rechtsformübergreifend – Gesellschafter einer als Kapital-

---

207 Ähnlich auch BeckOK-UrhR/*Freudenberg*, 25. Ed. 15.7.2019, § 6 VGG Rn. 1; a.A. wohl *Riemer/Welp* in: Ensthaler/Weidert, Handbuch Urheberrecht und Internet, 3. Aufl. 2017, Kap. 6 Rn. 25.

208 Vgl. auch die Begründung des Regierungsentwurfs zum VGG, BT-Drs. 18/7223, S. 73, die auf Art. 7 Abs. 1 RL 2014/26/EU verweist, aber auch von einer „zusätzliche[n] Kategorie“ „über die VG-Richtlinie hinaus“ spricht.

209 Vgl. ErwGr. 14 und Art. 6 Abs. 2 S. 1 RL 2014/26/EU.

210 Vgl. BeckOK-UrhR/*Freudenberg*, 25. Ed. 15.7.2019, § 6 VGG Rn. 4; *Gerlach* in: Wandtke/Bullinger, Praxiskommentar UrhR, 5. Aufl. 2019, § 6 VGG Rn. 2.

211 Begründung des Regierungsentwurfs zum VGG, BT-Drs. 18/7223, S. 74.

gesellschaft organisierten Verwertungsgesellschaft.[212] Die Mitgliedschaft i.S.v. § 7 VGG kann daher nicht unabhängig von der Gesellschafterstellung bzw. der Vereinsmitgliedschaft erlangt werden. Eine solche losgelöste Mitgliedschaft stünde im Konflikt mit § 2 Abs. 2 Nr. 1 VGG, der fordert, dass eine Verwertungsgesellschaft von ihren Mitgliedern beherrscht wird oder diese die Anteile an der Verwertungsgesellschaft halten. Beides setzt gesellschafts- bzw. vereinsrechtliche Verbindungen voraus. Doch sind nicht automatisch alle Gesellschafter oder Vereinsmitglieder auch Mitglieder i.S.v. § 7 VGG. Sie müssen zusätzlich die Voraussetzung von § 7 Nr. 1 oder Nr. 2 VGG erfüllen. Nicht Mitglied nach § 7 VGG ist daher die *Wilhelm-Fraenger-Institut Berlin gGmbH*, die 46 % an der GWFF hält.[213] Sie organisiert laut der Selbstbeschreibung auf ihrer Homepage „Veranstaltungen zur politischen und kulturellen Bildung. Darüber hinaus unterstützt das Institut kulturelle Projekte mit gesellschaftspolitischem Bezug."[214] Sie vertritt damit keine Rechtsinhaber und fällt nicht unter § 7 Nr. 2 VGG.[215]

Der Begriff „Mitglied" ist kein Gegenstück zum „Berechtigten" nach § 6 VGG, da Mitglieder i.S.v. § 7 Nr. 1 VGG stets selbst auch Berechtigte sind und *vice versa* unter den Berechtigten auch Mitglieder sind.[216] In der vorliegenden Arbeit werden die Berechtigten, die nicht zugleich auch Mitglieder sind, aus Vereinfachungsgründen schlicht als „Nichtmitglieder" bezeichnet. Hinsichtlich der Unterteilung in Mitglieder und Nichtmitglieder gehen die Verwertungsgesellschaften unterschiedlich vor. Daran anknüpfend lassen sich die Gesellschaften grob in drei Kategorien unterteilen:[217] Während manche überhaupt keine Rechtsinhaber als Mitglieder aufnehmen

---

212 So auch BeckOK-UrhR/*Freudenberg*, 25. Ed. 15.7.2019, § 7 VGG Rn. 5; *Schulze* in: Dreier/Schulze, UrhG, 6. Aufl. 2018, § 7 VGG Rn. 2; *Gerlach* in: Wandtke/Bullinger, Praxiskommentar UrhR, 5. Aufl. 2019, § 7 VGG Rn. 3.

213 So jetzt auch *Gerlach* in: Wandtke/Bullinger, Praxiskommentar UrhR, 5. Aufl. 2019, § 7 VGG Rn. 4 mit Blick auf den vorherigen Gesellschafter der GWFF, der eine natürliche Person war ohne Rechtsinhaber zu sein.

214 <www.fraengerinstitut.de/institut-aufgaben.php> (zuletzt abgerufen am 15.9.2019).

215 Auf den sich daraus ergebenden Konflikt zwischen GmbHG und VGG hinsichtlich der Kompetenzzuweisung an die Mitgliederhauptversammlung bzw. die Gesellschafter soll hier nicht eingegangen werden. Soweit, wie regelmäßig, alle Gesellschafter auch Mitglieder sind, kommt es nicht zu solchen Kompetenzkonflikten.

216 Das Gesetz hebt daher z.B. im § 20 Abs. 1 VGG explizit hervor: „Die Berechtigten, die nicht Mitglieder sind, […]". Siehe auch *Schulze* in: Dreier/Schulze, UrhG, 6. Aufl. 2018, § 6 VGG Rn. 1.

217 Ähnlich auch *Dördelmann* in: FS Hertin, 2000, S. 35.

(1), werden bei anderen sämtliche Rechtsinhaber Mitglieder (2). Einige Verwertungsgesellschaften beschränken sich auf die Aufnahme ausgesuchter Rechtsinhaber (3).

(1) Keine Rechtsinhaber als Mitglieder

Ein Teil der Verwertungsgesellschaften belässt es bei dem schuldrechtlichen Wahrnehmungsvertrag mit den Rechtsinhabern. Er nimmt überhaupt keine Rechtsinhaber als Mitglieder auf. Angesicht der hohen Hürden für die Aufnahme neuer Gesellschafter bei der GmbH[218], verwundert es nicht, dass insbesondere die als GmbH organisierten Verwertungsgesellschaften so verfahren. Vier von ihnen haben keine Mitglieder i.S.v. § 7 Nr. 1 VGG.[219] Selbstverständlich haben sie dennoch Gesellschafter. Es handelt sich bei ihnen um Branchenverbände der jeweiligen Rechtsinhaber[220] oder andere Verwertungsgesellschaften[221] also mithin um Mitglieder i.S.v. § 7 Nr. 2 VGG.[222] Bei den Verwertungsgesellschaften in Vereinsform findet sich diese Konstellation nicht.

Diese Mitgliederstruktur schafft die Gefahr, dass (einzelne) Rechtsinhaber über ihre Einflüsse auf die Gesellschafter Entscheidungen zu ihren Gunsten herbeiführen. Generell gibt es hier ein Legitimationsproblem: Wieso stehen den Gesellschaftern, die überhaupt keine Rechte eingebracht haben, wesentliche Entscheidungen über die treuhänderische Verwaltung zu? § 17 Abs. 1 VGG schreibt wesentliche Kernkompetenzen verbindlich den Mitgliedern zu – unabhängig davon, ob sie Rechtsinhaber sind. Besonders vor dem Hintergrund, dass die Gesellschafter meistens nicht alle Rechtsinhaber, sondern nur ausgewählte Berufsgruppen repräsentieren, ist

---

218 Siehe dazu ausführlich unten S. 143 f.

219 Das sind die GVL, die VGF, die AGICOA, die *Treuhandgesellschaft Werbefilm mbH* (TWF) und die *Gesellschaft zur Wahrnehmung von Veranstalterrechten mbH* (GWVR). Die Gesellschafterlisten von Verwertungsgesellschaften in GmbH-Form sind gem. § 40 Abs. 1 GmbHG im Handelsregister hinterlegt und zum Teil auch auf den Internetseiten der Gesellschaften abrufbar.

220 Bei der GVL sind beispielhaft die deutsche Orchestervereinigung e.V. und der Bundesverband Musikindustrie e.V. Gesellschafter.

221 Die Anteile der AGICOA werden vollständig von der GWFF und AGICOA Genf gehalten – beides selbst Verwertungsgesellschaften. Diese sind gem. § 5 Abs. 2 VGG keine Rechtsinhaber i.S.d. VGG.

222 Vgl. Begründung des Regierungsentwurfs zum VGG, BT-Drs. 18/7223, S. 74.

die Legitimation fragwürdig. Entsprechend muss ein *Corporate-Governance*-Rahmen bei Verwertungsgesellschaften dieses Problem adressieren.

(2) Mitgliedschaft sämtlicher Rechtsinhaber

Das genaue Gegenteil – die Aufnahme sämtlicher Rechtsinhaber als Mitglieder – findet sich ebenso. In diesen Fällen kommt es zu einem Dualismus der Rechtsverhältnisse. Neben den schuldrechtlichen Wahrnehmungsvertrag[223], der stets alleinige *causa* für die Rechteeinbringung und die Ausschüttungen ist, tritt die korporationsrechtliche Verbindung mit dem Rechtsinhaber. Aus den oben bereits genannten Gründen scheidet diese Konstruktion für Verwertungsgesellschaften mit beschränkter Haftung aus. Doch auch von den vier deutschen Verwertungsgesellschaften in Vereinsform ist lediglich die *Verwertungsgesellschaft Bild-Kunst* (VG Bild-Kunst) nach diesem Prinzip organisiert.[224]

(3) Mitgliedschaft für ausgewählte Rechtsinhaber

Der Großteil der deutschen Verwertungsgesellschaften verfügt sowohl über Rechtsinhaber als Mitglieder i.S.v. § 7 Nr. 1 VGG als auch über Nichtmitglieder. Der Erwerb der Mitgliedschaft steht dabei nicht im Belieben der Rechtsinhaber, sondern wird regelmäßig nur solchen Rechtsinhabern ermöglicht, die in dem Statut festgeschriebene Mitgliedschaftsbedingungen i.S.d. § 13 Abs. 1 VGG erfüllen.[225] Darin liegt eine wesentliche Besonderheit von Verwertungsgesellschaften gegenüber Aktiengesellschaften. Zwar können im Einzelfall auch Aktionäre weitere vertragliche Beziehungen zur Gesellschaft unterhalten – ein Aktionär der *Deutsche Telekom AG* kann von dieser einen Internetanschluss beziehen oder ein Gesellschafter der *Deutsche Lufthansa AG* bei dieser einen Flug buchen –, doch ist dies keine Voraussetzung für den Erwerb der Aktie und damit den Gesellschafterstatus. Eine unterschiedliche Behandlung im gesellschaftsrechtlichen

---

223 Zur rechtlichen Einordnung des Vertrags *Riesenhuber*, Die Auslegung und Kontrolle des Wahrnehmungsvertrags, 2004, S. 20 ff.

224 Zwar nennt auch GEMA und VG Musikedition ihre Berechtigten „angeschlossene Mitglieder“, doch handelt es sich dabei – zumindest nach dem Verständnis der Verwertungsgesellschaften – nicht um solche i.S.d. Vereinsrecht und mithin nicht um solche nach § 7 Nr. 1 VGG. Siehe dazu ausführlich sogleich S. 64 ff.

225 Siehe ausführlich zu den Mitgliedschaftsbedingungen unten S. 137 ff.

Verhältnis darf aus der zusätzlichen Vertragsbeziehung nach § 53a AktG ebenfalls nicht folgen.[226] Es ist daher unvorstellbar, dass die *Deutsche Telekom AG* die Teilnahme an der Hauptversammlung oder das Stimmrecht vom Bestehen eines Telefonvertrages oder einem bestimmten Mindestumsatz des Kunden abhängig macht.

(4) Nichtmitglieder als Shareholder

Als Folge der Unterteilung der Rechtsinhaber in Mitglieder und Nichtmitglieder muss die *Corporate Governance* bei Verwertungsgesellschaften eine doppelte Aufgabe erfüllen. Sie muss nicht nur das Verhältnis zwischen den Mitgliedern und den Organen regeln, sondern zusätzlich sicherstellen, dass die Nichtmitglieder angemessen berücksichtigt werden, d.h. auch ihr Verhältnis zu den Mitgliedern muss Gegenstand des *Corporate-Governance*-Rahmens sein.

Dieser *Principal-Principal*-Konflikt unterscheidet sich grundlegend von zwischen Aktionären auftretenden Konflikten. Die Nichtmitglieder und ihre Delegierten sind keine Gesellschafter bzw. Vereinsmitglieder und damit streng genommen keine *Shareholder* der Verwertungsgesellschaft. Aus rechtlicher Perspektive stehen die Akteure damit auf unterschiedlichen Leveln. Dies spielt jedoch keine Rolle, wenn die Verwertungsgesellschaft als *Nexus of Contracts* begriffen wird. Dann können diese schuldrechtlichen Beziehungen ebenso erfasst werden als seien sie korporativer Natur. Da *Governance*-Forschung nicht *normativ*, sondern *funktional* ist,[227] ist es nur folgerichtig, dass sich nicht auf den Unternehmensträger im rechtlichen Sinn beschränkt wird, sondern das gesamte Vertragsnetz, in das ein Unternehmen eingebettet ist, Untersuchungsgegenstand ist.[228] Der *Stakeholder*-Ansatz berücksichtigt insoweit auch andere Interessengruppen. Doch die Nichtmitglieder sind nicht einfach mit den restlichen *Stakeholdern* gleichzusetzen. Sie stellen mit ihren eingebrachten Rechten das „Kapital“ der Verwertungsgesellschaft zur Verfügung und sind weitgehend gleich einem Mitglied von den Entscheidungen der Gesellschaft betroffen, da etwa bei

---

226 *Cahn/v. Spannenberg* in: Spindler/Stilz, AktG, 4. Aufl. 2019, § 53a Rn. 5 f.

227 *Riesenhuber* in: Rieble/Junker/Giesen, Finanzkriseninduzierte Vergütungsregulierung und arbeitsrechtliche Entgeltsysteme, 2011, S. 150.

228 *Möslein*, JZ 2010, 72 (78); vgl. auch *Riesenhuber* in: Tröger/Karampatzos, Gestaltung und Anpassung von Verträgen in Krisenzeiten, 2014, S. 7; *ders./Möslein* in: Riesenhuber, Perspektiven des Europäischen Schuldvertragsrechts, 2008, S. 38.

den Ausschüttungen nicht zwischen Mitgliedern und Nichtmitgliedern differenziert wird. Bei der Übertragung von Erkenntnissen der *Corporate-Governance*-Forschung können die Nichtmitglieder daher als *Shareholder* begriffen werden. Es bleibt aber dabei, dass ihre soeben festgestellten Besonderheiten gegenüber den Mitgliedern als „echte" *Shareholder* zu berücksichtigten sind.

d. Zusätzliche Unterteilung in der Praxis

Viele Verwertungsgesellschaften nehmen eine noch weitergehende Unterteilung der Rechtsinhaber als im VGG vorgesehen vor. Sie kennen in ihren Statuten verschiedene Arten der Mitgliedschaft, z.B. angeschlossene und ordentliche Mitglieder. Nur bestimmten Mitgliedschaftsarten sollen die vollen Mitwirkungsrechte zustehen. Nur sie dürfen an der Mitgliederhauptversammlung teilnehmen und abstimmen. Diese Kategorisierung der Rechtsinhaber durch die Verwertungsgesellschaften und die daran anknüpfende Ungleichbehandlung war mangels (entgegenstehender) Regelungen unter Geltung des UrhWahrnG möglich. Fraglich ist, ob sich dies mit der Umsetzung der Richtlinie 2014/26/EU durch das VGG geändert hat. Gemäß Art. 8 Abs. 9 UAbs. 1 S. 1 RL 2014/26/EU sind „alle Mitglieder [...] zur Teilnahme an der Mitgliederhauptversammlung berechtigt und stimmberechtigt". Verschiedene Arten der Mitgliedschaft finden dort keine Erwähnung. Satz 2 erlaubt jedoch die Rechte durch die Mitgliedstaaten in Abhängigkeit von der Dauer der Mitgliedschaft und den Ausschüttungen, die ein Mitglied erhalten hat, einzuschränken.[229] Diese Kriterien sind es in der Praxis der deutschen Verwertungsgesellschaften auch, die über die Mitgliedschaftsart entscheiden. Dennoch greift Art. 8 Abs. 9 UAbs. 1 S. 2 RL 2014/26/EU hier nicht ein. Der deutsche Gesetzgeber hat die *fakultative* Bestimmung nicht umgesetzt.

Das Bundesministerium der Justiz und für Verbraucherschutz hatte die Gestaltungsmöglichkeit gesehen und im Rahmen der Anhörung zur Umsetzung der Richtlinie in einem Fragebogen explizit gefragt, in welchem Umfang von ihr Gebrauch gemacht werden sollte.[230] Der Referentenentwurf des VGG enthielt noch den Hinweis:

---

229 Vgl. *Staats*, Stellungnahme der VG WORT zur Umsetzung der Richtlinie 2014/26/EU vom 15.9.2014, S. 4.

230 Der Fragebogen (Frage 6 auf S. 3) ist abrufbar unter <www.urheberrecht.org/topic/UmsetzungVG-RL/Anhoerung.pdf> (zuletzt aufgerufen am 4.2.2019).

> „Von der Option in Artikel 8 Absatz 9 Unterabsatz 1 Satz 2 der VG-Richtlinie, Einschränkungen des Stimmrechts aufgrund der Dauer der Mitgliedschaft oder des individuellen Umsatzes zu zuzulassen [sic], macht die Regelung keinen Gebrauch."[231]

Die betroffenen Akteure erkannten den Konflikt zwischen der vorherrschenden Praxis und der Regelung im Referentenentwurf frühzeitig und wiesen in ihren Stellungnahmen darauf hin.[232] In der Begründung zum Regierungsentwurf ließ sich der Hinweis schließlich nicht mehr finden. Damit einher ging jedoch keine entsprechende Anpassung des Gesetzestextes. Im final verabschiedeten Gesetz und der Begründung zum Regierungsentwurf finden sich schlicht keine Hinweise mehr auf die Ausnahmeregelung des Art. 8 Abs. 9 UAbs. 1 S. 2 RL 2014/26/EU. Es heißt stattdessen – in enger Anlehnung an Art. 8 Abs. 9 UAbs. 1 S. 1 RL 2014/26/EU – in § 19 Abs. 2 VGG: „Alle Mitglieder der Verwertungsgesellschaft sind sowohl zur Teilnahme an der Mitgliederhauptversammlung als auch zur Abstimmung berechtigt". Daraus, dass die Ausnahmeregelung der Richtlinie nicht ausdrücklich in der Begründung zum Regierungsentwurf verworfen wird, lässt sich nicht der Schluss ziehen, dass sie umgesetzt werden sollte. Auch ein genereller Wille des Gesetzgebers zur Richtlinienumsetzung[233] lässt sich nicht unterstellen, da es sich um eine fakultative Richtlinienbestimmung handelt, deren Nichtumsetzung ebenso richtlinienkonform ist.

In der Folge darf an eine Unterteilung der Mitglieder in verschiedene Gruppen keine Differenzierung hinsichtlich der Teilnahme an und dem Stimmrecht in der Mitgliederhauptversammlung geknüpft werden. Alle Mitglieder sind insoweit gleich zu behandeln. Die bisherige Praxis, nur bestimmten Mitgliedschaftsarten die vollen mitgliedschaftlichen Rechte einzuräumen, lässt sich mit § 19 Abs. 2 VGG nicht mehr vereinbaren. Die Verwertungsgesellschaften haben versucht, dieses Problem in ihren Satzungen zu lösen. Anhand der GEMA (1) und der *VG Musikedition – Verwertungsge-*

---

231 Referentenentwurf des Bundesministeriums der Justiz und für Verbraucherschutz zum VGG, S. 92, abrufbar unter <www.urheberrecht.org/topic/UmsetzungVG-RL/VGG-Referentenentwurf.pdf> (zuletzt abgerufen am 15.9.2019).

232 Vgl. *Houareau*, Stellungnahme des BVMI vom 15.2.2016 zum Regierungsentwurf des VGG, S. 3 f.; *Höppner*, Stellungnahme des Deutschen Musikrats vom 14.8.2015 zum Referentenentwurf des VGG, S. 3.

233 Zu diesem *EuGH*, Urt. v. 5.10.2004 – C-397/01 bis C-403/01, NJW 2004, 3547 (3549) Rn. 112 ff. – *Pfeiffer u.a.*; vgl. auch *BGH*, Urt. v. 21.12.2011, NJW 2012, 1073 Rn. 34 – *Weber*; *Roth/Jopen* in: Riesenhuber, Europäische Methodenlehre, 3. Aufl. 2015, § 13 Rn. 27 ff.

sellschaft (VG Musikedition) (2) wird gezeigt, dass diese Versuche nicht den gewünschten Erfolg haben (3).

(1) GEMA

Die GEMA kennt drei Arten von Mitgliedern: angeschlossene, außerordentliche und ordentliche Mitglieder. Nach der Satzung der GEMA stehen nur den ordentlichen Mitgliedern die vollen Mitgliedschaftsrechte des VGG zu. Die angeschlossenen und außerordentlichen Mitglieder hingegen behandelt das Statut der GEMA wie Berechtigte i.S.d. § 6 VGG.

Da das VGG die in Art. 8 Abs. 9 UAbs. 1 S. 2 RL 2014/26/EU angelegte Möglichkeit der Unterscheidung zwischen den Mitgliedern nicht aufgreift, wäre die Praxis der GEMA nur mit Art. 8 Abs. 9 UAbs. 1 S. 1 RL 2014/26/EU und respektive § 19 Abs. 2 VGG vereinbar, soweit der Begriff „Mitglied" anders als in Richtlinie und VGG verwendet wird. Entscheidend ist dafür mithin, ob ebenso den angeschlossenen und außerordentlichen Mitgliedern die Rolle eines Vereinsmitglieds i.S.d. § 38 BGB zukommt. Teilweise wird in der Literatur vertreten, Mitglieder der GEMA im vereinsrechtlichen Sinne seien nur die ordentlichen und außerordentlichen Mitglieder.[234] Angeschlossene Mitglieder seien hingegen keine Mitglieder i.S.d. Vereinsrechts.[235] Andere sehen sogar nur in den ordentlichen Mitgliedern solche i.S.d. Vereinsrecht.[236] Die Satzung der GEMA selbst enthielt bis zur Neufassung im Jahr 2016 zum angeschlossenen Mitglied noch den Hinweis: „Er ist kein Mitglied im Sinne des Vereinsrechts"[237].

---

234 *Seifert* in: Schmid/Wirth/Seifert, HK-UrhG, 2. Aufl. 2009, § 6 UrhWahrnG Rn. 36; vgl. *E. Schulze*, NJW 1991, 3264 (3265); *Heine/Staats* in: MAHdb UrhR, 2. Aufl. 2017, § 6 Rn. 12; wohl auch *Augenstein*, Rechtliche Grundlagen des Verteilungsplans urheberrechtlicher Verwertungsgesellschaften, 2004, S. 42 und *W. Nordemann/Wirtz* in: Fromm/Nordemann, UrhR, 11. Aufl. 2014, Vor. § 6 UrhWahrnG Rn. 13.

235 *BGH*, Urt. v. 13.12.2001, ZUM 2002, 379 (380) – *Klausurerfordernis*; *E. Schulze*, NJW 1991, 3264 (3265); *Augenstein*, Rechtliche Grundlagen des Verteilungsplans urheberrechtlicher Verwertungsgesellschaften, 2004, S. 42; *Mauhs*, Der Wahrnehmungsvertrag, 1990, S. 112; *Steinau-Steinrück/Wohlgemuth* in: Kreile/Becker/Riesenhuber, Recht und Praxis der GEMA, 2. Aufl. 2008, Kap. 8 Rn. 28.

236 *Bezzenberger/Riesenhuber*, GRUR 2003, 1005 (1006); *Melichar* in: Loewenheim, HdB UrhR, 2. Aufl. 2010, § 46 Rn. 4; *Dördelmann* in: FS Hertin, 2000, S. 39 Fn. 27; *Einem*, Verwertungsgesellschaften im deutschen und internationalen Musikrecht, 2008, S. 55 – jeweils ohne Nachweis oder Begründung.

237 § 6 Abs. 2 S. 1 GEMA-Satzung i.d.F. v. 6./7.5.2015 (a.F.).

Hinsichtlich der außerordentlichen Mitglieder gab es diese Einschränkung nicht. Im Umkehrschluss ließ sich die Satzung nur so auslegen, dass sie Mitglieder i.S.d. Vereinsrechts sind. Da Satzungen auch gegenüber allen zukünftigen Mitgliedern Bindungswirkung entfalten, sind sie grundsätzlich nur einheitlich und objektiv auszulegen; außerhalb der Satzung liegende Umstände sind dabei unerheblich.[238]

Während die vereinsrechtliche Mitgliedschaft der außerordentlichen Mitglieder unter dem Regime des UrhWahrnG kein Problem war, geriet die Satzungsregelung durch § 19 Abs. 2 VGG zur Gefahr für die bestehende Machtstruktur: Als Mitglieder i.S.d. Vereinsrechts sind die außerordentlichen Mitglieder auch Mitglieder i.S.v. § 7 Nr. 1 VGG und dürfen folglich nicht schlechter gestellt werden als die ordentlichen Mitglieder. Anstatt, dass nur die 3.436 ordentlichen Mitglieder abstimmen dürfen, steht nun plötzlich auch den 5.956 außerordentlichen Mitgliedern ein Stimmrecht in der Mitgliederhauptversammlung zu. Offenbar hatte man diese „Gefahr“ bei der GEMA erkannt und änderte daher 2016 den oben erwähnten Hinweis in der Satzung: „Nur die ordentlichen Mitglieder sind Mitglieder im Sinne des Vereinsrechts und des Verwertungsgesellschaftengesetzes.“[239]

(2) VG Musikedition

Ähnlich ist die Situation bei der VG Musikedition: Sie kennt angeschlossene, ordentliche und Ehrenmitglieder. Nach § 8 Abs. 4 lit. a VG Musikedition-Satzung i.d.F. vom 19. Juni 2018 (n.F.) steht das Stimmrecht auf der Mitgliederhauptversammlung nur den ordentlichen Mitgliedern zu. Mitglieder i.S.d. Vereinsrechts sollen nur die ordentlichen Mitglieder und Ehrenmitglieder sein, vgl. § 4 Abs. 1 lit. a VG Musikedition-Satzung n.F. Wie auch bei der GEMA wurde diese Klarstellung erst im Zuge der Satzungsanpassung an das VGG eingefügt. Vorher hieß es in § 4 Abs. 1 lit. a VG Musikedition-Satzung i.d.F. vom 19. Mai 2015 (a.F.) noch: „Ordentliches und angeschlossenes Mitglied des Vereins kann werden, […]“. Angesichts der Klarheit dieser Bestimmung lässt sich kaum behaupten, dass unter der al-

---

238 Vgl. *LG Braunschweig*, Beschl. v. 16.5.2017, npoR 2018, 109 m. Anm. *Krüger/ Saberzadeh*; *K. Schmidt*, GesR, 4. Aufl. 2002, § 5 I; *Wagner*, NZG 2019, 46 (50); speziell bezogen auf Verwertungsgesellschaften *Riesenhuber*, Die Auslegung und Kontrolle des Wahrnehmungsvertrags, 2004, S. 47.

239 § 6 Abs. 1 S. 2 GEMA-Satzung i.d.F. v. 16./17.5.2018 (n.F.).

ten Satzung die angeschlossenen Mitglieder keine Vereinsmitglieder – oder mit anderen Worten „Mitglieder des Vereins“ – geworden sind.

(3) Alternativer Lösungsansatz

Die unterschiedlichen Mitwirkungsrechte der verschiedenen Mitgliedschaftsarten bei der GEMA und der VG Musikedition wären nur mit § 19 Abs. 2 VGG vereinbar, wenn – in Übereinstimmung mit den jeweiligen Hinweisen in den Statuten – nicht sämtliche Mitgliedschaften auch zugleich solche i.S.d. § 7 VGG wären. Dabei ist zwischen solchen Rechtsinhabern zu unterscheiden, die im Zeitpunkt der jeweiligen Satzungsänderung bereits Mitglied der Verwertungsgesellschaft waren und solchen, die erst unter Geltung der neuen Satzung beigetreten sind. Mit Blick auf die letztgenannte Gruppe gibt es keine Bedenken hinsichtlich des abweichenden Begriffsverständnisses zwischen Statut und VGG. Die jeweilige Satzung stellt deutlich klar, dass der Begriff nicht i.S.d. Vereinsrechts genutzt wird, sodass ihr „Beitritt“ nicht zu einer vereinsrechtlichen Mitgliedschaft führt. Anders beurteilt sich die Rechtslage hinsichtlich der bestehenden außerordentlichen (GEMA) bzw. angeschlossenen (VG Musikedition) Mitglieder. Würden die Satzungsänderungen auch sie erfassen, wären sie mit Inkrafttreten der geänderten Satzung keine Mitglieder i.S.d. Vereinsrechts mehr. Der „Hinweis“ in der Satzung würde einen Entzug der bisherigen vereinsrechtlichen Mitgliedschaft, d.h. eine Kündigung, bedeuten.[240] Ein solcher Ausschluss aus dem Verein ist indes nicht ohne Weiteres möglich. Er bedarf eines wichtigen Grundes[241] und muss als Gestaltungsrecht gegenüber der betroffenen Vertragspartei erklärt werden.[242] An beidem fehlt es.

Es lässt sich konstatieren, dass die Anpassung der bestehenden Mitgliedschaftsstrukturen an die Vorgaben des VGG in der Praxis auf größere Schwierigkeiten stößt. Lösen ließen sich diese durch eine Umsetzung der fakultativen Bestimmung des Art. 8 Abs. 9 UAbs. 1 S. 2 RL 2014/26/EU im VGG. Dazu könnte nach § 19 Abs. 2 VGG ein neuer, dritter Absatz eingefügt werden:

> „(3) [1]Absatz 2 kann nur eingeschränkt werden in Abhängigkeit der Dauer der Mitgliedschaft oder den Ausschüttungen, die ein Mitglied

240 Vgl. MüKo-BGB/*Leuschner*, 8. Aufl. 2018, § 38 Rn. 33.

241 MüKo-BGB/*Leuschner*, 8. Aufl. 2018, § 38 Rn. 34; speziell zur GEMA *E. Schulze*, NJW 1991, 3264 (3265).

242 Siehe nur Staudinger/*Singer/Benedict*, Neubearb. 2017, § 130 BGB Rn. 10.

erhalten hat oder die ihm zustehen. [2]Die Voraussetzungen müssen fair und verhältnismäßig sein und sind im Statut zu regeln.“

Würde der deutsche Gesetzgeber diese Regelung in das VGG aufnehmen, wären den Verwertungsgesellschaften eine Unterteilung der Mitglieder in z.B. angeschlossene und ordentliche sowie daran anknüpfende unterschiedliche Behandlungen erlaubt.

5. Fehlende Marktkontrolle

Im Rahmen der (externen) *Corporate Governance* kommt den verschiedenen Märkten eine entscheidende Rolle zu:[243]

Erstens kann der Aktionär nicht nur über sein Stimmrecht (*Voice*) Einfluss auf die Aktiengesellschaft nehmen, sondern auch durch den Verkauf seiner Beteiligung (*Exit*) auf dem Kapitalmarkt.[244] Den Verwertungsgesellschaften kommt auf ihrem jeweiligen Gebiet quasi ein faktisches Monopol zu.[245] Durch die Harmonisierung des europäischen Marktes für die Rechtewahrnehmung durch die Richtlinie 2014/26/EU ist es zumindest denkbar, dass in Zukunft Rechtsinhaber von ihrer *Exit*-Option – Kündigung ihres Wahrnehmungsvertrags – Gebrauch machen werden. In diesen Fällen müssen sie nicht auf die Wahrnehmung ihrer Rechte verzichten, sondern können theoretisch eine ausländische Verwertungsgesellschaft beauftragen. Aufgrund der tatsächlichen Schwierigkeiten (Kündigungsfristen, fremde Sprache, unbekannte Rechtsordnung, Mitgliederhauptversammlung im Ausland u.Ä.) sowie psychischen Hürden wird dies wohl die Ausnahme bleiben. Allein bei im Vergleich zu den konkurrierenden ausländischen Verwertungsgesellschaften signifikant höheren Verwaltungskosten und damit einhergehenden niedrigeren Ausschüttungen, ist ein solcher Wechsel der Verwertungsgesellschaft vorstellbar. Die Schwelle dürfte für

---

243 *Abeltshauser* in: Abeltshauser/Buck, Corporate Governance, 2004, S. 10. Siehe allgemein zu Märkten als Überwachungsinstrument *Williamson*, Die ökonomischen Institutionen des Kapitalismus, 1990, S. 83 f.; zu den einzelnen Märkten *C. Zöllner*, Interne Corporate Governance, 2007, S. 20 ff.

244 *Riesenhuber/Möslein* in: Riesenhuber, Perspektiven des Europäischen Schuldvertragsrechts, S. 6; *Abeltshauser* in: Abeltshauser/Buck, Corporate Governance, 2004, S. 10; siehe auch *Leyens* in: Hirte/Mülbert/Roth, AktG, 5. Aufl. 2018, § 161 Rn. 44 ff.; Kritisch zur disziplinierenden Wirkung des Eigenkapitalmarkts mit Blick auf empirische Daten siehe *Nowak/Rott/Mahr*, ZGR 2005, 252 (259 ff.).

245 Siehe dazu oben S. 18. Zur abweichenden Situation im Bereich der Filmrechte siehe *Melichar* in: Loewenheim, HdB UrhR, 2. Aufl. 2010, § 45 Rn. 17.

große Rechtsinhaber, z.B. *Majors* oder international agierende Filmhersteller, niedriger liegen. Dank höherer Ausschüttungen und einem professionellen Verwaltungsapparat können sie den zusätzlichen Aufwand der Mandatierung einer ausländischen Verwertungsgesellschaft leichter als ein nebenberuflicher Urheber kompensieren. Zurück blieben in diesem Fall nur solche Rechtsinhaber, deren Rechte weniger Einnahmen bringen. Durch die rückläufigen Einnahmen führen Skaleneffekte bei der betroffenen Verwertungsgesellschaft zu noch höheren Verwaltungskosten. Rational wird ein *Exit* für die verbliebenen Urheber und Inhaber von Leistungsschutzrechten dadurch wohl trotzdem nicht. Ein Wettbewerb zwischen den Verwertungsgesellschaften entsteht mithin kaum.[246]

Zweitens fehlt es ebenso an einem Wettbewerb auf der Abnehmerseite.[247] Aufgrund der Monopole der Verwertungsgesellschaften sind die Verwerter für den Lizenzerwerb auf die entsprechende Gesellschaft angewiesen.[248] Einen effizienter arbeitenden Wettbewerber, der für dasselbe Territorium niedrigere Preise anbieten kann, gibt es schlicht nicht.[249]

Drittens ist für die Aufnahme von Fremdkapital die Einhaltung der *Corporate Governance* von großer Bedeutung, was sich in den Kreditbedingungen niederschlägt.[250] Schlecht geführte Unternehmen zahlen entsprechend höhere Zinsen.[251] Verwertungsgesellschaften nehmen jedoch kein Fremd-

---

246 *Podszun/Franz*, ZGE 2015, 15 (18); *Podszun*, ZUM 2017, 732 (735); ausführlich *Heinemann*, Die Verteilungspraxis der Verwertungsgesellschaften, 2017, S. 106 f.; allgemein zum Wettbewerbsdefizit bei Verwertungsgesellschaften *Podszun* in: Grünberger/Leible, Die Kollision von Urheberrecht und Nutzerverhalten, 2014, S. 179 ff.

247 *Sandberger* in: FS Vogel, 2017, S. 321; *Tietzel/Weber* in: Ott/Schäfer, Ökonomische Analyse der rechtlichen Organisation von Innovation, S. 138.

248 *Podszun*, ZUM 2017, 732 (735).

249 Vgl. *Tietzel/Weber* in: Ott/Schäfer, Ökonomische Analyse der rechtlichen Organisation von Innovation, S. 138 („angesichts der Monopolstellung der VG WORT sowie der mangelnden Anreize und Möglichkeiten der Kontrolle ihrer Geschäftspolitik andererseits bleibt sie von ökonomischen Druck zu einer effizienten Aufgabenerfüllung weitgehend verschont.“). Abzuwarten ist hier, ob die ebenfalls mit dem VGG und der RL 2014/26/EU eingeführte „gebietsübergreifende Vergabe von Online-Rechten an Musikerwerten“ (Teil 3 des VGG) dies zumindest in diesem Bereich spürbar ändern wird.

250 *Riesenhuber/Möslein* in: Riesenhuber, Perspektiven des Europäischen Schuldvertragsrechts, S. 8; *Ebers/Gotsch* in: Kieser/Ebers, Organisationstheorien, 8. Aufl. 2019, S. 217 f.; vgl. *Hart*, The Economic Journal, Vol. 105, No. 430 (May, 1995), 678 (685 f.).

251 *Weber/Velte*, DStR 2011, 39 ff.; *Welge/Eulerich*, Corporate-Governance-Management, 2. Aufl. 2014, S. 18.

kapital auf, sondern sind in der Regel vollständig selbstfinanziert. Eine Kontrolle durch den Kapitalmarkt entfällt somit.[252]

Viertens übt der Markt für Unternehmenskontrolle einen disziplinierenden Effekt aus: Hohe Opportunität des Managements führt zu einer suboptimalen Bewertung des Unternehmens, wodurch es zum Ziel für feindliche Übernahmen wird.[253] Die Angst, im Zuge einer solchen Übernahme ausgetauscht zu werden, führt zu einer Disziplinierung des Managements.[254] Für Verwertungsgesellschaften gibt es keinen Übernahmemarkt, sodass auch diese Kontrollinstanz wegfällt.[255]

Das Fehlen der unterschiedlichen Märkte verhindert nicht die Übertragbarkeit der *Corporate-Governance*-Ansätze auf Verwertungsgesellschaften. Da diese externe Kontrollinstanz jedoch wegfällt, müssen andere Institutionen diese Lücke schließen. Allein die Staatsaufsicht kann dies nicht leisten.[256] Daher ist umso wichtiger, dass die internen *Corporate-Governance*-Mechanismen effektiv sind.

6. Schwächere interne Kontrolle

Externe und interne *Corporate-Governance*-Mechanismen stehen nicht lose nebeneinander, sondern beeinflussen sich gegenseitig.[257] Schwächen der einen Seite können von der anderen Seite kompensiert werden. Daher wäre bei Verwertungsgesellschaften eine starke interne Kontrolle wichtig. Tatsächlich ist die Kontrolle der Agenten in Verwertungsgesellschaften regelmäßig schwächer ausgeprägt als bei Aktiengesellschaften.[258] Ähnlich

---

252 Vgl. zum ähnlichen Problem bei Stiftungen *Schmidt-Schmiedebach*, Stiftung und Governance Kodex, 2016, S. 72.

253 *Hart*, The Economic Journal, Vol. 105, No. 430 (May, 1995), 678 (684 f.); *Welge/Eulerich*, Corporate-Governance-Management, 2. Aufl. 2014, S. 74; kritisch hinsichtlich Kausalität zwischen Aktienkurs und Managementperformance *Teichmann*, ZGR 2001, 645 (659 ff.).

254 *Ebers/Gotsch* in: Kieser/Ebers, Organisationstheorien, 8. Aufl. 2015, S. 218 ff.; *Traut*, Die Corporate Governance von Kapitalgesellschaften der öffentlichen Hand, 2013, S. 164 f.; *Welge/Eulerich*, Corporate-Governance-Management, 2. Aufl. 2014, S. 18.

255 Ähnlich zu Nonprofit-Organisationen *Schuhen* in: Hopt/Hippel/Walz, Nonprofit-Organisationen in Recht, Wirtschaft und Gesellschaft, 2004, S. 232.

256 Siehe bereits oben S. 23 f.

257 *C. Zöllner*, Interne Corporate Governance, 2007, S. 15.

258 *Rehbinder/Peukert*, Urheberrecht, 18. Aufl. 2018, Rn. 1132, die „systemische Defizite der kollektiven Wahrnehmung“ gegeben sehen.

wie Kleinaktionäre werden die meisten Rechtsinhaber keinen sonderlich hohen Aufwand in die Kontrolle der Agenten stecken.[259] Während es bei Aktiengesellschaften jedoch meistens Ankeraktionäre oder Banken, die hohe Summen an Fremdkapital bereitgestellt haben, gibt, fehlen diese Kontrollinstanzen[260] bei den Verwertungsgesellschaften gänzlich. Hinzu kommt, dass nur die Mitglieder im Rahmen der Mitgliederhauptversammlung die Geschäftsführung kontrollieren können. Die Nichtmitglieder hingegen sind nicht (unmittelbar) in der Mitgliederhauptversammlung vertreten und können daher auch auf diesem Wege keine Kontrolle ausüben. Aufgabe des *Corporate-Governance*-Rahmens muss daher ein Ausgleich dieses Kontrolldefizits sein. Ansonsten ist die Gefahr von opportunistischem Verhalten der Agenten bei Verwertungsgesellschaften gegenüber Aktiengesellschaften erheblich erhöht.

7. Zusammenfassung

Bei Verwertungsgesellschaften treten *Principal-Agent-* und besonders *Principal-Principal-*Konflikte in hohem Maße auf. Die aus dem Aktienrecht stammende *Corporate Governance* kann, trotz aller Unterschiede zwischen herkömmlichen (Publikums-)Gesellschaften und Verwertungsgesellschaften, auch für diese fruchtbar gemacht werden. Dabei gilt es allerdings den Besonderheiten der Verwertungsgesellschaften Rechnung zu tragen und die Ergebnisse der *Corporate-Governance*-Forschung, soweit nötig, anzupassen.

Die fehlende Eigengewinnerzielungsabsicht der Verwertungsgesellschaften stellt sich bei näherer Betrachtung als reine Technikalität heraus. Besondere Beachtung muss der Unterteilung der Rechtsinhaber in Mitglieder und Nichtmitglieder geschenkt werden. Sie führt dazu, dass es ein Nebeneinander von verschiedenen Rechtsverhältnissen zwischen Verwertungsgesellschaft und den Rechtsinhabern gibt. Eine externe Kontrolle über den Markt fehlt komplett. Ein Ausgleich über die externe Aufsicht ist unzureichend. Daher kommt der internen Kontrolle bei Verwertungsgesellschaften eine wesentliche Rolle zu. Weil es aber an mit Großaktionären ver-

---

259 Vgl. *Welge/Eulerich*, Corporate-Governance-Management, 2. Aufl. 2014, S. 20; *Teichmann*, ZGR 2001, 645 (651 ff.); *Cervellini*, Der Bericht des Aufsichtsrats, 2012, S. 176 f.

260 Vgl. *OECD*, Grundsätze der Corporate Governance, 2015, S. 30; *Welge/Eulerich*, Corporate-Governance-Management, 2. Aufl. 2014, S. 20 f.; *Teichmann*, ZGR 2001, 645 (653); *C. Zöllner*, Interne Corporate Governance, 2007, S. 91 ff.

gleichbaren Rechtsinhabern regelmäßig fehlt, ist die interne Kontrolle tendenziell schwächer ausgestaltet als bei börsennotierten Gesellschaften. Die *Corporate-Governance*-Strukturen von Verwertungsgesellschaften müssen diese Aspekte besonders berücksichtigen.

III. Modifizierter Maßstab einer guten Corporate Governance

Bei Kapitalgesellschaften wird die Güte des *Corporate-Governance*-Systems regelmäßig an der finanziellen Performance der Gesellschaft festgemacht:[261] Was *effizient* ist, ist auch *gut*.

Für die vorliegende Untersuchung ist bei der Beurteilung von *Corporate-Governance*-Mechanismen nicht allein auf finanzielle Kennziffern abzustellen. Das Urheberrecht lässt sich nicht auf seine monetären Komponenten reduzieren. Gemeint sind in diesem Zusammenhang nicht die persönlichkeitsrechtlichen Befugnisse des Urhebers. Sie verbleiben auch nach Einbringung der Rechte in die Verwertungsgesellschaft beim Urheber.[262] Folglich sind sie für die Rechtewahrnehmung durch die Gesellschaft nur von untergeordneter Bedeutung. Als Treuhänder der Kreativen nehmen Verwertungsgesellschaften vielfältige Interessen der Rechtsinhaber wahr – nicht nur finanzielle.[263] Die Berücksichtigung sozialer und kultureller Belange im VGG[264] belegt, dass es nicht allein auf die Höhe der Ausschüttungen ankommt.[265] Der EuGH hat in der Entscheidung *Amazon/Austro-Mechana* ebenso anerkannt, dass Zahlungen an soziale und kulturelle Einrichtungen zu einer verminderten Ausschüttung an die Urheber führen können.[266] Aus Sicht der an der Verwertungsgesellschaft beteiligten Rechtsinhaber muss ein gutes *Corporate-Governance*-System daher nicht nur die Agenten wirksam überwachen, sondern auch die mannigfaltigen Interes-

261 Vgl. nur *Cervellini*, Der Bericht des Aufsichtsrats, 2012, S. 192.

262 *Staudt*, Die Rechteübertragungen im Berechtigungsvertrag der GEMA, 2006, S. 39 ff.

263 *Heine/Staats* in: MAHdb UrhR, 2. Aufl. 2017, § 6 Rn. 56: „Verwertungsgesellschaften sind nicht nur ‚Rechtemanager', sie sollen auch einen sozialen Beitrag für ihre Berechtigten leisten".

264 Dies zeigt sich etwa an §§ 11 und 32 VGG.

265 Vgl. auch *Schack*, Urheber- und Urhebervertragsrecht, 9. Aufl. 2019, Rn. 1342: „Das Wahrnehmungsrecht ist kein Freibrief für die Denaturierung des Urheberrechts zu bloßen Zahlungsansprüchen".

266 *EuGH*, Urt. v. 11.7.2013 – C-521/11, ZUM 2013, 780 (785) – *Amazon/Austro-Mechana*.

sen der unterschiedlichen Prinzipale in Einklang bringen. Nur so ist eine gedeihliche Zusammenarbeit in der Verwertungsgesellschaft möglich. Dies darf nicht darüber hinwegtäuschen, dass auch die Einnahmen aus der Rechteverwaltung möglichst ungeschmälert an die Rechtsinhaber ausgeschüttet werden sollen. Insofern darf auch die Effizienz nicht aus dem Blick geraten. Eine Kontrolle der Agenten „um jeden Preis" ist daher nicht *gut*.[267]

Ein Maßstab für die Bewertung des *Corporate-Governance*-Systems bei Verwertungsgesellschaften muss folglich das Interesse an einer effektiven Rechtewahrnehmung mit den kulturellen und sozialen Belangen in Einklang bringen. Die beiden Elemente müssen dabei nicht zwangsläufig im Gegensatz stehen. Auf Ebene der Einnahmengenerierung spielen die nicht finanziellen Interessen nur eine untergeordnete Bedeutung. Deutlich wichtiger treten sie dafür bei der Verteilung der Einnahmen in Erscheinung.[268] So ist z.B. anerkannt, dass die sogenannte *ernste Musik* (E-Musik) gegenüber der sogenannten *Unterhaltungsmusik* (U-Musik) weniger wirtschaftliche Bedeutung zukommt, sie aber dennoch – aus kulturellen Gesichtspunkten – besonders gefördert werden soll.[269] Dies spiegelt sich im Verteilungsplan der GEMA wider, der der E-Musik höhere Ausschüttungsquoten als der U-Musik zuweist. Rechtsinhaber der E-Musik profitieren damit im Verhältnis zu ihrem Anteil an den Einnahmen überproportional von den Ausschüttungen.[270]

Im Ergebnis ist der Maßstab für die Beurteilung der *Corporate Governance* von Verwertungsgesellschaften somit zweiteilig aufgebaut: Bei der Einnahmenerzielung ist die Effizienz maßgebliches Wertungskriterium. Geht es um die Mitwirkung der einzelnen Rechtsinhaber und die Verteilung der Einnahmen unter ihnen, müssen die besonderen kulturellen und sozialen Belange des VGG berücksichtigt werden. Im Mittelpunkt stehen dabei stets die Rechtsinhaber und nicht die Nutzer oder die Allgemeinheit. Bereits aus der Treuhandkonstruktion der Verwertungsgesell-

---

267 Vgl. zur Gefahr hoher Kosten durch Transparenzpflichten, *Riesenhuber*, ZUM 2004, 417 ff.

268 Vgl. *Heine/Staats* in: MAHdb UrhR, 2. Aufl. 2017, § 6 Rn. 55.

269 *BGH*, Beschl. v. 3.5.1988, GRUR 1988, 782 – *GEMA-Wertungsverfahren*. Siehe dazu auch ErwGr. 3 RL 2014/26/EU, wonach die Verwertungsgesellschaften „als Förderer der Vielfalt kultureller Ausdrucksformen eine wichtige Rolle [spielen], da sie kleinsten und weniger populären Repertoires Zugang zum Markt verschaffen und im Interesse der Rechtsinhaber und der Öffentlichkeit soziale, kulturelle oder Bildungsleistungen erbringen".

270 *BGH*, Beschl. v. 3.5.1988, GRUR 1988, 782 – *GEMA-Wertungsverfahren*.

schaften ergibt sich, dass sie zuvorderst den Rechtsinhabern als Treugebern verpflichtet sind. In § 21 Abs. 2 S. 1 VGG findet sich zusätzlich der Hinweis, dass Nachteile für die Berechtigten und Mitglieder vermieden werden sollen.

IV. Vorgaben im VGG

Die Verbesserung der *Corporate Governance* war eines der Ziele des Richtliniengebers (1.). Es verwundert daher nicht, dass das VGG als dessen Umsetzungsgesetz eine Vielzahl an *Corporate-Governance*-Maßnahmen enthält (2.). Deren Verhältnis zu den allgemeinen handels- und gesellschaftsrechtlichen Regelungen bedarf einer differenzierten Untersuchung (3.). Nach der Konzeption des VGG kommt den Statuten der Verwertungsgesellschaft eine zentrale Rolle zu, die einer kritischen Betrachtung bedarf (4.).

1. Corporate Governance als Ziel der Richtlinie

Der Richtlinie 2014/26/EU ging 2004 eine Kommissionsmitteilung voraus, in der festgestellt wurde:

> „Die Grundsätze der redlichen Verwaltung, der Nichtdiskriminierung, der Transparenz und der Rechenschaftspflicht der Verwertungsgesellschaften gegenüber ihren Rechteinhabern sind deshalb [wegen ihrer Monopolstellung, Anmerkung des Verfassers] besonders wichtig. Diese Grundsätze sollten für den Erwerb von Rechten (den Wahrnehmungsauftrag), die Bedingungen der Mitgliedschaft (einschließlich der Beendigung der Mitgliedschaft), der Vertretung und die Position der Rechteinhaber innerhalb der Gesellschaft (Zugang der Rechteinhaber zu internen Dokumenten und Rechnungslegungsunterlagen über Lizenzeinnahmen, Ausschüttungen und Abzügen, echter Einfluss der Rechteinhaber auf den Entscheidungsprozess wie auch auf soziale und kulturelle Politik ihrer Gesellschaft) gelten.“[271]

Daran anknüpfend ist es ausweislich der Erwägungsgründer der Richtlinie eines ihrer Hauptziele, „hohe Standards für die Leitungsstrukturen, das Finanzmanagement, die Transparenz und das Berichtswesen zu gewährleis-

---

271 Mitteilung der Kommission v. 16.4.2004, KOM(2004), 261 endg., S. 22.

ten“[272]. Da es sich bei diesen Zielen um klassische Themen der *Corporate Governance* handelt, verwundert es nicht, dass die Richtlinie eine Reihe von Vorgaben enthält, die sich als *Corporate-Governance*-Instrumente begreifen lassen. Bei der Umsetzung in Deutschland wurden zusätzlich einige bereits im UrhWahrnG enthaltene *Corporate Governance* betreffende Regelungen übernommen[273], sodass das VGG ein noch engeres Geflecht an *Corporate-Governance*-Maßnahmen enthält. Damit werden den deutschen Verwertungsgesellschaften erstmals detaillierte gesetzliche Vorgaben auf diesem Gebiet gemacht.[274]

2. Konkrete Corporate-Governance-Maßnahmen im VGG

Das Gesetz umfasst verschiedene Bestimmungen, die sich anhand ihres Anknüpfungspunktes und ihrer Wirkungsweise in die verschiedenen Kategorien von *Corporate-Governance*-Maßnahmen einordnen lassen.[275]

a. Informations- und Publizitätspflichten

Einer der wesentlichen Ansatzpunkte im VGG ist der Abbau von Informationsasymmetrien. Die Verwertungsgesellschaften und ihre Organe bzw. Organwalter treffen unterschiedliche Informations- und Publizitätspflichten. § 56 VGG verpflichtet die Verwertungsgesellschaften, der Allgemeinheit bestimmte Informationen stets aktuell zur Verfügung zu stellen. Dazu gehören z.B. das Statut, der Verteilungsplan, die allgemeinen Grundsätze für die zur Deckung der Verwaltungskosten vorgenommenen Abzüge von den Einnahmen aus den Rechten oder die Wahrnehmungsbedingungen. Dadurch wird insbesondere der Rechtsinhaber, der noch nicht Berechtigter i.S.d. VGG ist, in die Lage versetzt, sich vor Abschluss eines Wahrnehmungsvertrages zu informieren und – zumindest theoretisch – verschiedene Verwertungsgesellschaften miteinander zu vergleichen.

Nach Abschluss des Wahrnehmungsvertrages werden dem Berechtigten wesentliche Informationen zuteil. Gemäß § 54 VGG hat die Gesellschaft gegenüber jedem Berechtigten detailliert abzurechnen und über etwaig

---

272 ErwGr. 9 S. 1 RL 2014/26/EU. Vgl. auch die ErwGr. 4 und 8 RL 2014/26/EU.
273 Vgl. *Limper*, IPRB 2016, 163 (168).
274 So auch *Schaefer*, K&R 2015, 761 (764); *Gerlach*, ZUM 2013, 174 (176).
275 Zu den einzelnen Kategorien siehe oben S. 42 ff.

vorgenommene Abzüge zur Deckung der Verwaltungskosten oder für kulturelle und soziale Aufgaben, sowie zurückbehaltene Ausschüttungsbeträge zu informieren.

Flankiert werden diese Informationspflichten von §§ 57 f. VGG, die den Gesellschaften vorschreiben, jährlich einen Jahresabschluss mit Lagebericht[276] und einen Transparenzbericht zu veröffentlichen. Im Anhang zum VGG ist der Inhalt dieses Transparenzberichts genau vorgegeben: Unter anderem Kapitalflussrechnung; Angaben zu abgelehnten Abfragen von Nutzern betreffend einer Nutzungsrechteeinräumung; Angaben zum Gesamtbetrag, der im Vorjahr an Geschäftsführer, Aufsichtsrats-, Verwaltungsrats- und Aufsichtsgremiumsmitglieder gezahlt wurde sowie umfassende und detaillierte Finanzinformationen. Zusätzlich sind der Abschluss und die Berichte durch einen Abschlussprüfer zu bestätigen, vgl. § 57 und § 58 Abs. 3 VGG. Diese Pflichten treffen die Verwertungsgesellschaften unabhängig von Rechtsform, Bilanzsumme oder Beschäftigtenzahl und ohne die größenabhängigen Erleichterungen des HGB.[277] Auch sind die Berechtigten gemäß § 71 VGG über die „zentralen Bedingungen“ der abgeschlossenen Repräsentationsvereinbarungen zu unterrichten.

Nach § 21 Abs. 3 bzw. § 22 Abs. 4 i.V.m. § 21 Abs. 3 VGG haben die Mitglieder der Geschäftsführung und des Aufsichtsgremiums jährlich gegenüber der Mitgliederhauptversammlung eine persönliche Erklärung abzugeben. Diese muss u.a. die Höhe ihrer Vergütung im abgelaufenen Geschäftsjahr, die Höhe der Ausschüttungen an sich und Informationen zu etwaigen Interessenkonflikten beinhalten.

b. Vermeidung von ex-post-Opportunismus

Neben den Informationspflichten versucht das VGG noch auf eine zweite Art die Unvollständigkeit der Beziehungen zwischen Rechtsinhabern und den Agenten zu minimieren: Entscheidungsbefugnisse, die bei den Rechtsinhabern verbleiben, können nicht von den Organen der Verwertungsgesellschaft zu ihren Gunsten genutzt werden. Im Folgenden sollen kurz die Kompetenzen aufgezeigt werden, die bei den Prinzipalen verbleiben.

Ganz grundlegend wird in § 16 VGG ein „Grundsatz der Mitwirkung“ normiert, wonach die Berechtigten – auch unter Beachtung der verschiede-

276 So auch bislang § 9 UrhWahrnG, vgl. Begründung des Regierungsentwurfs zum VGG, BT-Drs. 18/7223, S. 89.

277 Begründung des Regierungsentwurfs zum VGG, BT-Drs. 18/7223, S. 90.

nen Kategorien – „angemessen und wirksam" an den Entscheidungen der Verwertungsgesellschaft zu beteiligen sind. Konkreter wird § 17 Abs. 1 VGG, der der Mitgliederhauptversammlung eine Vielzahl von Entscheidungen zuweist. Unter anderem sind Satzungsänderungen, Änderungen des Verteilungsplans und der Tarife, die Abzüge für Verwaltungskosten, soziale und kulturelle Maßnahmen sowie die Grundsätze des Risikomanagements demnach der Geschäftsführung entzogen. Aus *Corporate-Governance*-Perspektive besonders hervorzuheben ist die Abstimmung über die Vergütung und sonstigen Leistungen an die Organwalter der Leitungs- und Kontrollorgane, vgl. § 18 Abs. 1 VGG. Einige dieser Rechte können jedoch durch Beschluss der Mitgliederhauptversammlung dem Aufsichtsgremium übertragen werden.

Auch den Delegierten als Interessenvertreter der Nichtmitglieder, wird in § 20 VGG eine Reihe von Mitwirkungsrechten eingeräumt. Neben einer generellen Berechtigung zur beratenden Teilnahme an der Mitgliederhauptversammlung gibt die Norm den Delegierten Stimmrechte für bestimmte Angelegenheiten der Mitgliederhauptversammlung- womit noch nicht gesagt ist, dass diese Stimmrechte auch in der Mitgliederhauptversammlung auszuüben sind.[278]

Daneben sieht § 21 Abs. 1 VGG vor, dass die Gesellschaft Vorkehrungen dafür zu treffen hat, dass die Geschäftsführung ihre Aufgaben „solide, umsichtig und angemessen" erfüllt. Weitere Vorgaben, wie dies umzusetzen ist, macht das Gesetz nicht. In § 21 Abs. 2 S. 1 VGG wird außerdem statuiert, dass die Verwertungsgesellschaft Verfahren festzulegen hat, um Interessenkonflikte der Geschäftsführung zu erkennen und zu vermeiden. In Satz 2 wird sodann festgelegt, dass dies auch präventiv durch eine Überwachung sicherzustellen ist.

Ähnlich sieht § 19 Abs. 4 S. 1 VGG vor, dass eine Stellvertretung von Mitgliedern in der Mitgliederhauptversammlung nur möglich ist, soweit kein Interessenkonflikt vorliegt. Gemäß Satz 2 liegt ein solcher insbesondere vor, wenn ein Vertreter mehrere Mitglieder verschiedener Kategorien vertritt. Zwischen dem Geschäftsherrn und seinem Stellvertreter wird die Gefahr von opportunistischem Verhalten durch eine Bindung an die Weisungen des Mitglieds eingedämmt.

Schutz vor opportunistischem Verhalten der Berechtigten untereinander bietet § 27 VGG. Dieser statuiert ein Willkürverbot für den Verteilungsplan. Wie wichtig ein solches Verbot sein kann, hat die (fast wortidentische) Vorgängernorm § 6 S. 1 UrhWahrnG gezeigt, an der die pauschale

278 Zu dem Problem siehe unten S. 156 ff.

Beteiligung der Verleger bei der *Verwertungsgesellschaft Wort* (VG WORT) scheiterte.[279]

c. Interne Kontrolle

Dort, wo Informationsasymmetrien nicht ganz abgebaut werden können und auch ein Handlungsrahmen für die Übertragung der Kompetenzen auf die Agenten nicht lückenlos festgelegt werden kann, ist Kontrolle durch die Prinzipale wichtig.

Das Aufsichtsgremium überwacht die Geschäftsführung. Die Mitglieder des Überwachungsorgans werden gemäß § 18 Abs. 1 Nr. 3 VGG von der Mitgliederhauptversammlung ernannt und entlassen. In Verbindung mit der Rechenschaftspflicht aus § 22 Abs. 4 und 5 VGG wird den Organmitgliedern dadurch ein Anreiz gegeben, ihre Aufgaben möglichst ordentlich auszuüben, da sie ansonsten eine Entlassung befürchten müssten. Damit nicht eine in der Mitgliederhauptversammlung dominierende Mitgliederkategorie das Kontrollorgan dominieren kann, schreibt § 22 Abs. 2 VGG vor, dass die verschiedenen Kategorien „fair und ausgewogen" vertreten sein müssen.

Auch die Mitglieder der Geschäftsführung werden von der Mitgliederhauptversammlung gewählt, vgl. § 18 Abs. 1 Nr. 1 VGG. Ebenso wie beim Aufsichtsgremium dürfte eine drohende Entlassung einen disziplinierenden Effekt auf die Geschäftsführung haben.

d. Externe Kontrolle

Von außerhalb wird die Verwertungsgesellschaft durch das DPMA überwacht, vgl. §§ 75 ff. VGG. Dieser externen Kontrolle kommt, aufgrund der faktischen Monopolstellung der Verwertungsgesellschaften und wegen der wirtschaftlichen Bedeutung für die Rechtsinhaber, eine besondere Bedeutung zu.[280] Es handelt sich um eine reine Rechtsaufsicht, der Zweckmäßigkeitserwägungen entzogen sind.[281] Obwohl die Aufsichtsbehörde gemäß

---

279 *BGH*, Urt. v. 21.4.2016, ZUM 2016, 639 ff. – *Verlegeranteil.*

280 Vgl. die Begründung des Regierungsentwurfs zum UrhWahrnG, BT-Drs. IV/271, S. 10; *Riesenhuber*, ZUM 2008, 625 ff.; *Dördelmann*, GRUR 1999, 890 (891); *Drexl* in: FS Vogel, 2017, S. 230 f.; *Podszun/Franz*, ZGE 2015, 15 (29).

281 Siehe dazu bereits oben S. 23.

§ 75 Abs. 2 VGG ausdrücklich nur im öffentlichen Interesse tätig wird, so dürfte die Kontrolle doch zumindest mittelbar auch den Rechtsinhabern nutzen.[282] Denn viele der gesetzlichen Verpflichtungen, deren Einhaltung das DPMA überwacht, dienen dem Schutz der Rechtsinhaber.

3. Das Verhältnis zum Handels- und Gesellschaftsrecht

Angesichts der vielen Regelungen im VGG, die die interne Struktur der Verwertungsgesellschaften betreffen und dabei originär gesellschaftsrechtliches Gebiet berühren, stellt sich die Frage nach dem Verhältnis vom VGG zum GmbHG und anderen korporationsrechtlichen Gesetzen. Dabei sind zwei Antworten denkbar: Entweder setzt sich das VGG als Spezialgesetz im Konfliktfall durch oder die gesellschaftsrechtlichen Regelungen bleiben anwendbar. Letzteres würde dazu führen, dass die eigentlich vom VGG angestrebte Rechtsformneutralität nicht gegeben wäre. Wenn sich die Anforderungen an eine Verwertungsgesellschaft mit bestimmten Rechtsformen nicht vereinbaren ließen, schiede diese Form demnach aus. Das VGG hätte *insoweit* sein Ziel verfehlt.

Die Frage lässt sich jedoch nicht pauschal beantworten. Ein genereller Vorrang der VGG Regelungen als *lex specialis* scheidet aus.[283] Der Gesetzgeber hat sich dafür entschieden, Verwertungsgesellschaften von privaten Akteuren mittels der gegebenen privatrechtlichen Verbandsformen betreiben zu lassen. Daher kann es nicht sein, dass durch die Vorgaben des VGG Sonderformen der bekannten Gesellschaften entständen. Dass dies tatsächlich nicht gewollt ist, lässt sich daran erkennen, dass die Richtlinie 2014/26/EU eine Reihe von Sonderregelungen für Gesellschaftsformen bereithält, die aufgrund ihrer Struktur, die Vorgaben ansonsten nicht erfüllen könnten. Beispielsweise sieht die Richtlinie für Stiftungen, die als solche keine Mitglieder i.S.d. VGG haben können, Ausnahmen vor, was u.a. die Mitgliederhauptversammlung betrifft, vgl. Art. 8 Abs. 12 RL 2014/26/EU.[284]

Der nationale Gesetzgeber hat in Deutschland – wohl mit Blick auf die vorherrschenden Rechtsformen unter den bestehenden Verwertungsgesellschaften – von einer Umsetzung dieser Ausnahmen abgesehen. Sähe man

---

282 Vgl. zur Aufsicht des DPMA als Machtbegrenzung der Verwertungsgesellschaften *Podszun*, ZUM 2017, 732 (734 f.).

283 So auch zum UrhWahrnG *Dünnwald* in: FS Kreile, 1994, S. 162.

284 Vgl. auch ErwGr. 14 RL 2014/26/EU.

nun das VGG als Spezialgesetz an, so müsste eine Stiftung möglich sein, die sodann – hier würde die Spezialregelung des § 17 VGG greifen – eine Mitgliederhauptversammlung hätte. Wer bei dieser „mitgliederlose[n] verselbstständigte[n] Organisation“[285] auf der Mitgliederhauptversammlung abstimmen sollte, lässt das VGG jedoch offen. Das Beispiel zeigt, dass eine generelle Durchsetzung der VGG-Normen gegenüber gesellschaftsrechtlichen Vorgaben nicht möglich ist.[286] Denn gerade dadurch, dass das VGG für alle Rechtsformen gleichermaßen gelten *soll*, kann es nicht pauschal spezieller sein als einzelne Normen dieser Rechtsformen.

Es ist aber *lex specialis*, soweit es eindeutig Bezug auf bestehende Regelungen anderer Gesetze nimmt und deren Nichtgeltung bzw. eine abweichende Anwendung anordnet. So verweist § 57 Abs. 1 VGG auf die Bestimmungen des Handelsgesetzbuches zum Jahresabschluss und Lagebericht, vgl. §§ 264 ff. HGB. Der von dieser Verweisung erfasste § 286 Abs. 4 HGB erlaubt es, unter Umständen auf die Veröffentlichung der Gesamtbezüge der Mitglieder von Geschäftsführung, Aufsichtsrat und ähnlicher Organe zu verzichten. Dem geht der speziellere § 21 Abs. 3 Nr. 2 VGG vor. Die Norm ordnet an, dass die Vergütung der Geschäftsführung offenzulegen ist. Würde § 21 Abs. 3 Nr. 2 VGG nicht § 286 Abs. 4 HGB vorgehen, würde der VGG-Norm kein Anwendungsbereich verbleiben.[287]

Letztlich kann sich ein Vorrang des VGG im Einzelfall auch daraus ergeben, dass es eine unionsrechtliche Richtlinie umsetzt. Im Konfliktfall kann sich durch eine richtlinienkonforme Auslegung ergeben, dass die Regelung im VGG gesellschaftsrechtliche Regelungen verdrängt, und somit der Richtlinie zur Geltung verhilft.[288]

4. Bedeutung der Statuten der Verwertungsgesellschaften

Mit dem Inkrafttreten des VGG am 1. Juni 2016[289] hat sich für die Verwertungsgesellschaft nicht schlagartig alles geändert. Die meisten Vorschriften

---

285 BeckOK-BGB/*Backert*, 51. Ed. 1.8.2019, § 80 Rn. 3.

286 Vgl. etwa zum GenG Begründung des Regierungsentwurfs zum VGG, BT-Drs. 18/7223, S. 78.

287 Siehe dazu auch unten S. 259 ff.

288 Vgl. zur richtlinienkonformen Auslegung *Roth/Jopen* in: Riesenhuber, Europäische Methodenlehre, 3. Aufl. 2015, § 13 Rn. 42 ff.; *Ruffert* in: Calliess/Ruffert, 5. Aufl. 2016, Art. 288 AEUV Rn. 77; *Müller/Christensen*, Juristische Methodik, Bd. I, 11. Aufl. 2013, S. 474 ff.

289 Art. 7 VG-Richtlinien-Umsetzungsgesetz, BGBl. I 2016, S. 1190 ff.

enthalten nicht unmittelbar Rechte oder Pflichten für die Rechtsinhaber und Organe, sondern richten sich an die Gesellschaft. Sie hat bestimmte Bereiche in ihrem Statut zu regeln.[290] Damit verbleibt den Verwertungsgesellschaften auch nach der Ablösung des UrhWahrnG noch ein erheblicher Spielraum zur Regelung in ihren Statuten.[291]

a. Rechtfertigung von zwingenden Vorgaben

Mit Blick auf die Privatrechtsautonomie und Vertragsfreiheit scheint ein solcher Spielraum auf den ersten Blick wünschenswert. Immerhin hat sich der Gesetzgeber dagegen entschieden, Verwertungsgesellschaften in öffentlich-rechtlicher Organisationsform zu etablieren und sich für das Privatrecht entschieden. Dies erlaubt dem Einzelnen die Gestaltung der Rechtsverhältnisse nach seinem Willen.[292] Wenn dies aber nicht möglich ist, muss der Staat regulierend eingreifen, um diese individuelle Freiheit zu gewährleisten und eine innere Aushöhlung zu verhindern.[293] Nur durch dieses Eingreifen kann die Parität der Vertragsparteien wiederhergestellt werden.[294] Vor diesem Hintergrund sind die einzelnen Maßnahmen im VGG zu sehen: Gehen sie zu weit, beschränken sie die Privatautonomie. Greifen sie zu kurz, schützen sie die unterlegenen Beteiligten nicht ausreichend.

Zwischen den Verwertungsgesellschaften und den Wahrnehmungsberechtigten besteht regelmäßig eine strukturelle Unterlegenheit.[295] Die

---

290 Die Statuten sind nach § 56 Abs. 1 Nr. 1 VGG auf der Internetseite der jeweiligen Verwertungsgesellschaft zu veröffentlichen. Daneben sind die meisten Statuten in der dtv-Textausgabe „Urheber- und Verlagsrecht" abgedruckt. Alte Fassungen der Statuten lassen sich entsprechend in den Vorauflagen der dtv-Textausgabe finden.

291 So auch *Heinemann*, Die Verteilungspraxis der Verwertungsgesellschaften, 2017, S. 291.

292 *Riesenhuber* in: Riesenhuber, Privatrechtsgesellschaft, 2007, S. 6 f.; *Flume*, Allgemeiner Teil des bürgerlichen Rechts Bd. II. Das Rechtsgeschäft, 4. Aufl. 1992, S. 1.

293 *Riesenhuber* in: Riesenhuber, Privatrechtsgesellschaft, 2007, S. 6; vgl. *Kuntz*, Gestaltung von Kapitalgesellschaften zwischen Freiheit und Zwang, 2016, S. 29.

294 Vgl. MüKo-BGB/*Micklitz/Purnhagen*, 7. Aufl. 2015, Vor. §§ 13, 14 Rn. 40.

295 *Podszun*, ZUM 2017, 732 (734 f.) spricht von einer „Machtstellung" der Verwertungsgesellschaften. Vgl. auch *Riesenhuber*, UFITA 2005/I, 59 (68, 70); *Gerlach* in: Wandtke/Bullinger, Praxiskommentar UrhR, 4. Aufl. 2014, § 6 UrhWahrnG Rn. 3; *Drexl* in: Hilty/Geiger, Impulse für eine europäische Harmonisierung des Urheberrechts, S. 370 (375) („Die Kreativen, deren Interessen eine Verwertungsgesellschaft eigentlich wahren soll, sehen sich sogar der Gefahr eines Miss-

Richtigkeitsgewähr, die einem ausgehandelten Vertrag sonst zukommt, ist nicht mehr gegeben.[296] Was auf den ersten Blick skurril anmutet – handelt es sich bei den Gesellschaften doch um eine Art „Selbstverwaltung"[297] ebendieser Rechtsinhaber –, wird bei genauer Betrachtung des zeitlichen Ablaufs deutlich: Ein Rechtsinhaber, der seine Rechte durch die auf seinem Gebiet tätige Verwertungsgesellschaft wahrnehmen lassen will, handelt keinen individuellen Vertrag aus. Die Wahrnehmungsbedingungen stehen unveränderlich nach dem Prinzip *„take it or leave it"* fest.[298] Sie werden von den zuständigen Gremien innerhalb der Verwertungsgesellschaft beschlossen. Auch auf deren – in der Satzung festgelegte – Struktur hat der Rechtsinhaber keinen Einfluss. Teil dieser Gesellschaft wird er erst *nach* Abschluss des Wahrnehmungsvertrags. Erst dann kann er versuchen, diese zu ändern.[299] Die Verwertungsgesellschaft kann somit den Urhebern und verwandten Rechtsinhabern die Wahrnehmungsbedingungen bei Vertragsabschluss aufgrund ihrer herausragenden Marktstellung aufoktroyie-

---

brauchs der Marktmacht durch die monopolistische Verwertungsgesellschaft ausgesetzt.").

296 *Riesenhuber*, UFITA 2005/I, 59 (68) m.w.N.; ausführlich zur Situation grundsätzlich bei Gesellschaften *Hofmann* in: Möslein, Private Macht, 2016, S. 354 ff.

297 *Schierholz/Gerlach* in: FS UrhG, 2015, S. 139; *Riesenhuber*, Die Auslegung und Kontrolle des Wahrnehmungsvertrags, 2004, S. 36; *ders.*, UFITA 2005/I, 59 (75). Mit Blick auf die Rolle der Verwertungsgesellschaft führt *W. Nordemann*, GRUR 1992, 584 (584 f.), aus: „So richtig es ist, daß der Urheber [...] dem Verwerter gegenüber schutzwürdig ist, so sinnwidrig ist es, diesen Schutzgedanken dahin zu strapazieren, daß er auch seinem eigenen Treuhänder gegenüber zu schützen sei. Vor dem eigenen Instrument, vor der eigenen Waffe braucht man niemand zu schützen". Hiergegen *Schack*, Urheber- und Urhebervertragsrecht, 9. Aufl. 2019, Rn. 1337: „Durch die Staatsaufsicht über Verwertungsgesellschaften schützt der Gesetzgeber die Wahrnehmungsberechtigten vor ihrem eigenen Treuhänder. Das ist keinesfalls sinnwidrig, sondern angesichts des jeder Organisation innewohnenden Eigenlebens dringend geboten".

298 *Schack*, Urheber- und Urhebervertragsrecht, 9. Aufl. 2019, Rn. 1341. Vgl. zu ähnlichen Situation bei Publikumsgesellschaften *Hofmann* in: Möslein, Private Macht, 2016, S. 358 f.

299 Dies verkennt *W. Nordemann*, GRUR 1992, 584, der den zeitlichen Ablauf ignoriert und nur von Problemen *innerhalb* der Verwertungsgesellschaft ausgeht. Gerade diese Probleme, wie die von *W. Nordemann* beispielhaft genannte Verlegerbeteiligung, sind für den Berechtigten jedoch Teil des Wahrnehmungsvertrags – hier in Form der Verteilungspläne. Ihn darauf zu vertrösten, den Vertrag doch erst einmal abzuschließen, und sodann innerhalb der Verwertungsgesellschaft eine Änderung herbeizuführen, ist wenig zufriedenstellend.

ren.[300] Ein lenkendes Eingreifen des Staats ist deshalb geboten.[301] Er muss versuchen, Regeln zu setzen, die einen Missbrauch der starken Stellung der Verwertungsgesellschaft verhindert und eine wirksame Rechtsausübung durch die Rechtsinhaber ermöglicht.

Dies folgt auch aus der Eigentumsgarantie des Art. 14 Abs. 1 S. 1 GG.[302] Nicht nur mittels Wahrnehmungszwang nach § 9 VGG an sich wird das Eigentum verwirklicht[303], sondern auch durch die Kontrolle seiner Ausgestaltung.[304] Denn die Möglichkeit, einen Wahrnehmungsvertrag nur zu *un*angemessenen Bedingungen abzuschließen, würde faktisch den Wahrnehmungszwang unterwandern.[305] § 6 Abs. 1 S. 1 UrhWahrnG begegnete dem Problem mit der Statuierung eines *Angemessenheitsgebots* und einer entsprechenden Inhaltskontrolle der Wahrnehmungsbedingungen.[306] Nunmehr ist die Angemessenheit in § 9 S. 2 VGG verankert.[307] Zusätzlich stellt § 13 Abs. 1 S. 2 VGG Anforderungen („objektiv, transparent und nichtdiskriminierend“) an die Bedingungen für die Aufnahme als Mitglied.

---

300 Vgl. *Riesenhuber*, UFITA 2005/I, 59 (68 ff.); *Di Fabio*, Urheberrecht und Kunstfreiheit unter digitalen Verwertungsbedingungen, 2018, S. 95 („strukturelle Abhängigkeit“). Abzulehnen ist daher auch die zu § 6 Abs. 1 UrhWahrnG teilweise vertrete Ansicht, dass das Angemessenheitsgebot nur zugunsten Berechtigter, nicht aber Mitglieder wirke, weil diese im Rahmen der Verbandsautonomie die Angemessenheit der Wahrnehmungsbedienungen selbst kontrollieren. Das *einzelne* Mitglied ist eben nicht „gleich stark“ (so aber *Riesenhuber*, UFITA 2005/I, 59 (70)), sondern nur, wenn es Teil der (beschlussfähigen) *Mehrheit* ist. Zum Streit siehe *Reinbothe* in: Schricker/Loewenheim, UrhR, 5. Aufl, 2017, § 6 WahrnG Rn. 13; BeckOK-UrhR/*Freudenberg*, 25. Ed. 15.7.2019, § 6 UrhWahrnG Rn. 18.

301 Vgl. zur Handlungspflicht des Staats bei strukturellem Ungleichgewicht *BVerfG*, Beschl. v. 13.10.1993, NJW 1994, 36 (38 f.).

302 *Augenstein*, Rechtliche Grundlagen des Verteilungsplans urheberrechtlicher Verwertungsgesellschaften, 2004, S. 36 ff.; *Schack*, Urheber- und Urhebervertragsrecht, 9. Aufl. 2019, Rn. 1306; *Di Fabio*, Urheberrecht und Kunstfreiheit unter digitalen Verwertungsbedingungen, 2018, S. 33, 55 f.

303 Vgl. *Schack*, Urheber- und Urhebervertragsrecht, 9. Aufl. 2019, Rn. 1345, 1306.

304 Vgl. *Podszun*, ZUM 2017, 732 (734 f.); *Fechner*, Geistiges Eigentum und Verfassung, 1999, S. 488.

305 So auch *Riesenhuber*, UFITA 2005/I, 59 (68).

306 Ausführlich *Riesenhuber*, UFITA 2005/I, 59 (60 ff.). Siehe auch *Zeisberg* in: Dreyer/Kotthoff/Meckel, UrhR, 3. Aufl. 2013, § 6 WahrnG Rn. 50 ff.

307 Dazu Begründung des Regierungsentwurfs zum VGG, BT-Drs. 18/7223, S. 75; *Gerlach* in: Wandtke/Bullinger, Praxiskommentar UrhR, 5. Aufl. 2019, § 9 VGG Rn. 20.

b. Fehlende Satzungsstrenge im VGG

Vergleicht man die Situation der Verwertungsgesellschaft mit der von Aktiengesellschaften, wird evident, dass Letzteren deutlich striktere Vorgaben gegeben werden. Nach dem in § 23 Abs. 5 AktG verankerten Grundsatz der Satzungsstrenge darf die Satzung einer Aktiengesellschaft nur von den Vorschriften des AktG abweichen, wenn das Gesetz dies explizit zulässt. Die Satzungsautonomie wird insoweit ausgesetzt.[308]

Hinzu kommt im Aktienrecht eine hohe Regelungsdichte.[309] Im Ergebnis sind die Spielräume für die Satzungsausgestaltung bei der Aktiengesellschaft eng, sodass sich die Satzung typischerweise weitgehend auf eine Wiedergabe des Gesetzestextes beschränkt.[310] Der Telos der Satzungsstrenge liegt in der Verkehrsfähigkeit der Aktien sowie dem Schutz der (künftigen[311]) Aktionäre und Gläubiger: Wer Aktien einer bestimmten Gesellschaft erwerben will, muss sich nicht erst die Satzung anschauen, sondern kann diese blind erwerben. Er kann sich darauf verlassen, dass in der Satzung keine ungewöhnlichen oder nachteiligen Regelungen enthalten sind.[312] Und auch nach dem Erwerb muss der neue Aktionär keine Angst vor nachträglichen, für ihn negativen, Satzungsänderungen durch die Mehrheit haben.[313] Erst durch diese Standardisierung wird die Aktie zum umlauffähigen Produkt und senkt einhergehend mit dem Informationsaufwand die Transaktionskosten potenzieller Aktionäre.[314]

Es wäre wünschenswert gewesen, hätte der deutsche Gesetzgeber sich bei der Umsetzung der Richtlinie 2014/26/EU nicht auf konkretisierungs-

---

308 *Solveen* in: Hölters, AktG, 3. Aufl. 2017, § 23 Rn. 29; *Röhricht/Schall* in: Hirte/Mülbert/Roth, AktG, 5. Aufl. 2015, § 23 Rn. 173; *Schüppen* in: MAHdb AktR, 3. Aufl. 2018, § 2 Rn. 12; *E. Vetter* in: Henssler/Strohn, GesR, 4. Aufl. 2019, § 23 AktG Rn. 22.

309 *Schüppen* in: MAHdb AktR, 3. Aufl. 2018, § 2 Rn. 14 f.; vgl. *Cahn/v. Spannenberg* in: Spindler/Stilz, AktG, 4. Aufl. 2019, § 53a Rn. 36.

310 *Schüppen* in: MAHdb AktR, 3. Aufl. 2018, § 2 Rn. 14; siehe auch *Schäfer*, NJW 2008, 2536 (2537), wonach sich die rund 15.000 Aktiengesellschaften in „ihrem Binnenrecht nur marginal voneinander“ unterscheiden.

311 Vgl. zum Verein *Wagner*, NZG 2019, 46 (50).

312 *Solveen* in: Hölters, AktG, 3. Aufl. 2017, § 23 Rn. 29; *Limmer* in: Spindler/Stilz, AktG, 4. Aufl. 2019, § 23 Rn. 28; vgl. *Schäfer*, NJW 2008, 2536 (2537).

313 Zur Erstreckung des § 23 Abs. 5 AktG auf Satzungsänderungen: *Koch* in: Hüffer/Koch, AktG, 13. Aufl. 2018, § 23 Rn. 1; *E. Vetter* in: Henssler/Strohn, GesR, 4. Aufl. 2019, § 23 AktG Rn. 22.

314 *Koch* in: Hüffer/Koch, AktG, 13. Aufl. 2018, § 23 Rn. 34; vgl. *Limmer* in: Spindler/Stilz, AktG, 4. Aufl. 2019, § 23 Rn. 28.

bedürftige Generalklauseln wie §§ 9 S. 2 oder 13 Abs. 1 S. 2 VGG beschränkt, sondern den Verwertungsgesellschaften präzisere Vorgaben in Verbindung mit einer Satzungsstrenge auferlegt. So bleibt vieles den Gesellschaften zur Regelung in den Statuten überlassen.[315] Deren (Un-)Vereinbarkeit mit dem Angemessenheitsgebot des § 9 S. 2 VGG oder dem Grundsatz der Mitwirkung aus § 16 VGG erfolgt erst im Rahmen einer Konkretisierung durch die Aufsichtsbehörde oder Gerichte.[316]

Strengere Vorgaben wären noch aus einem zweiten Grund wünschenswert gewesen: Ein Ziel der Richtlinie 2014/26/EU ist es den Wettbewerb unter den Verwertungsgesellschaften innerhalb der Europäischen Union anzukurbeln.[317] Es verwundert vor diesem Hintergrund, dass nicht die Chance genutzt wurde, die Organisation der Verwertungsgesellschaften im Binnenmarkt stark zu vereinheitlichen. In der Folge bleibt die Rechtewahrnehmung durch ausländische Verwertungsgesellschaften weiterhin mit hohen Informationskosten seitens des Rechtsinhabers verbunden. Ein blinder Abschluss des Wahrnehmungsvertrags ist gerade nicht möglich. Der gewünschte Wettbewerb zwischen den europäischen Verwertungsgesellschaften wird dadurch unnötig ausgebremst.

5. Zusammenfassung

Ein Ziel der Richtlinie 2014/26/EU ist die Etablierung hoher Standards bezüglich des *Corporate-Governance*-Rahmens bei Verwertungsgesellschaften. Der deutsche Gesetzgeber ist an einigen Stellen noch über die unionsrechtlichen Vorgaben hinausgegangen. In der Folge sieht das VGG ein dichtes Geflecht verschiedener *Corporate-Governance*-Maßnahmen vor. Im Verhältnis zum Handels- und Gesellschaftsrecht lässt sich keine generelle Kollisionsregelung treffen. Vielmehr kommt es im Einzelfall auf den Sinn der VGG-Regelung an und ob sie die Richtlinie 2014/26/EU umsetzt oder kein Vorbild in dieser findet.

Den Statuten der Verwertungsgesellschaften kommt nach der Konzeption des VGG eine besondere Bedeutung zu, weil häufig die Regelung einer

---

315 Kritisch dazu jetzt auch *Gerlach* in: Wandtke/Bullinger, Praxiskommentar UrhR, 5. Aufl. 2019, § 17 VGG Rn. 2, § 20 Rn. 3.

316 Das dies dazu führen kann, dass über Jahre hinweg rechtswidrige Regelungen bestand haben können, zeigt ein Blick auf *BGH*, Urt. v. 21.4.2016, ZUM 2016, 639 ff. – *Verlegeranteil*.

317 Siehe etwa ErwGr. 18 und 23 RL 2014/26/EU.

Materie in den Statuten der Gesellschaft vorgeschrieben ist. Soweit dadurch in die Vertragsfreiheit der Verwertungsgesellschaften eingegriffen wird, sind diese Eingriffe als zum Schutz der Privatautonomie der Rechtsinhaber nötig gerechtfertigt. Diese können nur begrenzt und erst nach Abschluss des Wahrnehmungsvertrags Einfluss auf die Bedingungen der marktbeherrschenden Verwertungsgesellschaften nehmen.

Obwohl ein weiteres Ziel der Richtlinie 2014/26/EU die Belebung des Wettbewerbs zwischen den Verwertungsgesellschaften um die Rechtsinhaber ist, sehen Richtlinie und VGG keine Satzungsstrenge wie etwa im AktG vor. Mit der in der Folge großen Heterogenität der Umsetzungen in den Verwertungsgesellschaften gehen erhöhte Informationskosten der Rechtsinhaber einher. Die Chance, diese durch einen stark formalisierten Aufbau der Verwertungsgesellschaften zu senken, wurde vertan.

Kapitel 2: Machtverteilung

I. Problemstellung

Die Verteilung von Macht innerhalb einer Organisation ist ein wesentlicher Eckpfeiler eines jeden *Corporate-Governance*-Systems.[318] Unter Macht versteht man herkömmlicherweise die Möglichkeit der Einflussnahme, d.h. die Wahrscheinlichkeit, seine Interessen durchsetzen zu können.[319] Je mehr Macht ein einzelner Akteur besitzt, desto leichter kann er seine Interessen durchsetzen. Machtmonopole sind folglich signifikante Opportunismusoptionen für ihre Inhaber. Löst man diese Monopole auf und verteilt einzelne Kompetenzen auf verschiedene Agenten, entstehen Wechselwirkungen zwischen den Akteuren. Es kommt zu einer gegenseitigen Kontrolle. Durch solch ein System von *Checks and Balances* werden mithin nicht nur die Opportunismuschancen des Einzelnen minimiert, sondern auch deren Realisierung erschwert.[320] Eine fein ausdifferenzierte Gewaltenteilung dämmt opportunistisches Verhalten damit auf verschiedenen Ebenen ein.

Unter Geltung des UrhWahrnG gab es für die Verwertungsgesellschaften kaum Vorgaben bezüglich ihrer (Binnen-)Organisation oder Struktur. Einzig § 6 Abs. 2 UrhWahrnG schrieb vor, dass Rechtsinhaber, die nicht als Mitglieder in die Gesellschaft aufgenommen wurden, eine gemeinsame Vertretung bildeten. Deren Wahl und Befugnisse ebenso wie die internen Leitungs- und Kontrollstrukturen der Verwertungsgesellschaften konnten diese damit frei im Rahmen ihrer Satzungen festlegen.[321] Schranken bildeten nur die zwingenden gesellschaftsrechtlichen Vorgaben der gewählten Rechtsform.[322] So verblieb den Verwertungsgesellschaften ein großer Spielraum zur Ausgestaltung in ihren Statuten.[323]

---

318 Vgl. *v. Werder* in: Hommelhoff/Hopt/v. Werder, Handbuch Corporate Governance, 2. Aufl. 2009, S. 18.

319 *Crozier/Friedberg*, Macht und Organisation, 1979, S. 39 m.w.N.

320 *v. Werder* in: Hommelhoff/Hopt/v. Werder, Handbuch Corporate Governance, 2. Aufl. 2009, S. 337.

321 *Hillig* in: FS Kreile, 1994, S. 295.

322 Vgl. *Dünnwald* in: FS Kreile, 1994, S. 162.

323 Vgl. BeckOK-UrhR/*Freudenberg*, 25. Ed. 15.7.2019, § 6 UrhWahrnG Rn. 21; *Gerlach* in: Wandtke/Bullinger, Praxiskommentar UrhR, 4. Aufl. 2014, § 6

Bereits mit Blick auf die Anzahl der Normen wird deutlich, dass das VGG viele Bereiche detaillierter regelt als das bisherige UrhWahrnG. Im ersten Abschnitt des zweiten Teils des Gesetzes, der mit „Innenverhältnis" überschrieben ist, wird durch eine Reihe von Vorschriften ein deutliches Bild der internen Struktur einer Verwertungsgesellschaft gezeichnet. Dabei gilt es zu beachten, dass das Gesetz für sämtliche Rechtsformen gelten soll. Zum Teil tragen die einzelnen Organe und Verhältnisse daher Bezeichnungen, die im Gesellschaftsrecht nicht vorkommen. Werden doch aus dem Gesellschaftsrecht von bestimmten Rechtsformen bekannte Begriffe verwendet, wie etwa „Mitglied" oder „Verwaltungsrat", so sind diese möglicherweise ebenfalls rechtsformneutral zu verstehen und nicht zwingend gesetzesübergreifend einheitlich auszulegen. Das VGG verteilt durch seine umfangreichen Regelungen die Macht – sprich: die Kompetenzen – unter den verschiedenen Organen der Gesellschaft und weist vereinzelt auch explizit Kontrollaufgaben zu.

Zu unterscheiden von der Machtverteilung innerhalb der Verwertungsgesellschaft ist die Frage, wie die Entscheidungsfindung in den einzelnen Organen und Gremien abläuft. Zwar geht es hier auf den ersten Blick auch um Machtverteilung – die Distribution der Stimmen und ihre Gewichtung –, doch liegen die Probleme anders: Es geht nicht um die Verteilung von Kompetenzen, sondern um die *Teilhabe an der Willensbildung*. Es handelt sich somit nicht einfach um eine zweite Stufe der Gewaltenteilung. Vielmehr geht es um ein angemessenes Mitwirken der einzelnen Akteure im jeweils kompetenten Organ.

Diese beiden Aspekte haben jedoch dann Berührungspunkte, wenn es zu (personellen) Verstrickungen zwischen den einzelnen Organen kommt. So kann aus Fragen der Willensbildung schnell ein Problem der Gewaltenteilung werden. Deshalb werden in diesem Kapitel beide Phänomene untersucht und – wo nötig – die Verbindungen hergestellt. Begonnen wird mit der Machtverteilung innerhalb der Verwertungsgesellschaft (II.), bevor die Willensbildung in den Gremien in den Fokus gerät, wobei zwischen der Machtverteilung innerhalb der Gruppe der Mitglieder (IV.) und zwischen ihnen und den Nichtmitgliedern (III.) unterschieden wird.

UrhWarhnG Rn. 18. Dies war ausweislich der Gesetzesbegründung auch so gewollt vom Gesetzgeber, siehe BT-Drs. IV/271, S. 16. Vgl. auch *Dördelmann* in: FS Hertin, 2000, S. 51 („nur rudimentären Vorschriften"); *Dünnwald* in: FS Kreile, 1994, S. 161 f.

II. Das Machtgefüge innerhalb der Verwertungsgesellschaft

Die Macht in der Verwertungsgesellschaft verteilt sich im Wesentlichen auf drei Organe: die Mitgliederhauptversammlung (1.), das Aufsichtsgremium (2.) und die Geschäftsführung (5.). Daneben kennt das VGG noch einen Aufsichts- und Verwaltungsrat (3. und 4.), die jedoch beide nur fakultativ sind. Aufgrund der vielseitigen Gestaltungsoptionen, die Gesellschafts- bzw. Vereinsrecht und das VGG belassen, sind noch andere Akteure denkbar, die an der Macht beteiligt sind. Die im Gesetz geregelten Kompetenzzuteilungen beschränken sich jedoch auf die Mitgliederhauptversammlung, das Aufsichtsgremium und die Geschäftsführung. Weil die Bezeichnungen zum Teil von den Begriffen aus dem BGB und GmbHG abweichen, drängt sich die Frage auf, in welchem Verhältnis die im VGG genannten Organe zu jenen im GmbHG bzw. in den §§ 21 ff. BGB stehen. Dies zu klären ist notwendig, um zu wissen, welche gesetzlichen Regelungen des Vereinsrechts und aus dem GmbHG zu beachten sind. Nur so können die den Verwertungsgesellschaften belassenen Gestaltungsspielräume klar identifiziert werden.

1. Die Mitgliederhauptversammlung

Die Mitgliederhauptversammlung (§ 17 VGG) ist das zentrale Organ, in dem die Mitglieder mindestens einmal jährlich ihre Stimmrechte ausüben. Gemäß § 19 Abs. 3 und Abs. 4 VGG kann dies auch elektronisch oder mittels Vertreter geschehen. Der Mitgliederhauptversammlung sind eine Reihe von Kompetenzen zugewiesen, wie Satzungsänderungen, Änderung des Verteilungsplans und der Tarife sowie die Ausgestaltung der Wahrnehmungsbedingungen. Die Aufzählung in § 17 Abs. 1 S. 2 VGG ist dabei nicht abschließend. Nach dem in § 16 VGG normierten „Grundsatz der Mitwirkung“ ist sicherzustellen, dass die Mitglieder und Nichtmitglieder – unter Beachtung der verschiedenen Kategorien – „fair und ausgewogen“ vertreten sein müssen und ihre Mitwirkung an der Willensbildung „angemessen und wirksam“ sein muss. Einige Kompetenzen können durch Beschluss der Mitgliederhauptversammlung auf Aufsichtsgremium bzw. -rat ausgelagert werden, vgl. §§ 17 Abs. 2, 18 Abs. 2 VGG.

a. Besonderheiten beim Verein

Aufgrund der Rechtsformneutralität des VGG bleibt offen, in welchem Verhältnis die Mitglieder*haupt*versammlung zur Mitgliederversammlung des § 32 Abs. 1 S. 1 BGB steht. Sowohl § 33 BGB als auch § 17 Abs. 1 S. 2 Nr. 1 VGG schreiben ihrem jeweiligen Organ die Kompetenz zur Satzungsänderung zu. Dies spricht *prima facie* für eine Identität beider Gremien. Nach herrschender Meinung soll jedoch beim Verein eine Übertragung der Befugnis zur Satzungsänderung auf ein fakultatives Organ möglich sein.[324] Dementsprechend muss die Mitgliederversammlung nach § 32 BGB nicht zwangsweise der Mitglieder*haupt*versammlung i.S.d. § 17 VGG entsprechen. Dieses Verständnis findet auch in der Begründung des Regierungsentwurfs zum VGG eine Stütze, wenn es dort heißt: „Die Mitgliederhauptversammlung *kann* bei Vereinen der Mitgliederversammlung [...] entsprechen. [Hervorhebung des Verfassers]“[325]

Notwendig ist eine Separierung jedoch nicht. Der in § 20 Abs. 2 Nr. 3 bis 5 VGG normierten Mitwirkung der Nichtmitglieder stehen keine vereinsrechtlichen Bedenken gegenüber.[326] Da § 17 Abs. 1 S. 2 VGG alle wesentlichen Entscheidungen der Mitgliederhauptversammlung zuweist und § 17 Abs. 1 S. 1 VGG vorschreibt, dass die Mitglieder*haupt*versammlung das Organ ist, in dem die Mitglieder mitwirken und ihr Stimmrecht ausüben, würde die Mitgliederversammlung i.S.d. Vereinsrechts in diesem Fall ohne Bedeutung zurückbleiben. Von der rechtlichen Möglichkeit zweier Organe ist daher die Sinnhaftigkeit einer separaten Mitglieder*haupt*versammlung zu unterscheiden. In der Praxis der Verwertungsgesellschaften lässt sich diese Konstellation entsprechend nicht vorfinden.

b. Besonderheiten bei der GmbH

Ebenso wie beim Verein stellt sich bei der GmbH die Frage nach dem Verhältnis von Mitgliederhauptversammlung und der Gesamtheit der Gesellschafter. Außen vor bleibt hingegen die Gesellschafterversammlung. Sie

---

324 Statt aller BeckOK-BGB/*Schöpflin*, 51. Ed. 1.8.2019, § 33 Rn. 5 m.w.N.

325 Begründung des Regierungsentwurfs zum VGG, BT-Drs. 18/7223, S. 76.

326 Vgl. *BVerfG*, Beschl. v. 5.2.1991, NJW 1991, 2623 (2625) – *Bahai; Waldner/Wörle-Himmel* in: Sauter/Schweyer/Waldner, Der eingetragene Verein, 20. Aufl. 2016, Rn. 196 f.; *Weber*, Privatautonomie und Außeneinfluss im Gesellschaftsrecht, 2000, S. 120 ff.

kann keinesfalls mit dem Organ (vgl. § 17 Abs. 1 S. 1 VGG) Mitgliederhauptversammlung deckungsgleich sein, da sie nicht Organ der GmbH ist.[327] Dies sind vielmehr die Gesellschafter in ihrer Gesamtheit.[328] Sie artikulieren den korporativen Willen in Form von Beschlüssen.[329] Die Gesellschafterversammlung ist nur das regelmäßige Verfahren, in dem diese Beschlüsse getroffen werden.[330] Daher kommt überhaupt nur die Gesellschaftergesamtheit bei der GmbH als Mitgliederhauptversammlung in Frage.

§ 53 Abs. 1 GmbHG normiert, dass der Gesellschaftsvertrag nur durch Beschluss der Gesellschafter abgeändert werden kann. Grundsätzlich sind die einzelnen Kompetenzen der Gesellschaftergesamtheit weitgehend übertragbar.[331] Dies ergibt sich bereits aus der Satzungsfreiheit im GmbH-Recht.[332] Die Auslagerung von Befugnissen darf jedoch nicht dazu führen, dass das Organ im Kern beseitigt wird.[333] Die Grenze ist dann erreicht, wenn es zu einer „Selbstentmündigung der Gesellschafter" kommt.[334] Insbesondere strukturändernde Beschlüsse, wie Satzungsänderungen, Umwandlungen oder Auflösung der Gesellschaft, sind folglich nicht übertragbar.[335]

Wenn das GmbH-Recht Satzungsänderungen zwingend der Gesamtheit der Gesellschafter und das VGG zwingend der Mitgliederhauptversammlung zuschreibt, dann kann es keine separate Mitgliederhauptversammlung als Organ neben der Gesamtheit der Gesellschafter geben. Dem stehen auch nicht die Mitwirkungsrechte der Nichtmitglieder in der Mitglie-

---

327 *Seibt* in: Scholz, GmbHG, 11. Aufl. 2014, § 48 Rn. 1.

328 *K. Schmidt* in: Scholz, GmbHG, 11. Aufl. 2014, § 45 Rn. 5; *ders.*, Gesellschaftsrecht, 4. Aufl. 2002, § 36 III Nr. 1; *Römermann* in: Michalski, GmbHG, 3. Aufl. 2017, § 45 Rn. 12; *Wolff* in: MünchHdB GesR III, 5. Aufl. 2018, § 36 Rn. 1; *Bayer* in: Lutter/Hommelhoff, GmbHG, 19. Aufl. 2016, § 45 Rn. 3; a.A. *Altmeppen* in: Roth/Altmeppen, GmbHG, 9. Aufl. 2019, § 45 Rn. 2; *Zöllner/Noack* in: Baumbach/Hueck, GmbHG, 21. Aufl. 2017, § 45 Rn. 4; MüKo-GmbHG/*Liebscher*, 3. Aufl. 2019, § 45 Rn. 80; *Hüffer* in: FS 100 Jahre GmbHG, 1992, S. 523 ff., 536; BeckOK-GmbHG/*Schindler*, 39. Ed. 1.5.2019, § 45 Rn. 26.

329 § 47 Abs. 1 GmbHG. Siehe auch *K. Schmidt* in: Scholz, GmbHG, 11. Aufl. 2014, § 45 Rn. 1.

330 *Seibt* in: Scholz, GmbHG, 11. Aufl. 2014, § 48 Rn. 1.

331 *Altmeppen* in: Roth/Altmeppen, GmbHG, 9. Aufl. 2019, § 45 Rn. 3.

332 *K. Schmidt* in: Scholz, GmbHG, 11. Aufl. 2014, § 45 Rn. 8.

333 *K. Schmidt* in: Scholz, GmbHG, 11. Aufl. 2014, § 45 Rn. 5, 10.

334 *K. Schmidt* in: Scholz, GmbHG, 11. Aufl. 2014, § 45 Rn. 10; vgl. MüKo-GmbHG/*Liebscher*, 3. Aufl. 2019, § 45 Rn. 86.

335 *K. Schmidt* in: Scholz, GmbHG, 11. Aufl. 2014, § 45 Rn. 8; vgl. *Hoffmann* in: Michalski, GmbHG, 3. Aufl. 2017, § 53 Rn. 57 f.; *Müller* in: Beck Hdb-GmbH, 5. Aufl. 2014, § 6 Rn. 8.

derhauptversammlung mittels Delegierter entgegen. Zwar ist das Stimmrecht als wesentliches Element der gesellschaftsrechtlichen Mitgliedschaft stets an einen Geschäftsanteil gebunden (sog. Grundsatz der Einheitlichkeit der Mitgliedschaft),[336] wodurch es kein Stimmrecht ohne Geschäftsanteil – auch nicht durch Satzungsbestimmung – geben kann;[337] aber die zwingend der Gesamtheit der Gesellschafter zugewiesenen Kompetenzen werden durch das Mitwirken der Delegierten nicht angetastet: Die den Delegierten zugewiesenen Rechte im Rahmen der Mitgliederhauptversammlung betreffen zum einen nur teilweise ein stimmberechtigtes Mitwirken. Soweit die Delegierten nur beratend mitwirken, ist darin kein Verstoß gegen gesellschaftsrechtliche Grundsätze zu erblicken. Die Verbandssouveränität[338] steht nur einer Stimmabgabe, nicht aber der Beratung durch Dritte entgegen.[339] Zum anderen berühren die gemäß §§ 20 Abs. 2 Nr. 4, 17 Abs. 1 S. 2 Nr. 6–9, Nr. 12–16, Abs. 2, 18 Abs. 1 VGG den Delegierten zustehenden Stimmrechte keine der Kernkompetenzen der Gesellschaftergesamtheit. Zwar darf die Souveränität der GmbH nicht durch die Befugnisübertragung auf Dritte, d.h. Nicht-Gesellschaftsorgane oder Gesellschaftsorgane, die von Dritten dominiert werden, gefährdet werden.[340] Dies bedeutet jedoch nicht, dass Dritte in keiner Weise an der Willensbildung der Gesellschaft beteiligt werden dürfen. Sie können durchaus als Organmitglieder eingesetzt werden.[341] Ebenso können ihnen innerhalb der oben aufgeführten Grundsätze einzelne Kompetenzen übertragen werden. Da-

---

336 *Behrens* in: FS 100 Jahre GmbH-Gesetz, 1992, S. 546. Siehe auch zur Verbandssouveranität *Schubel*, Verbandssouveränität und Binnenorganisation der Handelsgesellschaften, 2003, S. 559 ff.

337 *K. Schmidt*, Gesellschaftsrecht, 4. Aufl. 2002, § 21 II lit. d); *Römermann* in: Michalski, GmbHG, 3. Aufl. 2017, § 47 Rn. 45; MüKo-GmbHG/*Drescher*, 3. Aufl. 2019, § 47 Rn. 69; *Hillmann* in: Henssler/Strohn, GesR, 4. Aufl. 2019, § 47 GmbHG Rn. 26; *Altmeppen* in: Roth/Altmeppen, GmbHG, 9. Aufl. 2019, § 47 GmbHG Rn. 38 m.w.N.

338 Vertiefend dazu siehe auch *Schubel*, Verbandssouveränität und Binnenorganisation der Handelsgesellschaften, 2003, S. 553 ff.

339 Vgl. *Wicke*, GmbHG, 3. Aufl. 2016, § 48 Rn. 2. Siehe auch § 120 GNotKG, der die Geschäftswertbestimmung für Notare bei *Beratung* bei der Durchführung einer Gesellschafterversammlung regelt. Zu den Voraussetzungen einer Teilnahme siehe *Fingerhut/Schröder*, BB 1999, 1230 (1232 ff.); MüKo-GmbHG/*Liebscher*, 3. Aufl. 2019, § 48 Rn. 55 f.

340 *K. Schmidt* in: Scholz, GmbHG, 11. Aufl. 2014, § 45 Rn. 10, 15; *Sanders*, NZG 2017, 961 (963); *Bayer* in: Lutter/Hommelhoff, GmbHG, 19. Aufl. 2016, § 45 Rn. 11; *Lange*, GmbHR 2006, 897 (899).

341 *Zöllner/Noack* in: Baumbach/Hueck, GmbHG, 21. Aufl. 2017, § 45 Rn. 17; *K. Schmidt* in: Scholz, GmbHG, 11. Aufl. 2014, § 45 Rn. 15; *Bayer* in: Lutter/

bei gilt es jedoch zu beachten, dass den Gesellschaftern in ihrer Gesamtheit stets zumindest eine *subsidiäre* Zuständigkeit verbleiben muss.[342] Insoweit ist eine *verdrängende* Kompetenzverlagerung auf Dritte nicht statthaft.[343]

Letztlich liegt auch kein Widerspruch zum Gesellschaftsrecht darin, dass die Gesellschafter ihre Beschlüsse im Rahmen einer Mitgliederhauptversammlung fassen statt als Gesellschafterversammlung. Die Gesellschafterversammlung ist nicht exklusiv das Verfahren für die Beschlussfassung. Die Gesellschafter können ihre Beschlüsse auch außerhalb der Gesellschafterversammlung, d.h. in abweichenden Verfahren fassen.[344] Die Mitgliederhauptversammlung ist in diesem Sinne also auch Beschlussverfahren.

Zusammenfassend lässt sich festhalten, dass es sich bei der Mitgliederhauptversammlung bei der GmbH um eine Art erweiterte Gesellschaftergesamtheit handelt. Die zwingenden Kernkompetenzen verbleiben weiterhin bei den Gesellschaftern. Sie fassen ihre Beschlüsse lediglich im Rahmen der Mitgliederhauptversammlung und werden dabei von den Delegierten beraten. Ähnlich der Gesellschafterversammlung handelt es sich somit nur um ein Verfahren. Soweit es um Gegenstände geht, bei denen die Delegierten mitabstimmen, betrifft dies Kompetenzen, die sowieso einem separaten Gremium hätten übertragen werden können. Die Mitgliederhauptversammlung fasst damit Gesellschaftergesamtheit und gesondertes Organ in zulässiger Weise zusammen. Schließlich lässt sich auch aus der Bezeichnung – die Gesellschafter sind schließlich die Mitglieder i.S.v. § 7 VGG – kein anderer Schluss ziehen. Die Begründung zum Regierungsentwurf des VGG stützt dieses Ergebnis ebenfalls.[345]

Hommelhoff, GmbHG, 19. Aufl. 2016, § 45 Rn. 9; vgl. zu Dritten im Beirat *Sanders*, NZG 2017, 961 (962); *Lange*, BB 2005, 2585 (2590).

342 Vgl. *K. Schmidt* in: Scholz, GmbHG, 11. Aufl. 2014, § 45 Rn. 9; *Zöllner/Noack* in: Baumbach/Hueck, GmbHG, 21. Aufl. 2017, § 45 Rn. 17; *Bayer* in: Lutter/Hommelhoff, GmbHG, 19. Aufl. 2016, § 45 Rn. 11.

343 Sog. „Verbot der Selbstentmündigung“, siehe *K. Schmidt* in: Scholz, GmbHG, 11. Aufl. 2014, § 45 Rn. 15; *Bayer* in: Lutter/Hommelhoff, GmbHG, 19. Aufl. 2016, § 45 Rn. 11; BeckOK-GmbHG/*Schindler*, 39 Ed. 1.5.2019, § 45 Rn. 26; *Sanders*, NZG 2017, 961 (963).

344 *Seibt* in: Scholz, GmbHG, 11. Aufl. 2014, § 48 Rn. 2; BeckOK-GmbHG/*Schindler*, 39 Ed. 1.5.2019, § 48 Rn. 98 f.

345 Vgl. Begründung zum Regierungsentwurf des VGG, BT-Drs. 18/7223, S. 76.

c. Kompetenzen

Die Kompetenzen der Mitgliederhauptversammlung sind in § 17 Abs. 1 S. 2 VGG enumerativ festgehalten.[346] Es handelt sich lediglich um Mindestrechte, sodass das Statut der Verwertungsgesellschaft zusätzliche Befugnisse vorsehen kann. Die 16 Befugnisse lassen sich grob in drei Gruppen einteilen: Nr. 12 bis Nr. 16 betreffen die Rechtewahrnehmung; Nr. 5 bis Nr. 9 setzen sich mit der Verwendung der Einnahmen zusammen; Nr. 1 bis Nr. 4 sowie Nr. 10 und Nr. 11 regeln schließlich Grundlagengeschäfte und Verwaltungsangelegenheiten im weiteren Sinne, wie z.B. Satzungsänderungen, Tochtergesellschaften oder Immobiliengeschäfte. In der Praxis gehen die meisten Beschlüsse trotz dieser Kompetenzzuweisung jedoch auf Anträge des Aufsichtsgremiums und der Geschäftsführung zurück. Insbesondere eher technische Beschlüsse, wie kleinere Satzungsanpassungen und -korrekturen, werden regelmäßig von den übrigen Organen angeregt. Werden diese von der Mitgliederhauptversammlung einfach durchgewinkt, ist dies kein Problem der Gewaltenteilung, sondern vielmehr ein Kontrolldefizit der Prinzipale über ihre Agenten. Die sorgfältige Wahrnehmung seiner Stimmrechte obliegt jedem Prinzipal selbst und ist somit kein mittels *Corporate Governance* behebbares Problem.[347]

Nach § 18 Abs. 1 VGG steht der Mitgliederhauptversammlung außerdem das Recht zu, die Mitglieder der Geschäftsführung, des Aufsichtsrats und -verwaltungsrats und ggf. des Aufsichtsgremiums zu ernennen und zu entlassen. Ergänzend beschließt die Hauptversammlung der Mitglieder auch über die Vergütung und sonstigen Leistungen dieser Organe.

d. Kontrollfunktion

In den Kompetenzen aus § 18 Abs. 1 VGG liegt eine Kontrolle der dort in den Nummern 1 bis 4 genannten Organe durch die Mitgliederhauptver-

346 Ausführlich zu den einzelnen Kompetenzen *Gerlach* in: Wandtke/Bullinger, Praxiskommentar UrhR, 5. Aufl. 2019, § 17 VGG Rn. 5 ff.

347 Dies gilt zumindest soweit, wie der abstimmende Prinzipal durch die Gesellschaft ausreichend informiert wurde, um seine Entscheidung treffen zu können. Zu den dazu nötigen Offenlegungs- und Publizitätspflichten siehe unten S. 257 ff.

sammlung:[348] Wer sich nicht entsprechend den Vorstellungen der Mitgliederhauptversammlung verhält, riskiert von ihr entlassen oder durch Kürzung der Vergütung abgestraft zu werden. Die so erzeugte extrinsische Motivation macht auch eine *de iure* weitgehend unabhängige Geschäftsführung faktisch ein Stück weit abhängig von der Mitgliederhauptversammlung. Die Mitgliederhauptversammlung ist damit auch ein zentrales Kontrollorgan. Unterstrichen wird diese Funktion durch Berichtspflichten der anderen Organe an sie. Dadurch haben die Mitglieder der Geschäftsführung und des Aufsichtsgremiums gemäß § 21 Abs. 3 VGG bzw. § 22 Abs. 5 i.V.m. § 21 Abs. 3 VGG gegenüber der Mitgliederhauptversammlung eine persönliche Erklärung abzugeben.[349] Daneben regelt § 22 Abs. 4 VGG, dass das Aufsichtsgremium mindestens einmal jährlich an die Mitgliederhauptversammlung berichtet.

Die Mitgliederhauptversammlung selbst wird nicht von den übrigen Organen kontrolliert. Als Organ, das sich aus den Prinzipalen zusammensetzt, entfällt die Notwendigkeit der Kontrolle durch andere Organe. Dies würde sonst zu der sinnwidrigen Situation führen, dass die Agenten ihre Prinzipale kontrollieren. Soweit es um die gegenseitige Kontrolle der Prinzipale geht und damit um den *Principal-Principal*-Konflikt, ist allein die interne Machtverteilung im Gremium betroffen.[350]

e. Übertragung auf das Aufsichtsgremium

Bestimmte Kompetenzen können gemäß § 17 Abs. 2 VGG durch Beschluss der Mitgliederhauptversammlung auf das Aufsichtsgremium übertragen werden. Es handelt sich dabei insbesondere um solche Kompetenzen, die typischerweise auch zwischen den (jährlichen) Mitgliederhauptversammlungen relevant werden können.[351]

---

348 Vgl. *Riemer/Welp* in: Ensthaler/Weidert, Hdb UrhR-IntR, 3. Aufl. 2017, Kap. 6 Rn. 82. Siehe auch die Begründung des Regierungsentwurfs zum VGG, BT-Drs. 18/7223, S. 77, wonach auf eine explizite Festschreibung der von Art. 8 Abs. 4 UAbs. 1 RL 2014/26/EU vorgegebenen Überwachung der „allgemeinen Aufgabenerfüllung" der „Direktoren" bewusst verzichtet wurde, weil sie bereits durch die übrigen Kompetenzen der Mitgliederhauptversammlung impliziert werde.

349 Siehe zur persönlichen Erklärung ausführlich unten S. 257 ff.

350 Siehe dazu sogleich unten S. 123 ff.

351 *Riemer/Welp* in: Ensthaler/Weidert, Hdb UrhR-IntR, 3. Aufl. 2017, Kap. 6 Rn. 75. Nicht so recht in diese Kategorisierung passt jedoch § 17 Abs. 1 S. 2

Hinsichtlich der übertragbaren Kompetenzen kommt es zu einer teilweisen Überschneidung mit den gemäß § 20 Abs. 2 Nr. 4 VGG den Delegierten zur stimmberechtigten Mitwirkung zugewiesenen Befugnissen. Zwar sieht § 20 Abs. 2 Nr. 4 VGG ein Stimmrecht der Delegierten auch bei der Entscheidung nach § 17 Abs. 2 VGG vor, doch haben sie aufgrund der Ausgestaltung der Stimmverteilung faktisch keine Chance, ihrer teilweisen Entmachtung entgegenzuwirken.[352] Damit besteht die Gefahr, dass die Kompetenzen aus § 17 Abs. 1 S. 2 Nr. 12 bis Nr. 14 VGG der Mitwirkung der Delegierten durch Übertragung auf das Aufsichtsgremium, in dem die Nichtmitglieder nicht repräsentiert sind, entzogen werden.[353] Gleiches gilt für § 18 Abs. 2 VGG, der eine Übertragung der Kompetenzen aus § 18 Abs. 1 VGG bezüglich der Geschäftsführung auf das Aufsichtsgremium ermöglicht. Der Beschluss über die Vergütung und sonstigen Leistungen der Geschäftsführung kann so, entgegen § 20 Abs. 2 Nr. 4 VGG, dem stimmberechtigten Mitwirken der Delegierten entzogen werden.

Aus unionsrechtlicher Sicht ist dies zulässig, da ein Mitwirken der Nichtmitglieder in der Richtlinie überhaupt nicht vorgeschrieben ist. In die Systematik des nationalen Rechts passt diese Aushebelung der in § 20 Abs. 2 VGG festgelegten *Mindest*rechte der Delegierten jedoch nicht hinein. Nach der Konzeption des VGG dienen diese Rechte dazu, sicherzustellen, dass die Nichtmitglieder einen gewissen Einfluss auf die Willensbildung und die Entscheidungsprozesse der Verwertungsgesellschaft nehmen können.[354] Diese Einflussnahme verhindern die Mitglieder – denen gegenüber die Nichtmitglieder gerade ihre Interessen verteidigen müssen – durch die Übertragung der Kompetenzen auf das Aufsichtsgremium. Die Nichtmitglieder können sich aufgrund ihres geringen Stimmanteils in der Mitgliederhauptversammlung nicht dagegen wehren. Die Schutzvorschrift[355] des § 20 Abs. 2 Nr. 4 VGG läuft damit teilweise leer.

Nr. 5 – „die Grundsätze des Risikomanagements“, dürften sie doch im Regelfall einmalig für mehrere Jahre aufgestellt werden.

352 Siehe dazu unten S. 164 f. und zum ähnlich gelagerten Problem bei Kompetenzverschiebungen zugunsten eines Beirats in einer mitbestimmten GmbH *Spindler/Kepper*, DStR 2005, 1775 (1777).

353 Siehe jetzt auch *Gerlach* in: Wandtke/Bullinger, Praxiskommentar UrhR, 5. Aufl. 2019, § 20 VGG Rn. 13, der die Gefahr der Übergehung der Delegierten ebenfalls anerkannt, jedoch verkennt, dass sie bereits gem. § 20 Abs. 2 Nr. 4 VGG bei Beschlüssen nach § 17 Abs. 2 VGG stimmberechtigt sind.

354 BeckOK-UrhR/*Freudenberg*, 25. Ed. 15.7.2019, § 20 VGG Rn. 5; *Schulze* in: Dreier/Schulze, UrhG, 6. Aufl. 2018, § 20 VGG Rn. 1 f.

355 Vgl. ErwGr. 21 RL 2014/26/EU, der solche Vorschriften, die Nichtmitglieder in die Entscheidungsprozesse einbinden, als Schutzvorschriften einordnet.

Um diese Verfehlung des Gesetzeszwecks zu verhindern, sind § 17 Abs. 2 VGG und § 18 Abs. 2 VGG teleologisch derart zu reduzieren, dass eine Kompetenzübertragung nicht gegen den Willen der Delegierten möglich ist. Absichern lässt sich dieser Befund mit einem Blick in das Gesellschaftsrecht. Aufgrund des Gleichbehandlungsgrundsatzes ist die Begründung eines Sonderrechts nur bei Zustimmung der durch die Änderung benachteiligten Gesellschafter möglich.[356] Die Delegierten sind zwar gerade keine Gesellschafter i.S.d. Gesellschaftsrechts, nehmen jedoch nach der Konzeption des VGG eine stark angenäherte Rolle ein, sodass ihnen auch ein vergleichbarer Schutz zustehen muss. Folglich können ihre Rechte aus § 20 Abs. 2 Nr. 4 VGG nur durch einen Zustimmungsvorbehalt zugunsten der Delegierten bei Beschlüssen nach § 17 Abs. 2 VGG und § 18 Abs. 2 VGG effektiv gewahrt werden.

Soweit es sich um eine als GmbH organisierte Verwertungsgesellschaft handelt, ist außerdem zu beachten, dass Satzungsänderungen nicht von der Mitgliederhauptversammlung übertragen werden können.[357] Daher muss im Fall einer Übertragung der Kompetenz aus § 17 Abs. 1 S. 2 Nr. 15 VGG nach § 17 Abs. 2 VGG darauf geachtet werden, dass durch die Festlegung der zum Tätigkeitsbereich gehörenden Rechte nicht der Unternehmensgegenstand (vgl. § 3 Abs. 1 Nr. 2 GmbHG) berührt wird.

f. Versammlung der Rechtsinhaber

Für Verwertungsgesellschaften, die nur Mitglieder i.S.d. § 7 Nr. 2 VGG haben, d.h. keine Rechtsinhaber als Mitglieder,[358] sieht Art. 9 Abs. 13 RL 2014/26/EU die (teilweise) Verlagerung von Befugnissen der Mitgliederhauptversammlung auf eine Versammlung der Rechtsinhaber, die von der Einrichtung, die Mitglied ist, vertreten werden, als *optionale* Bestimmung vor. In der Folge wären solche Rechtsinhaber, die nicht Mitglieder der entsprechenden Einrichtungen sind, völlig von der Willensbildung ausgeschlossen. Dies ist jedoch wenig verwunderlich, weil die Richtlinie 2014/26/EU auch sonst keine Mitwirkung der Nichtmitglieder zwingend

---

356 *Ebbing* in: Michalski, GmbHG, 3. Aufl. 2017, § 14 Rn. 82.

357 Ähnlich zum Beirat in Familienunternehmen *Lange*, GmbHR 2006, 897 (899); vgl. auch bezüglich § 17 Abs. 2 *Frohne/Müller-Ernstberger*, Stellungnahme der GWFF vom 13.8.2015 zum Regierungsentwurf des VGG, S. 4; *Hentsch* in: Dreyer/Kotthoff/Meckel/Hentsch, UrhR, 4. Aufl. 2018, § 17 VGG Rn. 4.

358 Siehe dazu oben S. 59 f.

vorsieht. Von der Möglichkeit des Art. 9 Abs. 13 RL 2014/26/EU hat der deutsche Gesetzgeber jedoch keinen Gebrauch gemacht, sodass sie bei der vorliegenden Untersuchung außer Acht gelassen wird.

2. Das Aufsichtsgremium

Das Aufsichts*gremium* hat gemäß § 22 Abs. 1 VGG die Geschäftsführung zu überwachen. Es handelt sich dabei für viele deutsche Verwertungsgesellschaften um eine echte Neuheit, da sie vorher kein vergleichbares Organ hatten.[359] Inwiefern sich das Organ von den im VGG ebenfalls erwähnten Aufsichts- und Verwaltungsrat unterscheidet, lässt das Gesetz offen.[360] Beide Organe können jedoch unter Umständen auch die Aufgabe des Aufsichtsgremiums wahrnehmen, vgl. § 18 Abs. 1 Nr. 4 VGG. Das Aufsichtsgremium trifft sich gemäß § 22 Abs. 4 VGG mindestens einmal jährlich und berichtet der Mitgliederhauptversammlung. Nach §§ 17 Abs. 2, 18 Abs. 2 VGG können ihm zusätzlich bestimmte Kompetenzen der Mitgliederhauptversammlung übertragen werden.

Die Befugnisse und Aufgaben des Aufsichtsgremiums reichen weiter, als sein Name vermuten lässt. Sie sind nicht auf die Aufsicht beschränkt. Seine Hauptaufgabe ist zwar die kontinuierliche Überwachung der Geschäftsführung (vgl. § 22 Abs. 1 und Abs. 3 Nr. 2 VGG), doch stehen ihm im Einzelfall daneben noch eine Reihe weiterer Befugnisse zu. Insbesondere nimmt das Aufsichtsgremium eine zentrale Rolle in der Leitung der Verwertungsgesellschaft ein, soweit die Mitgliederhauptversammlung von den Möglichkeiten einer Kompetenzverschiebung nach § 17 Abs. 2 und § 18 Abs. 2 VGG Gebrauch gemacht hat. Wurde dem Gremium beispielsweise die Kompetenzen aus § 17 Abs. 1 S. 2 Nr. 13 und Nr. 14 VGG übertragen, beschließt es über die Wahrnehmungsbedingungen und Tarife – zwei essenzielle Gegenstände für die Rechtsinhaber.

359 Begründung zum Regierungsentwurf des VGG, BT-Drs. 18/7223, S. 68: „Ein Teil der Verwertungsgesellschaften hat bislang kein Aufsichtsgremium im Sinne des § 22, muss also ein solches Gremium einrichten. Betroffen sind schätzungsweise neun Fälle".

360 Vgl. auch *Gerlach* in: Wandtke/Bullinger, Praxiskommentar UrhR, 5. Aufl. 2019, § 18 VGG Rn. 4.

a. Abweichung vom aktienrechtlichen Aufsichtsrat

Hierin liegt ein deutlicher Unterschied zwischen dem Aufsichtsgremium des § 22 VGG und dem aktienrechtlichen Aufsichtsrat. Letzterem dürfen gemäß § 111 Abs. 4 S. 1 AktG keine Maßnahmen der Geschäftsführung übertragen werden.[361] Hintergrund der Regelung ist eine strikte Trennung zur Geschäftsführung, um deren Überwachung nicht zu gefährden.[362]

Zulässige Ausnahmen beschränken sich im Aktienrecht weitgehend auf Zustimmungsvorbehalte. Bestätigt wird die Zweiteilung von Geschäftsführung und Überwachung durch § 105 Abs. 1 AktG, wonach ein „Aufsichtsratsmitglied […] nicht zugleich Vorstandsmitglied, dauernd Stellvertreter von Vorstandsmitgliedern, Prokurist oder zum gesamten Geschäftsbetrieb ermächtigter Handlungsbevollmächtigter der Gesellschaft sein" kann. Auch Ziff. 5.4.4 S. 1 DCGK will mit einer zweijährigen *Cooling-off*-Periode verhindern, dass ein ehemaliges Vorstandsmitglied nach einem Wechsel in den Aufsichtsrat sich bzw. die Auswirkungen seiner Geschäftsführung quasi selbst kontrolliert.

b. Aufweichung der Gewaltenteilung

Durch die nach dem VGG mögliche Kompetenzverlagerung auf das Aufsichtsgremium wird die Trennschärfe der Gewaltenteilung innerhalb des dualistischen Systems der Verwertungsgesellschaft aufgeweicht.[363] Das Aufsichtsgremium wandelt sich vom reinen Überwachungsorgan in ein Organ, das dem Verwaltungsrat bei monistischen Gesellschaftsformen ähnelt.

Ein „echter" monistischer Verwaltungsrat als *Board of Directors* teilt sich in den meisten Rechtsordnungen jedoch in sog. *Non Executive* und *Executive Directors*.[364] Erste übernehmen dabei die Überwachung der geschäftsführenden Mitglieder. Nach außen hin tritt das *Board* einheitlich auf, während es intern zu einer Zweiteilung und damit zu einer Kontrolle

---

361 Ausführlich zur Reichweite der Regelung *Fleischer*, BB 2013, 835 ff.

362 Vgl. *Hambloch-Gesinn/Gesinn* in: Hölters, AktG, 3. Aufl. 2017, § 111 Rn. 70; *Spindler* in: Spindler/Stilz, AktG, 4. Aufl. 2019, § 111 Rn. 61.

363 Vgl. zur ähnlichen Situation bei einem GmbH-Beirat *Spindler/Kepper*, DStR 2005, 1775 (1776 f.).

364 Vgl. dazu *Cromme* in: FS Hoffmann-Becking, 2013, S. 284 f.

kommt.[365] Von den Verfechtern des monistischen Systems wird dies oft als Vorteil gegenüber dem Nebeneinander von Aufsichtsrat und Vorstand angeführt: Wie soll der Aufsichtsrat den Vorstand effektiv überwachen „ohne dabei zu sein"?[366] Das Aufsichtsgremium nach § 22 VGG kennt jedoch keine verschiedenen Arten von Mitgliedern, sodass eine interne Überwachung entfällt. Durch die weitreichende Kompetenzverschiebung von der Mitgliederhauptversammlung auf das Aufsichtsgremium kommt es folglich zu einem Überwachungsvakuum. Das Aufsichtsgremium ist das einzige *kontinuierliche* Aufsichtsorgan in der Verwertungsgesellschaft, sodass es an einer (wirksamen) Kontrollinstanz für dessen eigene Entscheidungen fehlt.

Die Mitgliederhauptversammlung kann diese Lücke nicht schließen, tritt sie im Regelfall doch nur einmal jährlich zusammen. Nach der Konzeption des VGG nimmt auch die Geschäftsführung in diesem Fall nicht die Rolle eines Aufsehers ein. Die Überwachung des Aufsichtsgremiums ist aber deshalb angezeigt, weil in ihm zwar die „verschiedenen Kategorien von Mitgliedern fair und ausgewogen vertreten sein" müssen (§ 22 Abs. 2 VGG), dies jedoch nicht zwingend bedeutet, dass nur Mitglieder als Organwalter in Frage kommen.[367] Vielmehr empfiehlt es sich gerade, auch externe Experten einzusetzen.[368] Ebenso bleiben die Nichtberechtigten bei der Besetzung außer Beachtung. Die Besetzung des Aufsichtsgremiums folgt damit keinem Spiegelbildlichkeitsprinzip. Es ist keine „Miniaturausgabe" der Mitgliederhauptversammlung. Zwischen den beiden Organen stellt sich deshalb das *Principal-Agent*-Problem im vollen Maße.

Um zu verhindern, dass bestimmte Angelegenheiten nur im jährlichen Turnus der Mitgliederhauptversammlung beschlossen werden können und es dennoch nicht zu einem Überwachungsdefizit kommt, könnte eine Übertragung auf ein anderes Gremium als dem Aufsichtsgremium die Lö-

---

365 Siehe zu dieser Zweiteilung die entsprechende Empfehlung in *OECD*, Grundsätze der Corporate Governance, 2015, S. 65 f. Das *One-Tier*-System nähert sich damit dem dualistischen System an, so auch: *Börsig/Löbbe* in: FS Hoffmann-Becking, 2013, S. 131 f.; *Bicher/Preute* in: Fuhrmann/Linnerz/Pohlmann, DCGK, 2016, Ziff. 5 Rn. 219; *Cromme* in: FS Hoffmann-Becking, 2013, S. 284; ähnlich *Seibt* in: Hommelhoff/Hopt/v. Werder, Handbuch Corporate Governance, 2. Aufl. 2009, S. 399 f.

366 *Böckli* in: Hommelhoff/Hopt/v. Werder, Handbuch Corporate Governance, 2. Aufl. 2009, S. 267; ähnlich auch *Seibt* in: Hommelhoff/Hopt/v. Werder, Handbuch Corporate Governance, 2. Aufl. 2009, S. 392.

367 Ähnlich zum Beirat einer GmbH *Spindler/Kepper*, DStR 2005, 1775 (1777).

368 Siehe dazu sogleich S. 104.

sung sein. Grundsätzlich ist die Übertragung von Kompetenzen auf andere Organe im Rahmen der Satzungsfreiheit bei GmbH und Verein möglich.[369] § 17 Abs. 1 VGG weist jedoch bestimmte Kompetenzen zwingend der Mitgliederhauptversammlung zur Entscheidung zu und lässt in Abs. 2 eine Übertragung explizit nur auf das Aufsichtsgremium zu. Im Umkehrschluss ist damit eine Kompetenzverlagerung auf andere Organe ausgeschlossen. Da es dabei um eine Vorgabe aus Art. 8 Abs. 6 RL 2014/26/EU handelt, scheidet eine andere Lesart der Norm aus.

c. Wiederherstellung der Gewaltenteilung

Die Mitgliederhauptversammlung steht damit vor einem Dilemma. Entweder sie riskiert, dass Entscheidungen nur mit extremer Verzögerung getroffen werden können – auch die Einberufung einer außerordentlichen Mitgliederhauptversammlung bedarf eines gewissen Vorlaufs – oder sie überträgt die betroffenen Kompetenzen auf das Aufsichtsgremium und verzichtet auf eine kontinuierliche Kontrolle.

Lösen lässt sich diese Situation durch einen Mittelweg. Zum einen sollten nur solche Kompetenzen übertragen werden, die eine zeitnahe Entscheidung bedürfen und häufig auftreten.[370] Die übrigen Befugnisse sollten bei der Mitgliederhauptversammlung verbleiben. So wird die Geschäftsführung durch das Aufsichtsgremium auf das erforderliche Minimum reduziert. Zum anderen empfiehlt es sich, im Statut der Verwertungsgesellschaft Vorkehrungen zu treffen, die eine Überwachung der Geschäftsführungsmaßnahmen des Aufsichtsgremiums erlauben.

Die Geschäftsführung scheidet hier wiederum als Kontrollinstanz aus.[371] Ihr Tätigwerden würde zu einer weiteren Aufweichung der Gewaltenteilung führen. Eine kontinuierliche Überwachung kann daher nur durch ein fakultatives Gremium erfolgen. So könnte die Mitgliederhauptversammlung einen *Kontrollausschuss* bilden, der die Beschlüsse des Aufsichtsgremiums in den übertragenen Angelegenheiten kontinuierlich überwacht und an die Mitgliederhauptversammlung berichtet. Im stark reglementierten

369 *Altmeppen* in: Roth/Altmeppen, GmbHG, 9. Aufl. 2019, § 52 Rn. 80; *Müller/Wolff*, GmbHR 2003, 810 ff.; *K. Schmidt* in: Scholz, GmbHG, 11. Aufl. 2014, § 47 Rn. 8 f.; MüKo-BGB/*Leuschner*, 8. Aufl. 2018, § 32 Rn. 7 f.

370 Vgl. bezüglich letzterem Kriterium *Schulze* in: Dreier/Schulze, UrhG, 6. Aufl. 2018, § 17 VGG Rn. 6.

371 Kritisch zur Kontrolle des aktienrechtlichen Aufsichtsrats durch den Vorstand auch MüKo-AktG/*Habersack*, 5. Aufl. 2019, § 111 Rn. 111.

Aktienrecht wird die Einrichtung solcher informatorischen oder beratenden Aktionärsausschüsse oder Beiräte für zulässig gehalten,[372] sodass auch ihrer Einrichtung im vorliegenden Kontext keine Bedenken gegenüberstehen.

d. Zusammensetzung

Für die Besetzung des Aufsichtsgremiums schreibt § 22 Abs. 2 VGG nur vor, dass die verschiedenen Kategorien von Mitgliedern *„fair und ausgewogen"* vertreten sein müssen. Dieses Merkmal bedarf einer Konkretisierung (1). Offen bleibt auch, ob und wie diese Vorgabe bei Verwertungsgesellschaften, die keine Mitgliederkategorien kennen, anzuwenden ist (2). Ebenso lässt das Gesetz dahinstehen, wer als Organmitglied in Betracht kommt (3). In der Praxis finden sich Entsenderechte zugunsten einzelner Mitglieder, bei denen fraglich ist, ob sie mit dem Gesetz vereinbar sind (4).

(1) Fair und ausgewogen

Unklar ist, wie eine Besetzung des Aufsichtsgremiums aussehen muss, um den Anforderungen des § 22 Abs. 2 VGG zu genügen. Die Norm setzt Art. 9 Abs. 2 RL 2014/26/EU um, der eine „faire und ausgewogene Vertretung der verschiedenen Mitgliederkategorien" vorgibt. Die Formulierung der Richtlinie 2014/26/EU hilft nicht weiter, weil sie ebenso konturlos ist wie die Regelung im VGG. Die Begründung zum Regierungsentwurf des VGG gibt ebenfalls keine Hinweise zu dem Merkmal „fair und ausgewogen".[373] Einen Anhaltspunkt kann jedoch § 16 S. 1 VGG bieten, der denselben Ausdruck benutzt. In Anlehnung an das dortige Begriffsverständnis[374], ist eine Orientierung an den tatsächlichen Verhältnissen der Verwertungsgesellschaft nötig. Die Besetzung des Aufsichtsgremiums muss diese widerspiegeln.[375]

---

372 *Drinhausen* in: Hölters, AktG, 3. Aufl. 2017, § 118 Rn. 9; MüKo-AktG/*Kubis*, 4. Aufl. 2018, § 118 Rn. 12; *Mülbert* in: Hirte/Mülbert/Roth, AktG, 5. Aufl. 2015, Vor. § 118 Rn. 28, *Koch* in: Hüffer/Koch, AktG, 13. Aufl. 2018, § 119 Rn. 10.

373 Vgl. Begründung des Regierungsentwurfs zum VGG, BT-Drs. 18/7223, S. 79.

374 Siehe dazu ausführlich unten S. 187 ff.

375 So auch BeckOK-UrhR/*Freudenberg*, 25. Ed. 15.7.2019, § 22 VGG Rn. 10.

In der Praxis wird dies teilweise nicht berücksichtigt, sondern zugunsten einzelner Mitgliederkategorien davon abgewichen. Bei der GEMA nimmt der Aufsichtsrat die Funktion des Aufsichtsgremiums wahr. In § 13 Ziff. 1 Abs. 1 S. 1 GEMA-Satzung n.F. werden die 15 Aufsichtsratsplätze fest nach Mitgliederkategorien verteilt: Sechs Plätze für Komponisten, fünf für Verleger und vier für Textdichter. Somit sind immer ein Drittel der Aufsichtsratsmitglieder Verleger, obwohl sie lediglich rund 14 % der Mitglieder bzw. 7 % der Berechtigten der GEMA ausmachen.[376] Die Verleger sind in dem Aufsichtsrat mithin klar überproportional vertreten.[377] Mit § 22 Abs. 2 VGG lässt sich diese Besetzung nicht vereinbaren.

(2) Verwertungsgesellschaften ohne Mitgliederkategorien

§ 22 Abs. 2 VGG erwähnt nur Mitgliederkategorien und lässt die Nichtmitglieder bei der Besetzung des Aufsichtsgremiums außen vor. Dass das Gesetz grundsätzlich auch Kategorien von Berechtigten, die nicht zugleich Mitglieder sind, kennt, lässt sich aus § 16 S. 2 VGG entnehmen. Dort heißt es „Kategorien von Mitgliedern und Berechtigten". Regelmäßig werden Mitglieder und Nichtmitglieder nach den gleichen Kriterien unterteilt. In diesem Fall gibt es keinen Unterschied zwischen Mitglieder- und Berechtigtenkategorien. Die begriffliche Beschränkung auf Mitglieder im § 22 Abs. 2 VGG kommt jedoch bei Verwertungsgesellschaften, die keine Rechtsinhaber als Mitglieder haben, sondern nur Mitglieder i.S.d. § 7 Nr. 2 VGG, zum Tragen.[378] Diese Mitglieder unterliegen keiner Unterteilung, sodass es keine Mitgliederkategorien gibt, die bei der Besetzung des Aufsichtsgremiums berücksichtigt werden könnten. Die betroffenen Verwertungsgesellschaften kennen stattdessen lediglich Berechtigtenkategorien. Beispielsweise hat die GVL nur zwei Mitglieder i.S.v. § 7 Nr. 2 VGG und teilt ihre Rechtsinhaber in 15 Berufsgruppen ein.[379] Auch der Gesellschaftsvertrag der TWF legt keine Mitgliederkategorien fest. Alleingesellschafter ist die Deutsche Werbefilmakademie e.V. Es lassen sich also auch keine impliziten Mitgliederkategorien ableiten, weil es nur ein Mitglied

376 Vgl. die Aufschlüsselung der Mitglieder nach Berufsgruppe in dem Geschäftsbericht mit Transparenzbericht der GEMA für das Geschäftsjahr 2017, S. 8.

377 So auch *Podszun/Franz*, ZGE 2015, 15 (24); *v. Ungern-Sternberg* in: FS Büscher, 2018, S. 266; kritisch auch *Schack*, Urheber- und Urhebervertragsrecht, 9. Aufl. 2019, Rn. 1342.

378 Siehe zu diesen bereits oben S. 59 f.

379 Vgl. § 5 Abs. 5.3 GVL-Gesellschaftsvertrag i.d.F. 19.12.2016 (n.F.).

gibt. Die TWF kennt indes eine Unterteilung ihrer Berechtigten in zwei Kategorien:[380] Inhaber von Leistungsschutzrechten der Werbefilmproduzenten und sonstige Urheber- und Leistungsschutzberechtigte von Werbefilmen. Bei der TWF gibt es damit zwei Berechtigtenkategorien, aber keine Kategorien von Mitgliedern. Im Einzelfall können die Kategorien der Mitglieder und Rechtsinhaber jedoch auch bei solchen Verwertungsgesellschaften, die keine Rechtsinhaber als Mitglieder haben, deckungsgleich sein: Die *Verwertungsgesellschaft der Film und Fernsehproduzenten mbH* (VFF) z.B. unterscheidet zwischen selbstständigen Filmherstellern und Sendeunternehmen, was sich in ihren Gesellschaftern widerspiegelt.

Es stellt sich die Frage, ob die an die Berechtigten anknüpfenden Kategorien bei der Zusammensetzung des Aufsichtsgremiums anstelle der Mitgliederkategorien berücksichtigt werden müssen. Stellt man allein auf den Wortlaut von § 22 Abs. 2 VGG ab, so müsste diese Kategorisierung keine Berücksichtigung finden. Auch der Wortlaut des Art. 9 Abs. 2 RL 2014/26/EU bestätigt diesen Befund. Die unionsrechtliche Norm steht jedoch einer Berücksichtigung der Kategorien von Berechtigten auf nationaler Ebene nicht entgegen. Sie schreibt lediglich vor, dass „eine faire und ausgewogene Vertretung der verschiedenen Mitgliederkategorien der [Verwertungsgesellschaft] sicherzustellen“ sei. Eine Aussage darüber, wie das Aufsichtsgremium zu besetzen ist, soweit es keine Mitgliederkategorien gibt, enthält die Regelung nicht. Doch auch wenn das Unionsrecht nicht entgegensteht, müsste es für eine zwingende Berücksichtigung einen Anknüpfungspunkt im VGG geben. Aus dem Grundsatz der Mitwirkung in § 16 VGG lässt sich dieser nicht ableiten. Zwar schreibt § 16 S. 2 VGG vor, dass die verschiedenen Kategorien von Mitgliedern und Berechtigten fair und ausgewogen vertreten sein müssen, doch bezieht sich diese Vorgabe lediglich auf die in Satz 1 thematisierte „Mitwirkung an den Entscheidungen der Verwertungsgesellschaft“. Damit ist nur die Mitgliederhauptversammlung gemeint. Dies ergibt sich zum einen aus § 17 Abs. 1 S. 1 VGG, in dem diese als „Organ, in dem die Mitglieder mitwirken“, definiert wird; zum anderen spricht für dieses Begriffsverständnis aus systematischer Sicht, dass ansonsten die Regelung § 22 Abs. 2 VGG keine eigenständige Bedeutung hätte. Auch kennt § 17 VGG – für den § 16 VGG zweifelsfrei gilt – keine mit § 22 Abs. 2 VGG vergleichbare Besetzungsregel. Wenn aber § 16 S. 2 VGG für beide Normen gelten würde, wäre es vom Gesetz inkonsistent, nur in § 22 VGG und nicht in § 17 VGG eine solche Regelung vorzusehen. Selbst wenn man von einer prinzipiellen Anwendbarkeit des all-

380 § 2 Abs. 2 TWF-Gesellschaftervertrag i.d.F. v. 28.12.2016 (n.F.).

gemeinen Grundsatzes der Mitwirkung aus § 16 VGG ausgehen würde, würde die enger gefasste Besetzungsregel des § 22 Abs. 2 VGG diesem als *lex specialis* vorgehen.

Mit Blick auf die Berücksichtigung der Berechtigten in § 16 S. 2 VGG ist stattdessen davon auszugehen, dass die Nichterwähnung in § 22 Abs. 2 VGG ein Versehen des nationalen Gesetzgebers ist. Die Begründung zum Regierungsentwurf verweist darauf, dass Art. 9 RL 2014/26/EU „weitgehend wörtlich" umgesetzt wurde.[381] Anders als das VGG kennt die Richtlinie die Kategorie „Berechtigte" jedoch nicht. Es entsteht mithin der Eindruck, als hätte man die Berechtigten bei der Umsetzung schlicht übersehen. Dafür spricht auch, dass das VGG rechtsformneutral sein soll. Ob eine Verwertungsgesellschaft Mitglieder- oder Berechtigtenkategorien hat, hängt primär von ihrer Rechtsform ab.[382] Nur wenn man beide gleichstellt, wird die angestrebte Rechtsformneutralität verwirklicht. Es ist es daher geboten, § 22 Abs. 2 VGG teleologisch so auszulegen, dass auch Kategorien von Berechtigten bei der Besetzung des Aufsichtsgremiums zu berücksichtigen sind.

(3) Berechtigte und Dritte als Organmitglieder

Bei der Geschäftsführung greifen die Verwertungsgesellschaften auf Rechtsanwälte, Volks- und Betriebswirte und andere Nichtgesellschafter mit ausgewiesenen Fähigkeiten zurück, statt auf eine Selbstorganschaft durch ihre Mitglieder und Berechtigten zu vertrauen.[383] Anders beim Aufsichtsgremium: Die Statuten sehen häufig vor, dass die Mitglieder und teilweise auch die Delegierten die Aufsichtsgremiumsmitglieder aus ihrer Mitte wählen.[384]

---

381 Begründung des Regierungsentwurfs zum VGG, BT-Drs. 18/7223, S. 79.

382 Siehe dazu bereits oben S. 59 ff.

383 Dies gilt zumindest für die geschäftsführenden Vorstände und hauptamtlichen Geschäftsführer. Daneben gibt es teilweise noch ehrenamtliche Vorstände bzw. Geschäftsführer aus dem Kreis der Rechtsinhaber. Vgl. beispielhaft § 13 Abs. 1 VG WORT-Satzung i.d.F. v. 9.6.2018 (n.F.) oder § 12 Nr. 1 VG Bild-Kunst-Satzung i.d.F. v. 28.7.2018 (n.F.).

384 Siehe nur § 10 Nr. 1 VG Bild-Kunst-Satzung n.F.; §§ 10 Ziff. 2, 11 lit. a) Satzung GEMA n.F.; § 7 Abs. 4 S. 3 GWVR-Gesellschaftsvertrag i.d.F. v. 19.1.2017 (n.F.); § 10 Abs. 6 S. 1 VG Media-Satzung i.d.F. v. 23.11.2016 (n.F.); § 15 Abs. 2 S. 2 GÜFA-Gesellschaftsvertrag i.d.F. v. 11.6.2018 (n.F.); wohl auch § 9 Abs. 4 S. 1 VG WORT-Satzung. n.F., wonach im Umkehrschluss nur Mitglieder über das passive Wahlrecht verfügen.

VGG und Richtlinie geben dies nicht vor: § 18 Abs. 1 Nr. 4 VGG und Art. 8 Abs. 4 UAbs. 1 i.V.m. Art. 3 lit. g ii RL 2014/26/EU weisen den Mitgliedern lediglich das *aktive* Wahlrecht zu. Auch § 22 Abs. 2 VGG schreibt nur vor, dass die *Kategorien* von Mitgliedern – und richtigerweise Berechtigten – im Aufsichtsgremium vertreten sein müssen. Es bleibt aber offen, *wer* diese Kategorien vertritt. Entsprechend kommen nicht lediglich Berechtigte und Mitglieder als Organwalter des Aufsichtsgremiums in Betracht. ErwGr. 24 RL 2014/26/EU stellt klar, dass die Regelung die Verwertungsgesellschaft nicht daran hindern soll, „Dritte mit der Aufsicht zu betrauen, etwa Personen, die die einschlägige Fachkompetenz haben, und Rechtsinhaber, die die Voraussetzungen für die Mitgliedschaft nicht erfüllen".

Aus *Corporate-Governance*-Sicht kann die Besetzung mit externen Experten ein wesentlicher Baustein sein.[385] Zwar kommt es durch die Hinzuziehung des Externen als Intermediär zu einem zweistufigen *Principal-Agent*-Konflikt[386] (Rechtsinhaber – Externer – Geschäftsführung), doch wer die Handlungen der Geschäftsführung nicht begreift, kann sie kaum kontrollieren. In der *Corporate-Governance*-Forschung ist entsprechend anerkannt, dass eine effektive Überwachung der Geschäftsführung, ohne ein Mindestmaß an betriebswirtschaftlichen und juristischen Kenntnissen, nicht denkbar ist.[387] So fordert Ziff. 5.4.1 DCGK für die Zusammensetzung des Aufsichtsrats, die Mitglieder so auszuwählen, „dass [sie] insgesamt über die zur ordnungsgemäßen Wahrnehmung der Aufgaben erforderlichen Kenntnisse, Fähigkeiten und fachlichen Erfahrungen verfügen". § 100 Abs. 5 AktG schreibt für bestimmte Aktiengesellschaften sogar zwingend vor, dass „mindestens ein Mitglied des Aufsichtsrats über Sachverstand auf den Gebieten Rechnungslegung oder Abschlussprüfung verfügen" muss. Es handelt sich dabei nicht um eine persönliche Voraussetzung, sondern eine ob-

385 Vgl. *v. Werder* in: Hommelhoff/Hopt/v. Werder, Handbuch Corporate Governance, 2. Aufl. 2009, S. 336: „Die *professionelle Sachkompetenz* bildet das Rückgrat guter Corporate Governance".

386 *Roth/Wörle*, ZGR 2004, 565 (566). Neben die Trennung von Eigentum und Verfügungsmacht tritt hier zusätzlich die (Verfügungsmacht-)Kontrolle; vgl. auch *Cervellini*, Der Bericht des Aufsichtsrats, 2012, S. 176 ff.

387 Vgl. *v. Werder* in: Hommelhoff/Hopt/v. Werder, Handbuch Corporate Governance, 2. Aufl. 2009, S. 333, 336; *Spindler* in: Spindler/Stilz, AktG, 4. Aufl. 2019, § 100 Rn. 61 f.; *Feddersen*, AG 2000, 385 (389, 391); *Schneider* in: Scholz, GmbHG, 11. Aufl. 2014, § 52 Rn. 263 f.; ausführlich *Weber*, Privatautonomie und Außeneinfluss im Gesellschaftsrecht, 2000, S. 5 f., 8 ff.

jektive Besetzungsregel, die sich an das Organ in seiner Gesamtheit richtet.[388]

Darüber hinaus ist beim aktienrechtlichen Aufsichtsrat anerkannt, dass er „eigenständig und persönlich in der Lage sein muss, sich auch ohne fremde Hilfe über die Geschäftsvorgänge im Unternehmen ein Bild zu machen".[389] Bedenkt man, dass viele Verwertungsgesellschaften mittelgroße oder große Kapitalgesellschaften i.S.v. § 267 Abs. 1 und 2 HGB sind, lässt sich diese Anforderung bedenkenlos auf das Aufsichtsgremium nach § 22 VGG übertragen. Verwertungsgesellschaften sind keine kleinen Selbsthilfezusammenschlüsse der Rechtsinhaber, sondern international agierende Unternehmen mit Umsätzen im dreistelligen Millionenbereich und Konzernstrukturen. Entsprechend sind für die Überwachung auch dieselben Kenntnisse wie für jedes andere Unternehmen vergleichbarer Größenordnung nötig.

Dabei ist es nicht erforderlich, dass jedes einzelne Aufsichtsgremiumsmitglied über alle nötigen Fähigkeiten und Kenntnisse verfügt.[390] Entscheidend ist, dass das Aufsichtsgremium *in seiner Gesamtheit* in der Lage ist, die Geschäftsführung wirksam zu überwachen.[391] Es spricht also nichts gegen die Betrauung von Rechtsinhabern mit der Überwachung. Sie verfügen über Erfahrung rund um den Unternehmenszweck – die Wahrnehmung von Rechten – und kennen den Markt.[392] Sie können beurteilen, ob bestimmte Geschäftsführungsmaßnahmen mit den Interessen der Treuhänder übereinstimmen und stellen so eine starke Rückkopplung an die Mitgliederhauptversammlung sicher. Probleme treten erst dann auf, wenn das gesamte Gremium nur mit Rechtsinhabern besetzt ist, denen es an den nötigen Spezialkenntnissen mangelt.[393] Entsprechend sollten die Verwertungsgesellschaften auf Klauseln, die eine Beschränkung des passiven

---

388 *Nowak*, BB 2010, 2423 (2425); MüKo-AktG/*Habersack*, 5. Aufl. 2019, § 100 Rn. 70; *Spindler* in: Spindler/Stilz, AktG, 4. Aufl. 2019, § 100 Rn. 50.

389 *Spindler* in: Spindler/Stilz, AktG, 4. Aufl. 2019, § 100 Rn. 61.

390 *Ziemons*, ZGR 2016, 839 (840), fordert etwa nur, dass mindestens ein Mitglied des Aufsichtsrats über „juristische Expertise" verfügen sollte.

391 *BGH*, Urt. v. 15.11.1982, NJW 1983, 991 (992) – *Hertie*; *v. Werder* in: Hommelhoff/Hopt/v. Werder, Handbuch Corporate Governance, 2. Aufl. 2009, S. 333 f.; *Lutter/Krieger/Verse*, Rechte und Pflichten des Aufsichtsrats, 6. Aufl. 2014, Rn. 24; *Ziemons*, ZGR 2016, 839 (843).

392 Vgl. zur Bedeutung *Lutter/Krieger/Verse*, Rechte und Pflichten des Aufsichtsrats, 6. Aufl. 2014, Rn. 24.

393 Vgl. *Drygala* in: K. Schmidt/Lutter, AktG, 3. Aufl. 2015, § 100 Rn. 30, 32.

Wahlrechts für das Aufsichtsgremium auf „Interne“ vorsehen, in ihren Statuten verzichten.[394]

Selbstverständlich ist nicht ausgeschlossen, dass auch Rechtsinhaber über diese Fähigkeiten verfügen:[395] Ein komponierender Rechtsanwalt, Romane verfassender Volkswirt oder Geschäftsführer eines Musikverlages bringt das nötige Wissen für die solide Aufgabenerfüllung mit; zwingend ist dies in einer arbeitsteiligen Gesellschaft jedoch nicht. Zudem gilt es bei der Besetzung mit Verwertungsgesellschaftsangehörigen zu beachten, dass ihre fehlende Unabhängigkeit zu einem Rollenkonflikt führen kann.[396] Der Besetzung mit Dritten stehen auch keine Bedenken gegenüber, soweit dem Aufsichtsgremium Kompetenzen der Mitgliederhauptversammlung übertragen werden. Denn, wie oben dargelegt, sollte eine solche Kompetenzverschiebung sowieso weitgehend unterbleiben.

(4) Entsenderechte

Einige Verwertungsgesellschaften sehen in ihren Satzungen Entsenderechte in das Aufsichtsgremium vor.[397] Die Rechtmäßigkeit solcher Regelungen ist angesichts der klaren Vorgabe in § 18 Abs. 1 Nr. 4 VGG zweifelhaft. Anstatt die Aufsichtsgremiumsmitglieder von der Mitgliederhauptversammlung wählen zu lassen, bekommen einzelne Mitglieder ein Sonderrecht eingeräumt. Selbst soweit alle gegenwärtigen Mitglieder der Klausel zugestimmt haben, kann diese nicht über den Verstoß gegen § 18 Abs. 1 Nr. 4 VGG hinweghelfen. Zukünftige Mitglieder sind von der Regelung ebenso negativ betroffen. Anders als bei sonstigen Gesellschaften, haben sie jedoch nicht die Möglichkeit, wenn sie mit der Satzung nicht einverstanden sind, auf einen Beitritt zu verzichten. Wegen dieser Folge der quasi Monopolstellung der Verwertungsgesellschaften soll die Bestimmung als zwingendes Recht gerade auch zukünftige Mitglieder schützen.[398] Die die

---

394 BeckOK-UrhR/*Freudenberg*, 25. Ed. 15.7.2019, § 22 VGG Rn. 5; vgl. zum Beirat einer GmbH *Spindler/Kepper*, DStR 2005, 1775 (1778); *Lange*, GmbHR 2006, 897 (902 f.); *Sanders*, NZG 2017, 961 (962); zum aktienrechtlichen Aufsichtsrat *Roth/Wörle*, ZGR 2004, 565 (624 f.).

395 Ähnlich BeckOK-UrhR/*Freudenberg*, 25. Ed. 15.7.2019, § 22 VGG Rn. 5.

396 Vgl. *Spindler/Kepper*, DStR 2005, 1775 (1778); *Sanders*, NZG 2017, 961 (964 f.).

397 Siehe nur § 8 a) Abs. 1 S. 2 VFF-Gesellschaftsvertrag i.d.F. v. 17.8.2017 (n.F.) und § 14 Abs. 2 S. 1 VGF-Satzung i.d.F. v. 12.1.2018 (n.F.).

398 Vgl. *Schäfer*, NJW 2008, 2536 (2537); *Solveen* in: Hölters, AktG, 3. Aufl. 2017, § 23 Rn. 29; *Limmer* in: Spindler/Stilz, AktG, 4. Aufl. 2019, § 23 Rn. 28.

Entsenderechte enthaltenen Klauseln sind daher nichtig. An ihre Stelle tritt die Regelung des § 18 Abs. 1 Nr. 2 VGG. Abweichendes gilt nur soweit allen – auch zukünftigen – Mitgliedern ein Entsenderecht eingeräumt wird und die Satzung keine genaue Anzahl von Aufsichtsgremiumsmitgliedern vorschreibt, die bei Aufnahme neuer Mitglieder zum Auseinanderfallen von Entsenderechten und vorgeschriebener Zahl von Aufsichtsgremiumsmitgliedern führen könnte. Der Vorgang steht einer Wahl durch die Mitgliederhauptversammlung gleich und ist mithin mit i.S.v. § 18 Abs. 1 Nr. 2 VGG vereinbar.

e. Rechte des Aufsichtsgremiums

§ 22 VGG gibt die Aufgabe des Aufsichtsgremiums vor, ohne das Organ zugleich auch mit dem nötigten Werkzeug auszustatten: Die Norm nennt keine Rechte, wie z.B. Einsichts- oder Auskunftsrechte gegenüber der Geschäftsführung, die den Gremiumsmitgliedern zur Erfüllung ihrer Aufgabe zur Verfügung stehen. Nur § 21 Abs. 2 VGG legt bestimmte Offenbarungspflichten des Vorstands gegenüber dem Aufsichtsgremium fest.[399] Diese beschränken sich jedoch auf Interessenkonflikte und betreffen nicht die allgemeine Geschäftsführung. § 111 Abs. 2 S. 1 AktG gibt dem aktienrechtlichen Aufsichtsrat das Recht, „die Bücher und Schriften der Gesellschaft sowie die Vermögensgegenstände, namentlich die Gesellschaftskasse und die Bestände an Wertpapieren und Waren, ein[zu]sehen und [zu] prüfen". Eine Parallelregelung im VGG fehlt gänzlich. Eine Überwachung nur mittels der öffentlich zugänglichen Informationen (u.a. Jahresabschluss und Lagebericht nach § 57 VGG und Transparenzbericht gemäß § 58 VGG) reicht nicht aus. Würden nur diese jährlichen Informationen als Arbeitsgrundlage des Gremiums zur Verfügung stehen, wäre eine kontinuierliche Überwachung nicht möglich. Auch eine weitgehende Berichtspflicht, wie sie den Vorstand einer Aktiengesellschaft nach § 90 AktG trifft[400], statuiert das VGG nicht.

Ohne Werkzeuge zum Abbau der Informationsasymmetrien zwischen Geschäftsführung und Aufsichtsgremium, ist eine wirksame Kontrolle je-

399 Siehe dazu ausführlich unten S. 205 f.

400 Ausführlich zu den Berichtspflichten des Vorstands der AG *Seibt* in: Hommelhoff/Hopt/v. Werder, Handbuch Corporate Governance, 2. Aufl. 2009, S. 393 ff.

doch nicht möglich.[401] Ziff. 3.4 Abs. 1 S. 1 und 2 DCGK sagen entsprechend deutlich: „Die Information des Aufsichtsrats ist Aufgabe des Vorstands. Der Aufsichtsrat hat jedoch seinerseits sicherzustellen, dass er angemessen informiert wird.“ Die *OECD* hebt die Bedeutung eines gut informierten Kontrollgremiums ebenfalls hervor.[402] Damit die in § 22 Abs. 1 VGG statuierte kontinuierliche Überwachung der Geschäftsführung durch das Aufsichtsgremium nicht leerläuft, muss das Gremium also mit gewissen Rechten ausgestattet sein. Der nationale Gesetzgeber hat sich bei der Umsetzung von Art. 9 Abs. 1 RL 2014/26/EU auf eine weitgehend wortwörtliche Übernahme der unionsrechtlichen Vorschrift beschränkt. Damit hat er nur das *Ziel* übernommen, nicht aber – die bei einer Richtlinie gemäß Art. 288 Abs. 3 AEUV den Mitgliedstaaten überlassenen – Mittel zu dessen Erreichung hinzugefügt. Um den *effet utile* des Unionsrechts zu wahren, muss das Aufsichtsgremium im Wege der richtlinienkonformen Auslegung mit den benötigten Kompetenzen versorgt werden. Ein Aufsichtsgremium, das nur auf dem Papier existiert, in der Realität aber seiner Überwachungsaufgabe nicht nachkommen kann, genügt nicht den Vorgaben des Art. 9 Abs. 1 RL 2014/26/EU.

Die Aufgabe des Aufsichtsgremiums einer Verwertungsgesellschaft ist mit der des Aufsichtsrats einer Aktiengesellschaft eng verwandt. Beide überwachen für die (Mitglieder-)Hauptversammlung die Geschäftsführung. Beide können dies nur, soweit sie über die notwendigen Informationen verfügen. In beiden Fällen sind diese Informationen bei der Geschäftsführung angesiedelt, sodass in erster Linie sie diese zur Verfügung stellen kann. Die Ausgangslage ist mithin identisch. Es ist daher angebracht, die Regelungslücke im VGG durch eine analoge Anwendung der aktienrechtlichen Bestimmungen zum Aufsichtsrat, insbesondere der §§ 90 und 111 Abs. 2 AktG, auf das Aufsichtsgremium zu schließen.[403] Für einen (fakultativen) Aufsichtsrat bei der GmbH ordnet § 52 GmbHG ohnehin eine entsprechende Anwendung der Vorschriften an.[404] So kann sichergestellt werden, dass das Aufsichtsgremium seiner Pflicht aus Art. 9 Abs. 1 RL 2014/26/EU nachkommen kann.

---

401 Vgl. *Lutter/Krieger/Verse*, Rechte und Pflichten des Aufsichtsrats, 6. Aufl. 2014, Rn. 1122: „Überwachung ohne Kenntnis ist ausgeschlossen; Kenntnis des Aufsichtsrats aber beruht auf Information“.

402 *OECD*, Grundsätze der Corporate Governance, 2015, S. 69.

403 Vgl. zur auf den gleichen Überlegungen beruhenden analogen Anwendung des § 90 AktG auf mitbestimmte Gesellschaften *Lutter/Krieger/Verse*, Rechte und Pflichten des Aufsichtsrats, 6. Aufl. 2014, Rn. 1123.

404 Siehe zu dessen Verhältnis zum Aufsichts*gremium* sogleich unten S. 110 f.

f. Pflichten des Aufsichtsgremiums

Um sicherzustellen, dass die Mitglieder bei der Überwachung der Geschäftsführung im Interesse der Verwertungsgesellschaft handeln, haben sie einmal jährlich der Mitgliederhauptversammlung gegenüber eine persönliche Erklärung gemäß §§ 22 Abs. 5, 21 Abs. 3 und Abs. 4 VGG abzugeben.[405] Nach § 22 Abs. 4 VGG unterrichtet das Aufsichtsgremium die Mitgliederhauptversammlung mindestens einmal jährlich über seine Tätigkeit. Im Vergleich zu § 172 Abs. 2 AktG ist die Regelung wenig konkret, wie diese Unterrichtung auszusehen hat. Ihr aktienrechtliches Ebenbild schreibt hingegen vor, dass mitzuteilen ist, „in welcher Art und in welchem Umfang er die Geschäftsführung der Gesellschaft während des Geschäftsjahrs geprüft hat" und „die Zahl seiner Sitzungen". Daneben muss der aktienrechtliche Aufsichtsrat zu dem Jahresabschluss Stellung nehmen. Um den Mitgliedern des Aufsichtsgremiums einen Leitfaden für ihre Unterrichtung der Mitgliederhauptversammlung an die Hand zu geben, sollte das Statut der Verwertungsgesellschaft eine § 171 Abs. 2 AktG nachempfundene Konkretisierung der Pflicht aus § 22 Abs. 4 VGG enthalten.

3. Aufsichtsrat

Aus § 18 Abs. 1 Nr. 2, Abs. 2, § 85 Abs. 4 und § 88 Abs. 2 Nr. 5 VGG geht hervor, dass Verwertungsgesellschaften einen Aufsichtsrat haben *können*. Rechte und Pflichten des Organs oder dessen Aufgabe werden indes nicht näher bestimmt. Allerdings ist der Begriff dem deutschen Gesellschaftsrecht nicht fremd: §§ 95 ff. AktG enthalten recht detaillierte Vorgaben zum Aufsichtsrat bei der AG. Für die GmbH verweist § 52 GmbHG auf die meisten dieser Vorschriften. Auch bei der Genossenschaft ist ein Aufsichtsrat nach §§ 36 ff. GenG vorgesehen. Für den Verein fehlt es an einer gesetzlichen Regelung. Gleichwohl gibt es in größeren Vereinen oft einen Aufsichtsrat.[406]

Unter Heranziehung der gesellschaftsrechtlichen Vorgaben lässt sich der Aufsichtsrat als Überwachungsorgan beschreiben. Fraglich ist, ob diese aus den jeweiligen gesellschaftsrechtlichen Gesetzen entnommenen Vorgaben dazu dienen können, ein statuarisch eingerichtetes Organ als Aufsichtsrat i.S.d. VGG zu klassifizieren – unabhängig von der konkreten Bezeichnung

405 Dazu ausführlich unten S. 257 ff.
406 *Waldner* in: MünchHdB GesR V, 4. Aufl. 2016, § 26 Rn. 8.

im Einzelfall.[407] Dies könnte verhindern, dass die Anwendbarkeit der Vorschriften im VGG alleine vom Namen des Gremiums abhinge und damit im Belieben der Verwertungsgesellschaft stünde. Insbesondere mit Blick auf die §§ 85 Abs. 4 und 88 Abs. 2 Nr. 5 VGG, die die Befugnisse der Aufsichtsbehörde berühren, scheint dies nicht vom Gesetzgeber gewollt. Im Gegenzug kann dann aber auch nicht allein die Bezeichnung als Aufsichtsrat im Statut genügen, um das Organ den Vorgaben des VGG zu unterwerfen.

Ein Aufsichtsrat i.S.d. VGG liegt somit nur dann vor, wenn bestimmte materielle Vorgaben erfüllt sind.[408] Daher muss das Organ wenigstens mit der Überwachung der Geschäftsführung betraut sein.[409] Um diese Aufgabe erfüllen zu können, muss er kraft Satzung mit entsprechenden Befugnissen, wie etwa Informationsrechten, ausgestattet und seine Unabhängigkeit von der Geschäftsführung sichergestellt sein.[410] Bei einer GmbH soll die Übertragung zusätzlicher Aufgaben für die Qualifizierung als Aufsichtsrat unschädlich sein.[411] Dies gilt zumindest, solange nicht die Geschäftsführung vollständig übertragen wird, da der „Aufsichtsrat" sodann sich selbst überwachen müsste.[412] Das Einräumen eines Weisungsrechts gegenüber

---

407 Vgl. *Giedinghagen* in: Michalski, GmbHG, 3. Aufl. 2017, § 52 Rn. 1; *Bitter/Heim*, Gesellschaftsrecht, 4. Aufl. 2018, § 4 Rn. 156; *Heermann* in: Ulmer/Habersack/Löbbe, Großkommentar GmbHG, 2. Aufl. 2014, § 52 Rn. 17; *Sanders*, NZG 2017, 961 (961 f.); *Altmeppen* in: Roth/Altmeppen, GmbHG, 9. Aufl. 2019, § 52 Rn. 3.

408 Vgl. zur GmbH *Bacher*, GmbHR 2005, 465; a.A. *Giedinghagen* in: Michalski, GmbHG, 3. Aufl. 2017, § 52 Rn. 13, 400, der bei der GmbH aus Gründen des Verkehrsschutzes bei der Bezeichnung „Aufsichtsrat" zwingend die entsprechenden Vorschriften in § 52 GmbHG anwenden will.

409 Vgl. *Heermann* in: Ulmer/Habersack/Löbbe, Großkommentar GmbHG, 2. Aufl. 2014, § 52 Rn. 17; *Altmeppen* in: Roth/Altmeppen, GmbHG, 9. Aufl. 2019, § 52 Rn. 3; *Müller* in: Beck Hdb-GmbH, 5. Aufl. 2014, § 6 Rn. 19; *Giedinghagen* in: Michalski, GmbHG, 3. Aufl. 2017, § 52 Rn. 9, 401; vgl. *Römermann* in: MAHdb GmbHR, 4. Aufl. 2018, § 15 Rn. 43. Ähnlich auch *Spindler/Kepper*, DStR 2005, 1738 (1741), die für einen fakultativen Aufsichtsrat i.S.d. § 52 GmbHG ein „Mindestmaß an unentziehbaren Kontrollrechten" fordern.

410 *Giedinghagen* in: Michalski, GmbHG, 3. Aufl. 2017, § 52 Rn. 9.

411 *Heermann* in: Ulmer/Habersack/Löbbe, Großkommentar GmbHG, 2. Aufl. 2014, § 52 Rn. 19; *Giedinghagen* in: Michalski, GmbHG, 3. Aufl. 20107, § 52 Rn. 10.

412 *Giedinghagen* in: Michalski, GmbHG, 3. Aufl. 2017, § 52 Rn. 10, 227; vgl. auch *Heermann* in: Ulmer/Habersack/Löbbe, Großkommentar GmbHG, 2. Aufl. 2014, § 52 Rn. 19 f.

dem Vorstand ist aber möglich.[413] Bei der Aktiengesellschaft ist ein solches Recht aufgrund des § 76 Abs. 1 AktG, der dem Vorstand Eigenverantwortlichkeit zusichert, nicht möglich.[414]

Damit wäre ein Organ immer dann Aufsichtsrat i.S.d. VGG, wenn ihm wenigstens die Überwachung der Geschäftsführung zusteht und es nicht selbst zur Geschäftsführung ermächtigt ist. Problematisch an dieser Definition des Aufsichtsrats ist indes, dass es sich dabei genau um die Definition des Aufsichts*gremiums* in § 22 VGG handelt. Das VGG geht aber in § 18 Abs. 1 Nr. 4 VGG („sofern dessen Befugnisse nicht von dem Aufsichts[...]rat wahrgenommen werden"), § 18 Abs. 2 VGG und ausdrücklich in der Begründung des Regierungsentwurfs[415] von einem möglichen Nebeneinander von Aufsichtsrat und -gremium aus. Würde eine Verwertungsgesellschaft hiervon Gebrauch machen, gäbe es zwei, voneinander unabhängige, mit ähnlichen Kompetenzen ausgestattete Überwachungsorgane nebeneinander.[416] Diese ließen sich auch nicht anhand der Wahlmodi ihrer Organmitglieder unterscheiden, da die Mitgliederhauptversammlung gemäß § 18 Abs. 1 Nr. 2 bzw. Nr. 4 VGG jeweils die Ernennung und Entlassung der Mitglieder beider Organe beschließt. Für die GmbH ordnet § 52 Abs. 1 GmbHG i.V.m. § 101 Abs. 1 S. 1 AktG an, dass die Mitglieder eines fakultativen Aufsichtsrats durch Gesellschafterbeschluss gewählt werden.[417] In dem Mitwirken der Nichtmitglieder im Rahmen der Mitgliederhauptversammlung liegt jedoch kein Verstoß gegen diese Bestimmung. Sie kann durch eine abweichende Satzungsregelung ausgehebelt werden.[418] Eine solche ist nach § 18 Abs. 1 VGG zwingend aufzunehmen („Die Verwertungsgesellschaft regelt in dem Statut, dass [...]"). Da die herrschende Meinung sogar Entsenderechte zugunsten von Nichtgesellschaftern zu-

---

413 *Heermann* in: Ulmer/Habersack/Löbbe, Großkommentar GmbHG, 2. Aufl. 2014, § 52 Rn. 19; *Giedinghagen* in: Michalski, GmbHG, 3. Aufl. 2017, § 52 Rn. 238.

414 *Dauner-Lieb* in: Henssler/Strohn, GesR, 4. Aufl. 2019, § 76 AktG Rn. 8; *Fleischer* in: Spindler/Stilz, AktG, 4. Aufl. 2019, § 76 AktG Rn. 58.

415 BT-Drs. 18/7223, S. 79.

416 Dazu bei der GmbH siehe *Spindler/Kepper*, DStR 2005, 1738 (1743); vgl. *Wessing/Max* in: FS Werner, 1984, S. 977.

417 *Zöllner/Noack* in: Baumbach/Hueck, GmbHG, 21. Aufl. 2017, § 52 Rn. 41; *Altmeppen* in: Roth/Altmeppen, GmbHG, 9. Aufl. 2019, § 52 Rn. 11.

418 *Zöllner/Noack* in: Baumbach/Hueck, GmbHG, 21. Aufl. 2017, § 52 Rn. 41; *Schneider* in: Scholz, GmbHG, 11. Aufl. 2014, § 52 Rn. 218, 223; *Heermann* in: Ulmer/Habersack/Löbbe, Großkommentar GmbHG, 2. Aufl. 2014, § 52 Rn. 39.

lässt,[419] ist in ihrem Mitwirken bei der Wahl erst recht kein Problem zu erblicken.[420]

In der Praxis kommt ein Nebeneinander beider Aufsichtsorgane bei keiner der 13 deutschen Verwertungsgesellschaften vor. Soweit es einen Aufsichtsrat gibt, nimmt dieser die stets auch die Aufgaben des Aufsichtsgremiums wahr.[421] Die Abgrenzung der beiden Organe ist daher rein theoretischer Natur. Dies gilt auch für die Frage, ob § 52 Abs. 1 GmbHG bei den Verwertungsgesellschaften in GmbH-Form auf beide Organe anwendbar wäre oder nur auf eines. Um für eine klare Kompetenzverteilung zu sorgen, sollte das Statut der Verwertungsgesellschaft in diesem Fall die Anwendbarkeit des § 52 GmbHG für eines der Organe explizit ausschließen.[422]

4. Verwaltungsrat

§ 18 Abs. 1 Nr. 3 VGG gibt der Mitgliederhauptversammlung das Recht zur Ernennung und Entlassung der Mitglieder des Verwaltungsrats. Eine Legaldefinition oder eine Erklärung, worum es sich bei diesem Organ handelt, enthält weder das VGG noch die Begründung des Regierungsentwurfs.[423] § 85 Abs. 4 VGG und § 88 Abs. 2 Nr. 5 VGG enthalten Regelungen bezüglich der Aufsicht durch das DPMA über den Verwaltungsrat, aus denen sich aber auch keine Rückschlüsse ziehen lassen. Es ist daher unklar, welche Organe einer Verwertungsgesellschaft als Verwaltungsrat zu qualifizieren sind. Da das VGG keine inhaltlichen Vorgaben zu Aufgaben, Rechten oder Pflichten des Organs macht, scheint für die Anwendbarkeit der Regelung auf ein Gremium nur dessen Bezeichnung als Anknüpfungspunkt dienen zu können. Die VG WORT, die VG Bild-Kunst und die VG Musikedition besitzen jeweils ein als „Verwaltungsrat" bezeichnetes Or-

---

419 Siehe zu dem Meinungsstreit *Heermann* in: Ulmer/Habersack/Löbbe, Großkommentar GmbHG, 2. Aufl. 2014, § 52 Rn. 43 m.w.N.

420 Vgl. *Schneider* in: Scholz, GmbHG, 11. Aufl. 2014, § 52 Rn. 219, der eine vollständige Übertragung an andere Organe als zulässig erachtet.

421 Vgl. beispielhaft die entsprechende Bestimmung in § 13 Abs. 1 S. 1 TWF-Gesellschaftervertrag n.F.

422 Dass dies möglich ist, ergibt sich aus § 52 Abs. 1 GmbHG a.E. („[…], soweit nicht im Gesellschaftsvertrag ein anderes bestimmt ist.").

423 Vgl. Begründung des Regierungsentwurfs zum VGG, BT-Drs. 18/7223, S. 94.

gan.[424] Mit einer simplen Umbenennung – etwa in „Beirat"[425] – könnten die Verwertungsgesellschaft sich jedoch den Regelungen entziehen, ohne die inhaltliche Ausgestaltung des fakultativen Organs anzutasten.[426] Die Anwendbarkeit des § 18 Abs. 1 Nr. 3 VGG wäre im Ergebnis in das Belieben der Verwertungsgesellschaften gestellt. Praktikabel ist daher allein die Einordnung eines Organs als Verwaltungsrat i.S.v. § 18 Abs. 1 Nr. 3 VGG anhand von materiellen Kriterien. Weil das VGG diese nicht liefert, bedarf es eines Blicks auf die Verwendung des Begriffs außerhalb des VGG (a.). Die so gefundenen Ergebnisse lassen sich mit dem VGG verproben (b. und c.).

a. Begriffsverständnis außerhalb des VGG

Im Gesellschaftsrecht wird das zentrale und einzige Leitungs- und Überwachungsorgan in monistisch-strukturierten Gesellschaften als Verwaltungsrat bezeichnet.[427] Bei den genuin deutschen Gesellschaftsformen ist ein solches *One-Tier*-System nicht möglich. Einzig in der europäischen SE ist gemäß Art. 38, 43 ff. VO 2157/2001/EG[428] die Wahl zwischen den beiden Systemen möglich. § 20 SEAG[429] legaldefiniert entsprechend „Verwal-

---

424 Vgl. § 10 VG Bild-Kunst-Satzung n.F.; § 11 VG WORT-Satzung n.F.; § 10 VG Musikedition-Satzung n.F.

425 *Waldner* in: MünchHdB GesR V, 4. Aufl. 2016, § 26 Rn. 8, nennt etwa *Aufsichtsrat*, *Kuratorium* oder *Beirat* als mögliche Namen. Vgl. auch zu den unterschiedlichen Bezeichnungen: *Voormann*, Der Beirat im Gesellschaftsrecht, 2. Aufl. 1989, S. 5; *Reuter* in: FS 100 Jahre GmbHG, 1992, S. 631; *Wessing/Max* in: FS Werner, 1984, S. 976; *Sanders*, NZG 2017, 961 (962); *Altmeppen* in: Roth/Altmeppen, GmbHG, 9. Aufl. 2019, § 52 Rn. 81.

426 Vgl. zur Situation bei der GmbH *Bacher*, GmbHR 2005, 465; *Heermann* in: Ulmer/Habersack/Löbbe, Großkommentar GmbHG, 2. Aufl. 2014, § 52 Rn. 17; *Müller* in: Beck Hdb-GmbH, 5. Aufl. 2014, § 6 Rn. 7, 9. Siehe auch *Dördelmann* in: FS Hertin, 2000, S. 40 f., der in seinen Ausführungen den *Aufsichtsrat* der GEMA und die *Verwaltungsräte* der VG WORT und VG Bild-Kunst funktional gleichsetzt.

427 *Eberspächer* in: Spindler/Stilz, AktG, 4. Aufl. 2019, Art. 38 SE-VO Rn. 4 m.w.N.; *Cervellini*, Der Bericht des Aufsichtsrats, 2012, S. 15 m.w.N.

428 Verordnung (EG) Nr. 2157/2001 des Rates der Europäischen Union über das Statut der Europäischen Gesellschaft (SE) vom 8.10.2001, ABl. Nr. L 294, S. 1.

429 Gesetz zur Ausführung der Verordnung (EG) Nr. 2157/2001 des Rates vom 8. Oktober 2001 über das Statut der Europäischen Gesellschaft (SE) vom 22.12.2004, BGBl. I, S. 3675. Zuletzt geändert durch Art. 7 des Gesetzes vom 10.5.2016, BGBl. I S. 1142.

tungsrat" als Verwaltungsorgan in einer SE mit monistischem System. Daneben kommt der Begriff in der Praxis in einer zweiten Konstellation vor: als Bezeichnung für ein nicht im Gesetz vorgesehenes – aber im Rahmen der Satzungsfreiheit etabliertes[430] – Organ bei GmbH und Verein.[431] Es handelt sich dabei meist um eine Art Aufsichtsrat, dem gegebenenfalls noch weitere Kompetenzen, wie ein Weisungsrecht gegenüber den Geschäftsführern, zukommen.[432] Außerhalb des VGG wird der Begriff also nicht einheitlich verwendet.

b. Der Verwaltungsrat als monistisches Verwaltungsorgan

Das VGG könnte in Übereinstimmung mit dem SEAG unter Verwaltungsrat das Verwaltungsorgan einer monistisch aufgebauten Gesellschaft verstehen. Einen Anhaltspunkt dafür liefert Art. 8 Abs. 4 S. 1 RL 2014/26/EU. Dort heißt es, „die Mitgliederhauptversammlung beschließt über die Ernennung und Entlassung der Direktoren". Nach der Legaldefinition in Art. 3 lit. g RL 2014/26/EU ist Direktor „i) ein Mitglied des Verwaltungsorgans, wenn das nationale Recht oder die Satzung [...] eine monistische Struktur vorsieht" bzw. „ii) ein Mitglied des Leitungs- oder des Aufsichtsorgans, wenn das nationale Recht oder die Satzung [...] eine dualistische Struktur vorsieht". § 18 Abs. 1 Nr. 1 bis Nr. 3 VGG setzen diese Bestimmung um.[433] Statt den einheitlichen Begriff „Direktor" zu verwenden, unterteilt das VGG ihn in drei Gruppen: Mitglieder der Geschäftsführung (Nr. 1), Mitglieder des Aufsichtsrats (Nr. 2) und Mitglieder des Verwaltungsrats (Nr. 3). Nr. 1 und Nr. 2 lassen sich klar den Direktoren des Leitungs- und des Aufsichtsorgans einer dualistisch strukturierten Gesellschaft

---

430 Siehe dazu *K. Schmidt*, Gesellschaftsrecht, 4. Aufl. 2002, § 14 III Nr. 3.

431 *Saenger*, Gesellschaftsrecht, 4. Aufl. 2018, Rn. 790; *Waldner* in: MünchHdB GesR V, 4. Aufl. 2016, § 26 Rn. 8.

432 *Saenger*, Gesellschaftsrecht, 4. Aufl. 2018, Rn. 790; *Waldner* in: MünchHdB GesR V, 4. Aufl. 2016, § 26 Rn. 8; *Seibt* in: MAHdb GmbHR, 4. Aufl. 2018, § 2 Rn. 225 f.; speziell zum Beirat bei Verwertungsgesellschaften siehe *Grote*, Europäische Perspektiven der Rechtewahrnehmung durch Verwertungsgesellschaften, 2012, S. 36 f. und *Melichar* in: Loewenheim, HdB UrhR, 2. Aufl. 2010, § 47 Rn. 4. Siehe auch *Bacher*, GmbHR 2005, 465, der in Abhängigkeit der zugewiesenen Kompetenzen zwischen Aufsichtsrat, Beirat und Verwaltungsrat unterscheidet. Zur Austauschbarkeit der Begriffe „Verwaltungsrat" und „Aufsichtsrat" bei der GmbH siehe *Reuter* in: FS 100 Jahre GmbHG, 1992, S. 631.

433 Vgl. BT-Drs. 18/7223, S. 77, wonach § 18 Abs. 1 Nr. 1 bis 3 VGG die Personen erfassen soll, die die Richtlinie 2014/26/EU als „Direktoren" definiert.

zuordnen (vgl. Art. 3 lit. g lit. ii RL 2014/26/EU). Die in Art. 3 lit. g lit. i RL 2014/26/EU genannten Mitglieder eines monistisch strukturierten Verwaltungsorgans – allgemein als Verwaltungsrat bezeichnet – werden entsprechend von Nr. 3 adressiert. Demnach verwendet das VGG den Begriff „Verwaltungsrat" für das Verwaltungsorgan einer monistisch strukturierten Gesellschaft.

Obwohl es derzeit keine Verwertungsgesellschaften mit einer monistischen Struktur in Deutschland gibt, passt dieses Begriffsverständnis zum VGG. Einerseits steht den deutschen Verwertungsgesellschaften auch die Rechtsform einer SE offen, sodass es zumindest theoretisch auch Verwertungsgesellschaften mit einem *One-Tier*-System geben könnte. Das VGG will rechtsformneutral sein und so weiterhin allen Rechtsformen den Betrieb einer Verwertungsgesellschaft erlauben.[434] Andererseits trifft die Mitgliedstaaten die unionsrechtliche Umsetzungspflicht unabhängig von der (derzeitigen) praktischen Relevanz der Regelungen.[435]

c. Der Verwaltungsrat als fakultatives Überwachungsorgan

Es ist nicht ausgeschlossen, dass der Begriff im VGG weiter geht als für die Umsetzung der Richtlinie erforderlich und fakultative Organe mit Überwachungsfunktion sowie Weisungsrecht erfasst. Eine überschießende Umsetzung ist den Mitgliedstaaten nicht verboten.[436] Für ein solch weites Begriffsverständnis spricht, dass der nationale Gesetzgeber bei der Umsetzung der Richtlinie wohl die bestehenden Strukturen der großen Verwertungsgesellschaften im Blick hatte. Sie bezeichnen teilweise ihre Organe als „Verwaltungsrat". Problematisch ist jedoch, dass die materiellen Vorgaben zu konturlos sind, um eine klare Einordnung eines fakultativen Organs als Verwaltungsrat i.S.d. VGG zu ermöglichen.[437] Damit verbleibt es bei dem engen Begriffsverständnis, wonach lediglich der Verwaltungsrat einer monistisch-strukturierten Gesellschaft erfasst wird. Dieses Ergebnis irritiert auf den ersten Blick, weil es zur Folge hat, dass die als „Verwal-

---

434 Vgl. Begründung des Regierungsentwurfs zum VGG, BT-Drs. 18/7223, S. 72, 75. Zur Lage unter Geltung des UrhWahrnG S. *Schulze* in: Dreier/Schulze, UrhG, 5. Aufl. 2015, § 1 UrhWahrnG Rn. 24 f.; *Gerlach* in: Wandtke/Bullinger, Praxiskommentar UrhR, 4. Aufl. 2014, § 1 UrhWahrnG Rn. 2.

435 Vgl. nur *Ruffert* in: Calliess/Ruffert, 5. Aufl. 2016, Art. 288 AEUV Rn. 26 ff.

436 *Ruffert* in: Calliess/Ruffert, 5. Aufl. 2016, Art. 288 AEUV Rn. 83.

437 Vgl. *Gerlach* in: Wandtke/Bullinger, Praxiskommentar UrhR, 5. Aufl. 2019, § 18 VGG Rn. 4.

tungsrat“ bezeichneten Gremien von VG WORT, VG Bild-Kunst und VG Musikedition nicht als Verwaltungsrat i.S.d VGG zu klassifizieren sind. Bei diesen „Verwaltungsräten“ handelt es sich jedoch jeweils um das Aufsichtsgremium i.S.d. § 22 VGG. Daher ist § 18 Abs. 1 VGG gemäß Nr. 4 sowieso anwendbar.

Das enge Begriffsverständnis findet in § 18 Abs. 2 VGG eine Bestätigung. Es erklärt, wieso § 18 Abs. 2 VGG eine Übertragung der Befugnisse der Mitgliederhauptversammlung bezüglich der Personen nach Abs. 1 Nr. 1 nur auf den Aufsichtsrat oder das Aufsichtsgremium erlaubt, nicht aber auf den Verwaltungsrat. Ausweislich der Gesetzesbegründung sollte mit der Nennung von Aufsichtsrat und -gremium Art. 8 Abs. 4 UAbs. 2 RL 2014/26/EU (über-)erfüllt werden, der lediglich eine Übertragung auf das „Aufsichtsorgan“ verlangt.[438] Spricht die Richtlinie sonst stets von „Gremium, das die Aufsichtsfunktion wahrnimmt“ (vgl. Art. 9 RL 2014/26/EU), wird hier ein anderer Terminus verwendet. Dahinter steckt die angestrebte Rechtsformneutralität der Richtlinie: Monistisch organisierten Gesellschaften fehlt es an einem gesonderten Aufsichtsorgan, da Geschäftsführung und Überwachung im Verwaltungsrat zusammenfallen. Da sich Art. 8 Abs. 4 UAbs. 2 RL 2014/26/EU aber explizit mit dualistischen Gesellschaften beschäftigt, gibt es dort auch stets ein spezielles Aufsichtsorgan.[439] In der englischen Sprachfassung wird die Unterscheidung ebenso deutlich. Dort wird vom *Supervisory Board* und *„the body exercising the supervisory function“* gesprochen. Für den (theoretischen[440]) Fall, dass die Funktion des Aufsichtsgremiums nicht durch den Aufsichtsrat wahrgenommen wird, will § 18 Abs. 2 VGG also ermöglichen, die Befugnisse dennoch auf das Aufsichtsgremium zu übertragen.[441] Eine Erklärung, wieso diese Möglichkeit für den Verwaltungsrat nicht eingeführt wurde, gibt die Begründung zum Regierungsentwurf nicht explizit. Der Ausschluss macht jedoch dann Sinn, wenn man den Verwaltungsrat im engen Sinne versteht. Ansonsten würde der Verwaltungsrat einen Teil seiner Mitglieder – nämlich solche, die unter § 18 Abs. 1 Nr. 1 VGG fallen – selbst wählen. Dies kann nicht gewollt sein.[442]

---

438 Begründung des Regierungsentwurfs zum VGG, BT-Drs. 18/7223, S. 77.

439 Vgl. dazu auch die Legaldefinition des „Direktors“ in Art. 3 lit. g) ii) RL 2014/26/EU.

440 Siehe oben S. 110.

441 Begründung des Regierungsentwurfs zum VGG, BT-Drs. 18/7223, S. 77.

442 A.A. *Gerlach* in: Wandtke/Bullinger, Praxiskommentar UrhR, 5. Aufl. 2019, § 18 VGG Rn. 8, der den Verwaltungsrat als „Aliud“ zum Aufsichtsrat begreift.

d. Zusammenfassung

Zusammenfassend lässt sich festhalten, dass der Verwaltungsrat i.S.d. VGG nur das gemeinsame Überwachungs- und Leitungsorgan in monistisch strukturierten Gesellschaften erfasst. Da in Deutschland aber alle Verwertungsgesellschaften als Verein oder GmbH und somit *dualistisch* organisiert sind, kommt diesem Organ – rechtsformbedingt – derzeit keine Bedeutung zu. Auf die in den Statuten einzelner Gesellschaften fakultativ eingerichteten Organe mit der Bezeichnung „Verwaltungsrat" findet § 18 Abs. 1 Nr. 3 VGG *keine* Anwendung. Praktische Auswirkungen sind jedoch nicht spürbar, weil die drei betroffenen Verwertungsgesellschaften ihren „Verwaltungsrat" als Aufsichtsgremium nutzen[443] und § 18 Abs. 1 VGG – als einzige Rechtsfolge, die das Gesetz an die Einordnung knüpft – daher aufgrund von Nr. 4 sowieso anwendbar ist.

5. Die Geschäftsführung

Um die Rechtsformneutralität zu wahren, spricht § 21 Abs. 1 VGG nicht von Vorstand oder Geschäftsführung, sondern verwendet die Umschreibung „Personen, die kraft Gesetzes oder nach dem Statut zur Vertretung der Verwertungsgesellschaften berechtigt sind". In der vorliegenden Arbeit wird aus Vereinfachungsgründen in Anlehnung an die Überschrift des § 21 VGG rechtsformübergreifend von „Geschäftsführung" gesprochen. Damit wird neben der Geschäftsführung bei der GmbH auch der Vorstand des Vereins erfasst.

a. Reichweite des § 21 Abs. 1 VGG

Dem Wortlaut nach wird alleine auf das *Außen*verhältnis abgestellt. Erfasst wird derjenige, dem die Satzung oder das Gesetz Vertretungsmacht einräumt. Das Gegenstück dazu im *Innen*verhältnis ist die Geschäftsführungs-

443 § 6 VG Musikedition-Satzung n.F.; vgl. auch § 10 Nr. 1 VG Bild-Kunst-Satzung n.F.; § 11 Abs. 6 VG WORT-Satzung n.F.

befugnis.[444] Regelmäßig läuft beides parallel. Es kann jedoch auch zu einem Auseinanderfallen kommen.[445]

Im Gegensatz zu dem auf die Vertretungsmacht abstellenden Wortlaut des § 21 VGG, ist die Norm amtlich mit „Geschäftsführung“ überschrieben. In der Gesetzesbegründung heißt es zur Norm zusätzlich: „Sie regelt die grundlegenden Pflichten der Geschäftsführung einer Verwertungsgesellschaft“.[446] Es scheint sich daher bei dem Wortlaut des § 21 VGG um eine unglückliche, die Unterscheidung von Innen- und Außenverhältnis nicht berücksichtigende, Formulierung zu handeln. Art. 10 Abs. 1 RL 2014/26/EU spricht ebenfalls von „Personen, die die *Geschäfte* dieser Organisation für die kollektive Rechtewahrnehmung *führen* [Hervorhebung des Verfassers]“ und trägt die Überschrift „Pflichten der die Geschäfte der Organisation für die kollektive Rechtewahrnehmung führenden Personen“. § 21 VGG ist daher richtlinienkonform dahingehend auszulegen, dass es auch solche Personen erfasst, die nicht vertretungsbefugt sind. Die praktischen Auswirkungen dieser Auslegung fallen gering aus: Sowohl bei einer GmbH als auch bei einem Verein sind die obligatorischen, geschäftsführenden Organe stets auch zur Vertretung ermächtigt, vgl. § 26 Abs. 1 S. 2 und 3 BGB sowie § 35 Abs. 1 S. 1 GmbHG.[447] Jedoch könnte das Statut theoretisch zusätzlichen Personen Vertretungsmacht im Außenverhältnis einräumen,[448] die sodann unter § 21 VGG fallen würden.

b. Zusammensetzung

Gemäß § 18 Abs. 1 Nr. 1 VGG werden die Mitglieder der Geschäftsführung von der Mitgliederhauptversammlung ernannt und erlassen. Persönliche Anforderungen an die Person des Organwalters stellt das Gesetz nicht auf. In der Regel sind die Organwalter nicht selbst Rechtsinhaber, sondern verfügen über einen juristischen oder wirtschaftswissenschaftlichen Hinter-

---

444 Zur Unterscheidung zwischen Vertretungsmacht und Geschäftsführungsbefugnis beim Verein: BeckOK-BGB/*Schöpflin*, 51. Ed. 1.8.2019, § 27 Rn. 17 f.

445 BeckOK-BGB/*Schöpflin*, 51. Ed. 1.8.2019, § 27 Rn. 18; *Zöllner/Noack* in: Baumbach/Hueck, GmbHG, 21. Aufl. 2017, § 35 Rn. 5.

446 BT-Drs. 18/7223, S. 79.

447 Zur Unabdingbarkeit des § 35 Abs. 1 S. 1 GmbHG siehe MüKo-GmbHG/*Stephan/Tieves/Jaeger/Steinbrück*, 3. Aufl. 2019, § 35 Rn. 92 f.; *Lenz* in: Michalski, GmbHG, 3. Aufl. 2017, § 35 Rn. 35.

448 Vgl. *BGH*, Urt. v. 27.6.1955, NJW 1955, 1394.

grund und üben ihr Amt jahrzehntelang aus.[449] In manchen Verwertungsgesellschaften gibt es daneben noch ehrenamtliche Geschäftsführer aus dem Kreis der Rechtsinhaber.[450]

c. Kompetenzen

Soweit die Gesetze oder das Statut nicht einem anderen Organ die Befugnisse zusprechen oder die Mitgliederhauptversammlung einen entgegenstehenden Beschluss gefasst hat, trifft die Geschäftsführung die erforderlichen Entscheidungen.[451] Die Grenze bildet dabei der Unternehmensgegenstand.[452] Die Geschäftsführung führt die Beschlüsse der Mitgliederhauptversammlung und des Aufsichtsgremiums aus. Daneben hat die Geschäftsführung sich um die Erfüllung der Verpflichtungen der Verwertungsgesellschaft zu kümmern. So ist sie insbesondere für die Umsetzung der Informations- und Transparenzpflichten des sechsten Abschnitts des VGG verantwortlich. Die so an die Mitglieder gelangten Informationen bilden die Grundlage für die Kontrolle durch die Mitgliederhauptversammlung. Sie sind damit Beurteilungsgrundlage für die Performance des Prinzipals. Die Richtigkeit der Informationen wird durch die Verifizierung durch Wirtschaftsprüfer gewährleistet. Die Unabhängigkeit der Prüfer wird dadurch sichergestellt, dass sie nicht von der Geschäftsführung, sondern von der Mitgliederhauptversammlung – soweit die Kompetenz nicht nach § 17 Abs. 2 VGG auf das Aufsichtsgremium übertragen wurde – ausgewählt werden.

d. Art und Weise der Aufgabenerfüllung

Die Geschäftsführung sollte sich stets am Wohle der Gesellschaft orientieren. Maßgeblich ist dabei der Unternehmenszweck: die gemeinschaftliche Rechtewahrnehmung. Zu seiner Förderung haben sich alle Mitglieder verpflichtet und auch die Nichtmitglieder haben zu diesem Zwecke ihre Ur-

---

449 *Sandberger* in: FS Vogel, 2017, S. 319.

450 Siehe nur § 13 Abs. 1 VG WORT-Satzung n.F. oder § 12 Nr. 1 VG Bild-Kunst-Satzung n.F.

451 Vgl. MüKo-GmbHG/*Stephan/Tieves/Jaeger/Steinbrück*, 3. Aufl. 2019, § 35 Rn. 79 ff.; *Zöllner/Noack* in: Baumbach/Hueck, GmbHG, 21. Aufl. 2017, § 35 Rn. 29; *Wicke*, GmbHG, 3. Aufl. 2016, § 37 Rn. 2 f.

452 Vgl. *Zöllner/Noack* in: Baumbach/Hueck, GmbHG, 21. Aufl. 2017, § 35 Rn. 30.

heber- und verwandten Schutzrechte eingebracht. Als weitere Richtschnur gibt § 21 Abs. 1 VGG vor, dass die Geschäftsführung „ihre Aufgaben solide, umsichtig und angemessen" zu erfüllen hat. Die nationale Umsetzung bleibt damit hinter dem Wortlaut des Art. 10 Abs. 1 RL 2014/26/EU zurück. Die Richtlinie fügt noch konkretisierend hinzu, dass dies „unter Verwendung solider Verwaltungs- und Rechnungslegungsverfahren und interner Kontrollmechanismen" zu geschehen hat. Auf eine Übernahme ins VGG wurde verzichtet, weil man diese Verfahren und Mechanismen als grundlegende Voraussetzung einer soliden, umsichtigen und angemessenen Aufgabenerfüllung ansah.[453] Im Rahmen einer richtlinienkonformen Auslegung wird man dem folgen und die zusätzlichen Vorgaben in § 21 Abs. 1 VGG hineinlesen müssen.

e. Kontrolle

Kontrolliert wird die Geschäftsführung durch die Mitgliederhauptversammlung und das Aufsichtsgremium. Um Letzterem die effektive Überwachung zu ermöglichen, ist § 90 AktG entsprechend auf die Geschäftsführung anzuwenden:[454] Sie hat dem Aufsichtsgremium Bericht – u.a. über „den Gang der Geschäfte, insbesondere den Umsatz, und die Lage der Gesellschaft" (§ 90 Abs. 1 S. 1 Nr. 3 AktG) – zu erstatten. Die Mitglieder der Geschäftsführung haben außerdem jährlich eine persönliche Erklärung abzugeben, vgl. § 21 Abs. 3 VGG.[455]

Um auch innerhalb der Geschäftsführung eine Kontrolle zu erreichen, empfiehlt Ziff. 4.2.1 S. 1 DCGK, dass sie aus mehreren Personen bestehen sollte. Bei mehreren Geschäftsführern dürfte es dem Einzelnen weniger leichtfallen, seinen persönlichen Nutzen zulasten der Gesellschaft zu vermehren. Jedenfalls ist die Chance, dass sein Verhalten bemerkt wird, deutlich höher. Bereits dieses Vier-Augen-Prinzip[456] führt zu einer Reduzierung des Opportunismus der Geschäftsführung.

---

453 Begründung des Regierungsentwurfs zum VGG, BT-Drs. 18/7223, S. 79.
454 Siehe zur Begründung oben S. 108 f.
455 Siehe dazu ausführlich unten S. 257 ff.
456 *Fuhrmann* in: Fuhrmann/Linnerz/Pohlmann, DCGK, 2016, Ziff. 4 Rn. 100.

6. Zusammenfassung

Die Aufgaben in der Verwertungsgesellschaft werden vom VGG klar verteilt: Die Mitgliederhauptversammlung trifft alle grundlegenden Entscheidungen, die Geschäftsführung führt sie aus und kümmert sich um das Tagesgeschäft, während das Aufsichtsgremium sie dabei überwacht. Diese klare Kompetenzverteilung verliert dann ihre Konturen, wenn die Mitgliederhauptversammlung von der ihr eingeräumten Möglichkeit der Kompetenzübertragung auf das Aufsichtsgremium Gebrauch macht. Die Rolle des Aufsichtsgremiums wandelt sich sodann vom Kontrolleur zum zweiten maßgeblichen Entscheider neben der Mitgliederhauptversammlung. Aus *Corporate-Governance*-Sicht ist dies misslich. Ein anderes Überwachungsorgan gibt es nicht, sodass das Aufsichtsgremium nur der Aufsicht durch die Mitgliederhauptversammlung unterliegt. Aus diesem Grund sollte von der Möglichkeit des § 17 Abs. 2 VGG und § 18 Abs. 2 VGG nur sparsam Gebrauch gemacht werden. Dabei ist den Delegierten ein Vetorecht zuzugestehen, soweit Kompetenzen betroffen sind, an denen sie stimmberechtigt mitwirken.

Bei der Zusammensetzung des Aufsichtsgremiums sind nicht nur die Kategorien der Mitglieder zu berücksichtigten, sondern auch die der Berechtigten. Dies gilt insbesondere bei Verwertungsgesellschaften ohne Mitglieder i.S.v. § 7 Nr. 1 VGG. Zusätzlich sollten neben Rechtsinhabern auch Außenstehende mit benötigtem Spezialwissen in dem Organ sitzen. Entgegenstehende Klauseln in den Statuten der Gesellschaften sollten gestrichen werden, da ansonsten eine wirksame Überwachung der Geschäftsführung nicht gewährleistet ist. Notwendig ist dafür außerdem, dass das Aufsichtsgremium über alle relevanten Informationen verfügt. Mangels Bestimmungen im VGG sind die aktienrechtlichen Regelungen zum Aufsichtsrat und Vorstand entsprechend heranzuziehen, denn nur so können Informationsasymmetrien zwischen den Organen abgebaut werden.

Soweit dies berücksichtigt wird, entsteht innerhalb der Verwertungsgesellschaft ein System von *Checks and Balances* zwischen den Organen, das hilft, Opportunismusoptionen und deren Realisierung einzudämmen. Dem ebenfalls im VGG erwähnten Verwaltungsrat – zu verstehen i.S.e. *One-Tier*-Systems – und Aufsichtsrat kommt hingegen keine eigenständige Bedeutung zu.

III. Die Machtverteilung zwischen Mitgliedern und Nichtmitgliedern

Die Machtverteilung zwischen den Organen ist von der Machtverteilung innerhalb der Organe zu trennen. Es handelt sich bei der Mitgliederhauptversammlung und dem Aufsichtsgremium um Kollektivorgane, die ihren Willen in Form von Beschlüssen artikulieren. Damit diese den tatsächlichen Willen wiedergeben, müssen die einzelnen Akteure angemessen bei der Entscheidungsfindung berücksichtigt werden.

Dies gilt insbesondere für die Mitgliederhauptversammlung. Viele der Entscheidungen, die von ihr getroffen werden, lassen sich nicht als „richtig" oder „falsch" kategorisieren. Bei der Ausgestaltung der Wahrnehmungsbedingungen (§ 17 Abs. 1 S. 2 Nr. 13 VGG) gibt es eine Vielzahl an Gestaltungsmöglichkeiten, die verschiedene Vor- und Nachteile bieten. Die Entscheidung spiegelt letztlich die Interessen der sich durchsetzenden Akteure wider.[457] Abstimmungen führen damit zu „Interessenbefriedigung" und sind keinesfalls trivial.[458] Ein angemessenes Mitwirken bedeutet folglich die Chance, seine eigenen Interessen durchsetzen zu können, d.h. Macht.

Würde man die Interessen aller beteiligten Akteure berücksichtigen wollen, so müssten die Entscheidungen einstimmig fallen. Dies mag bei einer geringen Anzahl von Personen noch möglich sein, scheint jedoch bei einer Mitgliederhauptversammlung mit mehreren hundert Teilnehmern ausgeschlossen.[459] Um dennoch Entscheidungen treffen zu können, genügt in der Regel die Zustimmung der Mehrheit der Teilnehmer. Dieses Mehrheitsprinzip bedeutet für die unterlegene Minderheit eine Fremdbestimmung.[460] Sie ist nicht-einstimmigen Entscheidungen immanent.

Im gesellschaftsrechtlichen Kontext wird dieser an sich rechtfertigungsbedürftige Eingriff in die Selbstbestimmung legitimiert: Durch den privatautonomen Beitrittsakt unterwirft sich der Beitretende der Mehrheit.[461] *Hofmann* verwendet daher treffend den Begriff „eigenbestimmte Fremdbestimmung".[462] Diese Unterwerfung ist nicht grenzenlos. Sie kann nur Bestand haben, soweit sich die Auswirkung antizipieren lässt. Ziel des Eintritts in eine Gesellschaft ist die Förderung des gemeinsamen Zwecks. Die-

---

457 Vgl. *Hanau* in: Möslein, Private Macht, 2016, S. 139.
458 *Kirstein/Peiss* in: Möslein, Private Macht, 2016, S. 110.
459 Vgl. *K. Schmidt*, Gesellschaftsrecht, 4. Aufl. 2002, § 16 I Nr. 2 lit. b).
460 *Hofmann* in: Möslein, Private Macht, 2016, S. 359.
461 *Hofmann* in: Möslein, Private Macht, 2016, S. 359, 378.
462 *Hofmann* in: Möslein, Private Macht, 2016, S. 359.

ser Unternehmenszweck ist daher auch die Messlatte für die Reichweite der Eigenbestimmtheit der Fremdbestimmung.[463] Denn nur, wenn die Entscheidung der Mehrheit im Interesse des Unternehmens ist, hat die Minderheit auf ihre Selbstbestimmtheit verzichtet.[464] Der Mehrheitswille lässt sich daher nicht automatisch mit dem Gesellschaftswillen gleichsetzen.[465]

Bei der Verwertungsgesellschaft kommt als eine wesentliche Besonderheit das Nebeneinander von Mitgliedern und Nichtmitgliedern hinzu. Nur die Mitglieder stehen in einem korporationsrechtlichen Verhältnis mit der Verwertungsgesellschaft. Die Nichtmitglieder hingegen sind nicht der Gesellschaft beigetreten. Sie unterwerfen sich nicht der Mehrheit, sondern übertragen Entscheidungen. Nach dem Wahrnehmungsvertrag wird das Statut der Gesellschaft und etwa der Verteilungsplan Teil der Abrede zwischen der Verwertungsgesellschaft und dem Rechtsinhaber. Dies gilt auch für zukünftige Änderungen der eingebundenen Regelungen.[466] Die Nichtmitglieder unterwerfen sich damit *prima facie* den Mitgliedern.

1. Mitglieder als Agenten der Nichtmitglieder

Während die Nichtmitglieder an den Beschlüssen nicht direkt mitwirken, sind sie von den Folgen jedoch betroffen. Die Entscheidungen der Mitgliederhauptversammlung betreffen *alle* Berechtigten gleichermaßen. Für Nichtmitglieder und Mitglieder gelten dieselben Verteilungspläne und Wahrnehmungsbedingungen. Sie entfalten ihre Wirkung durch den Wahrnehmungsvertrag. Damit entscheiden die Mitglieder für die Nichtmitglieder mit. Das Gesetz macht sie mit dieser Kompetenzzuweisung nach § 17 Abs. 1 VGG *ipso iure* zu den Agenten der Nichtmitglieder.[467]

---

463 *Hofmann* in: Möslein, Private Macht, 2016, S. 365 ff.

464 Vgl. *Hofmann* in: Möslein, Private Macht, 2016, 378. Vgl. *K. Schmidt*, Gesellschaftsrecht, 4. Aufl. 2002, § 16 II Nr. 4 („Die Mehrheitsherrschaft in privatrechtlichen Verbänden ist pflichtgebundene Herrschaft.“).

465 *Hofmann*, Der Minderheitenschutz im Gesellschaftsrecht, 2011, S. 156.

466 Ausführlich zur Zulässigkeit solcher dynamischen Verweisungen in Vereinssatzungen *Heermann*, ZHR 2010, 250 (253 ff.); speziell zu Verwertungsgesellschaften *Riesenhuber*, Die Auslegung und Kontrolle des Wahrnehmungsvertrags, 2004, S. 116 ff.

467 Vgl. *Hofmann* in: Möslein, Private Macht, 2016, S. 354, u. insb. 359: „Ist sie [die Macht, über Inhalt und Wahrnehmung der mitgliedschaftlichen Rechte der Gesellschafter zu entscheiden] dem Rechtsinhaber entzogen, handelt es sich um Fremdbestimmung“.

Da die Mitglieder von ihren Entscheidungen jedoch ebenso selbst betroffen sind, kommt ihnen im Rahmen der Mitgliederhauptversammlung nicht nur eine Agentenrolle zu. Oftmals liegt gerade darin ein Lösungsansatz für den Prinzipal-Agent-Konflikt: Ist der Agent in gleicher Weise wie der Geschäftsherr betroffen, wird er regelmäßig durch eine Maximierung des Nutzens des Prinzipals auch seinen eigenen Nutzen maximieren. So soll die (anteilige) Vergütung des Vorstands einer Aktiengesellschaft in Aktien Fehlanreizen entgegenwirken. Die für die Eigentümer erstrebenswerte Gewinnmaximierung schlägt sich positiv im Gehalt des Managers nieder. Die Ziele beider Parteien werden also vereinheitlicht.

Im Verhältnis zwischen Mitgliedern und Nichtmitglieder gilt dies nur eingeschränkt. Geht es um die Erhöhung der Tarife, so profitieren beide Gruppen von den damit einhergehenden höheren Einnahmen. Auch bei den Grundsätzen des Risikomanagements (§ 17 Abs. 1 Nr. 5 VGG) divergieren die Ziele der Mitglieder und Nichtmitglieder nicht. Von verlustreichen Anlagegeschäften wären alle Rechtsinhaber gleichermaßen negativ betroffen. Anderes gilt wohl für die Abzüge von den Einnahmen zur Finanzierung von Vorsorge- und Unterstützungseinrichtungen (vgl. § 32 Abs. 2 und 3 VGG).[468] Wer die Voraussetzungen einer Mitgliedschaft in der Verwertungsgesellschaft nicht erfüllt, weil er nur nebenberuflich Werkschaffender ist, wird regelmäßig auch nicht von diesen Einrichtungen unterstützt werden.[469] Da beispielsweise der Anwalt, der einmalig einen Aufsatz veröffentlicht hat, niemals in den Genuss der Leistungen der Vorsorgeeinrichtungen der VG WORT kommen wird, hat er – anders als ein hauptberuflicher Romanautor – auch kein Interesse an einer Erhöhung der Abzüge.[470]

a. Kein Problem begrenzter Rationalität

Anders als zwischen Eigentümer und Manager handeln die beiden Seiten keinen Vertrag aus. Die Agentenstellung der Mitglieder wird vom Gesetz vorgegeben. Die Auswahl des Auftragnehmers liegt nicht beim Prinzipal. Mithin kann es nicht zu einer adversen Selektion durch die Nichtmitglieder kommen. Auch die weiteren Probleme einer begrenzten Rationalität

468 Ausführlich zu diesen *Bartels*, UFITA 2006/II, 325 ff.

469 Dazu und diese Praxis als Verstoß gegen Art. 14 Abs. 1 und Art. 3 Abs. 1 GG bewertend *Schack*, Urheber- und Urhebervertragsrecht, 9. Aufl. 2019, Rn. 1373.

470 Vgl. *Dördelmann* in: FS Hertin, 2000, S. 33 f.

stellen sich nicht. Informationsasymmetrien kommen mangels Entscheidungsmöglichkeiten der Prinzipale keine Bedeutung zu. Ebenso wird das Handeln der Agenten – in Form von Beschlüssen der Mitgliederhauptversammlung – protokolliert, ist also für die Nichtmitglieder nachvollziehbar. Die Mitglieder bekommen auch keine Entlohnung für ihre Teilnahme an der Mitgliederhauptversammlung, sodass sie keine falschen Leistungsbeiträge vorspiegeln müssen.

b. Interessensdivergenzen

Das Problem ist folglich nicht die Verteilung von Informationen zwischen den Parteien, sondern die oben aufgezeigten Interessenunterschiede.[471] Die Finanzierung der Vorsorge- und Unterstützungseinrichtungen wird von Mitgliedern und sonstigen Berechtigten gleichermaßen getragen. Dazu wird ein Teil der Einnahmen der Verwertungsgesellschaften diesen Einrichtungen zugeführt. Der Vorteil der Mitglieder – Vorhaltung von Sozialeinrichtungen – führt damit zu einem nicht kompensierten Nachteil – geringere Ausschüttungen – für die Nichtmitglieder. Mitglieder und Nichtmitglieder sind damit opportunismusinterdependent.

c. Entschärfung des Principal-Agent-Konflikts durch Delegierte

Außerachtgelassen wurden bei dieser Betrachtung bislang die Delegierten. Sie werden von den Nichtmitgliedern gewählt und vertreten ihre Interessen gegenüber den Mitgliedern (vgl. § 20 Abs. 2 VGG). Soweit die Berechtigten über ihre Delegierten Mitwirkungsmöglichkeiten bekommen, löst sich der *Principal-Agent*-Konflikt zwischen ihnen und den Mitgliedern auf. Die Mitglieder handeln dann nur für sich selbst, während die Delegierten die Interessen der Nichtmitglieder wahren. Etwaige Konflikte verschieben sich auf diesem Wege vom *Principal-Agent-* zum *Principal-Principal*-Konflikt. Sodann stellt sich wieder die am Anfang der Ausführung stehende Frage der Machtverteilung unter den Organmitgliedern. Zu dieser Konfliktverschiebung kommt es aber nur, soweit die Delegierten tatsächlich zur Interessenwahrung in der Lage sind.[472] Verfügen die Vertreter der

---

471 Vgl. zur Regelung im UrhWahrnG *Dördelmann* in: FS Hertin, 2000, S. 33.

472 Ähnlich *Heinemann*, Die Verteilungspraxis der Verwertungsgesellschaften, 2017, S. 302 ff., 308.

Nichtmitglieder über keine angemessenen Einflussmöglichkeiten, verbleibt es bei der Agentenstellung der Mitglieder. Dann kommt den Delegierten lediglich eine symbolische Funktion zu.

2. Gemeinsame Vertretung nach dem UrhWahrnG

Zur Lösung dieses Problems hatte der Gesetzgeber in § 6 Abs. 2 S. 1 UrhWahrnG eine „angemessene[] Wahrung der Belange der Berechtigten" gefordert. Zwar regelte das UrhWahrnG die Unterteilung in Mitglieder und Nichtmitglieder nicht ausdrücklich, doch bewies die Regelung zu einer gemeinsamen Vertretung der Nichtmitglieder, dass man von einer Unterteilung ausging. Die genaue Ausgestaltung der Vertretung überließ die Norm den Verwertungsgesellschaften zur Regelung in ihren Satzungen.[473] Dabei sollte durch die Vertretung jedenfalls auch ein Einfluss der Nichtmitglieder auf die Willensbildung und die Entscheidungsprozesse der Verwertungsgesellschaft erreicht werden.[474] Ohne entsprechende Mitwirkungsmöglichkeiten der Rechtsinhaber bestünde in der Realität nur ein System „gesetzlicher Lizenzen".[475] Denn durch die treuhänderische Rechtseinräumung verliert der Rechtsinhaber die Möglichkeit, die Rechtevergabe unmittelbar selbst zu kontrollieren.[476]

a. Umsetzung in den Vereinen

In der Praxis kamen die Verwertungsgesellschaften in Vereinsform der Anforderung des § 6 Abs. 2 S. 1 UrhWahrnG nach, indem sie einer gewissen Anzahl Delegierter ein aktives Wahlrecht in der Hauptversammlung einräumten.[477] Das passive Wahlrecht stand diesen Delegierten jedoch nicht zu. § 12 Ziff. 2 Abs. 1 GEMA-Satzung a.F. sah bis zu 64 Delegierte vor. Bei

---

473 Dazu *Reinbothe* in: Schricker/Loewenheim, UrhR, 5. Aufl, 2017, § 6 WahrnG Rn. 15: „Bei der Ausgestaltung dieser gemeinsamen Vertretung haben die Verwertungsgesellschaften einen weiten Ermessensspielraum".

474 *Gerlach* in: Wandtke/Bullinger, Praxiskommentar UrhR, 4. Aufl. 2014, § 6 UrhWahrnG Rn. 18; BeckOK-UrhR/*Freudenberg*, 25. Ed. 15.7.2019, § 6 UrhWahrnG Rn. 21.

475 *Schack*, Urheber- und Urhebervertragsrecht, 9. Aufl. 2019, Rn. 1342 m.w.N.

476 Vgl. *Dördelmann* in: FS Hertin, 2000, S. 33.

477 Ausführlich zur Umsetzung beim Verein *Dördelmann* in: FS Hertin, 2000, S. 39 ff.

3.719 ordentlichen Mitgliedern im Geschäftsjahr 2014 kamen die Delegierten – auf die immerhin einen Ausschüttungsanteil von ca. 35 % entfiel[478] – somit auf nur knapp 1,7 % der Stimmen der Mitgliederversammlung. Kontrovers wurde daher in der Literatur diskutiert, ob dies noch eine von § 6 Abs. 2 S. 1 UrhWahrnG geforderte *angemessene* Interessenwahrung der Nichtmitglieder ermöglicht hatte.[479]

Gerechtfertigt wurde die geringe Anzahl an Delegierten mit der erfahrungsgemäß geringen Teilnahmequote der Mitglieder an der Versammlung.[480] Der tatsächliche Stimmenanteil lag daher in der Praxis erheblich höher.[481]

---

478 Nach *Müller*, Der Verteilungsplan der GEMA, 2006, S. 44, soll es auf den Ausschüttungsanteil in Bezug auf die Anzahl der Delegierten nicht ankommen.

479 Siehe nur *Menzel*, Die Aufsicht über die GEMA durch das Deutsche Patentamt, 1986, S. 59 f.; *Rehbinder*, DVBl. 1992, 216 (220); *Steinau-Steinrück/Wohlgemuth* in: Kreile/Becker/Riesenhuber, Recht und Praxis der GEMA, 2. Aufl. 2008, Kap. 8 Rn. 101; *Schulze* in: Dreier/Schulze, UrhG, 5. Aufl. 2015, § 6 UrhWahrnG Rn. 33; *v. Ungern-Sternberg* in: FS Büscher, 2018, S. 267; *ders.* ZGE 2017, 1 (9). *Müller*, Der Verteilungsplan der GEMA, 2006, S. 44 f., spricht sich sogar für eine Kürzung der Delegierten aus – gleichwohl die Satzung zum Zeitpunkt seiner Untersuchung nur 34 Delegierte vorsah. *Heinemann*, Die Verteilungspraxis der Verwertungsgesellschaften, 2017, S. 308 hält eine Aufstockung auf bis zu 256 Delegierte für wünschenswert. BeckOK-UrhR/*Freudenberg*, 25. Ed. 15.7.2019, § 6 UrhWahrnG Rn. 11 und *Dördelmann* in: FS Hertin, 2000, S. 36 f. führen an, dass die GEMA bei Schaffung des § 6 Abs. 2 UrhWahrnG gerade als Vorbild galt.

480 G. *Schulze* in: Dreier/Schulze, UrhG, 5. Aufl. 2015, § 6 UrhWahrnG Rn. 33; *Melichar* in: Loewenheim, HdB UrhR, 2. Aufl. 2010, § 47 Rn. 4; *Schulze* in: Dreier/Schulze, UrhG, 5. Aufl. 2015, § 6 UrhWahrnG Rn. 33; *Zeisberg* in: Dreyer/Kotthoff/Meckel, UrhR, 3. Aufl. 2013, § 6 WahrnG Rn. 60. Vgl. auch zur GEMA den Geschäftsbericht mit Transparenzbericht der GEMA für das Geschäftsjahr 2017, S. 11.

481 Zur Hauptversammlung 2016 der GEMA erschienen nur 632 Mitglieder einschließlich der Delegierten, siehe dazu das Protokoll der Hauptversammlung, S. 1, abrufbar unter <www.gema.de/fileadmin/user_upload/Musikurheber/Informationen/gema_mgv_2016_abstimmungsergebniss.pdf> (zuletzt abgerufen am 15.9.2019). Dies entspräche bei unterstellter Teilnahme aller 64 Delegierten einem Stimmrechtsanteil von 10 % und damit immer noch deutlich weniger als die 35 % Ausschüttungsanteil der außerordentlichen und angeschlossenen GEMA-Mitglieder.

b. Umsetzung in den Gesellschaften mit beschränkter Haftung

Aufgrund der strikten Vorgaben des GmbHG wählte man bei der Umsetzung des § 6 Abs. 2 S. 1 UrhWahrnG bei den Verwertungsgesellschaften mit beschränkter Haftung andere Wege.[482]

Eine Entsendung von mitwirkungsberechtigten Delegierten in das oberste Organ der Gesellschaft – die Gesellschafter in ihrer Gesamtheit – war rechtlich nicht möglich.[483] Die angemessene Mitwirkung der Nichtmitglieder sollte daher durch extra geschaffene Organe gewährleistet werden. Diese „gemeinsame Vertretung“ (§ 6 Abs. 2 S. 1 UrhWahrnG) wurde dabei durchgängig als „Beirat“ bezeichnet.[484] Dass der Gesetzgeber eine solche Umsetzung der Mitwirkung der Nichtmitglieder durchaus im Blick hatte, zeigt die Erwähnung des Beirats in den §§ 19 Abs. 3 und 20 Nr. 5 UrhWahrnG.[485] Er bestand aus fünf bis 24 Organmitgliedern. Die Hälfte bis ein Drittel dieser Organwalter wurde von den Wahrnehmungsberechtigten gestellt, während der Rest von den Gesellschaftern bestimmt wurde.

In der Literatur war diese Praxis aus verschiedenen Gründen Anlass zur Kritik. *Rehbinder* monierte, dass die Wahrnehmungsberechtigten, die zugleich Mitglieder eines Gesellschafters – also z.B. der Deutsche Orchestervereinigung e.V. bei der GVL – seien, durch die von diesem Gesellschafter entsandten Organmitgliedern doppelt repräsentiert würden.[486] *Dördelmann* wies darauf hin, dass es problematisch sei, wenn ein erheblicher Teil der Beiratsmitglieder von den Gesellschaftern eingesetzt werde: „Das Organ der Gesellschafter ist die Gesellschafterversammlung, nicht der Beirat in seiner Funktion als gemeinsame Vertretung der Wahrnehmungsberechtigten“.[487] Er forderte daher deutlich unter 50 % Gesellschaftervertreter im

482 Ausführlich zur Umsetzung bei der GmbH *Dördelmann* in: FS Hertin, 2000, S. 41 ff. Siehe auch *Dünnwald* in: FS Kreile, 1994, S. 163, der gar der Auffassung war, dass § 6 Abs. 2 UrhWahrnG aufgrund des Wortlauts nur für Verwertungsgesellschaften in Vereinsform gelte.

483 Siehe zu den Gründen bereits oben S. 90 f.

484 So § 9 Abs. 1 S. 1 VGF-Satzung a.F.; § 10 Abs. 1 S. 1 VG Media-Satzung i.d.F. v. 13.3.2014; § 9 Abs. 1 S. 1 VFF-Gesellschaftsvertrag i.d.F. v. 7.8.2014 (a.F.); § 14 S. 1 TWF-Gesellschaftervertrag i.d.F. v. 31.7.2009; § 7 Abs. 1 S. 1 GWVR-Gesellschaftsvertrag a.F.; § 10 Abs. 1 S. 1 GVL-Gesellschaftsvertrag a.F.; § 11 GÜFA-Gesellschaftsvertrag a.F.; § 11 Abs. 1 AGICOA-Satzung i.d.F. v. 20.3.2007.

485 *Hillig* in: FS Kreile, 1994, S. 296.

486 *Rehbinder*, DVBl. 1992, 216 (221).

487 *Dördelmann* in: FS Hertin, 2000, S. 45 f.

Beirat.[488] Noch weiter ging *Rehbinder*, der die Gesellschafter komplett aus dem Beirat ausschließen wollte.[489]

Die unzureichende Mitwirkung der Nichtgesellschafter im Beirat war umso gravierender, weil sie an vielen Entscheidungen innerhalb der Verwertungsgesellschaft überhaupt nicht beteiligt waren. Wesentliche Kompetenzen – etwa Satzungsänderungen – standen ausschließlich den Gesellschaftern zu.[490] In diesen Angelegenheiten waren die Nichtmitglieder gänzlich darauf angewiesen, dass die Gesellschafter ihre Interessen von sich aus berücksichtigten.

c. Unzureichende Umsetzung in beiden Fällen

Sowohl bei Verwertungsgesellschaften in der Rechtsform eines Vereins als auch bei solchen, die als GmbH organisiert sind, war die Umsetzung des § 6 Abs. 2. S. 1 UrhWahrnG unzureichend. Eine entscheidende Beeinflussung der Tätigkeit der Gesellschaft war den Nichtmitgliedern mithin nicht möglich. Ihr Mitwirken war somit eher symbolischer Natur. So blieb es bei der Agentenstellung der Mitglieder für die übrigen Berechtigten.

3. Grundsatz der Mitwirkung im VGG

Die Berechtigten, die keine Mitglieder i.S.d. § 7 VGG sind, sind nicht unmittelbar Teil der Mitgliederhauptversammlung. Wie bereits unter Geltung des UrhWahrnG, wählen sie, um in der Verwertungsgesellschaft mitzuwirken, aus ihrer Mitte Delegierte, die an den Mitgliederhauptversammlungen beratend teilnehmen können, vgl. § 20 Nr. 3 und Nr. 5 VGG. Die Wahl hat dabei mindestens alle vier Jahre stattzufinden, wobei Wahlverfahren und Anzahl der Delegierten durch das Statut der jeweiligen Gesellschaft bestimmt werden. In ausgewählten Bereichen dürfen die Delegierten darüber hinaus stimmberechtigt mitwirken.[491]

Im Rahmen des VGG hat der Gesetzgeber versucht, die Stellung der Nichtmitglieder in den Entscheidungsprozessen der Verwertungsgesell-

---

488 *Dördelmann* in: FS Hertin, 2000, S. 46.
489 *Rehbinder*, DVBl. 1992, 216 (221).
490 Zur abweichenden Situation bei der AGICOA siehe *Dördelmann* in: FS Hertin, 2000, S. 42.
491 Zur Reichweite der Regelung siehe unten S. 158 ff.

schaft abzusichern: In § 16 VGG findet sich der *Grundsatz der Mitwirkung*. Allen Berechtigten – egal ob Mitglied oder Nichtmitglied – soll auf diesem Wege ein Mindestmaß an Mitspracherechten gegeben werden.[492] Wie jedoch bereits § 6 Abs. 2 S. 1 UrhWahrnG lediglich eine *angemessene* Wahrung der Belange der Nichtmitglieder forderte, so sieht auch § 16 S. 1 VGG nur vor, dass es *angemessene* und *wirksame* Verfahren der Mitwirkung von Berechtigten geben muss.[493] Einen Maßstab für die Angemessenheit liefert das VGG hingegen nicht oder zumindest nicht *expressis verbis*.

Ein direktes Vorbild für die Beteiligung der Nichtmitglieder an der Entscheidungsfindung der Verwertungsgesellschaft findet sich in der Richtlinie 2014/26/EU nicht,[494] sodass sie auch keine Hinweise gibt, nach welchen Kriterien der in § 16 VGG normierte Grundsatz auszugestalten ist.[495] Jedoch wird durch ErwGr. 21 S. 2 RL 2014/26/EU zumindest angeregt („sollten") und durch Art. 7 Abs. 2 RL 2014/26/EU rechtlich ermöglicht, die Nichtmitglieder an dem Entscheidungsfindungsprozess der Verwertungsgesellschaft mitwirken zu lassen. Auch wenn im Vergleich zu § 6 Abs. 2 UrhWahrnG der Spielraum der Verwertungsgesellschaften durch die gesteigerten Vorgaben des VGG geschrumpft ist,[496] verbleiben den Gesellschaften weiterhin Freiheiten hinsichtlich der Ausgestaltung der Vertretung der Nichtmitglieder. § 20 VGG gibt den Nichtmitgliedern bestimmte Mindestrechte, die von den einzelnen Verwertungsgesellschaften in völlig

492 Vgl. den Rechtsgedanken des ErwGr. 21 RL 2014/26/EU; Begründung zum Regierungsentwurf des VGG, BT-Drs. 18/7223, S. 76.

493 Zu den Auswirkungen der Änderungen auf die Praxis: *Heine/Staats* in: MAHdb UrhR, 2. Aufl. 2017, § 6 Rn. 27.

494 *Gerlach* in: Wandtke/Bullinger, Praxiskommentar UrhR, 5. Aufl. 2019, § 16 VGG Rn. 2.

495 Nicht verwechselt werden darf die Mitwirkung der Berechtigten durch Delegierte mit der in Art. 8 Abs. 11 RL 2014/26/EU normierten „Versammlung von Delegierten". Die Norm ermöglicht nur, dass die Mitglieder – nicht aber die Berechtigten – Delegierte wählen. Die Delegiertenversammlung tritt dann an die Stelle der Mitgliederhauptversammlung. Der deutsche Gesetzgeber hat diese fakultative Regelung nicht in das VGG übernommen. Siehe auch oben S. 96 zur „Versammlung der Rechtsinhaber".

496 So auch *Klett/Schlüter*, K&R 2016, 567 (568); *Hentsch* in: Dreyer/Kotthoff/Meckel/Hentsch, UrhR, 4. Aufl. 2018, § 16 VGG Rn. 1. Vgl. auch die Begründung zum Regierungsentwurf des VGG, BT-Drs. 18/7223, S. 78, die von einer Fortentwicklung des § 6 Abs. 2 UrhWahrnG spricht.

unterschiedlicher Weise realisiert werden.[497] Die Umsetzungen in den Verwertungsgesellschaften lassen sich in vier Gruppen einteilen:[498]

a. Abstimmung nach Köpfen

Ein Teil der Verwertungsgesellschaften setzt die Anforderungen des VGG an die Mitwirkung der Nichtmitglieder um, indem diese Delegierte wählen, die an der Mitgliederhauptversammlung teilnehmen. Teilweise geschieht diese Wahl zweistufig. Die Nichtmitglieder wählen einen Beirat, der dann wiederum aus seiner Mitte die Delegierten bestimmt.[499] Den Delegierten stehen in der Mitgliederhauptversammlung alle Rechte eines Mitglieds zu mit Ausnahme des passiven Wahlrechts. Gesellschaftsrechtlich ist die Teilnahme von Nichtmitgliedern – d.h. Nichtgesellschaftern bzw. Nichtmitgliedern i.S.d. Vereinsrechts – möglich.[500] Die Zahl der Delegierten liegt zwischen zwei und 64. Dadurch ergibt sich aufgrund der Abstimmung nach Köpfen ein rechnerischer Stimmenanteil der Delegierten auf der Mitgliederhauptversammlung von 66,6 % über 38 % bis hin zu ca. 2 %.[501]

Mit Blick auf die vom Gesetz geforderte Angemessenheit der Beteiligung der Berechtigten an der Willensbildung sind besonders einstellige Stimmenanteile suspekt. Aber auch deutlich höhere Werte bedürfen einer genaueren Betrachtung: Auf den ersten Blick mag ein Stimmenanteil von zwei Dritteln ausreichend hoch erscheinen. Wenn es sich bei der betreffenden Gesellschaft jedoch um eine solche ohne Mitglieder i.S.d. § 7 Nr. 1 VGG handelt, wird ein Drittel der Stimmen von Nichtrechtsinhabern ausgeübt. Zwar stehen auch hinter diesen Einrichtungen Rechtsinhaber, doch sind diese nicht zwingend deckungsgleich mit den Berechtigten der Ver-

---

497 Dazu auch *Heinemann*, Die Verteilungspraxis der Verwertungsgesellschaften, 2017, S. 302 ff., 312.

498 Außer Betracht bleiben dabei VG Bild-Kunst und VG Musikedition, die nur über Mitglieder verfügen, sodass die Mitwirkung der Berechtigten ersatzlos entfällt.

499 Siehe §§ 12 Abs. 3 lit. b, Abs. 6; 13 Abs. 2 GÜFA-Gesellschaftsvertrag n.F. Bei der GWVR sind sämtliche von den Berechtigten gewählte Beiratsmitglieder auch Delegierte, sodass es sich um ein einstufiges Wahlverfahren handelt, §§ 7 Abs. 2, 8 Abs. 1 S. 2 GWVR-Gesellschaftsvertrag n.F.

500 Siehe dazu bereits oben S. 90 f.

501 GWVR: 2 Delegierte und 1 Mitglied; GÜFA: 3 Delegierte und 5 Mitglieder; GEMA: wie bereits unter Geltung des UrhWahrnG, dazu bereits oben S. 127 f.

wertungsgesellschaft. Diejenigen, die Mitglieder der Einrichtung und Berechtigte der Gesellschaft sind, werden doppelt repräsentiert: zum einen durch die von ihnen gewählten Delegierten und zum anderen durch das Mitglied i.S.d. § 7 Nr. 2 VGG.[502]

Angesichts möglicher Veränderungen im Mitgliederbestand in der Zukunft besteht die Gefahr, dass sich das Stimmenverhältnis deutlich ändert.[503] Nähme die GWVR etwa einen zweiten Gesellschafter auf, sänke das Stimmgewicht der Delegierten von 66,6 % auf 50 %. Eine Verdoppelung der Gesellschafter von fünf auf zehn bei der *Gesellschaft zur Übernahme und Wahrnehmung von Filmaufführungsrechten mbH* (GÜFA) ließe den Stimmenanteil der Delegierten von rund 38 % auf 23 % sinken. Dass es sich dabei nicht um rein abstrakte Szenarien handelt, belegt die VG WORT: Nach den Kontroversen rund um das BGH-Urteil *Verlegeranteil* kam es beinahe zu einer Verdopplung der Mitglieder.[504]

Es wird deutlich, dass gerade bei Verwertungsgesellschaften mit wenigen Mitgliedern durch Veränderungen der Mitgliederzahlen das Stimmenverhältnis zwischen Delegierten und Mitgliedern leicht aus dem Gleichgewicht geraten kann.[505] Indes sind auch Gesellschaften mit hohem Mitgliederstand nicht gegen deutliche Schwankungen beim Stimmgewicht der Delegierten immun. Wie oben bereits gezeigt, liegt das tatsächliche Stimmgewicht auf der Mitgliederhauptversammlung meist deutlich höher als das rechnerische, weil aufgrund rationaler Apathie nur ein Bruchteil der Mitglieder erscheint.[506] Sollten nun plötzlich statt 10 % der Mitglieder 20 % oder sogar 30 % teilnehmen, so würde sich der Stimmenanteil der 64 Delegierten halbieren bzw. dritteln.

Dass die beiden Annahmen – Erhöhung der Mitgliederzahl und erhöhte Teilnahme an der Mitgliederhauptversammlung – durchaus wahrscheinlich sind, zeigt ein Blick auf bestimmte Neuerungen des VGG gegenüber

---

502 Vgl. dazu noch zur alten Rechtslage *Rehbinder*, DVBl. 1992, 216 (221).

503 Vgl. *Heinemann*, Die Verteilungspraxis der Verwertungsgesellschaften, 2017, S. 302 ff., 308 f.

504 Geschäftsbericht der VG WORT für das Geschäftsjahr 2016, S. 8. Im Geschäftsjahr 2016 hatte die VG WORT 725 Mitglieder, sodass bei insgesamt über 500.000 Berechtigten weiterhin ein erheblicher Spielraum für Steigerungen verbleibt.

505 Ähnlich *Melichar* in: Loewenheim, HdB UrhR, 2. Aufl. 2010, § 47 Rn. 4.

506 Vgl. zur Rationalen Apathie bei Verwertungsgesellschaften *Tietzel/Weber* in: Ott/Schäfer, Ökonomische Analyse der rechtlichen Organisation von Innovation, S. 137.

dem UrhWahrnG: der Aufnahmeanspruch (1) und neue Formen der Stimmrechtsausübung (2).

(1) Aufnahmeanspruch

Mit § 6 Abs. 1 UrhWahrnG gab es zwar einen *Wahrnehmungs*zwang, jedoch keinen Zwang zur *Aufnahme* neuer Mitglieder.[507] Manche Gesellschaften nahmen entsprechend überhaupt keine neuen Mitglieder auf.[508] Von den übrigen Verwertungsgesellschaften wurde nur aufgenommen, wer bestimmte Voraussetzungen erfüllte. Häufig waren diese derart hoch gesetzt, dass einem Großteil der Berechtigten der Weg zur Mitgliedschaft versperrt blieb. Da die Bedingungen für eine Mitgliedschaft an wirtschaftliche Kennziffern – wie die Höhe der Ausschüttungen in den letzten Jahren – anknüpften, stand die Unterteilung in Mitglieder und Nichtmitglieder gleichermaßen für den wirtschaftlichen Erfolg der jeweiligen Rechtsinhaber.

Auch nach der Umsetzung der Richtlinie 2014/26/EU durch das VGG ist eine Separierung der Rechtsinhaber in Mitglieder und Nichtmitglieder zwar weiterhin zulässig, doch sieht § 13 Abs. 1 S. 1 VGG nun einen Anspruch der Berechtigten gegen die Verwertungsgesellschaft auf Aufnahme als Mitglied vor.[509] Dies ergibt sich nicht nur aus dem Wortlaut der Norm („aufzunehmen sind"), sondern auch aus der zugrunde liegenden Regelung in Art. 6 Abs. 2 RL 2014/26/EU („nehmen [...] auf"). ErwGr. 20 RL 2014/26/EU spricht in diesem Zusammenhang explizit von einer Verpflichtung der Verwertungsgesellschaften. Die Begründung des Regierungsentwurfs zum VGG geht in dieselbe Richtung, wenn es dort, mit Blick auf die bisherige Rechtslage, heißt, dass das deutsche Wahrnehmungsrecht „eine solche Verpflichtung bisher nicht vorsieht".[510] Letztlich lässt auch der Telos keinen anderen Schluss zu: Durch das VGG soll gerade

507 Vgl. *W. Nordemann/Wirtz* in: Fromm/Nordemann, UrhR, 11. Aufl, 2014, § 6 UrhWahrnG Rn. 7; *Schulze* in: Dreier/Schulze, UrhG, 5. Aufl. 2015, § 6 UrhWahrnG Rn. 28; *Gerlach* in: Wandtke/Bullinger, Praxiskommentar UrhR, 4. Aufl. 2014, § 6 UrhWahrnG Rn. 17; *Reinbothe* in: Schricker/Loewenheim, UrhR, 5. Aufl, 2017, § 6 WahrnG Rn. 14.

508 Siehe dazu S. 60 f.

509 So auch *Schulze* in: Dreier/Schulze, UrhG, 6. Aufl. 2018, § 13 VGG Rn. 3; *Sandberger* in: FS Vogel, 2017, S. 315; *Gerlach* in: Wandtke/Bullinger, Praxiskommentar UrhR, 5. Aufl. 2019, § 13 VGG Rn. 2 f.

510 Begründung des Regierungsentwurfs zum VGG, BT-Drs. 18/7223, S. 75.

die Rechtsposition der Rechtsinhaber gestärkt werden. Die Aufnahme als Mitglied und die damit einhergehenden korporationsrechtlichen Mitgliedschaftsrechte führen genau dazu.[511]

aa. Vereinbarkeit mit der Privatautonomie

Auf den ersten Blick scheint ein Aufnahmezwang für privatrechtliche Verwertungsgesellschaften nur schwer mit dem Grundsatz der Privatautonomie vereinbar.[512] Außerhalb des VGG ist jedoch seit Langem anerkannt, dass privatrechtliche Vereinigungen in bestimmten Konstellationen zur Aufnahme verpflichtet sind. Früher hat die Rechtsprechung den Aufnahmeanspruch allein auf § 826 BGB und § 20 GWB analog gestützt, während nunmehr daneben auf die mittelbare Drittwirkung des Art. 9 Abs. 1 GG abgestellt wird.[513] Im Fall eines Monopolverbands bzw. Vereins mit einer überragenden Machtstellung im wirtschaftlichen oder sozialen Bereich besteht ein Anspruch, wenn der Bewerber zur Wahrung wesentlicher eigener Interessen auf die Mitgliedschaft angewiesen ist.[514] Eingeschränkt wird der Anspruch, wenn seine Ablehnung im Vergleich zu den bereits aufgenommenen Mitgliedern sachlich nicht gerechtfertigt ist und daher eine ungleiche Behandlung sowie unbillige Benachteiligung bedeutet.[515] Dabei sind die berechtigten Interessen des Bewerbers an der Mitgliedschaft und die Bedeutung der damit einhergehenden Rechte und Vorteile den Interessen des Vereins oder des Verbandes im Rahmen einer Abwägung gegenüber zu stellen, die im Einzelfall dahin gehen können, den Bewerber von der Mitgliedschaft auszuschließen.[516]

Bei Verwertungsgesellschaften im Speziellen muss berücksichtigt werden, dass es sich nicht um gewöhnliche Einrichtungen des Privatrechts

---

511 Siehe auch die Begründung des Regierungsentwurfs zum VGG, BT-Drs. 18/7223, S. 75, wo vom „effektivsten Weg“ gesprochen wird.

512 Vgl. *Otto* in: Herberger u.a., jurisPK-BGB, 8. Aufl. 2017, § 38 Rn. 28; *Kuntz*, Gestaltung von Kapitalgesellschaften zwischen Freiheit und Zwang, 2016, S. 23; Staudinger/*Serr*, Neubearb. 2018, § 18 AGG Rn. 16.

513 *BGH*, Urt. v. 23.11.1998, NJW 1999, 1326; vgl. auch *Otto* in: Herberger u.a., jurisPK-BGB, 8. Aufl. 2017, § 38 Rn. 32.

514 *BGH*, Urt. v. 19.11.1959, BB 1959, 1272; *BGH*, Urt. v. 2.12.1974, NJW 1975, 571; *BGH*, Urt. v. 10.12.1984, NJW 1985, 1216; ferner *Waldner/Wörle-Himmel* in: Sauter/Schweyer/Waldner, Der eingetragene Verein, 20. Aufl. 2016, Rn. 77.

515 *BGH*, Urt. v. 23.11.1998, NJW 1999, 1326.

516 *BGH*, Urt. v. 23.11.1998, NJW 1999, 1326; *BGH*, Urt. v. 10.12.1985, GRUR 1986, 332 (333); OLG Dresden, Urt. v. 19.8.2015, NZG 2017, 189 Rn. 1.

handelt. Sie werden als Treuhänder der Rechtsinhaber tätig und üben dabei eine *de facto* öffentliche Aufgabe aus.[517] An die Rechtfertigung des Eingriffs in die Gestaltungsfreiheit der Gesellschaften sind daher im Rahmen der Interessenabwägung keine überzogenen Anforderungen zu stellen. Bei Rechtsinhabern, die nicht nur nebenberuflich schöpferisch tätig sind, sondern von ihrem Werkschaffen leben müssen, begründen die von einer Mitgliedschaft abhängigen Mitwirkungsmöglichkeiten und Sozialleistungen ein wesentliches Interesse an der Stellung als Mitglied.

Bei Vereinen sind keine nennenswerten Interessen erkennbar, die dem entgegenstehen. Die Rechte des einzelnen Mitglieds werden durch die Neuaufnahme nicht wesentlich tangiert. Insbesondere werden keine wirtschaftlichen Interessen der Altmitglieder berührt, da mit der Mitgliedschaft keine Vermögensrechte einhergehen. Das Stimmrecht wird – angesichts der regelmäßig tausenden Mitglieder – bei einem Kopfstimmrecht nur marginal verwässert und bei einem von der Ausschüttungspartizipation abhängigen Stimmgewicht überhaupt nicht berührt. Davon zu unterscheiden ist die Interessenslage bei den als Kapitalgesellschaft geführten Verwertungsgesellschaften. Dort scheint dem Aufnahmeinteresse das Interesse der Altgesellschafter, eine Schwächung ihrer bestehenden Rechtsposition zu verhindern, gegenüberzustehen. *Erstens* würde durch die Neumitglieder ihr relatives Stimmgewicht deutlich – die Verwertungsgesellschaften mit beschränkter Haftung verfügen über eine überschaubare Zahl an Gesellschaftern[518] – verwässert. Das ursprüngliche Stimmgewicht beruht in der Regel jedoch allein darauf, dass man an der Gründung der Gesellschaft beteiligt war. Allein diese Tatsache ist kein sachlicher Grund für eine dauerhafte Sonderrolle bei der Leitung der Verwertungsgesellschaft. Vielmehr ist gerade dieser Status quo rechtfertigungsbedürftig. *Zweitens* wird bei der GmbH die Position und mithin das Eigentum des Gesellschafters durch seinen geringen Kapitalanteil spürbar verwässert. Da den Verwertungsgesellschaften aber die Besonderheit innewohnt, dass sie ohne Eigengewinnabsicht handeln und ihr Gesellschaftsvermögen größtenteils aus den treuhänderisch wahrgenommen Rechten besteht, ist dieses wirtschaftliche Interessen der Altgesellschafter nicht allzu hoch zu bewerten. Falls doch wirtschaftliche Interessen berührt sind, weil die Gesellschaft ausnahmsweise auf die Erzielung eines Eigengewinns ausgerichtet ist, ist

---

517 *Schack*, Urheber- und Urhebervertragsrecht, 9. Aufl. 2019, Rn. 1306; *Augenstein*, Rechtliche Grundlagen des Verteilungsplans urheberrechtlicher Verwertungsgesellschaften, 2004, S. 35 f.

518 Siehe dazu bereits oben S. 60 f.

zu unterscheiden: Handelt es sich bei den Gesellschaftern um Rechtsinhaber, liegt in der Gewinnerzielung eine an sich rechtfertigungsbedürftige Bevorzugung gegenüber den übrigen Treugebern vor. Sollten hingegen Nichtrechtsinhaber Gesellschafter sein, so greift der Aufnahmezwang nach § 13 Abs. 1 S. 1 VGG bereits nicht ein; denn bei einer solchen Gesellschaft würde es sich nicht um eine Verwertungsgesellschaft i.S.d. § 2 VGG handeln, sondern um eine unabhängige Verwertungs*einrichtung* gemäß § 4 Abs. 1 VGG.[519] Von einer Verwertungsgesellschaft unterscheidet sich diese dadurch, dass zum einen ihre Anteile nicht von den Berechtigten gehalten werden *und* zum anderen durch ihre Gewinnerzielungsabsicht.[520] Bei einer Verwertungsgesellschaft i.S.d. § 2 VGG darf hingegen nur eine der beiden Eigenschaften vorliegen. Nach § 4 Abs. 2 VGG sind nur bestimmte Regelungen des VGG – größtenteils Informationspflichten – auf diese unabhängigen Verwertungseinrichtungen anwendbar. Der Aufnahmezwang des § 13 Abs. 1 VGG gehört jedoch nicht dazu.

In allen Fällen würde sich letztlich das Interesse des Nichtmitglieds gegen die Interessen der bestehenden Mitglieder bzw. der Verwertungsgesellschaft durchsetzen. Dies gilt auch, soweit überhöhte Mitgliedschaftsbedingungen i.S.d. § 13 Abs. 1 S. 2 VGG den Aufnahmeanspruch künstlich zerstören. Nach der Rechtsprechung kann sich der ablehnende Verein bzw. Verband nicht auf einschränkende Mitgliedschaftsbedingungen in der Satzung berufen, wenn der von ihm verfolgte Zweck auch durch „mildere" Satzungsgestaltungen erreicht werden könnte.[521] Wenn sich bereits aus der allgemeinen Systematik generell ein Aufnahmeanspruch gegen die Verwertungsgesellschaft ableiten lässt,[522] bestehen keine Bedenken gegen die spezialgesetzliche Statuierung in § 13 Abs. 1 S. 1 VGG und ihre Vereinbarkeit mit dem Grundsatz der Privatautonomie.

bb. Mitgliedschaftsbedingungen

Trotz des Aufnahmezwangs ist auch in Zukunft nicht damit zu rechnen, dass sämtliche Rechtsinhaber über die Stellung als Mitglied verfügen wer-

---

519 *Rehbinder/Peukert*, Urheberrecht, 18. Aufl. 2018, Rn. 1106.
520 *Heine/Staats* in: MAHdb UrhR, 2. Aufl. 2017, § 6 Rn. 25; *Heinemann*, Die Verteilungspraxis der Verwertungsgesellschaften, 2017, S. 22.
521 *BGH*, Urt. v. 23.11.1998, NJW 1999, 1326 (1328); *BGH*, Urt. v. 2.12.1974, NJW 1975, 571.
522 So *Schack*, Urheber- und Urhebervertragsrecht, 9. Aufl. 2019, Rn. 1311.

den. Der Aufnahmeanspruch des § 13 VGG ist *bedingt*:[523] Die Verwertungsgesellschaften können in ihren Statuten weiterhin Voraussetzungen für eine Mitgliedschaft vorsehen.[524] Regelmäßig stellen die Verwertungsgesellschaften hohe Anforderungen an die Aufnahme als Mitglied.[525] Diese Mitgliedschaftsbedingungen sind gemäß § 13 Abs. 1 S. 1 VGG in das Statut der Verwertungsgesellschaft aufzunehmen. Nicht zu verwechseln sind sie mit den in Art. 9 Abs. 1 UAbs. 1 RL 2014/26/EU vorgesehenen Bedingungen für die Beschränkung von Mitgliedschaftsrechten.

Das Gesetz stellt in § 13 Abs. 1 S. 2 VGG an die von den Verwertungsgesellschaften aufgestellten Mitgliedschaftsbedingungen die Anforderung, objektiv, transparent und nichtdiskriminierend zu sein. *Objektiv* sind solche Regelungen, die der Verwertungsgesellschaft kein Ermessen lassen, d.h. hinreichend bestimmt sind und so keinen Platz für subjektive Momente lassen. Eine Regelung, nur „besonders verdiente" Rechtsinhaber als Mitglieder aufzunehmen, wäre demnach stark subjektiv geprägt und somit unzulässig.[526] *Transparent* sind die Bedingungen nicht bereits dann, wenn sie veröffentlicht werden.[527] Nach § 56 Abs. 1 S. 1 VGG ist die Verwertungsgesellschaft ohnehin dazu verpflichtet, das die Mitgliedschaftsbedingungen enthaltende Statut auf ihrer Internetseite zu veröffentlichen. Die Anforderungen an eine transparente Regelung müssen daher höher liegen. Dem potenziellen Mitglied muss ohne Weiteres ersichtlich sein, ob es die Bedingungen erfüllt oder nicht. Eine Klausel, wonach nur diejenigen

---

523 *Schulze* in: Dreier/Schulze, UrhG, 6. Aufl. 2018, § 13 VGG Rn. 4.

524 Vgl. auch BeckOK-UrhR/*Freudenberg*, 25. Ed. 15.7.2019, § 13 VGG Rn. 10.

525 VG WORT: In Abhängigkeit von der Berufsgruppe eine Ausschüttung von durchschnittlich mindestens 400 € bzw. 2000 € in den letzten drei Kalenderjahren, § 3 Abs. 7 VG-WORT-Satzung n.F. GEMA: Ordentliches Mitglied kann werden, wer in fünf Jahren als außerordentliches Mitglied – je nach Berufsgruppe – mindestens 30.000 € bis 75.000 € erhalten hat, wobei in vier aufeinander folgenden Jahren jeweils nicht weniger als 1.800 € bzw. 4.500 € ausgeschüttet worden sein müssen, § 7 GEMA-Satzung n.F.

526 Eine ähnliche Bedingung enthält § 4 Abs. 4 lit. c VG Musikedition-Satzung n.F.: „Der Verwaltungsrat kann außerdem angeschlossene Mitglieder, Persönlichkeiten des Musiklebens oder juristische Personen als ordentliche Mitglieder aufnehmen, die in besonderer Weise die Interessen, Aufgaben und Ziele der VG Musikedition fördern oder deren kulturelle, künstlerische oder wissenschaftliche Bedeutung die Aufnahme als wünschenswert erscheinen lässt." Zwar handelt es sich dabei streng genommen nicht um eine Aufnahmebedingung, sondern um einen zusätzlichen Aufnahmetatbestand, doch kann damit letztlich der § 13 Abs. 1 VGG umgangen werden.

527 So wohl aber *Gerlach* in: Wandtke/Bullinger, Praxiskommentar UrhR, 5. Aufl. 2019, § 13 VGG Rn. 3.

Rechtsinhaber Mitglieder werden können, die „maßgeblich zum Aufkommen“ der Gesellschaft beitragen, ist demnach nicht transparent i.S.d. § 13 Abs. 1 S. 2 VGG – zumindest nicht ohne nähere Konkretisierung in dem Statut.[528]

Zudem müssen die Bedingungen auch *nichtdiskriminierend* sein. Das Diskriminierungsverbot kann dabei nicht auf die im AGG genannten Gründe beschränkt sein. Ein diese Gründe betreffendes Benachteiligungsverbot ergibt sich für die Aufnahme von Mitgliedern bereits aus § 19 Abs. 1 Nr. 1 AGG, da es sich bei der Aufnahme von Mitgliedern für die Verwertungsgesellschaften um ein Massengeschäft handelt.[529] Vielmehr ist in dem Tatbestandsmerkmal eine besondere Ausprägung des allgemeinen Gleichheitsgrundsatzes bei Verbänden zu erblicken.[530] Die Bedingungen müssen daher auf sachlich gerechtfertigten Gründen basieren.[531]

cc. Reichweite des Aufnahmezwangs

Viele der Verwertungsgesellschaften verfügen nur über eine Art von Mitgliedern i.S.v. § 7 Nr. 1 oder Nr. 2 VGG. Fraglich ist, ob § 13 S. 1 VGG diese Verwertungsgesellschaften dazu zwingt, zukünftig auch solche Arten von Mitgliedern aufzunehmen, über die sie bislang nicht verfügen. Dies würde bedeuten, dass Verwertungsgesellschaften, wie etwa die GEMA[532], die bislang nur Rechtsinhaber als Mitglieder haben, auch Einrichtungen,

---

528 Unzulässig war daher die entsprechende Klausel in § 5 Abs. 6 S. 2 und S. 3 VFF-Gesellschaftsvertrag i.d.F. 24.6.2016. § 5 Abs. 6 S. 3 VFF-Gesellschaftsvertrag n.F. wurde inzwischen durch eine Definition ergänzt, die das Tatbestandsmerkmal „maßgeblich“ konkretisiert. Siehe für ähnlichen Klauseln auch § 5 Abs. 4 lit. b AGICOA-Satzung i.d.F. v. 30.9.2016 (n.F.); § 7 Abs. 4 Spiegelstrich 3 GÜFA-Gesellschaftsvertrag n.F.; § 5 Abs. 4 lit. b GWFF-Satzung i.d.F. v. 30.9.2016 (n.F.).

529 Im Ergebnis auch *Rehbinder*, DVBl. 1992, 216 (217), der die Pflicht zur Gleichbehandlung – noch vor Einführung des AGG – aus der Monopolstellung der Gesellschaften herleitete. Vgl. auch MüKo-BGB/*Leuschner*, 8. Aufl. 2018, § 38 Rn. 42.

530 Vgl. zu diesem *Grünberger*, Personale Gleichheit, 2013, S. 346 ff.; Staudinger/*Schwennicke*, Neubearb. 2019, § 32 BGB Rn. 80.

531 Vgl. zur Rechtfertigung beim gesellschaftsrechtlichen Gleichbehandlungsgrundsatz MüKo-GmbHG/*Merkt*, 3. Aufl. 2018, § 13 Rn. 299. *Grünberger*, Personale Gleichheit, 2013, S. 377 ff.

532 Daneben sind dies die VG Wort, VG Bild-Kunst, VG Musikedition, VG Media, GÜFA, VG Media und die GWFF.

die Rechtsinhaber vertreten, als Mitglieder aufnehmen müsste.[533] Und umgekehrt müssten die fünf Gesellschaften, die bislang lediglich Einrichtungen, die Rechtsinhaber vertreten (§ 7 Nr. 2 VGG), als Mitglieder haben,[534] auch Rechtsinhaber direkt als Mitglieder akzeptieren.

Für die erste Gruppe von Verwertungsgesellschaften sollte dies kein Problem sein. Sie verfügen sowieso über hunderte Mitglieder, sodass einzelne Einrichtungen als Nichtrechtsinhaber kaum spürbar sein sollten. Die Verwertungsgesellschaften der zweiten Gruppe – allesamt als GmbH organisiert – dürften vor deutlich größere Herausforderungen gestellt werden. Während bislang nur ein oder zwei Einrichtungen als Gesellschafter fungierten, könnten nun hunderte Berechtigte einen Aufnahmeanspruch geltend machen. Abgesehen von dem hohen Aufwand, der mit der Aufnahme neuer Gesellschafter einhergeht,[535] sind ihre Strukturen nicht darauf ausgelegt. Ihre Organisation gründet auf der Annahme, dass sämtlichen Rechtsinhabern als Nichtmitgliedern dieselben Rechte zustehen.

Der Wortlaut der Norm („Berechtigte *und* Einrichtungen [Hervorhebung des Verfassers]") ist klar und unterscheidet nicht in Abhängigkeit der bisherigen Mitgliederzusammensetzung.[536] Der die Regelung vorgebende Art. 6 Abs. 2 RL 2014/26/EU deutet in dieselbe Richtung. Dort werden Rechtsinhaber und Einrichtungen kumulativ aufgeführt. ErwGr. 20 S. 2 RL 2014/26/EU schränkt dies nur insoweit ein, als dass der Anspruch nicht dazu verpflichten soll, „Mitglieder aufzunehmen, deren Rechte, Rechtekategorien, Arten von Werken oder anderen Schutzgegenständen nicht in ihren Tätigkeitsbereich fallen". Eine Ausnahme für oder Beschränkung auf Einrichtungen, die Rechtsinhaber vertreten, sieht die Richtlinie demnach nicht vor.

Die Begründung des Regierungsentwurfs geht hingegen hinsichtlich der Aufnahme von Mitgliedern i.S.v. § 7 Abs. 2 VGG nicht von einem Aufnahmezwang aus:

---

533 Vgl. dazu jetzt auch *Gerlach* in: Wandtke/Bullinger, Praxiskommentar UrhR, 5. Aufl. 2019, § 13 VGG Rn. 5 f.

534 Das sind die GVL, VGF, AGICOA, TWF und GWVR.

535 Siehe dazu sogleich unten ausführlich S. 144 ff.

536 *AGICOA/GEMA/GÜFA* u.a., Stellungnahme der deutschen Verwertungsgesellschaften vom 14.8.2015 zum Referentenentwurf des VGG, S. 10; *Houareau*, Stellungnahme des BVMI vom 15.2.2016, S. 3, der deshalb vorschlug, das „und" durch ein „oder" zu ersetzen; *Höppner*, Stellungnahme des Deutschen Musikrats vom 14.8.2015 zum Referentenentwurf des VGG, S. 3.

> „Der Erwerb der Mitgliedschaft ist der effektivste Weg für Berechtigte, an den Entscheidungsfindungsprozessen ihrer Verwertungsgesellschaft mitzuwirken. [...] Eine Verpflichtung, neben Berechtigten auch Rechtsinhaberverbände aufzunehmen, erwächst daraus grundsätzlich nicht.“[537]

Im Umkehrschluss würde dies bedeuten, dass hinsichtlich der Aufnahme von Berechtigten keine Wahl bestünde und selbst Verwertungsgesellschaften, die bereits über Mitglieder i.S.v. § 7 Abs. 2 VGG verfügen, keine weiteren Einrichtungen aufnehmen müssten. Niedergeschlagen hat sich dieses Verständnis im Wortlaut des Gesetzes allerdings nicht.

Geht man von einer Gleichbehandlung der Rechtsinhaber hinsichtlich der Mitgliedschaft („objektiv, transparent und nichtdiskriminierend“) als Sinn und Zweck des Gesetzes aus, wird man der Begründung des Regierungsentwurfs zustimmen müssen.[538] Wer überhaupt keine Mitglieder einer bestimmten Art aufnimmt, der behandelt nicht unterschiedlich. Insoweit wäre § 13 Abs. 1 S. 1 VGG teleologisch zu reduzieren, damit kein Aufnahmezwang bezüglich solcher Mitglieder i.S.d. § 7 Nr. 1 und Nr. 2 VGG besteht, über die diejenige Verwertungsgesellschaft bislang nicht verfügt.

Dafür streitet auch, dass die Richtlinie 2014/26/EU keine Ausnahme vom Aufnahmezwang für Stiftungen – sie können überhaupt keine Mitglieder aufnehmen – ausdrücklich festschreibt. Art. 8 Abs. 12 RL 2014/26/EU sieht jedoch explizit Sonderregelungen für Organisationen, die „aufgrund ihrer Rechtsform keine Hauptversammlung von Mitgliedern ausrichten [können]“, vor.[539] Wenn die Richtlinie also sonst dort Sonderbestimmungen statuiert, wo eine Anwendung auf Stiftungen mangels Mitgliedern nicht möglich ist, wäre eine solche Ausnahme nach der Systematik auch bei einem unbeschränkt geltenden Mitgliederaufnahmezwang zu erwarten. Stiftungen können schließlich keine Mitglieder aufnehmen und folglich auch nicht dazu gezwungen werden. Die Richtlinie muss also für Stiftungen implizit von einer Ausnahme beim Aufnahmezwang ausgehen, weil sie ansonsten Stiftungen als Rechtsform ausschließen würde, was ersichtlich nicht gewollt ist.[540] Es ließe sich überlegen, ob

---

537 Begründung des Regierungsentwurfs zum VGG, BT-Drs. 18/7223, S. 76 f.

538 So jetzt wohl *Gerlach* in: Wandtke/Bullinger, Praxiskommentar UrhR, 5. Aufl. 2019, § 13 VGG Rn. 5f.

539 Vgl. auch ErwGr. 14 RL 2014/26/EU.

540 Siehe neben Art. 8 Abs. 12 RL 2014/26/EU auch insbesondere ErwGr. 14, 23 RL 2014/26/EU.

eine Analogie gezogen werden kann, weil eine Aufnahme von Rechtsinhabern als Mitglieder bei den oben genannten Verwertungsgesellschaften zwar nicht aus *rechtlichen*, aber aus *tatsächlichen* Gründen ausscheidet. Ihre Struktur ist nicht auf die Aufnahme von Rechtsinhabern ausgelegt. Im Ergebnis ist die Interessenlage jedoch nicht mit der bei einer Stiftung zu vergleichen. Zum einen sind die Gründe bei der Stiftung *gesetzlicher* Natur. Die Verwertungsgesellschaften hingegen könnten ihre Strukturen durch eine Änderung ihrer Statuten jederzeit anpassen. Zum anderen sieht Art. 8 Abs. 12 RL 2014/26/EU Sonderregelungen für Stiftungen vor, gerade weil diese keine Mitglieder aufnehmen können. Die Richtlinie versucht die effektive Mitwirkung der Rechtsinhaber für diesen Fall also auf andere Weise sicherzustellen. Für Verwertungsgesellschaften, die bislang keine Rechtsinhaber aufgenommen haben, weil sie sich für eine andere Struktur entschieden haben, kennt die Richtlinie solche Ausgleichsregelungen nicht.

Letztlich ist eine Einengung des Aufnahmezwangs hinsichtlich der Art der Mitgliedschaft nach § 7 Nr. 1 oder Nr. 2 VGG abzulehnen.[541] Primärer Zweck des Aufnahmeanspruchs ist die Sicherstellung einer effektiven Teilhabe der Rechtsinhaber an der Entscheidungsfindung in der Verwertungsgesellschaft.[542] Die damit einhergehende Gleichbehandlungspflicht dient diesem Zweck. Als Maxime für eine teleologische Auslegung des § 13 Abs. 1 S. 1 VGG und der Art. 6 Abs. 2 RL 2014/26/EU taugt sie daher nicht. Für die Verwirklichung einer effektiven Teilhabe der Rechtsinhaber an der Entscheidungsfindung der Gesellschaft ist eine Aufnahme von Rechtsinhabern besonders in den Fällen nötig, in denen die Verwertungsgesellschaft bislang überhaupt keine Mitglieder i.S.v. § 7 Nr. 1 VGG aufgenommen hat. Jegliche Einschränkung des Aufnahmeanspruchs bezüglich Rechtsinhabern verbietet sich daher. Soweit es um die Aufnahme von Einrichtungen geht, die Rechtsinhaber vertreten, ist kein Grund für eine Einschränkung ersichtlich. Der Wortlaut der Norm ordnet den Aufnahmezwang – übereinstimmend mit Art. 6 Abs. 2 S. 1 RL 2014/26/EU – gerade auch für sie an. Auch ist eine restriktive Auslegung der Norm mit Blick auf ihren Zweck nicht nötig: Bei Verwertungsgesellschaften, die bislang nur Rechtsinhaber als Mitglieder aufgenommen haben, führt die Aufnahme von Einrichtungen, die Rechtsinhaber vertreten, nicht zu einer spürbaren Verwäs-

---

541 A.A. *Gerlach* in: Wandtke/Bullinger, Praxiskommentar UrhR, 5. Aufl. 2019, § 13 VGG Rn. 5.

542 Vgl. Begründung des Regierungsentwurfs zum VGG, BT-Drs. 18/7223, S. 76 f.

serung der Teilhabe der Rechtsinhaber an dem Entscheidungsfindungsprozess.

Die Praxis hat sich nur teilweise an den neuen Rechtsrahmen angepasst. Von den fünf Verwertungsgesellschaften, die bei Einführung des VGG nur über Einrichtungen als Mitglieder verfügten, sehen vier nun ebenfalls die Aufnahme von einzelnen Rechtsinhabern in ihren Statuten vor.[543] Allein die GVL beschränkt ihre Mitgliedschaftsbedingungen auf die Aufnahme von Einrichtungen i.S.v. § 7 Nr. 2 VGG.[544] Sieben der übrigen acht Verwertungsgesellschaften, die alle bislang nur Mitglieder i.S.v. § 7 Nr. 1 VGG hatten, nehmen – entsprechend der Begründung zum Regierungsentwurf – auch zukünftig nur Rechtsinhaber als Mitglieder auf.[545] Die VFF geht einen Sonderweg. In dem Bereich „selbstständige Filmhersteller" nimmt sie nur Einrichtungen auf, die Rechtsinhaber vertreten, während sie in dem Bereich „Sendeunternehmen und deren Werberundfunkgesellschaften" nur Rechtsinhaber aufnimmt.[546]

dd. Rechtsformabhängige Hürden der Aufnahme neuer Mitglieder

Aufgrund des korporativen Elements der Mitgliedschaft gemäß § 7 VGG spielt die Rechtsform der Verwertungsgesellschaft für die Aufnahme neuer Mitglieder eine entscheidende Rolle. Beide Rechtsformen unterscheiden sich erheblich hinsichtlich der Rahmenbedingungen rund um die Mitgliedschaft.

Das BGB konzipiert den Verein in den §§ 21 ff. BGB gezielt für eine größere Anzahl an wechselnden Personen.[547] Dies manifestiert sich beispielsweise im fehlenden Anspruch auf Auseinandersetzungsguthaben beim Ausscheiden oder der Beschlussfassung durch einfache Mehrheit nach § 32

543 Siehe § 4 Abs. 4 ff. VGF-Satzung n.F.; § 5 Abs. 4 AGICOA-Satzung n.F.; § 5 Abs. 1 TWF-Gesellschaftervertrag n.F.; § 9 Abs. 1 GWVR-Gesellschaftsvertrag a.F.

544 Siehe § 4 Abs. 4.3 GVL-Gesellschaftsvertrag n.F.

545 Siehe § 7 Ziff. 1 GEMA-Satzung n.F.; § 3 Abs. 6 VG WORT-Satzung n.F.; § 6 Nr. 2 u. 3 VG Bild-Kunst-Satzung n.F.; § 4 VG Musikedition-Satzung n.F.; § 7 Abs. 1 S. 1 GÜFA-Gesellschaftsvertrag n.F.; § 5 Abs. 4 GWFF-Satzung n.F.; § 5 Abs. 2 lit. a VG Media-Satzung n.F.

546 Siehe § 5 Abs. 6 S. 1 u. 2 VFF-Gesellschaftsvertrag n.F. Dies lässt sich wohl auf ihre bisherige Gesellschafterstruktur zurückführen, die in dieses Schema passt.

547 BeckOK-BGB/*Schöpflin*, 51. Ed. 1.8.2019, § 21 Rn. 25; MüKo-BGB/*Leuschner*, 8. Aufl. 2018, Vor. § 21 Rn. 110; *Beuthien* in: MünchHdB GesR V, 4. Aufl. 2016, § 1 Rn. 21 f.

Abs. 1 S. 3 BGB.[548] Entsprechend einfach gestaltet sich auch die Aufnahme neuer Mitglieder: Diese ist grundsätzlich durch einen formfreien Aufnahmevertrag möglich.[549] Ebenso einfach lässt sich die Mitgliedschaft beenden. Die Vereinssatzung kann vorsehen, dass die Mitgliedschaft automatisch erlischt, sobald ein bestimmter Tatbestand in der Person des Mitglieds eintritt.[550] Trotz dieser einfachen Handhabung nehmen nicht alle als Verein organisierten Verwertungsgesellschaften alle Inhaber von Wahrnehmungsverträgen als Mitglieder im vereinsrechtlichen Sinne auf. Zwei der vier Verwertungsgesellschaften in Vereinsform haben restriktive Mitgliedschaftsbedingungen i.S.d. § 13 Abs. 1 VGG aufgestellt.[551] Bei ihnen könnte sich mithin leicht eine Veränderung durch den Aufnahmezwang ergeben.

Deutlich aufwendiger als die Aufnahme von Mitgliedern beim Verein ist der Beitritt als Gesellschafter zu einer GmbH. Der Aufnahmevertrag bedarf zum einen gemäß § 15 Abs. 3 GmbHG der notariellen Beurkundung. Zum anderen statuiert § 14 GmbHG eine Einlagepflicht. Die Gesellschafterstellung geht also stets mit einem finanziellen Beitrag einher. Zwar muss dieser nicht zwangsläufig in Geld geleistet werden – es gibt auch die Möglichkeit einer Sacheinlage (vgl. § 5 Abs. 4 GmbHG und § 56 GmbHG) – doch ist diese Alternative mit erheblichem Aufwand verbunden.[552] Die Einbringung von Urheber- und verwandten Schutzrechten als Einlage ist damit *theoretisch* möglich, begegnet *praktisch* aber ganz erheblichen Umsetzungsschwierigkeiten.[553]

Zusätzlich erschwert wird die Aufnahme neuer Gesellschafter dadurch, dass jeder Gesellschafter zwingend auch einen Geschäftsanteil halten muss. Da die Summe der Nennbeträge aller Geschäftsanteile dem Stammkapital entsprechen muss (§ 5 Abs. 3 GmbHG), ist die Schaffung neuer Geschäftsanteile nur in engen Grenzen möglich: durch Kapitalerhöhung oder Teilung[554] eines bestehenden Anteils. Sowohl die Teilung (§ 46 Nr. 4 Var. 1

548 Vgl. *Beuthien* in: MünchHdB GesR V, 4. Aufl. 2016, § 1 Rn. 23 f.

549 *Schöpflin* in: MünchHdB GesR V, 4. Aufl. 2016, § 32 Rn. 27, 28a.

550 *Schöpflin* in: MünchHdB GesR V, 4. Aufl. 2016, § 38 Rn. 21.

551 Das sind GEMA und VG WORT. Siehe § 7 Ziff. 1 GEMA-Satzung n.F. und § 3 Abs. 6 VG WORT-Satzung n.F.

552 Ausführlich zur Sacheinlage siehe *Leitzen* in: Michalski, GmbHG, 3. Aufl. 2017, § 5 Rn. 45 ff.

553 Insbesondere zur Problematik der Bewertung der eingebrachten Rechte siehe *Menzel*, Die Aufsicht über die GEMA durch das Deutsche Patentamt, 1986, S. 28.

554 Dazu ausführlich BeckOK-GmbHG/*Ziemons*, 39 Ed. 1.5.2019, § 5 Rn. 56 ff.

GmbHG) als auch die Ausgabe neuer Geschäftsanteile im Wege einer Kapitalerhöhung (§ 55 Abs. 1 GmbHG)[555] bedürfen eines Beschlusses der Gesellschaftergesamtheit.

Auf anderem Weg ist die Aufnahme eines neuen Gesellschafters durch originären Erwerb eines Geschäftsanteils jedoch auch ohne ein gegenwärtiges Mitwirken der Altgesellschafter erreichbar. § 55a GmbHG ermöglicht es, den Geschäftsführer zur Ausgabe neuer Geschäftsanteile zu ermächtigen (sog. genehmigtes Kapital). Die Ermächtigung gilt für maximal fünf Jahre, vgl. § 55a Abs. 1 S. 1 GmbHG. Damit können die Gesellschafter zumindest für diesen Zeitraum ihr Mitwirken bei der Kapitalerhöhung antizipieren. Daneben ist es möglich, einen bereits bestehenden Geschäftsanteil von einem Altgesellschafter zu erwerben. Da ein Gesellschafter auch mehrere Geschäftsanteile innehaben kann (vgl. § 5 Abs. 2 S. 2 und § 55 Abs. 3 GmbHG), ist mit dem Erwerb durch den Neugesellschafter nicht zwingend ein Ausscheiden des abgebenden Gesellschafters verbunden. Jedenfalls bedarf auch diese Art des Anteilserwerbs der Mitwirkung eines Altgesellschafters.

Aufgrund der hohen Hürden wird wohl bei der GmbH die Aufnahme der Berechtigten als Gesellschafter – und damit als Mitglieder i.S.d. VGG – die Ausnahme bleiben.[556] So verfügen derzeit nur fünf der neun Verwertungsgesellschaften in GmbH-Form über Berechtigte i.S.d. § 6 VGG als Gesellschafter, d.h. über Mitglieder i.S.v. § 7 Nr. 1 VGG.[557] Deren Anzahl ist auch bei diesen Gesellschaften in der Regel sehr gering. Mit Abstand die meisten Mitglieder unter den Verwertungsgesellschaften mit beschränkter Haftung hat die *Gesellschaft zur Verwertung der Urheber- und Leistungsschutzrechte von Sendeunternehmen und Presseverlegern mbH* (VG Media) mit 25 Gesellschaftern.[558]

---

555 *Wegmann* in: MünchHdB GesR III, 5. Aufl. 2018, § 53 Rn. 4; BeckOK-GmbHG/*Ziemons*, 39 Ed. 1.5.2019, § 55 Rn. 31.

556 Vgl. *Frohne/Müller-Ernstberger*, Stellungnahme der GWFF vom 13.8.2015 zum Regierungsentwurf des VGG, S. 4.

557 Das sind ausweislich der zum Handelsregister eingereichten Gesellschafterlisten die VG Media, GÜFA, GWFF, VFF und die VGF.

558 Siehe die Auflistung unter <www.vg-media.de/de/gesellschafter.html> (zuletzt abgerufen am 15.9.2019).

(2) Erhöhte Teilnahme an der Mitgliederhauptversammlung

Aufgrund rationaler Apathie waren die Teilnahmequoten an den Hauptversammlungen der großen Verwertungsgesellschaften in Vereinsform bislang recht gering.[559] Bei den Verwertungsgesellschaften mit beschränkter Haftung tritt das Phänomen wegen des beschränkten Gesellschafterkreises nicht auf. Zukünftig dürfte es auch bei den Vereinen infolge zweier Neuerungen durch das VGG eingedämmt werden:[560]

aa. Stellvertretung

Das UrhWahrnG machte keine Vorgaben zur Teilnahme an der Hauptversammlung mittels Stellvertreter. Somit kam es entscheidend auf die Regelungen der jeweiligen Rechtsform und eventuelle Satzungsbestimmungen an. Nach dem gesetzlichen Leitbild des § 38 S. 2 BGB ist die Teilnahme an der Mitgliederversammlung durch einen Vertreter grundsätzlich unzulässig.[561] Jedoch besteht gemäß §§ 40 S. 1, 38 BGB die Möglichkeit, die Stellvertretung in der Satzung zuzulassen.[562] Die meisten Verwertungsgesellschaften hatten ihren Spielraum dahingehend genutzt, in der Satzung die Stellvertretung auszuschließen oder nur in sehr engem Rahmen zuzulassen (z.B. bei Krankheit).[563]

---

559 Zur Hauptversammlung 2016 der GEMA erschienen nur 632 Mitglieder einschließlich der Delegierten, siehe das Protokoll der Hauptversammlung, S. 1, abrufbar unter <www.gema.de/fileadmin/user_upload/Musikurheber/Informationen/gema_mgv_2016_abstimmungsergebniss.pdf> (zuletzt abgerufen am 15.9.2019). Siehe zu den Teilnehmerzahlen bei der VG WORT: *Essinger*, Genug ist nicht genug, Feuilleton, SZ v. 12.9.2016, S. 9; *Hanfeld*, Weihnachten, mitten im Mai, Feuilleton, FAZ v. 22.5.2017, S. 9.

560 Zweifelnd bezüglich der Stellvertretung mit Blick auf die Erfahrungen bei Aktiengesellschaften *Sandberger* in: FS Vogel, 2017, S. 320. Vgl. zur Überwindung der rationalen Apathie im Aktienrecht *Spindler*, ZGR 2000, 420 (440 ff.).

561 Staudinger/*Schwennicke*, Neubearb. 2019, § 32 BGB Rn. 99.

562 MüKo-BGB/*Leuschner*, 8. Aufl. 2018, § 32 Rn. 42 u. § 38 Rn. 50; Palandt/*Ellenberger*, 78. Aufl. 2019, § 32 Rn. 8; Staudinger/*Schwennicke*, Neubearb. 2019, § 32 BGB Rn. 99; *Dörner* in: Schulze, HK-BGB, 10. Aufl. 2019, § 38 Rn. 8; Erman/*Westermann*, 14. Aufl. 2014, § 32 Rn. 5. Nach § 43 Abs. 3 GmbHG ist die Stellvertretung auch bei GmbH zulässig.

563 Vgl. § 7 Abs. 4 VG WORT-Satzung i.d.F. 30.5.2015 (a.F.) und § 10 Ziff. 7 Abs. 1 S. 1 GEMA-Satzung a.F. Anders § 8 Nr. 5 lit. a VG Bild-Kunst-Satzung i.d.F. v. 11.7.2015 und § 8 Abs. 4 lit. c VG Musikedition-Satzung a.F., die die Stellvertretung durch andere Mitglieder erlaubten.

Nun gibt § 19 Abs. 4 VGG detailliert vor, dass die Statuten der Verwertungsgesellschaft die Rechtsausübung in der Mitgliederhauptversammlung durch Vertreter zu regeln haben. Die Stellvertretung in der Mitgliederhauptversammlung kann nicht mehr ausgeschlossen werden.[564] § 20 VGG verweist für die Delegierten nicht auf § 19 Abs. 4 VGG. In der Folge ist für sie die Stellvertretung nicht zwingend zuzulassen. Jedoch ist die Gefahr einer rationalen Apathie bei ihnen geringer. Sie wurden von den übrigen Nichtmitgliedern gezielt für die Teilnahme an der Mitgliederhauptversammlung gewählt. Wer sich zur Wahl aufstellen lässt, wird regelmäßig nicht vor dem Aufwand der Stimmrechtsausübung zurückschrecken. Letztlich wäre eine Stellvertretung durch einen gewillkürten Vertreter bei den Delegierten mangels hinreichender Legitimation abzulehnen, weil es sich um ein Wahlamt handelt. Die meisten Verwertungsgesellschaften sehen ohnehin die Wahl von Ersatzdelegierten vor. Da darüber hinaus § 20 Abs. 3 VGG die elektronische Stimmabgabe auch den Delegierten ermöglicht, kommt es durch die fehlende Anwendung des § 19 Abs. 4 VGG zu keiner Schutzlücke.

bb. Elektronische Teilnahme

Hatte bislang keine der deutschen Verwertungsgesellschaften eine elektronische Teilnahme an der Hauptversammlung bzw. Gesellschafterversammlung vorgesehen, so führt § 19 Abs. 3 S. 1 VGG diese *verpflichtend* ein. Dass nicht lediglich eine elektronische Stimmrechtsabgabe gemeint ist oder die Übertragung der Mitgliederhauptversammlung im Internet, macht der Wortlaut klar, der die *Stimmrechtsausübung* explizit zusätzlich zur *Teilnahme* „ohne Anwesenheit vor Ort und ohne einen Vertreter" aufzählt. Damit geht der deutsche Gesetzgeber deutlich über die Anforderungen der Richtlinie 2014/26/EU hinaus. In Art. 6 Abs. 4 RL 2014/26/EU wird lediglich die „Verwendung elektronischer Kommunikationsmittel [...] zwecks Ausübung von Mitgliedschaftsrechten" vorgeschrieben. ErwGr. 23 RL 2014/26/EU nennt im Zusammenhang mit der Mitgliederhauptversammlung ebenfalls nur die Möglichkeit der Ausübung der „Rechte [...] auf elektronischem Wege". Dies soll mit dem Ziel geschehen, den Mitgliedern die Ausübung ihres Stimmrechts zu erleichtern.

564 Siehe zu den genauen Vorgaben des VGG ausführlich unten S. 232 ff.

Für eine richtlinienkonforme Umsetzung hätte die Möglichkeit der elektronischen Abstimmung genügt.[565] Eine elektronische Teilnahme an der Mitgliederhauptversammlung, d.h. die Video- und/oder Audioübertragung der Versammlung mit Abstimmung in Echtzeit, geht darüber hinaus. Gegen die Richtlinie verstößt das nicht, da diese insoweit nur mindestharmonisierend wirkt.[566] Auch mit den Vorgaben des Vereins- und GmbH-Rechts ist die elektronische Teilnahme vereinbar.[567] Mit der virtuellen Mitgliederhauptversammlung übererfüllt der nationale Gesetzgeber nicht nur die Vorgaben der Richtlinie, sondern auch die des DCGK. Dieser empfiehlt in Ziff. 2.3.3 lediglich die Übertragung im Internet oder TV[568], nicht aber die virtuelle Teilnahme.[569]

§ 19 Abs. 3 S. 1 VGG macht den Verwertungsgesellschaften keinerlei Vorgaben, wie die virtuelle Hauptversammlung durchzuführen ist.[570] Auch konkretisiert die Norm nicht, welche Rechtsfolge technische Probleme haben oder was mit den Persönlichkeitsrechten der teilnehmenden Mitglieder ist. Da § 118 Abs. 1 S. 2, Abs. 4 AktG ebenfalls eine virtuelle Hauptversammlung erlaubt, lassen sich die dabei gesammelten Erkenntnisse und Erfahrungen auch für die Mitgliederhauptversammlung fruchtbar machen. So wurde etwa § 118 Abs. 4 AktG eingeführt, um zu verhindern, dass Aktionäre der Übertragung ihrer Redebeiträge unter Berufung auf ihr Persönlichkeitsrecht widersprechen können.[571] Die Regelung betrifft jedoch die *öffentliche* Übertragung. § 19 Abs. 3 S. 1 VGG verpflichtet lediglich zur Ermöglichung einer elektronischen Teilnahme. Eine analoge Anwendung des § 118 Abs. 4 AktG ist daher nicht angezeigt, da auch eine *private*, d.h. nur teilnahmeberechtigten Mitgliedern zugängliche, Übertragung den Anforderungen des VGG genügt.

---

565 Vgl. auch BeckOK-UrhR/*Freudenberg*, 25. Ed. 15.7.2019, § 14 VGG Rn. 2.

566 ErwGr. 9 RL 2014/26/EU, wonach Titel II (Art. 4–22) die Mitgliedstaaten nicht daran hindert *strengere* Vorschriften einzuführen.

567 Zur Zulässigkeit einer (ausschließlichen) virtuellen Mitgliederversammlung beim Verein siehe *OLG Hamm*, Beschl. v. 27.9.2011, NJW 2012, 940; *Piper*, NZG 2012, 735 ff. Zur Zulässigkeit einer virtuellen Gesellschafterversammlung bei der GmbH siehe *Beck*, RNotZ 2014, 160 (166) m.w.N.; *Spindler*, ZGR 2018, 17 (31 f.).

568 *Kremer* in: Kremer u.a., DCGK, 7. Aufl. 2018, Rn. 413.

569 Vgl. *Spindler*, ZGR 2018, 17 (28).

570 So auch BeckOK-UrhR/*Freudenberg*, 25. Ed. 15.7.2019, § 14 VGG Rn. 1.

571 Begründung zum Regierungsentwurf des ARUG, BT-Drs. 16/11642, S. 26. Siehe auch vertiefend *Spindler* in: K. Schmidt/Lutter, AktG, 3. Aufl. 2015, § 118 Rn. 64 ff. und zum Datenschutz *ders.*, ZGR 2018, 17 (28); *Ziemons* in: Ziemons/Binnewies/Jaeger, HdB AG, 82. EL, 04.2019, I. Teil Rn. 10.1256 ff.

Von hoher Brisanz ist die Frage, welche Folgen technische Störungen bei der virtuellen Mitgliederhauptversammlung haben. Dabei ist zu unterscheiden zwischen Störungen aus der Sphäre der Gesellschaft und der Sphäre des Mitglieds.[572] Probleme mit dem heimischen Internetanschluss etwa stammen ausschließlich aus der Sphäre des Mitglieds und können schließlich nicht die Wirksamkeit der Mitgliederhauptversammlung oder einzelner Beschlüsse berühren.[573] Ausfälle von Mikrofonen, Kameras oder Lautsprechern im Versammlungsraum sowie sonstige technische Störungen auf Seiten der Verwertungsgesellschaft fallen dieser zulasten.[574] Bei der Aktiengesellschaft schränkt § 243 Abs. 3 Nr. 1 AktG die Anfechtbarkeit von Beschlüssen aufgrund solcher Störungen jedoch derart ein, dass der Gesellschaft grobe Fahrlässigkeit oder Vorsatz vorzuwerfen sein muss. Um das Risiko nichtiger[575] oder anfechtbarer[576] Beschlüsse bei den Verwertungsgesellschaften zu minimieren, sollte § 243 Abs. 3 Nr. 1 AktG analog angewendet werden.[577] Zusätzlich empfiehlt sich zur Steigerung der Rechtssicherheit und Transparenz eine entsprechende Klausel im Statut der Verwertungsgesellschaft.[578] Andernfalls drohen langjährige Rechtsstreitigkeiten über die Wirksamkeit von Beschlüssen und – im Falle des

---

572 Anders *Paschos/Goslar*, AG 2008, 605 (610 f.), die bei der Aktiengesellschaft unter Verweis auf Beweisschwierigkeiten und der Entscheidung des Aktionärs, online statt vor Ort teilzunehmen, jegliche technische Störung der Sphäre des Aktionärs zuschreiben wollen.

573 Vgl. zur Aktiengesellschaft *Spindler* in: K. Schmidt/Lutter, AktG, 3. Aufl. 2015, § 118 Rn. 62; MüKo-AktG/*Kubis*, 4. Aufl. 2018, § 118 Rn. 88, 91; *Drinhausen/Keinath*, BB 2008, 1238 (1240).

574 Vgl. zur Aktiengesellschaft MüKo-AktG/*Kubis*, 4. Aufl. 2018, § 118 Rn. 91; *Drinhausen/Keinath*, BB 2008, 1238 (1240).

575 Das Vereinsrecht kennt keine Anfechtbarkeit. Siehe dazu MüKo-BGB/*Leuschner*, 8. Aufl. 2018, § 32 BGB Rn. 54 ff.

576 Die Rechtsfolgen von Beschlussmängeln sind im GmbhG nicht geregelt, sodass die §§ 241 ff. AktG über die Nichtigkeit und Anfechtung von Beschlüssen entsprechend angewendet werden. Siehe dazu MüKo-GmbHG/*Wertenbruch*, 3. Aufl. 2019, Anhang zu § 47 Rn. 1 ff. m.w.N.; *K. Schmidt* in: Scholz, GmbHG, 11. Aufl. 2014, § 45 Rn. 62 ff. m.w.N. und insb. Rn. 96 f. für die hier relevanten Fallgruppen.

577 So auch bezüglich der GmbH: Beschlussempfehlung und Bericht des Ausschusses für Recht und Verbraucherschutz zu dem Regierungsentwurf des VGG, BT-Drs. 18/8268, S. 11. Vgl. auch *Houareau*, Stellungnahme des BVMI zum Regierungsentwurf des VGG vom 15.2.2016, S. 3 f., der vorschlägt, § 19 Abs. 3 VGG-E entsprechend um einen Satz 2 zu ergänzen.

578 So jetzt auch *Gerlach* in: Wandtke/Bullinger, Praxiskommentar UrhR, 5. Aufl. 2019, § 19 VGG Rn. 4 und bezüglich der Vereine: Beschlussempfehlung und Bericht des Ausschusses für Recht und Verbraucherschutz zu dem Regierungsent-

Verteilungsplans – die Zurückhaltung von Geldern, die an die Rechtsinhaber ausgeschüttet werden sollen.

Mitgliedern der GEMA steht eine Teilnahme via *E-Voting* nur offen, wenn sie sich fristgerecht für ein sog. „Online-Paket“ registriert haben.[579] Dafür wird pro Mitgliederhauptversammlung ein „Kostenbeitrag“ von 10 € zuzüglich Mehrwertsteuer verlangt.[580] Es ist zweifelhaft, ob eine solche Zahlungsverpflichtung für die elektronische Teilnahme rechtmäßig ist. Zwar entstehen der Verwertungsgesellschaft Kosten durch die zusätzliche Bereitstellung der Möglichkeit einer virtuellen Teilnahme, doch auch die Durchführung der physischen Veranstaltung verursacht hohe Kosten. Die GEMA erhebt indessen nur von den Teilnehmern, die elektronisch abstimmen, einen „Kostenbeitrag“, nicht aber von den übrigen Teilnehmern. Rechtfertigen lässt sich diese Ungleichbehandlung nicht. Das VGG stellt die persönliche und die virtuelle Teilnahme gleichberechtigt nebeneinander. Die einseitige Belastung der auf dem virtuellen Weg teilnehmenden Mitglieder benachteiligt diese unangemessen. Nach § 19 Abs. 3 S. 1 VGG ist die Verwertungsgesellschaft zur Eröffnung dieser Teilnahmeform gezwungen. Die Erhebung einer Gebühr beschränkt daher rechtswidrig das gesetzliche Teilnahmerecht.[581] Daneben konterkariert ein solcher „Kostenbeitrag“ auch die Intention von VGG und Richtlinie 2014/26/EU, möglichst viele Mitglieder zur Teilnahme an der Mitgliederhauptversammlung zu motivieren.

---

wurf des VGG, BT-Drs. 18/8268, S. 11; ähnlich *Hentsch* in: Dreyer/Kotthoff/Meckel/Hentsch, UrhR, 4. Aufl. 2018, § 19 VGG Rn. 2. § 10 Ziff. 10 GEMA-Satzung n.F., § 9 Abs. 8 lit. a VG Musikedition-Satzung n.F, § 8 Abs. 5 VG WORT-Satzung n.F. und § 9 Abs. 15 lit. a VG Media-Satzung n.F. sind entsprechend an § 243 Abs. 3 AktG angelehnt. Vgl. auch die Begründung zum entsprechenden Änderungsantrag der GEMA im Protokoll der Hauptversammlung, S. 45, abrufbar unter <www.gema.de/fileadmin/user_upload/Musikurheber/Informationen/gema_mgv_2016_abstimmungsergebniss.pdf> (zuletzt abgerufen am 15.9.2019).

579 § 1 Ziff. 1 Geschäftsordnung für E-Voting und Live-Stream der GEMA i.d.F. v. 13./14.12.2017, abrufbar unter <www.gema.de/fileadmin/user_upload/Musikurheber/Mitgliderversammlung/2018/Geschaeftsordnung_fuer_E-Voting_und_Live-Stream_Fassung_Dez_2017.pdf> (zuletzt abgerufen am 15.9.2019).

580 § 1 Ziff. 4 u. 5 Geschäftsordnung für E-Voting und Live-Stream der GEMA i.d.F. v. 13./14.12.2017.

581 Vgl. *Hoffmann* in: Spindler/Stilz, AktG, 4. Aufl. 2019, § 118 Rn. 32.

(3) Ergebnis

Die durch § 19 Abs. 3 und 4 VGG eingeführten Änderungen erleichtern den Mitgliedern die Teilnahme an der Mitgliederhauptversammlung. Sie müssen nicht länger zwingend zum Ort der Versammlung reisen. Vielmehr können sie einen Stellvertreter ernennen oder auf elektronischem Wege ihr Stimmrecht ausüben. Die dadurch ersparten Kosten lassen die Ausübung der Kontroll- und Entscheidungsrechte des Mitglieds deutlich wahrscheinlicher werden.[582]

Der Aufnahmeanspruch aus § 13 Abs. 1 S. 1 VGG wird hingegen bei den Vereinen, die bereits Mitgliedschaftsbedingungen in ihren alten Satzungen vorgesehen hatten, kaum zu Änderungen führen. Spannend bleibt der Blick auf die Gesellschaften in der Rechtsform einer GmbH. So ist nicht ausgeschlossen, dass die Gesellschaften, die nur über Mitglieder i.S.d. § 7 Nr. 2 VGG verfügen, in Zukunft mehr als nur ein bis zwei Gesellschafter haben werden und darunter auch Rechtsinhaber. Gerade die Gesellschaften mit nur einigen ausgewählten Rechtsinhabern als Mitglieder werden wohl zukünftig starke Zuwächse in ihrem Gesellschafterbestand verzeichnen dürfen.

Aus *Corporate-Governance*-Sicht ist die Einführung dieser Regelungen daher grundsätzlich zu begrüßen.[583] Doch der effektiveren Kontrolle des Managements steht hier der sinkende Einfluss der Nichtmitglieder und ihrer Delegierten gegenüber. Ihre Anzahl bleibt auch bei steigenden Teilnehmerzahlen konstant, was zu einer Verringerung ihres relativen Stimmenanteils führt. Daraus sollte aber keinesfalls der Schluss gezogen werden, die elektronische Teilnahme oder die Möglichkeit der Stellvertretung wieder einzuschränken. Stattdessen ist auf der anderen Seite anzusetzen. Die Zahl der Delegierten muss im gleichen Maß erhöht werden, wie die Teilnahme an der Mitgliederhauptversammlung steigt oder die Stimmrechtsverteilung zwischen Mitgliedern und Delegierten vollständig von der Teilnahmequote entkoppelt werden.

Dies setzt aber ein Mitwirken der Mitglieder voraus. Sie müssten das Statut entsprechend anpassen. Eine Änderung gegen ihren Willen allein

582 So auch *Bing*, Die Verwertung von Urheberrechten, 2002, S. 224; ähnlich mit Blick auf die elektronische Teilnahme *Schulze* in: Dreier/Schulze, UrhG, 6. Aufl. 2018, § 20 VGG Rn. 5.

583 So auch bzgl. der elektronischen Teilnahme bei der Aktiengesellschaft *Spindler*, ZGR 2000, 420 (440 ff.). Siehe auch die ähnlichen Empfehlungen 2.3.2 S. 2 und 2.3.3 DCGK zu Stellvertretung und elektronischen *Übertragung*.

durch die Delegierten ist ausgeschlossen. Hier liegt ein großes Problem von festen Delegiertenzahlen im Statut. Es ist nicht damit zu rechnen, dass die Mitglieder von selbst ein Stück Macht abgeben und die Zahl der Delegierten hochsetzen. Diese Satzungsgestaltung weist das „Risiko" steigender Mitgliederzahlen und Teilnehmerquoten einseitig den Nichtmitgliedern zu. Eine Möglichkeit, in dieser Situation nachzuverhandeln, haben sie nicht. So realisieren sich gerade die zukünftigen Änderungen immanenten Opportunismusgefahren. Besonders bedenklich sind diese Statutsregelungen, soweit sie noch unter Geltung der alten Rechtslage beschlossen wurden, d.h. womöglich *ohne* reale Mitwirkungsmöglichkeiten der Nichtmitglieder.[584]

Vor diesem Hintergrund ist die teilweise vorzufindende Praxis in dem Statut absolut festgeschriebener Delegiertenzahlen abzulehnen. Sie ist stark anfällig, durch Veränderungen der Mitgliederzahlen oder der Teilnahmequote aus der Balance zu geraten – soweit sie das nicht von vornherein bereits ist. Mit dem Grundsatz der Mitwirkung des § 16 S. 1 VGG sind entsprechende Statutsregelungen daher nicht zu vereinbaren.[585]

b. Delegierte mit fixem Stimmenanteil

Ein ähnliches – im entscheidenden Punkt jedoch abweichendes – Vorgehen haben einige andere Verwertungsgesellschaften gewählt.[586] Auch sie lassen von den Nichtmitgliedern Delegierte wählen, die an der Mitgliederhauptversammlung teilnehmen. Diesen stehen ebenfalls bis auf das passive Wahlrecht alle Rechte eines Mitglieds zu. Sodann weicht dieses Modell jedoch von dem vorherigen ab: Die Abstimmung in der Mitgliederhauptversammlung erfolgt nicht nach Köpfen. Den Delegierten wird ein fixer Stimmenanteil zwischen 50 %, 25 % und 10,02 % zugewiesen.[587] Die Zahl der (teilnehmenden) Mitglieder ist insoweit für die Machtverteilung zwischen ihnen und den Nichtmitgliedern irrelevant.

Es stellt sich die Frage, ob eine solche Ausgestaltung der Stimmrechtsverteilung mit den vereinsrechtlichen bzw. gesellschaftsrechtlichen Vorga-

---

584 Siehe zu dem Problem der Satzungsanpassung nach altem Recht auch S. 65.

585 Zumindest kritisch diesbezüglich mit Blick auf die GEMA *Heinemann*, Die Verteilungspraxis der Verwertungsgesellschaften, 2017, S. 313.

586 Dies sind VG Media, TWF, GVL.

587 VG Media: 6 Delegierte mit je 1,67 % also insgesamt 10,02 %; TWF: insgesamt 25 %; GVL: 50 %.

ben vereinbar ist (1). Außerdem müsste es den Anforderungen des VGG ebenso gerecht werden (2). Bei Gesellschaften, die auch Mitglieder i.S.v. § 7 Nr. 2 VGG haben, gibt es insoweit Besonderheiten zu beachten (3).

(1) Vereinbarkeit mit BGB und GmbHG

Unterschiedlich beurteilt wird, ob eine solche *Stimmrechtsbündelung* mit dem Vereinsrecht im Einklang steht.[588] *Weick* stellt fest, dass die unterschiedliche Verteilung von Stimmrechten grundsätzlich zulässig sei, jedoch der Gleichheitsgrundsatz, die Bindung an Treu und Glauben und der Vereinszweck Grenzen aufstellen.[589] Im Zweifel sei eine Stimmrechtsbündelung daher unzulässig.[590] Im Fall einer Verwertungsgesellschaft und ihrer treuhänderischen Tätigkeit wird man mit Blick auf den Vereinszweck, eine Stimmbündelung *zugunsten* – nach Köpfen bemessen wäre der Stimmenanteil deutlich geringer – der treugebenden Berechtigten, die Bedenken *Weicks* als überwunden bewerten müssen. Die Stimmrechtsbündelung ist bei den Verwertungsgesellschaften in Vereinsform mithin zulässig. Auch bei der GmbH bestehen keine Bedenken, da § 47 Abs. 2 GmbHG, der das Stimmrecht an die Höhe des Geschäftsanteils koppelt, dispositiv ist.[591]

(2) Spürbarkeitserfordernis

In der Praxis liegen die Stimmanteile der Delegierten zwischen 10 % und 50 %. Die TWF verfügt beispielsweise nur über einen einzelnen Gesellschafter, der kein Rechtsinhaber ist und damit Mitglied i.S.v. § 7 Nr. 2

---

588 Dafür: MüKo-BGB/*Leuschner*, 8. Aufl. 2018, § 32 Rn. 35; *Waldner/Wörle-Himmel* in: Sauter/Schweyer/Waldner, Der eingetragene Verein, 20. Aufl. 2016, Rn. 344; Erman/*Westermann*, BGB, 14. Aufl. 2014, § 32 Rn. 5; Staudinger/*Schwennicke*, Neubearb. 2019, § 32 BGB Rn. 83. Kritisch: Staudinger/*Weick*, Neubearb. 2005, § 35 BGB Rn. 15. Ablehnend: *Otto* in: Herberger u.a., jurisPK-BGB, 8. Aufl. 2017, § 32 Rn. 51; *Kirberger*, BB 1974, 1000 ff., wobei es zu bedenken gilt, dass vorliegend kein Sonderrecht nach § 35 BGB vorliegen kann, da es sich bei den Delegierten nicht um Vereinsmitglieder handelt.

589 Staudinger/*Weick*, Neubearb. 2005, § 35 BGB Rn. 15.

590 Staudinger/*Weick*, Neubearb. 2005, § 35 BGB Rn. 15.

591 *Römermann* in: Michalski, GmbHG, 3. Aufl. 2017, § 47 Rn. 359; *Blath*, RNotZ 2017, 218 (227 f.); MüKo-GmbHG/*Drescher*, 3. Aufl. 2019, § 47 Rn. 124; vgl. *K. Schmidt* in: Scholz, GmbHG, 11. Aufl. 2014, § 47 Rn. 11.

VGG. Diesem stehen pauschal 75 % der Stimmen in der Mitgliederhauptversammlung zu. Auf die drei Delegierten, die die Berechtigten und – weil es keine Mitglieder i.S.v. § 7 Nr. 1 VGG gibt – damit auch alle Rechtsinhaber der Verwertungsgesellschaft repräsentieren, entfallen die restlichen 25 % der Stimmen. Dieser Stimmanteil muss sich an dem in § 16 S. 1 VGG normierten Grundsatz der Mitwirkung messen lassen, nach dem die Berechtigten in angemessener und *wirksamer* Weise an der Entscheidungsfindung beteiligt werden sollen. In Anlehnung an die Vorgängernorm § 6 Abs. 2 UrhWahrnG wird man auch hier ein *Spürbarkeitserfordernis* verlangen müssen. Demnach muss der Gesamtheit der Berechtigten eine *tatsächliche* Einflussnahme möglich sein.[592] Liegt der Stimmanteil der delegierten – wie bei der TWF – so niedrig, dass egal wie sie abstimmen, die Alleingesellschafterin mit ihren Stimmen sämtliche Beschlüsse fassen kann, wird die Abhaltung der Mitgliederhauptversammlung zur reinen Formalie. Eine Möglichkeit zur Einflussnahme kommt den Delegierten durch ihre Stimme nicht zu. Eine angemessene und wirksame Mitwirkung i.S.v. § 16 VGG ist mithin bei der TWF nicht gegeben. Besonders bedenklich ist dies, weil es starke personelle Verflechtungen zwischen den Organen der Verwertungsgesellschaft (Geschäftsführern und Beiräten) und der Alleingesellschafterin, Deutsche Werbefilmakademie e.V., gibt.[593]

(3) Verwertungsgesellschaften mit Nichtrechtsinhabern

Differenziert betrachtet werden muss die Stimmverteilung bei solchen Verwertungsgesellschaften mit beschränkter Haftung, die neben Einrichtungen, die Rechtsinhaber vertreten, auch ebensolche selbst als Mitglieder haben. Das Stimmgewicht der Delegierten ist in diesem Fall nicht mit den Stimmen aller Rechtsinhaber gleichzustellen, da die Mitglieder i.S.v. § 7

---

592 *Hentsch* in: Dreyer/Kotthoff/Meckel/Hentsch, UrhR, 4. Aufl. 2018, § 16 VGG Rn. 5; *Gerlach* in: Wandtke/Bullinger, Praxiskommentar UrhR, 5. Aufl. 2019, § 20 VGG Rn. 1; *Augenstein*, Rechtliche Grundlagen des Verteilungsplans urheberrechtlicher Verwertungsgesellschaften, 2004, S. 41; BeckOK-UrhR/*Freudenberg*, 25. Ed. 15.7.2019, § 6 UrhWahrnG Rn. 21; vgl. auch *Melichar* in: Loewenheim, HdB UrhR, 2. Aufl. 2010, § 47 Rn. 4; *Heinemann*, Die Verteilungspraxis der Verwertungsgesellschaften, 2017, S. 307.

593 Der Geschäftsführer der TWF, *Martin Feyock*, ist zugleich Geschäftsführer der *Deutschen Werbefilmakademie e.V.* und drei (*Martin Wolff*, *Tony Petersen* und *Oliver Hack*) der fünf Beiräte der TWF sind zugleich Vorstände der *Deutschen Werbefilmakademie e.V.*

Nr. 1 VGG unmittelbar ein eigenes Stimmrecht in der Mitgliederhauptversammlung haben. Hier ist entscheidend, dass die „Gesamtheit aus Mitgliedern und Nicht-Mitgliedern die Geschicke der Verwertungsgesellschaften entscheidend beeinflussen [kann]".[594] Wenn den Mitgliedern also ein entsprechend hoher Anteil an den Stimmen zusteht, kann auch ein Stimmgewicht der Delegierten von 10 % – wie bei der VG Media – ausreichend sein. Wie die Stimmen zwischen Mitgliedern und Nichtmitglieder verteilt sind, ist sodann eine gesonderte Frage der konkreten Ausgestaltung im Einzelfall.[595]

(4) Ergebnis

Im Vergleich zur Abstimmung nach Köpfen besteht bei einem fixen Stimmenanteil der Delegierten nicht die Gefahr, dass durch wenige neue Mitglieder oder steigende Teilnehmerzahlen der Mitgliederhauptversammlung ein Machtverlust der Nichtmitglieder droht. Die Mitwirkung dieser Berechtigten ist damit zukunftssicher ausgestaltet. Ob diese den Anforderungen des § 16 VGG genügt, hängt vom Einzelfall ab und kann nicht pauschal beurteilt werden. Entscheidend sind die Mitglieder- bzw. Berechtigtenstrukturen und die Höhe der Stimmanteile. In jedem Fall ist diese Gestaltung gegenüber einer Satzungsregelung ohne festen Stimmenanteil für die Delegierten deutlich vorzuziehen.

c. Modifizierte Abstimmung nach Köpfen

An denselben Schwächen wie die ersten beiden Umsetzungen leidet auch das Abstimmungsprinzip der VGF – trotz variabler Delegiertenanzahl. Das Stimmgewicht der Mitglieder richtet sich gemäß § 13 lit. a und lit. b VGF-Satzung n.F. nach ihrem Anteil am Stammkapital. Ein Euro entspricht einer Stimme. Damit stehen den Mitgliedern insgesamt 26.500 Stimmen zur Verfügung. Gemäß § 13 lit. c VGF-Satzung n.F. stehen jedem Delegierten, wobei es pro 100 Berechtigter je einen Delegierten geben soll, pau-

594 So zur Vorgängernorm BeckOK-UrhR/*Freudenberg*, 25. Ed. 15.7.2019, § 6 UrhWahrnG Rn. 21.

595 Siehe dazu sogleich unten S. 165 ff.

schal 200 Stimmen zur Verfügung. Die derzeit fünf Delegierten[596] erreichen damit zusammen 1.000 Stimmen. Dies entspricht einem Stimmenanteil von ca. 3,6 %. Selbst wenn den 1.356 Berechtigten[597] entsprechend 13 Delegierte an der Mitgliederhauptversammlung teilnehmen würden, kämen sie nur auf knapp 8,9 % der Stimmen. Den Anforderungen des § 16 VGG genügt dies nicht, weil den Berechtigten keine tatsächliche Einflussnahmemöglichkeit zusteht. Hinzu tritt die Gefahr, dass die Mitglieder das Stammkapital erhöhen – was sie ohne das Mitwirken der Delegierten jederzeit können – und damit ihren Stimmenanteil weiter ausbauen. Das System der VGF verstößt damit in seiner geltenden Form nicht nur gegen § 16 VGG, sondern ist auch extrem anfällig für Veränderungen zulasten der Berechtigten.

d. Zustimmungserfordernis zugunsten des Beirats

Einen gänzlich anderen Weg in der Umsetzung von §§ 16 S. 1, 20 VGG wählte eine vierte Gruppe von Verwertungsgesellschaften in GmbH-Form.[598] Sie lassen keine Delegierten an ihren Mitgliederhauptversammlungen teilnehmen, sondern haben sich für ein Zustimmungserfordernis entschieden. Die Nichtmitglieder wählen keine Delegierten zur Teilnahme an der Mitgliederhauptversammlung, sondern Beiräte, die gleichwohl an der Versammlung *teilnehmen*, nicht aber *abstimmen* dürfen. Ein Stimmrecht haben sie nur im gesonderten Beirat. Mitgliederhauptversammlung und Beirat müssen für eine Beschlussfassung übereinstimmend votieren. Ein solches Zustimmungserfordernis muss sich an den rechtlichen Vorgaben des GmbHG (1), der Richtlinie 2014/26/EU (2) und des VGG (3) messen lassen. Anhand des Beispiels der VFF wird zusätzlich die Zweckmäßigkeit untersucht (4).

(1) Vereinbarkeit mit Gesellschaftsrecht

Denkbar sind zwei Umsetzungsarten des Zustimmungserfordernisses: Entweder muss dem Beschluss der Mitgliederhauptversammlung ein entspre-

596 Siehe <www.vgf.de/index.php/die-vgf/gremien/mitgliederhauptversammlung/> (zuletzt abgerufen am 15.9.2019).

597 Transparenzbericht der VGF für das Geschäftsjahr 2016, S. 12.

598 Das sind AGICOA, VFF und GWFF.

chender Beschluss der Delegierten vorhergehen oder die Delegierten müssen dem Beschluss der Mitgliederhauptversammlung im Nachgang zustimmen. In beiden Fällen bedarf der Beschluss des einen Gremiums der Zustimmung des anderen Gremiums. Während GWFF und AGICOA in ihren Satzungen offen lassen, in welcher Reihenfolge die Beschlüsse zu fassen sind,[599] schreibt die VFF-Satzung ausdrücklich einen vorherigen Beschluss des Beirats vor.[600] Für die Beurteilung der Vereinbarkeit mit dem GmbHG ist die Unterscheidung zwischen den beiden Varianten notwendig. Sie könnten gegen das Prinzip der Verbandssouveränität verstoßen.[601] Die zweite Gestaltungsvariante – Zustimmung der Delegierten zum Beschluss der Gesellschafter – greift stark in die autonome Willensbildung der Gesellschafter ein und ist deshalb nach herrschender Meinung unzulässig.[602] Zulässig ist bei der GmbH hingegen die Übertragung von Kompetenzen auf (fakultative) Gremien im Wege der Satzungsbestimmung. In diesen Fällen verbleibt der Gesellschafterversammlung die Möglichkeit, die Kompetenz durch Änderung der Satzung wieder an sich zu ziehen, sodass es nicht zu einer sogenannten „Selbstentmündigung der Gesellschafter" kommt.[603] Umstritten ist, ob es darüber hinaus auch möglich ist, ohne generelle Satzungsänderung einen Beschluss des fakultativen Gremiums durch Beschluss der Gesellschafterversammlung aufzuheben.[604] Stimmt man dem zu, so muss ein satzungsmäßiger Zustimmungsvorbehalt zugunsten der Gesellschafterversammlung zulässig sein. Die Gefahr, dass in die autonome Willensbildung der Gesellschafter eingegriffen wird, besteht bei dieser Variante nicht. Vielmehr wird der Einfluss der Gesellschafter auf die Willensbildung gewahrt, wenn ihnen bei jedem Beschluss ein Veto zusteht.

---

599 §§ 8 Abs. 3, 13 Abs. 2 GWFF-Satzung n.F.; §§ 8 Abs. 3, 13 Abs. 2 AGICOA-Satzung n.F.

600 § 8 Abs. 2 VFF-Gesellschaftsvertrag n.F.

601 Siehe dazu bereits oben S. 91.

602 So MüKo-GmbHG/*Drescher*, 3. Aufl. 2019, § 47 Rn. 64; MüKo-GmbHG/*Liebscher*, 3. Aufl. 2019 § 45 Rn. 103; *Zöllner/Noack* in: Baumbach/Hueck, GmbHG, 21. Aufl. 2017, § 47 Rn. 30; *Römermann* in: Michalski, GmbHG, 3. Aufl. 2017, § 47 Rn. 619; *Hillmann* in: Hennsler/Strohn, GesR, 3. Aufl. 2016; differenzierend *K. Schmidt* in: Scholz, GmbHG, 11. Aufl. 2014, § 47 Rn. 9, 12. Siehe außerdem explizit zur Situation bei Verwertungsgesellschaften *Hillig* in: FS Kreile, 1994, S. 299, der Bedenken der Vereinbarkeit eines solchen Zustimmungsvorbehalts mit § 53 Abs. 1 GmbHG äußert.

603 MüKo-GmbHG/*Liebscher*, 3. Aufl. 2019, § 45 Rn. 99. Siehe dazu auch oben S. 91.

604 Zum Streit *K. Schmidt* in: Scholz, GmbHG, 11. Aufl. 2014, § 47 Rn. 9; MüKo-GmbHG/*Liebscher*, 3. Aufl. 2019, § 45 Rn. 100 ff.

(2) Vereinbarkeit mit Unionsrecht

Art. 8 Abs. 3 RL 2014/26/EU weist bestimmte Kompetenzen explizit der Mitgliederhauptversammlung zum Beschluss zu. Bei einem Zustimmungsvorbehalt liegt die Entscheidung jedoch nur noch teilweise bei der Mitgliederhauptversammlung, während die finale Entscheidung von den Delegierten getroffen wird. Die Wirksamkeit ist an ihre Zustimmung gekoppelt. Die Mitgliederhauptversammlung wird damit geschwächt. Diese teilweise Entmachtung des Organs der Mitgliederhauptversammlung könnte gegen Art. 8 Abs. 3 RL 2014/26/EU verstoßen.

Ziel der Richtlinie 2014/26/EU ist es ausweislich der ErwGr. 5, 6 und 9 RL 2014/26/EU, die Position der Rechtsinhaber zu stärken. Insbesondere in Fällen, in denen in der Mitgliederhauptversammlung keine Rechtsinhaber vertreten sind, stärken die Befugnisse der Mitgliederhauptversammlung nicht die Rechtsinhaber. Damit steht der europarechtliche *effet utile* dieser – von der Wirkung her zumindest mittelbaren – Kompetenzverlagerung auf das Gremium der Berechtigten nicht entgegen. Im Gegenteil: Nur so kann das Ziel der Richtlinie wirksam erreicht werden.[605] Dies gilt zumindest, soweit die Rechtsinhaber an dem Zustandekommen der Zustimmung des Beirats tatsächlich maßgeblich beteiligt sind.

(3) Vereinbarkeit mit § 20 Abs. 2 Nr. 4 VGG

Problematisch könnte sein, dass die Delegierten nicht zusammen mit den Mitgliedern in der Mitgliederhauptversammlung abstimmen. In der Begründung zum Regierungsentwurf des VGG heißt es dazu, dass die Stimmrechtsausübung bei entgegenstehenden gesellschaftsrechtlichen Vorgaben auch außerhalb der Mitgliederhauptversammlung erfolgen könne.[606] Die von dem gesonderten Gremium getroffen Beschlüsse seien in diesem Fall allerdings von der Versammlung der Mitglieder bei ihrer abschließenden Beschlussfassung zu beachten.[607] Dieser in der Begründung zum Regierungsentwurf vermeintlich zum Ausdruck kommende „Wille

605 Vgl. dazu auch *Verband unabhängiger Musikunternehmen e.V.*, Stellungnahme des VUT vom 11.8.2015 zum Referentenentwurf des VGG, S. 3.

606 Vgl. Begründung zum Regierungsentwurf des VGG, BT-Drs. 18/7223, S. 78. Siehe auch *Hentsch* in: Dreyer/Kotthoff/Meckel/Hentsch, UrhR, 4. Aufl. 2018, § 20 VGG Rn. 5, der weitgehend die Begründung zum Regierungsentwurf übernimmt.

607 Vgl. Begründung zum Regierungsentwurf des VGG, BT-Drs. 18/7223, S. 78.

des Gesetzgebers“ ist jedoch nur zu berücksichtigen, soweit er „in dem Gesetz selbst einen hinreichend bestimmten Ausdruck gefunden hat“.[608] Dies wird anhand des Wortlauts (aa.) und der Systematik der Norm (bb.) ermittelt.

aa. Wortlaut

Die Mitgliederhauptversammlung wirkt durch Beschlüsse, über die *abgestimmt* wird. Ein *stimmberechtigtes* Mitwirken außerhalb der Mitgliederhauptversammlung ist bereits begrifflich ausgeschlossen. Eine Zustimmung ist kein Stimmrecht. Unter Letzterem wird im gesellschaftsrechtlichen Kontext das Recht, durch Stimmabgabe an Beschlüssen mitzuwirken, verstanden.[609] Wer aber nur den Beschluss bestätigt oder ablehnt, wirkt nicht an seinem Zustandekommen mit. Seine Stimme ist stattdessen eine Wirksamkeitsvoraussetzung. Anders als bei einer Abstimmung in der Mitgliederhauptversammlung, wo die Stimmen der Mitglieder und Delegierten gleichberechtigt sind – theoretisch also auch eine Minderheit der Mitglieder mithilfe der Delegierten die Mehrheit der Stimmen erreichen kann –, fallen abweichende Stimmen in dem zustimmungspflichtigen Gremium nicht ins Gewicht. Gerade daran zeigt sich der Unterschied zwischen einer Zustimmung und einer Teilnahme an der Abstimmung.

bb. Systematik der Norm

§ 20 Abs. 2 Nr. 4 VGG statuiert in bestimmten Entscheidungen der Mitgliederhauptversammlung ein stimmberechtigtes Mitwirken der Delegierten. Die Norm schreibt allerdings nicht explizit die Mitgliederhauptversammlung als Ort dieses stimmberechtigten Mitwirkens vor.[610] Daraus könnte man ableiten, dass die Abstimmung der Delegierten auch ausgela-

---

608 *BVerfG*, Beschl. v. 17.5.1960, NJW 1960, 1563 (1564); siehe auch *Wischmeyer*, JZ 2015, 957 (963 f.).

609 *Zöllner/Noack* in: Baumbach/Hueck, GmbHG, 21. Aufl. 2017, § 47 Rn. 32; MüKo-GmbHG/*Drescher*, 3. Aufl. 2019, § 47 Rn. 68; MüKo-AktG/*Heider*, 5. Aufl. 2019, § 12 Rn. 6; BeckOK-HGB/*Klimke*, 25. Ed. 15.7.2019, § 119 Rn. 3; *Hoffmann-Becking* in: MünchHdB GesR III, 5. Aufl. 2018, § 39 Rn. 1; vgl. BeckOK-BGB/*Schöne*, 51. Ed. 1.8.2019, § 709 Rn. 48.

610 Begründung zum Regierungsentwurf des VGG, BT-Drs. 18/7223, S. 78.

gert werden darf. Bei einer genaueren Betrachtung passt dieses Verständnis jedoch nicht zu der Systematik der Norm.

Die § 20 Abs. 2 Nr. 3 bis Nr. 5 VGG regeln die Mitwirkungsrechte der Delegierten in drei Abschnitten: das Teilnahmerecht an der Mitgliederhauptversammlung (Nr. 3), das Stimmrecht in bestimmten Angelegenheiten der Mitgliederhauptversammlung (Nr. 4) und das Recht, in den sonstigen Bereichen beratend mitzuwirken (Nr. 5). Das Teilnahmerecht aus Nr. 3 besteht uneingeschränkt, d.h. nicht nur für bestimmte Teile der Mitgliederhauptversammlung. Dass das beratende Mitwirken nach Nr. 5 im Rahmen der Mitgliederhauptversammlung zu erfolgen hat, stellt selbst die Begründung des Regierungsentwurfs nicht zur Debatte. Jedenfalls ein nachgelagertes beratendes Mitwirken scheidet denknotwendig aus. Das Teilnahmerecht aus Nr. 3 und das Beratungsrecht aus Nr. 5 sind folglich eng miteinander verbunden. Die Einordnungen des Stimmrechts als Nr. 4 zwischen diese beiden Bestimmungen stellt eine klare Verbindung zur Mitgliederhauptversammlung als Ort des stimmberechtigten Mitwirkens her. Es wäre wenig stringent, zuerst das Teilnahmerecht, dann ein davon völlig unabhängigeres Stimmrecht und zum Schluss wieder ein sich auf das Teilnahmerecht beziehende Stimmrecht zu statuieren.

Noch ein zweites Argument spricht aus systematischer Sicht gegen das Verständnis der Begründung zum Regierungsentwurf: § 20 Abs. 3 VGG verweist für die Mitwirkung der Delegierten uneingeschränkt auf § 19 Abs. 3 VGG. Dort wird festgelegt, dass „die Mitglieder an der Mitgliederhauptversammlung zusätzlich auch ohne Anwesenheit vor Ort und ohne einen Vertreter teilnehmen können und ihr Stimmrecht im Wege elektronischer Kommunikation ausüben können". Würden die Delegierten nicht im Rahmen der Mitgliederhauptversammlung ihr Stimmrecht ausüben, liefe die Verweisung leer.

Letztlich spricht jedoch die Gesetzessystematik stark für die Möglichkeit, die Abstimmung der Delegierten außerhalb der Mitgliederhauptversammlung stattfinden zu lassen. Im Rahmen der in § 88 Abs. 2 Nr. 5 VGG geregelten Unterrichtungspflicht der Verwertungsgesellschaft gegenüber der Aufsichtsbehörde wird neben der Mitgliederhauptversammlung ein „Gremium[], in dem die Berechtigten, die nicht Mitglied sind, gemäß § 20 Absatz 2 Nummer 4 stimmberechtigt mitwirken", erwähnt. Wenn ein solches Gremium nach dem Gesetz nicht erlaubt wäre, so würde § 88 VGG es nicht ausdrücklich aufzählen.

cc. Zwischenergebnis

Trotz des Wortlauts des § 20 Abs. 3 Nr. 4 VGG finden sich mit § 88 Abs. 2 Nr. 5 VGG im Gesetz gewichtige Anhaltspunkte für eine Auslegung, nach der die Delegierten für ihre Mitwirkung auf ein anderes Gremium verwiesen werden können. Der sich aus der Regierungsbegründung ableitende Wille des Gesetzgebers hat im Gesetz hinreichend bestimmten Ausdruck gefunden. Als derart objektivierter Gesetzgeberwillens ist er bei der Auslegung zu berücksichtigen. Im Ergebnis wird man somit einen stimmberechtigt mitwirkenden Beirat als mit § 20 Abs. 3 Nr. 4 VGG vereinbar ansehen müssen.

(4) Zweckmäßigkeit

Bereits im Rahmen der Wortlautauslegung wurden erhebliche Zweifel an der Effektivität einer Zustimmung im Vergleich zu einer gemeinsamen Abstimmung deutlich.[611] Die Stimmen der Minderheit gehen mit dem jeweiligen Beschluss verloren und können sich in dem nachfolgenden Beschluss des anderen Gremiums nicht auswirken. Anhand des Beispiels der VFF, die ihren Beirat zur Wirkungsstätte der Delegierten erklärt hat, wird überprüft, ob sich die Zweifel an der Zweckmäßigkeit der Regelung bestätigen oder entkräften lassen. Eine wesentliche Rolle kommt der Zusammensetzung des Beirats (aa.) und dem Abstimmungsverfahren (bb.) zu. Je nach Ausgestaltung kann sich daraus eine Blockadegefahr ergeben (cc.).

aa. Zusammensetzung des Beirats

Bei der VFF setzt sich der Beirat aus zwölf Personen zusammen. Anders als von einem Gremium der Delegierten zu erwarten, besteht er nicht ausschließlich aus Vertretern der Nichtmitglieder. Stattdessen stellen die Mitglieder der Verwertungsgesellschaft die Hälfte der Beiratsmitglieder, wobei zwischen den Gruppen „Fernsehproduzenten“ und „Rundfunkanstalten“ unterschieden wird. Die restlichen sechs Beiratsmitglieder werden von den Nichtmitgliedern gewählt. Sie bilden im Beirat die Gruppe „Berechtigte“.

611 Ähnlich jetzt auch *Gerlach* in: Wandtke/Bullinger, Praxiskommentar UrhR, 5. Aufl. 2019, § 20 VGG Rn. 7, der die Gestaltung als „wenig sinnvoll“ einordnet.

Damit gibt es im Beirat insgesamt drei Gruppen, von denen zwei von den Mitgliedern besetzt werden.

bb. Abstimmungsverfahren

Bei Beiratsbeschlüssen über die in § 10 VFF-Gesellschaftsvertrag n.F. festgelegten Gegenstände – diese sind größtenteils deckungsgleich mit den Delegierten zur Mitbestimmung zugewiesenen Nummern des § 17 Abs. 1 S. 2 VGG – wird gruppenweise abgestimmt. Alle Gruppen sowie der Beirat als Ganzes müssen dabei mit Dreiviertelmehrheit zustimmen. Bei allen sonstigen Beschlüssen genügt eine einfache Stimmenmehrheit. Anders als für den Aufsichtsrat[612], enthält die Satzung keine Bestimmung für den Fall der Stimmengleichheit. Bei einem Patt gilt der entsprechende Beschluss demnach als abgelehnt.[613]

Daraus ergibt sich eine irritierende Situation: Die Beiräte der Gruppe „Berechtigte" können – unabhängig davon, welches der beiden Mehrheitserfordernisse Anwendung findet – niemals Beschlüsse gegen den Willen der Mitglieder treffen. Dabei soll gerade der Beirat die Mitwirkung der Berechtigten sicherstellen. Durch die starke Präsenz der Gesellschafter in dem Gremium wird dies verhindert.[614] Denn, dass die Vertreter der Mitglieder im Beirat anders entscheiden werden als ihre Entsender im Rahmen der Mitgliederhauptversammlung, ist höchst unwahrscheinlich. Letztlich wird durch diese Ausgestaltung des Beirats die Mitwirkung der Nichtmitglieder verwässert bzw. verhindert.

cc. Gefahr von Blockaden

Das Abstimmungsverfahren verhindert nicht nur ein angemessenes Mitwirken der Berechtigten, sondern ist darüber hinaus auch sehr anfällig für Blockaden. In Angelegenheiten, die den Nichtmitgliedern vom VGG zur stimmberechtigten Mitwirkung zugewiesen sind, ist stets die oben erläuterte „doppelte" Dreiviertelmehrheit notwendig. Bei Teilnahme aller zwölf Mitglieder der drei Gruppen müssen also alle Gruppen und insgesamt elf

---

612 Siehe § 8 a) Abs. 4 S. 2 VFF-Gesellschaftsvertrag n.F.

613 Vgl. *Wolff* in: MünchHdB GesR III, 5. Aufl. 2018, § 39 Rn. 6 m.w.N.

614 Vgl. zur früher ähnlichen Situation bei der GVL: *W. Nordemann/Wirtz* in: Fromm/Nordemann, UrhR, 11. Aufl. 2014, Vor. § 6 UrhWahrnG Rn. 13.

Beiräte zustimmen. Drei Viertel der zwölf Beiratsmitglieder wären zwar bereits neun Beiräte, doch ist bei den Gruppen der Fernsehproduzenten und Rundfunkanstalten jeweils die Zustimmung aller drei Mitglieder für eine Dreiviertelmehrheit nötig und bei den Berechtigten müssen hierfür fünf Delegierte zustimmen, sodass notwendigerweise elf Beiräte zustimmen müssen. Die Dreiviertelmehrheit bedeutet im Ergebnis in den Gruppen der Fernsehproduzenten und Rundfunkanstalten ein Einstimmigkeitserfordernis, in der Gruppe der Berechtigen eine Fünfsechstelmehrheit und auf Ebene des Gesamtbeirats eine Elfzwölftelmehrheit. Die Zustimmung des Beirats zu den Beschlüssen der Gesellschafterversammlung scheitert damit bereits, wenn mindestens ein Mitglied oder zwei Delegierte mit „Nein" stimmen. Das Blockadepotenzial ist folglich hoch. Im Ernstfall können wichtige Entscheidungen nicht durchgesetzt werden und es verbleibt beim Status quo.[615] Die daraus resultierende Macht einzelner Mitglieder kann leicht dazu führen, für sich oder die eigene Gruppe Vorteile zu „erpressen".[616] Die häufig befürchtete Majorisierung der Mehrheit durch die Minderheit ist in diesem Mitwirkungskonstrukt immanent.

dd. Zwischenergebnis

Das Beispiel der VFF zeigt deutlich, dass ein Zustimmungserfordernis nicht zweckmäßig ist. Statt, wie von § 20 Abs. 3 Nr. 4 VGG vorgesehen, einen Mindesteinfluss der Rechtsinhaber zu sichern, beschwört es die Gefahr von Blockaden herauf. Dass es in der Vergangenheit nicht zu solchen Blockaden kam[617], schließt sie nicht für die Zukunft aus. Aus *Corporate-Governance*-Sicht verbietet sich daher eine solche Gestaltung.

Im Fall der VFF tritt noch ein weiteres Problem hinzu. Der Gesellschaftsvertrag bleibt bei der Mitwirkung der Nichtmitglieder hinter

615 So auch *Riesenhuber*, ZUM 2018, 407 (409); *v. Ungern-Sternberg* in: FS Büscher, 2018, S. 277; *ders.*, JurPC Web-Dok. 105/2018 Abs. 69 f. (mit Beispiel aus der VG Wort); *Schack*, Urheber- und Urhebervertragsrecht, 9. Aufl. 2019, Rn. 1370; ähnlich *Mauhs*, Der Wahnehmungsvertrag, 1990, S. 122 („Schwerfälligkeit"); *Heinemann*, Die Verteilungspraxis der Verwertungsgesellschaften, 2017, S. 232 mit Blick auf die Veränderung von Ausschüttungsquoten.

616 Vgl. *Riesenhuber*, ZUM 2018, 407 (409); *v. Ungern-Sternberg* in: FS Büscher, 2018, S. 279; zur ähnlichen Situation bei Personengesellschaften *Klöhn*, AcP 2016 (216), 281 (298 f.). Siehe zu dem identischen Problem im Rahmen des Kuriensystems unten S. 182 ff.

617 Vgl. *Dördelmann* in: FS Hertin, 2000, S. 48 f.

den *zwingenden* Vorgaben des Gesetzes zurück: Die Höhe der Vergütung des Aufsichtsrats und die Übertragung von Aufgaben an den Aufsichtsrat können gem. § 8 Abs. 2 i.V.m. Abs. 1 lit. m bzw. lit. p VFF-Gesellschaftsvertrag n.F. *ohne* vorherigen Beschluss des Beirats von der Gesellschafterversammlung beschlossen werden. Dies verstößt klar gegen § 20 Abs. 2 Nr. 4 VGG, der diese in §§ 17 Abs. 2, 18 Abs. 1 Nr. 2 VGG[618] geregelten Kompetenzen den Delegierten zum stimmberechtigten mitwirken zuweist.[619]

(5) Ergebnis

Trotz der Vereinbarkeit eines Zustimmungsvorbehalts mit den gesellschaftsrechtlichen Vorgaben, der Richtlinie 2014/26/EU und dem VGG ist eine solche Umsetzung des § 20 Abs. 3 Nr. 4 VGG abzulehnen. Die stimmberechtigte Mitwirkung durch die Delegierten sollte im Rahmen der Mitgliederhauptversammlung erfolgen. Das obige Beispiel der VFF zeigt, dass die Gefahr von Blockaden einer Beschlussfassung besteht. Nach den REM-Hypothesen ist zu befürchten, dass einzelne Beiratsmitglieder dies für opportunistisches Verhalten nutzen werden. Ebenso geht mit dem Blockadepotenzial das Risiko einher, dass es zu einer reinen Bestandsverwaltung kommt und sinnvolle Änderungen unterbleiben.[620] Ein Zustimmungsvorbehalt erlaubt auch keine Stimmrechtsbündelung zugunsten der Delegierten. Es sind nur zwei Extremfälle möglich: Zustimmung oder Ablehnung durch die Delegierten. Eine Stimmrechtsbündelung erlaubt hingegen eine feinere Steuerung der Mitwirkungsrechte der Delegierten.

e. Zusammenfassung

Mit Blick auf die in der Praxis vorzufindenden *Corporate-Governance*-Strukturen der Verwertungsgesellschaften sind solche Umsetzungen der Mitwir-

---

618 Ebenso wie die Regelung in § 8 b) Abs. 2 VFF-Gesellschaftsvertrag n.F. erfasst lit. p die Vergütung und sonstigen Leistungen der in § 18 Abs. 1 VGG genannten Personen. Allein deren Ernennung und Entlassung ist ohne Mitwirken der Delegierten erlaubt.

619 Kritisch jetzt auch *Gerlach* in: Wandtke/Bullinger, Praxiskommentar UrhR, 5. Aufl. 2019, § 20 VGG Rn. 8.

620 A.A. *Dördelmann* in: FS Hertin, 2000, S. 49, der behauptet, ein Zustimmungsvorbehalt „[zwinge] die Organe der Gesellschaft zur gedeihlichen Zusammenarbeit".

kung der Nichtmitglieder nicht empfehlenswert, bei denen entweder der Stimmenanteil der Delegierten starken Schwankungen unterliegen kann oder die Mitwirkung auf einen Beirat ausgelagert wird. Es können daher nur solche Satzungsbestimmungen als empfehlenswert betrachtet werden, die den Delegierten ein fixes Stimmgewicht in der Mitgliederhauptversammlung geben.

4. Ausgestaltung einer Stimmrechtsbündelung

Entscheidet man sich für eine Stimmrechtsbündelung, stellt sich automatisch die Folgefrage, wie hoch oder niedrig der Stimmenanteil der Vertreter der Nichtmitglieder sein sollte. Fällt die Stimmrechtsbündelung zu niedrig aus, ist ein wirksames Mitwirken der Nichtmitglieder an den Entscheidungsprozessen der Gesellschaft nicht gegeben. Dies belegt das Praxisbeispiel der VGF, die den Delegierten einen Stimmanteil von 3,6 % gewährt und damit keine Chance gibt, Einfluss auf das Abstimmungsergebnis zu nehmen.[621] Die Mitglieder können u.a. die Verteilungspläne und die Abzüge von den Rechten alleine festlegen. Haben die Delegierten zu viele Stimmen, so können sie, losgelöst von ihrer (wirtschaftlichen) Bedeutung, Entscheidungen treffen und die Mitglieder überstimmen. Die breite Masse der Rechtsinhaber könnte in diesem Fall die wenigen hauptberuflichen Rechtsinhaber, mit deren eingebrachten Rechten ein Großteil des Aufkommens der Verwertungsgesellschaft erwirtschaftet wird, beherrschen.[622] Es bestünde die Gefahr, dass in der Folge Abzüge für Vorsorge- und Sozialeinrichtungen von den Delegierten gekürzt würden. Eine ausgewogene und angemessene Machtverteilung zwischen Mitgliedern und Nichtmitgliedern ist nicht nur mit Blick auf eine gute *Corporate Governance* wichtig, sondern auch um den Anforderungen des § 16 S. 1 VGG gerecht zu werden.

Eine pauschale Beantwortung der Frage nach der optimalen Machtverteilung mit einem bestimmten Prozentsatz verbietet sich. Zu unterschiedlich sind die Konstellationen in den einzelnen Verwertungsgesellschaften. Doch auch, wenn sich keine allgemeingültige Antwort geben lässt, so las-

---

621 Siehe oben S. 155 f.

622 Vgl. Begründung des Regierungsentwurfs zum UrhWahrnG, BT-Drs. IV/271, S. 16; Begründung des Regierungsentwurfs zum VGG, BT-Drs. 18/7223, S. 75 f.; *Schulze* in: Dreier/Schulze, UrhG, 6. Aufl. 2018, § 16 VGG Rn. 5; *Hentsch* in: Dreyer/Kotthoff/Meckel/Hentsch, UrhR, 4. Aufl. 2018, § 13 VGG Rn. 3.

sen sich doch bestimmte Kriterien für die Ausgestaltung der Stimmrechtsbündelung identifizieren. Grundsätzlich sollte sich an der Höhe der Ausschüttungen orientiert werden (a.), wobei dies nicht gegen ein Demokratieprinzip verstoßen dürfte (b.). Es stellt sich die Frage, ob und wie der mitgliedschaftliche Status des einzelnen Rechtsinhabers in der Verwertungsgesellschaft zu berücksichtigen ist (c.). Gibt es daneben auch Einrichtungen unter den Mitgliedern, die Rechtsinhaber vertreten, sind weitere Besonderheiten zu beachten (d.). Wesentlich für die Angemessenheit und Wirksamkeit der Mitwirkung der Delegierten ist auch das angewendete Abstimmungsverfahren (e.). Insgesamt sollte die Ausgestaltung zu einem effektiven Minderheits- und Mehrheitsschutz führen (f.).

a. Grundsätzliche Orientierung an der Ausschüttungsbeteiligung

Was bei der Kapitalgesellschaft das eingebrachte Kapital des einzelnen Gesellschafters ist, sind bei der Verwertungsgesellschaft die wahrgenommenen Rechte. Die Gesellschaft setzt sie ein, um möglichst hohe Erlöse zu erzielen. § 47 Abs. 2 GmbHG und § 12 S. 1 AktG knüpfen bei den Kapitalgesellschaften das Stimmgewicht des Gesellschafters an seinen Anteil am Stammkapital. Ausgehend von der vergleichbaren Ausgangslage ist es billig, bei der Verwertungsgesellschaft die Stimmrechte im Grundsatz an die eingebrachten Rechte zu koppeln.[623] Wer wenig zum Einkommen der Gesellschaft beiträgt, soll auch wenig Einfluss auf ihre Führung haben und umgekehrt. Für eine abweichende Gestaltung der internen Willensbildung findet sich kein sachlicher Grund.[624] Abgesichert wird dieses Ergebnis von der *Corporate-Governance*-Forschung: Die Nichtmitglieder und Mitglieder sind als Ausschüttungsberechtigte die Bezieher des Residualeinkommens – nichts anderes sind die Ausschüttungen der Gesellschaften. Je mehr Geld

---

623 Ähnlich *Menzel*, Die Aufsicht über die GEMA durch das Deutsche Patentamt, 1986, S. 56; vgl. auch *Rehbinder*, DVBl. 1992, 216 (220); *Nordemann*, GRUR Int. 1973, 306 (308); *Riesenhuber,* Die Auslegung und Kontrolle des Wahrnehmungsvertrags, 2004, S. 100; differenzierend je nach Art des Rechts *Gerlach* in: Wandtke/Bullinger, Praxiskommentar UrhR, 5. Aufl. 2019, § 16 VGG Rn. 3. Daraus ergibt sich auch ein sachlicher Grund für die Abweichung vom Kopfstimmrecht bei den Vereinen, vgl. dazu und zur Erforderlichkeit MüKo-BGB/*Leuschner*, 8. Aufl. 2018, § 32 BGB Rn. 34.

624 So i.E. auch *Rehbinder*, DVBl. 1992, 216 (220). A.A. *Müller*, Der Verteilungsplan der GEMA, 2006, S. 44; *Melichar* in: Loewenheim, HdB UrhR, 2. Aufl. 2010, § 47 Rn. 4.

zur Verteilung steht, desto mehr Geld bekommen sie. Ihr Interesse an einer effizienten Rechtewahrnehmung ist daher groß.[625]

Um aber die Stimmrechte an die eingebrachten Rechte zu koppeln, muss man diese bewerten. Da dies mit erheblichen Kosten und Aufwand verbunden wäre, ist einfachheitshalber auf die erzielten Ausschüttungen abzustellen. In Anbetracht der vielen verschiedenen Beträge, die die Rechtsinhaber von der Verwertungsgesellschaft erhalten, wäre eine genaue Stimmrechtsverteilung jedoch immer noch mit einem erheblichen Aufwand verbunden. Daher sollte die Stimmrechtsverteilung durch eine Staffelung der Stimmrechte noch weiter vereinfacht werden.[626] Um die wirtschaftlichen Verhältnisse trotz dieser Pauschalisierung möglichst treffend abzubilden, sollte die Staffelung hinreichend fein abgestuft sein.

Bei einer Stimmenverteilung in Abhängigkeit der bezogenen Ausschüttungen besteht theoretisch die Gefahr, dass die die Ausschüttungen und damit das Stimmgewicht über den Verteilungsplan beeinflusst werden. Eine echte Manipulationsgefahr ergibt sich daraus jedoch nicht. Zum einen können die Mitglieder den Verteilungsplan mit ihrer Mehrheit nicht pauschal zu ihren Gunsten anpassen, weil der Verteilungsplan nicht zwischen Mitgliedern und Nichtmitgliedern unterscheidet. Zum anderen unterliegt der Verteilungsplan gem. § 76 Abs. 1 i.V.m. § 27 VGG einer Willkürkontrolle durch das DPMA.[627] Daher sollte auch eine willkürliche Veränderung zugunsten einer bestimmten Rechtekategorie nicht möglich sein und zu einem Eingreifen der Aufsichtsbehörde führen.

Wie im ersten Kapitel bereits ausgeführt, müssen in einer Verwertungsgesellschaft neben wirtschaftlichen Faktoren auch nicht-monetäre Belange Berücksichtigung finden.[628] Da dies bereits im Verteilungsplan geschehen

---

625 Vgl. *Schäfer/Ott,* Lehrbuch der ökonomischen Analyse des Zivilrechts, 5. Aufl. 2012, S. 699 f.; *Alchian/Demsetz*, The American Economic Review, Vol. 62, No. 5, 785 f.

626 Vgl. etwa § 9 a) Abs. 3 UAbs. 2 VFF-Gesellschaftsvertrag n.F., der eine solche Staffelung für die Beiratswahl vorsieht.

627 Daher ist auch die Gefahr gering, dass die noch nach altem Recht (ohne angemessene Mitwirkung der Nichtmitglieder) beschlossenen Verteilungspläne zu einer Fortschreibung der alten Machtverhältnisse führen. Im Falle einer neugegründeten Verwertungsgesellschaft, die bislang keine Verteilungspläne aufgestellt hat und damit keine Ausschüttungen verteilt hat, wären die ersten Verteilungspläne z.B. in einer Abstimmung nach Köpfen zu beschließen und sodann zukünftig an die Ausschüttungen anzuknüpfen. Siehe zur materiellen Anforderungen an die Verteilung auch unten S. 242 ff.

628 Siehe oben S. 71 ff. Ähnlich jetzt auch *Gerlach* in: Wandtke/Bullinger, Praxiskommentar UrhR, 5. Aufl. 2019, § 16 VGG Rn. 3.

ist, schlagen sich die nicht-monetären Wertungen auf die Stimmenverteilung durch. So führt etwa die überproportionale Gewichtung von E-Musik im Verteilungsplan zu einem ebensolchen Effekt bei den Stimmrechten. Darin dürfte einer der größten Vorteile einer an den Ausschüttungsbeträgen orientierten Stimmrechtsverteilung liegen: Statt pro Kopf verteilt sich die Macht nach der *wirtschaftlichen* und *kulturellen Qualität* der eingebrachten Rechte. Wer viele und hochwertige Werke bzw. Leistungsschutzrechte einbringt, bekommt auch mehr Mitsprachemöglichkeiten und damit die Chance, das Schicksal der Verwertung „seiner" Rechte mitzubestimmen.

b. Vereinbarkeit mit dem Demokratieprinzip

Die Abhängigkeit des Stimmrechts von der individuellen Ausschüttungshöhe führt zu einem „*Dreiklassenwahlrecht*".[629] Gelegentlich wird gefordert, dass Verwertungsgesellschaften im Innenverhältnis demokratisch aufgebaut sein müssten.[630] Damit wäre ein solches Stimmrecht wohl nicht vereinbar. Es ist jedoch nicht erkennbar, woraus sich ein Demokratieerfordernis für die Binnenstruktur der Verwertungsgesellschaften ergeben sollte.[631] Ihre *primäre* Aufgabe ist die Durchsetzung von monetären Ansprüchen der Rechtsinhaber.[632] § 47 Abs. 2 GmbHG und § 12 S. 1 AktG zeigen, dass die wirtschaftlichen Verhältnisse durchaus Maßstab für die Mitbestimmung im Innenverhältnis sein können. *Sekundär* kommen den Gesellschaften zwar auch kultur- und sozialpolitische Aufgaben zu, doch lässt sich daraus nicht herleiten, dass es ein vollumfängliches Mitspracherecht aller Rechtsinhaber geben muss.[633] Verwertungsgesellschaften unterliegen daher richtigerweise keinem Demokratieprinzip.

---

629 *W. Nordemann*, GRUR Int. 1973, 306 (308).

630 *Augenstein*, Rechtliche Grundlagen des Verteilungsplans urheberrechtlicher Verwertungsgesellschaften, 2004, S. 41; vgl. auch *Melichar* in: Loewenheim, HdB UrhR, 2. Aufl, 2010, § 47 Rn. 1; *Reinbothe*, ZUM 2003, 27 (28 f.); ausführlich zur demokratietheoretischen Prämissen im Urheberrecht und dem Wahrnehmungsrecht *Heinemann*, Die Verteilungspraxis der Verwertungsgesellschaften, 2017, S. 154 ff.

631 Vgl. *Wagner*, NZG 2019, 46 (48).

632 Vgl. *W. Nordemann*, GRUR Int. 1973, 306 (308).

633 So im Ergebnis auch *W. Nordemann*, GRUR Int. 1973, 306 (308 f.).

c. Berücksichtigung der Stellung des Rechtsinhabers in der Verwertungsgesellschaft

Man könnte überlegen, Mitgliedern pauschal eine Erhöhung des ihnen aufgrund ihrer Ausschüttung rechnerisch zustehenden Stimmgewichts zu geben. Ein solcher Mitgliedschaftsbonus würde jedoch zu einer Verzerrung der Machtverhältnisse führen, für die es einen sachlichen Grund geben müsste. Bereits diese Mitgliedschaft knüpft regelmäßig entscheidend an die Ausschüttungsbeteiligung an. Würde man Mitgliedern allein aufgrund ihrer korporationsrechtlichen Stellung ein höheres Stimmgewicht zumessen, als ihnen nach ihrer Ausschüttungsbeteiligung zustünde, würde man letztlich ihr Stimmgewicht nur aufgrund ihrer – in der Mitgliedschaft bereits zum Ausdruck kommenden – überdurchschnittlichen Ausschüttungshöhe erhöhen. Es käme zu einem progressiven System, in dem es ab der Schwelle der für eine Mitgliedschaft erforderlichen Ausschüttungshöhe ein höheres Stimmgewicht pro Euro gäbe. Soweit die Mitgliedschaft schwerpunktmäßig die wirtschaftliche Partizipation an den Einnahmen der Verwertungsgesellschaften widerspiegelt, kann sie eine Schlechterstellung der Nichtmitglieder sachlich nicht rechtfertigen.

(1) Mitgliedschaft als Stellvertretermerkmal

Abweichendes gilt nur dann, wenn man die Mitgliedschaft als Stellvertretermerkmal für die anderen hinter einer Mitgliedschaft stehenden Kriterien begreift. Sehen die Mitgliedschaftsbedingungen vor, dass man mindestens über einen bestimmten Zeitraum gewisse Ausschüttungen erzielt haben muss, so kann die Mitgliedschaft typisierend für eine hauptberufliche Tätigkeit des Rechtsinhabers stehen. Mittelbarer Anknüpfungspunkt wäre dann die Unterteilung in nebenberufliche und hauptberufliche Werkschaffende. In dieser Unterscheidung könnte ein sachlicher Grund liegen. Es ist politisch gewollt, dass es in Deutschland Werkschaffende gibt, die von ihrer schöpferischen Tätigkeit leben können.[634] Bereits in der Begründung zum Regierungsentwurf des UrhWahrnG von 1962 wird die Gefahr gesehen, dass die

> „zahlreiche[n] Urheber oder Inhaber verwandter Schutzrechte, die nur gelegentlich Werke schaffen oder schutzfähige Leistungen erbringen

634 Gedacht sei nur an § 32 UrhG oder das Künstlersozialversicherungsgesetz.

> […] die verhältnismäßig kleine Zahl der Urheber oder Schutzrechtsinhaber, die mit ihren Rechten das wirtschaftliche Fundament der Verwertungsgesellschaft bilden, majorisieren können".[635]

Die letztgenannte Gruppe im Entscheidungsfindungsprozess der Verwertungsgesellschaft zu privilegieren, ist daher gerechtfertigt und letztlich Ausdruck des Interesses der Allgemeinheit an einem reichhaltigen Kulturleben.[636] Denn sie sind von Entscheidungen in den Verwertungsgesellschaften in stärkerem Maße betroffen als die im Nebenerwerb tätigen Urheber und Schutzrechtsinhaber. Anderes als die Höhe der Ausschüttungen *per se*, ist der Grad der Professionalisierung des Rechtsinhabers bzw. die hieran als Stellvertretermerkmal anknüpfende Mitgliedschaft daher ein taugliches Kriterium für die Gewichtung des Stimmrechts.

(2) Anpassung des Stimmgewichts

Um den Grad der Professionalisierung zu berücksichtigen, ist daher auf einer zweiten Stufe die an den Ausschüttungen orientierte Stimmrechtsverteilung zu überprüfen und unter Umständen zu korrigieren. Ziel ist es dabei, eine Majorisierung der Mitglieder zu verhindern. Soweit auf die Mitglieder sowieso ein Großteil der Ausschüttungen entfällt, kann die Korrektur entbehrlich sein. In Geschäftsjahr 2015 entfielen 67 % der Ausschüttungen auf die 3.843 GEMA-Mitglieder i.S.d. § 7 VGG. In der Mitgliederhauptversammlung hätten sie dementsprechend knapp eine Zweidrittelmehrheit gehabt. Die Gefahr einer Majorisierung durch die fast 67.000 Nichtmitglieder hätte demnach nicht bestanden, sodass eine Korrektur des Stimmgewichts auf der zweiten Stufe nicht nötig gewesen wäre.[637]

Im Einzelfall kann es jedoch sein, dass die Nichtmitglieder über ihre Delegierten in der Mitgliederhauptversammlung eine Mehrheit erreichen. Dies muss nicht schlechthin unbillig und folglich korrekturbedürftig

635 Begründung des Regierungsentwurfs zum UrhWahrnG, BT-Drs. IV/271, S. 16. Dieser Gedanke wird in der Begründung des Regierungsentwurfs zum VGG erneut aufgegriffen, vgl. BT-Drs. 18/7223, S. 75 f.

636 Vgl. zum Interesse der Allgemeinheit *Schack*, Urheber- und Urhebervertragsrecht, 9. Aufl. 2019, Rn. 17.

637 Ähnlich *Rehbinder*, DVBl. 1992, 216 (220), der sich bei der GEMA mit Blick auf die oft nötige Zweidrittelmehrheit für eine Höchstgrenze des Stimmrechts der Delegierten bei einem Drittel ausspricht.

sein.[638] Vielmehr kann dies auch darauf hindeuten, dass die Mitgliedschaftsbedingungen in der entsprechenden Verwertungsgesellschaft zu hohe Hürden aufstellen.[639] Die von den Altmitgliedern beschlossenen Bedingungen würden demnach andere Rechtsinhaber von der Mitgliedschaft ausschließen. Dieses gegen § 13 Abs. 1 VGG verstoßende Verhalten sollte nicht noch mit einer Aufwertung ihrer Stimmrechte belohnt werden. Eine Mehrheit der Nichtmitglieder in der Mitgliederhauptversammlung ist daher letztlich gerechtfertigt. Sollte das Stimmenübergewicht der Nichtmitglieder hingegen nicht aus der Höhe der Hürde resultieren, sondern die Mitgliedschaft schlicht unattraktiv ausgestaltet sein, gilt Ähnliches. Auch in diesem Fall schließen die bestehenden Mitglieder künstlich andere Rechtsinhaber von der Mitgliedschaft aus. Ihre Stimmenmehrheit wäre, aus denselben Gründen wie oben, nicht korrekturbedürftig.

Es kann aber auch Verwertungsgesellschaften mit vielen Mitgliedern geben, in denen es eine kleine Gruppe von extremen „Spitzenverdienern" gibt, deren kombinierte Ausschüttungen dennoch nur 10 % der Gesamtsumme erreichen. Sie wären der Mehrheit der Nichtmitglieder in der Mitgliederhauptversammlung unterlegen. Hier stellt sich letztlich die Frage, *wie* man diese – kopfmäßige und wirtschaftliche – Minderheit stärken will. Angesichts ihrer deutlichen Unterlegenheit ist die Einräumung einer einfachen Mehrheit den Nichtmitgliedern gegenüber unbillig. Um diese hauptberuflich tätigen Rechtsinhaber jedoch vor einer Majorisierung zu schützen, ist eine Aufstockung ihrer Stimmrechte auf 25 % bis 50 % – je nach den im Statut vorgesehenen Mehrheitserfordernissen – ausreichend. Mit ihrer dadurch erreichten Sperrminorität können sie wichtige Entscheidungen blockieren und die Entscheidungsfindungsprozesse spürbar beeinflussen.[640]

---

638 So aber pauschalierend *Menzel*, Die Aufsicht über die GEMA durch das Deutsche Patentamt, 1986, S. 56 f.

639 Vgl. *Riesenhuber*, ZUM 2018, 407 (414), der diesen Rückschluss bei der VG WORT und GEMA ablehnt. A.A. *Heinemann*, Die Verteilungspraxis der Verwertungsgesellschaften, 2017, S. 305 f., der darauf hinweist, dass auch eine Absenkung der Mindestausschüttung in den Mitgliedschaftsbedingungen der GEMA um 10.000 €, noch immer „Gelegenheitsurheber" von der ordentlichen Mitgliedschaft ausschließen würde. Siehe auch § 5 Abs. 6 S. 3 VFF-Gesellschaftsvertrag n.F., wonach für eine Mitgliedschaft ein Anteil von *mindestens* 10 % der Einnahmen erforderlich ist, sodass es rechnerisch (durch Verschiebungen der Ausschüttungsanteile über die Jahre und Altgesellschafter kann es tatsächlich zu Abweichungen kommen) maximal zehn Mitglieder geben kann.

640 Vgl. jetzt zu einer Reduzierung des Stimmgewichts der Mitglieder *Gerlach* in: Wandtke/Bullinger, Praxiskommentar UrhR, 5. Aufl. 2019, § 20 VGG Rn. 8.

d. Abweichendes Vorgehen bei Verwertungsgesellschaften mit Mitgliedern i.S.v. § 7 Nr. 2 VGG

Die Ausschüttung kann nur dort Maßstab für die Stimmenverteilung sein, wo auch tatsächlich alle an ihr partizipieren können. Soweit die Verwertungsgesellschaft über Mitglieder i.S.v. § 7 Nr. 2 VGG verfügt, läuft das System leer. Mangels eingebrachter Rechte erhalten Einrichtungen, die Rechtsinhaber vertreten, keine Ausschüttungen. Bei Ihnen fehlt damit der Anknüpfungspunkt für die Stimmrechtszuteilung nach den obigen Kriterien. Es stellt sich folglich die Frage, ob und wie ihnen Stimmen zugeteilt werden sollten. Dabei muss unterschieden werden zwischen Gesellschaften, die nur Mitglieder ohne eingebrachte Rechte haben, wie z.B. die GVL mit ihren einzigen beiden Mitgliedern, der deutschen Orchestervereinigung e.V. und dem Bundesverband Musikindustrie e.V., und solchen, die Mitglieder sowohl i.S.v. § 7 Nr. 1 als auch Nr. 2 VGG haben, wie etwa die VFF.

(1) Verwertungsgesellschaft ohne Rechtsinhaber als Mitglieder

Würden die Stimmen in der Mitgliederhauptversammlung zwischen Mitgliedern und Nichtmitgliedern ausschließlich auf Basis der Ausschüttungen verteilt, würde dies bei Verwertungsgesellschaften, die keine Rechtsinhaber als Mitglieder aufnehmen, dazu führen, dass die Nichtmitglieder – als die Gesamtheit der Berechtigten – 100 % der Stimmen hätten. Die Mitglieder hätten – zumindest in den vom VGG zur Mitbestimmung festgelegten Angelegenheiten – keine Einflussmöglichkeiten. So könnten bei der GVL die beiden Mitglieder nicht mitentscheiden, wenn die Mitgliederhauptversammlung über den Verteilungsplan (§ 17 Abs. 1 S. 2 Nr. 6 VGG) oder die zum Tätigkeitsbereich gehörenden Rechte (§ 17 Abs. 1 S. 2 Nr. 15 VGG) abstimmt.

aa. Unvereinbarkeit mit den gesetzlichen Vorgaben

Es stellt sich die Frage, ob man diese stückweise Entmachtung so hinnehmen kann (und will) oder ihr rechtliche Gründe entgegenstehen. Das Gesetz sieht die Mitwirkung der Mitglieder in §§ 16, 17 VGG zwingend vor. Dabei unterscheidet es nicht zwischen Mitgliedern i.S.v. § 7 Nr. 1 und Nr. 2 VGG, sodass ein Ausschluss vom Entscheidungsfindungsprozess unter Verweis auf die fehlende Rechteeinbringung aus systematischen Gründen ausscheidet.[641] Auch in Art. 8 Abs. 9 UAbs. 1 S. 1 RL 2014/26/EU wird ausnahmslos *allen* Mitgliedern ein Stimmrecht zuerkannt. Gegenstand der Statuten der Verwertungsgesellschaften kann daher nicht das *Ob* der Mitwirkung solcher Mitglieder i.S.v. § 7 Nr. 2 VGG sein, sondern nur das *Wie*.

bb. Keine Anknüpfung an die repräsentierten Rechtsinhaber

Eine Orientierung an den hinter der Einrichtung stehenden Rechtsinhaber scheidet aus zwei Gründen aus. *Erstens* wäre die Ermittlung mit einem extremen Aufwand und entsprechenden Kosten verbunden. *Zweitens* – und deutlich schwerwiegender – käme es zu einer doppelten Repräsentation der entsprechenden Rechtsinhaber in der Verwertungsgesellschaft.[642]

cc. Pauschaler Stimmenanteil für die Mitglieder

Dies spricht für einen pauschalierten Einfluss der Mitglieder. In ihrer Gesamtheit sollte ihnen ein fester Stimmrechtsanteil knapp *unterhalb* der Schwelle zu einer Sperrminorität zukommen.[643] Dies hätte zur Folge, dass – soweit die Nichtmitglieder geschlossen abstimmen – eine Beschlussfassung auch gegen den Willen der Mitglieder möglich wäre. Mit Blick auf die von der stimmberechtigten Mitwirkung durch Delegierte erfassten Kompetenzen ist dies billig. Letztlich geht es größtenteils um solche Angelegenheiten, die nur die Rechtsinhaber betreffen. Die Mitglieder, die keine Rechte eingebracht haben, werden etwa vom Verteilungsplan und den Tarifen nicht berührt. Daher sollte ihre vom VGG und der Richtlinie 2014/26/EU zwingend vorgesehene Mitbestimmung so gering wie möglich sein.

---

641 Im Ergebnis auch *Gerlach* in: Wandtke/Bullinger, Praxiskommentar UrhR, 5. Aufl. 2019, § 17 VGG Rn. 3.

642 Siehe zu diesem Problem bereits oben S. 130 f.

643 Ähnlich jetzt *Gerlach* in: Wandtke/Bullinger, Praxiskommentar UrhR, 5. Aufl. 2019, § 20 VGG Rn. 8, der eine hälftige Teilung der Stimmen vorschlägt.

(2) Verwertungsgesellschaften mit Mitgliedern i.S.v. § 7 Nr. 1 und Nr. 2 VGG

Aufgrund des Aufnahmezwangs dürfte es in Zukunft weniger Gesellschaften geben, die keine Rechtsinhaber unter ihren Mitgliedern haben. Stattdessen dürfte es zu einem Zuwachs an Verwertungsgesellschaften kommen, die sowohl Mitglieder i.S.v. § 7 Nr. 1 als auch Nr. 2 VGG haben.[644] Würde man bei ihnen die Stimmenzuteilung an Einrichtungen, die Rechtsinhaber repräsentieren, basierend auf den Ausschüttungsbeträgen der vertretenen Rechtsinhaber vornehmen, käme es auch hier zu einer doppelten Repräsentation der entsprechenden Rechtsinhaber. Besonders in Fällen, in denen es sich dabei selbst um Mitglieder handelt, würde dies zu einer Machtverschiebung zulasten der Nichtmitglieder führen.

Letztlich stellt sich damit auch in diesem Kontext nur noch die Frage nach der Höhe pauschalen Stimmenanteils der Mitglieder, die keine Rechte eingebracht haben und daher nicht an der Ausschüttung partizipieren. Dabei wird man primär auf die Umstände des Einzelfalls abstellen müssen. Je stärker die Stellung der Mitglieder i.S.v. § 7 Nr. 1 VGG bereits ist, desto schwächer kann die Stimmmacht der Mitglieder, die nicht zugleich Rechtsinhaber sind, ausgeprägt sein. Im Ergebnis wird den Mitgliedern in ihrer Gesamtheit so eine angemessene Mitwirkung zuteil. Zu einem übermäßigen Einfluss der Nichtmitglieder kommt es nicht. Von zu hohen Stimmrechtsanteilen der beteiligten Nichtrechtsinhaber ist auch unter Effizienzgesichtspunkten abzusehen: Da sie an den Einnahmen der Verwertungsgesellschaft nicht beteiligt sind, sind sie von hohen Verwaltungskosten und sonstigen Abzügen nicht betroffen. Mithin könnten sich ihre Ziele daher von denen der Rechtsinhaber – diesen soll die Verwertungsgesellschaft als Treuhänderin schließlich dienen – auseinanderfallen.

---

644 Keine Berücksichtigung findet die VGF in den Ausführungen, die seit Einführung des VGG nicht nur eine weitere Einrichtung i.S.d. § 7 Nr. 2 VGG, sondern auch einen Rechtsinhaber als Mitglied aufgenommen hat. Eine Eintragung in das Handelsregister hat bislang (Stand: 30.1.2019) nicht stattgefunden. Die VGF fällt damit nunmehr in die hier behandelte Gruppe von Verwertungsgesellschaften.

(3) Ergebnis

Unabhängig davon, ob die Verwertungsgesellschaft neben Einrichtungen, die Rechtsinhaber vertreten, diese auch direkt als Mitglieder aufnimmt, ist das Stimmgewicht der Mitglieder nicht strikt an ihren Ausschüttungen zu bemessen. Soweit die Verwertungsgesellschaft keine Rechtsinhaber als Mitglieder hat, ist jedenfalls eine Erhöhung des Stimmrechts abweichend von der Ausschüttungsbeteiligung – diese würde stets bei null liegen – vorzunehmen. In den übrigen Fällen ist bei der Bestimmung des Stimmrechtsanteils der Nicht-Rechtsinhaber eine Orientierung an dem Stimmgewicht der übrigen Mitglieder nötig. Nur so kann eine effektive Wahrnehmung der Mitgliedschaftsrechte sichergestellt werden.

e. Abstimmungsverfahren

Unabhängig von der Stimmverteilung zwischen den Delegierten und den Mitgliedern sollten diese jeweils einzeln ihre Stimme abgeben können und nicht lediglich *en bloc* als Gruppe. Dies ermöglicht es, Mehrheiten über die beiden Gruppen hinweg zu finden, und sorgt dafür, dass auch die Stimmen von „Abweichlern" Berücksichtigung finden. Der einzelnen Stimmabgabe kommt damit eine gesteigerte Bedeutung zu. Zusätzlich wird so ein Gruppendenken verhindert. Ein Delegierter kann sich bei der Abstimmung auch den Mitgliedern anschließen – und umgekehrt – und so entscheidend zu einer Mehrheit beitragen.

Bei den Mitgliedern stimmt das Stimmgewicht des Einzelnen dabei mit seiner Ausschüttungsbeteiligung überein. Abweichendes gilt indes für die Delegierten. Sie vertreten nicht sich selbst in der Mitgliederhauptversammlung, sondern repräsentieren die Nichtmitglieder. Die auf die Nichtmitglieder entfallenen Stimmrechte sind daher anteilig auf die Delegierten aufzuteilen.[645] Auf diese Weise wird eine gespaltene Stimmabgabe der Delegierten ermöglicht.

645 Zu eventuellen Korrekturen aufgrund der Abstimmung nach Kurien siehe unten S. 192 ff.

f. Minderheiten- und Mehrheitsschutz

In Konstellationen, in denen sich verschiedene Gruppen in einer Abstimmung gegenüberstehen, besteht stets die Gefahr, dass es zu opportunistischen Verhalten kommt. Die Mehrheit könnte ihre Macht missbrauchen, um für die Minderheit nachteilige Regelungen gegen deren Willen durchzusetzen; aber auch die Minderheit könnte sinnvolle Beschlüsse blockieren.[646] Um dies zu verhindern, gibt es bei Aktiengesellschaften neben einem ausgeprägten *Minderheiten*schutz[647] in gewissem Umfang auch *Mehrheits*(schutz-)rechte[648].

Die im Aktienrecht allgegenwärtige Gefahr, dass ein Minderheitsaktionär aufgrund rationaler Apathie *de facto* die Alleinherrschaft in der Hauptversammlung ausüben kann, besteht bei den Verwertungsgesellschaften nach der hier befürworteten Umsetzung der Mitwirkung der Nichtmitglieder nicht. Aufgrund der Stimmrechtsbündelung kann sich rationale Apathie nur begrenzt in der Mitgliederhauptversammlung auswirken. So stärkt das Fernbleiben eines Mitglieds nicht die Delegierten, sondern die übrigen Mitglieder. Es kommt nur zu einer gruppeninternen Erhöhung des Stimmgewichts. Die häufig heraufbeschworene Gefahr einer Majorisierung der Mitglieder wird so wirksam verhindert.

Eine abstrakte Form des Minderheitenschutzes findet sich im § 27 Abs. 1 VGG. Die Norm schreibt keine konkrete Maßnahme zum Schutz der Minderheit vor, sondern statuiert ein Willkürverbot für die Einnahmenverteilung.[649] Ein Beschluss, durch den die Mehrheit sich bei den Ausschüttungen übervorteilt, ist demnach nichtig. Die Gefahr von finanziellen Nachteilen wird damit erheblich eingedämmt.

---

646 Vgl. dazu bei der geschlossenen Kapitalgesellschaft *Wedemann*, Gesellschafterkonflikte in geschlossenen Kapitalgesellschaften, 2013, S. 46 ff.

647 Siehe etwa die Auflistung von *Gabrysch* in: Breithaupt/Ottersbach, Kompendium GesR, 2010, § 3 Rn. 792; vgl. auch zur Personengesellschaft *Picot*, BB 1993, 13 ff., und zur GmbH *Martens* in: FS 100 Jahre GmbHG, 1992, S. 607 ff. Allgemein zum Minderheitenschutz im Gesellschaftsrecht ausführlich siehe *Hofmann*, Der Minderheitenschutz im Gesellschaftsrecht, 2011, S. 23 ff.

648 Z.B. der *Squeeze-Out* (§§ 327a ff. AktG), bei dem Minderheitsaktionäre gegen eine Abfindung aus der Gesellschaft ausgeschlossen werden. Auch dem Schutz von Mehrheitsbeschlüssen dient das Spruchverfahren, siehe *Drescher* in: Spindler/Stilz, AktG, 4. Aufl. 2019, § 1 SpruchG Rn. 2.

649 Siehe dazu ausführlich unten S. 242 ff.

5. Wahl der Delegierten

Zu unterscheiden von der Stimmenverteilung in der Mitgliederhauptversammlung, ist die Frage, wie die Wahl der Delegierten durch die Nichtmitglieder ausgestaltet werden sollte. Sie betrifft nicht die Machtverteilung zwischen Mitgliedern und Nichtmitgliedern, soll jedoch wegen ihrer Sachnähe hier diskutiert werden.

Nach § 20 Abs. 1 VGG sind die Delegierten mindestens alle vier Jahre von den Mitgliedern aus deren Mitte zu wählen. Das genaue Wahlverfahren überlässt § 20 Abs. 2 Nr. 2 VGG den Verwertungsgesellschaften zur Regelung in ihren Statuten. Fraglich ist, welche Vorgaben die Gesellschaften dabei zu berücksichtigen haben. Der in § 16 VGG statuierte Grundsatz der Mitwirkung beschränkt sich nicht auf die Mitgliederhauptversammlung.[650] Er fordert generell angemessene und wirksame Verfahren der Mitwirkung an den Entscheidungen der Verwertungsgesellschaft. Für die Nichtmitglieder ist eine solche Entscheidung die Wahl ihrer Delegierten. Daher sollte aus denselben Überlegungen wie im Rahmen der Mitgliederhauptversammlung für die Stimmenverteilung ebenfalls auf die Ausschüttungsbeträge abgestellt werden.[651] Da es hierbei nicht auf das relative Gewicht der Stimmen im Verhältnis zu einer anderen Gruppe ankommt, lässt sich die Stimmenverteilung deutlich vereinfachen. Auf die Gesamtzahl der Stimmen kommt es mithin nicht an. Statt die vorgegebene Zahl an Stimmen auf die Nichtmitglieder aufzuteilen, lässt sich ihnen frei eine bestimmte Stimmenanzahl zuweisen. Die Höhe sollte dabei stufenweise von den durchschnittlichen Ausschüttungsbeträgen seit der letzten Wahl abhängig sein. Sehen die Statuten ein kürzeres Intervall als die von § 20 Abs. 1 VGG genannten vier Jahre vor, sollte auch der berücksichtigte Zeitraum entsprechend verkürzt werden. Diese Lösung lässt sich teilweise bereits in der Praxis vorfinden: Den Berechtigten der VFF stehen – je nach erhaltenen Ausschüttungen – so z.B. eine, fünf, zehn oder 25 Stimmen zu.[652]

Im Einzelfall können die ausgeschütteten Beträge zwischen den einzelnen Kategorien von Rechtsinhabern erheblich divergieren. Dann kann es

650 Vgl. *Gerlach* in: Wandtke/Bullinger, Praxiskommentar UrhR, 5. Aufl. 2019, § 16 VGG Rn. 2.

651 Wohl auch *Dünnwald* in: FS Kreile, 1994, S. 163; a.A. *Dördelmann* in: FS Hertin, 2000, S. 47, der einen völligen Verlust des Einflusses kleiner Rechtsinhaber befürchtet.

652 § 9 a) Abs. 3 VFF-Gesellschaftsvertrag n.F.

geboten sein, verschiedene Stufen für die verschiedenen Kategorien festzulegen. So stehen bei der VFF selbstständigen Filmherstellern die Höchstzahl von 25 Stimmen bereits ab einem Ausschüttungsvolumen von 1.000 € zu, während Sendeunternehmen für dieselbe Stimmenanzahl mindestens den 500-fachen Betrag ausgeschüttet bekommen haben müssen.[653] Orientierung für die jeweiligen Ausschüttungsschritte können die Mitgliedschaftsbedingungen für die einzelnen Kategorien von Rechtsinhabern bieten, soweit sie Mindestausschüttungen vorsehen.

6. Zusammenfassung

Das VGG übernimmt die rudimentäre Regelung des § 6 Abs. 2 S. 1 UrhWahrnG und baut sie aus. Dennoch verbleiben den Verwertungsgesellschaften große Freiheiten bei der Umsetzung. Von einigen Verwertungsgesellschaften werden diese überschritten. Die Ausgestaltungen lassen sich häufig nicht mir § 16 VGG vereinbaren. Am besten lässt sich das Ziel des Grundsatzes der Mitwirkung durch eine Verteilung des Stimmgewichts zwischen den Mitgliedern und den Delegierten erreichen, die sich an ihrer Ausschüttungspartizipation orientiert. So können die Nachteile einer Abstimmung nach Köpfen wirksam vermieden werden. Durch den vom VGG eingeführten Aufnahmezwang und die obligatorische Stellvertretung würde es leicht zu einer Verschiebung zuungunsten der Delegierten kommen. Die zukünftige Wahrung des § 16 VGG wäre in der Folge nicht gesichert. Bei Verwertungsgesellschaften, die neben Rechtsinhabern auch Einrichtungen i.S.v. § 7 Nr. 2 VGG als Mitglieder aufnehmen, ist besonders auf die Verteilung der Stimmen zwischen diesen beiden Gruppen zu achten. Nur durch eine ausreichende Einbindung der Rechtsinhaber als Bezieher des Residualeinkommens kann eine effektive Kontrolle sichergestellt werden.

IV. Machtverteilung unter den Mitgliedern

Bei vielen Verwertungsgesellschaften knüpft die interne Machtverteilung unter den Mitgliedern an die im VGG und in den Statuten vorgesehenen Einteilungen und Typisierungen an. Das sogenannte Kuriensystem ruft verstärkt *Principal-Principal*-Konflikte hervor und privilegiert einzelne

---

653 § 9 a) Abs. 3 VFF-Gesellschaftsvertrag n.F.

Gruppen überproportional (1.). Fraglich ist daher, ob ein solches System mit den gesetzlichen Vorgaben des § 16 VGG zu vereinbaren ist (2.) und aus *Corporate-Governance*-Perspektive zweckmäßig ist (3.) bzw. wie es ausgestaltet sein müsste, um zweckmäßig (und rechtmäßig) zu sein (4.).

1. Das Kuriensystem

Viele Verwertungsgesellschaften unterteilen ihre Rechtsinhaber in Berufsgruppen. Die GEMA unterscheidet zwischen Komponisten, Textdichtern und Verlegern.[654] Die VG WORT kennt bereits sechs Berufsgruppen.[655] Die GVL teilt die von ihr vertretenen Rechtsinhaber sogar in 15 Berufsgruppen ein.[656] Die Mitglieder und Ausschüttungen verteilen sich nicht gleichmäßig auf die einzelnen Berufsgruppen. Bei der GEMA gehören z.B. von 4.110 ordentlichen Mitgliedern 566 zu der Berufsgruppe der Verleger und machen somit rund 14 % der ordentlichen Mitglieder aus.[657] Dementgegen sind nur 7 % aller in der GEMA organisierten Rechtsinhaber Verleger. Das relative Gewicht der Verleger unter den Mitgliedern übersteigt ihren Anteil an den gesamten Berechtigten damit um das Doppelte. Auch wirtschaftlich sind die Berufsgruppen unterschiedlich stark. Bei der VG WORT entfielen im Geschäftsjahr 2014 auf die Verleger über 30 % der Ausschüttungen, obwohl sie unter 3 % der Rechtsinhaber ausmachen.[658]

Die Zuordnung zu einer Profession ist keineswegs trivial. Die Statuten der Verwertungsgesellschaften knüpfen in entscheidenden Punkten an die Unterteilung nach Berufsgruppen an. Besondere Bedeutung kommt dabei der Fassung bestimmter Beschlüsse getrennt nach Berufsgruppen (sog. *Kuriensystem*) zu.[659] Jeder Kurie steht – unabhängig von ihrer personellen

---

654 Vgl. § 7 Ziff. 1 GEMA-Satzung n.F.

655 Siehe § 3 Abs. 2 VG WORT Satzung a.F.

656 Siehe § 5 Abs. 5.3 GVL-Gesellschaftsvertrag n.F. Vor Umsetzung des VGG gab es nur elf Gruppen nach § 7 lit. d GVL-Gesellschaftsvertrag a.F.

657 Vgl. die Aufschlüsselung der Mitglieder nach Berufsgruppe in dem Geschäftsbericht mit Transparenzbericht der GEMA für das Geschäftsjahr 2017, S. 8.

658 Bericht des Vorstands der VG Wort über das Geschäftsjahr 2014, S. 4 und S. 6. Es gilt allerdings zu beachten, dass in Folge des BGH-Urteils *Verlegeranteil* ein Teil der Ausschüttungen an die Verwertungsgesellschaften zurückzuzahlen ist. In den neueren Geschäftsberichten werden die Ausschüttungen nicht mehr derart aufgeschlüsselt.

659 So etwa § 7 Abs. 7, 9 und 10 VG WORT-Satzung n.F. oder § 11 GEMA Satzung n.F. Dazu *Müller*, Der Verteilungsplan der GEMA, 2006, S. 38; *Heindorf*, Die staatliche Aufsicht über Verwertungsgesellschaften, 2011, S. 58; *Grote*, Europäi-

oder wirtschaftlichen Stärke – eine Stimme zu, wobei die Beschlüsse zumeist einstimmig erfolgen müssen.[660] Damit ist eine positive Beschlussfassung nicht gegen den Willen einer Berufsgruppe möglich. Das Kuriensystem erlaubt damit jeder einzelnen Berufsgruppe, Beschlüsse zu blockieren. Dies ruft *Principal-Principal*-Konflikte hervor (a). Die sich daraus ergebenden Opportunismuschancen, werden in der Praxis realisiert (b). Durch die Eigenarten des Kuriensystems gelingt dies bereits Gruppen von wenigen Rechtsinhabern (c.). Eine besondere Rolle kommt dabei den Verlegern zu (d.).

a. Principal-Principal-Konflikte

Das Einstimmigkeitserfordernis vieler Kuriensysteme birgt die Gefahr von Blockaden.[661] Anfällig sind insbesondere solche Beschlüsse, die die einzelnen Berufsgruppen unterschiedlich treffen: Es zeigt sich in diesen Fällen besonders deutlich, dass die Verbandsinteressen nicht immer den Einzel- bzw. Gruppeninteressen entsprechen. Durch das Kuriensystem kommt es somit verstärkt zu *Principal-Principal*-Konflikten.[662] Besonders evident werden diese bei der Verteilung der Einnahmen. Würde jeder Komponist pro Wiedergabe und jeder Autor pro Kopie bezahlt, wäre die Verteilung kein Problem. Doch sind die vielfältigen Verwertungshandlungen in der Realität schlicht zu komplex, um sie systematisch und vollständig erfassen zu können. Größtenteils treten daher an die Stelle genauer Einzelabrechnungen Pauschalierungen.[663] Jeder Autor eines wissenschaftlichen Werkes bekommt für Kopien, unabhängig von der tatsächlichen Anzahl der Vervielfältigungen, einen festen Betrag. Die Höhe dieses Betrages ist nicht gesetzlich vorgegeben, sondern wird im Verteilungsplan festgesetzt.[664] Dessen Aufstellung erfolgt unter Beteiligung der internen Willensbildungsorgane,

---

sche Perspektiven der Rechtewahrnehmung durch Verwertungsgesellschaften, 2012, S. 37.

660 Siehe beispielhaft § 11 lit. b GEMA-Satzung n.F.

661 *Riesenhuber*, ZUM 2018, 407 (409). Siehe auch das Beispiel der VG WORT in *Hanfeld*, Zerstörung der VG Wort, Teil eins, FAZ v. 12.9.2017, S. 9.

662 *Ungern-Sternberg* in: FS Büscher, 2018, S. 277; vgl. auch *Schulze* in: Dreier/Schulze, UrhG, 6. Aufl. 2018, § 27a VGG Rn. 8; *Schack*, Urheber- und Urhebervertragsrecht, 9. Aufl. 2019, Rn. 1308 f.

663 Siehe dazu *Melichar* in: Loewenheim, HdB UrhR, 2. Aufl. 2010, § 47 Rn. 39; *Heine/Staats* in: MAHdb UrhR, 2. Aufl. 2017, § 6 Rn. 48.

664 Siehe dazu *Heine/Staats* in: MAHdb UrhR, 2. Aufl. 2017, § 6 Rn. 46 f.

in denen die Rechtsinhaber vertreten sind. In diesem Rahmen besteht die Gefahr, dass einzelne Gruppen von Urhebern und Rechtsinhabern versuchen, sich auf Kosten der Anderen zu bereichern. Die Einnahmen der Verwertungsgesellschaft variieren nicht mit der Änderung des Verteilungsplans, sodass es lediglich zu einer Umverteilung kommt. Jeden Euro, den ein Rechtsinhaber mehr bekommt, muss ein anderer weniger bekommen. Zwischen den Rechtsinhabern bestehen mithin starke Opportunismusinterdependenzen.[665]

b. Verfolgung von Gruppeninteressen

Solche *Principal-Principal*-Konflikte realisieren sich erst dann, wenn eine Gruppe ihre eigenen Interessen zulasten einer anderen Gruppe verfolgt. Dass dies in der Praxis durchaus vorkommt, zeigt die ordentliche Mitgliederversammlung 2016 der GEMA, auf der mehrere ordentliche Mitglieder und Delegierte den Antrag stellten, § 13 Ziff. 6 Abs. 1 S. 2 GEMA-Satzung n.F. zu streichen. Der fünfzehnköpfige Aufsichtsrat der GEMA fasst Beschlüsse mit einfacher Stimmenmehrheit. Die zur Abstimmung gestellte Satzungsbestimmung legt fest, dass, soweit die in der Sitzung *anwesenden* Komponisten einstimmig abgestimmt haben, sie nicht überstimmt werden können. Ohne diese Regelung könnten die sechs Komponisten eine einfache Mehrheit nicht verhindern. Die Satzung statuiert somit ein Vetorecht im Aufsichtsrat zu ihren Gunsten – unabhängig vom Abstimmungsgegenstand. Die sich dagegen wendenden Mitglieder und Delegierten führten an, dass diese Bevorzugung gegen den Gleichbehandlungsgrundsatz verstoße und „ein sachlich nicht mehr begründbares Relikt" sei.[666] Während die Berufsgruppen der Textdichter und Verleger deutlich für den Änderungsantrag stimmten, lehnten rund 84 % der Komponisten ihn ab. Da alle drei Berufsgruppen den Antrag mit Zweidrittelmehrheit hätten annehmen müssen, war der Antrag somit gescheitert. Zwar hätte der Antrag auch sonst die Zweidrittelmehrheit aller abgegebenen Stimmen um drei Stim-

665 Vgl. *Riesenhuber*, ZUM 2018, 407 (409); *Müller*, ZUM 2014, 781 (782) („Wechselwirkung").

666 Protokoll der ordentlichen Mitgliederversammlung 2016, S. 52, abrufbar unter <www.gema.de/fileadmin/user_upload/Musikurheber/Informationen/gema_mgv_2016_abstimmungsergebniss.pdf> (zuletzt abgerufen am 15.9.2019).

men verfehlt[667] – die abstimmenden Komponisten machten 40 % der insgesamt abgegebenen Stimmen aus –, doch wird deutlich, dass die einzelnen Kurien nicht im Interesse des Gesamtvereins abstimmen, sondern – in Übereinstimmung mit den REM-Hypothesen – Besitzstandswahrung betreiben.[668]

c. Überproportionaler Einfluss

Principal-Principal-Konflikte und die Verfolgung von Eigeninteressen existieren auch außerhalb des Kuriensystems und entstehen nicht erst mit ihm. Das System führt aber dazu, dass bereits kleinste Gruppen von Mitgliedern ihre Opportunismuschancen realisieren können. Dies belegen verschiedene Beispiele aus der Praxis.

An der ordentlichen Hauptversammlung der GEMA 2016 nahmen insgesamt 632 Mitglieder und Delegierte teil.[669] 55 von ihnen waren Textdichter. Weil § 11 lit. b Abs. 2 GEMA-Satzung n.F. vorsieht, dass Änderungen von Satzung, Berechtigungsvertrag und Verteilungsplan einer Zweidrittelmehrheit jeder Berufsgruppe bedürfen, konnten bereits 19 der 55 (= ein Drittel) anwesenden Textdichter mit ihrer Ablehnung einen Antrag insgesamt scheitern lassen, selbst wenn die restlichen 613 Mitglieder und Delegierten für den Antrag votierten. Es genügten also 3 % der anwesenden Mitglieder und Delegierten, um einen Antrag zu blockieren. Auch an anderen Konstellationen lässt sich das Problem verdeutlichen: Gemessen an der Gesamtzahl der GEMA-Mitglieder machen die Verleger nur rund 7,7 % aus.[670] Eine Minderheit von 2,7 % der Gesamtmitglieder – dies

---

667 Für Beispiele, in denen die Abstimmung ohne Kuriensystem anders ausgegangen wäre, siehe das Protokoll der ordentlichen Mitgliederversammlung 2017, S. 87 und S. 102, abrufbar unter <www.gema.de/fileadmin/user_upload/Musikurheber/Informationen/gema_mgv_2017_abstimmungsergebnisse.pdf> (zuletzt abgerufen am 15.9.2019).

668 Zum selben Ergebnis, unter Hinweis auf die Verteilungsquoten der VG WORT, die „– ungeachtet aller rechtlichen und tatsächlichen Veränderungen – über Jahrzehnte konstant geblieben" sind, kommt *v. Ungern-Sternberg* in: FS Büscher, 2018, S. 277. Siehe auch *Riesenhuber*, ZUM 2018, 407 (409), der die Möglichkeit zumindest in der Theorie anerkennt.

669 Protokoll der ordentlichen Mitgliederversammlung 2016, S. 1, abrufbar unter <www.gema.de/fileadmin/user_upload/Musikurheber/Informationen/gema_mgv_2016_abstimmungsergebniss.pdf> (zuletzt abgerufen am 15.9.2019).

670 Sieht man nur die ordentlichen Mitglieder als Mitglieder i.S.d. Vereinsrechts und VGG an, so sind es immer noch rund 14,4%.

entspricht einem Drittel der Verleger – kann mithin eine Zustimmung der Kurie der Verleger und letztlich eine positive Beschlussfassung verhindern.[671] Bei der VG WORT, mit ihrer Unterteilung in sechs Berufsgruppen, bedarf es für Satzungsänderungen ebenfalls einer Zweidrittelmehrheit jeder Kurie.[672] Auch hier führt dies dazu, dass bereits wenige Mitglieder eine Sperrminorität erreichen.[673] Die Kuriensysteme der GEMA und VG WORT entfalten damit eine *Hebelwirkung* zugunsten kleiner Gruppen, die ihnen einen überproportionalen Einfluss verleiht. Das Kuriensystem erlaubt es auf diese Weise, dass Minderheiten Änderungen blockieren können, die ansonsten auf breite Zustimmung treffen.

Dieser Effekt ist nicht zwingend, sondern der konkreten Ausgestaltung geschuldet. Er lässt sich leicht vermeiden, wie das Kuriensystem der VG Musikedition belegt. Es ähnelt dem System der GEMA, weicht in wesentlichen Punkten jedoch ab: Unter anderem bedürfen Änderungen der Satzung, des Verteilungsplans und des Berechtigungsvertrags der Zustimmung jeder Berufsgruppe (hier *Kammer* genannt). Eine Zweidrittelmehrheit innerhalb jeder Kammer ist jedoch nur bei Satzungsänderungen erforderlich.[674] Für Änderungen des Berechtigungsvertrags sowie der Ausführungsbestimmungen des Verteilungsplans genügt es, dass die absolute Mehrheit jeder Berufsgruppe zustimmt.[675] Hinzu kommt eine weitere Besonderheit: Die VG Musikedition hat drei Verteilungspläne (A, B und C), die jeweils die Distribution bestimmter Einkunftsarten regeln. Sollen diese geändert werden, genügt es, dass die vom jeweiligen Verteilungsplan betroffenen Kammern – jeweils mit absoluter Mehrheit – zustimmen.[676] Im Übrigen ist bei der VG Musikedition für eine positive Beschlussfassung die absolute Mehrheit aller Stimmen ohne Berücksichtigung der Berufsgruppen erforderlich.[677] Bei Abstimmungen, die ausschließlich eine Kammer betreffen, sind nur deren Mitglieder stimmberechtigt.[678] Blockaden durch

---

671 Sieht man nur die ordentlichen Mitglieder als Mitglieder i.S.d. Vereinsrechts und VGG an, so sind es immer noch rund 4,8 %, die einen Beschluss blockieren können.

672 Vgl. § 7 Abs. 7, 9 u. 10 VG WORT-Satzung n.F.

673 Siehe etwa *Esslinger*, Genug ist nicht Genug, Feuilleton, SZ v. 12.9.2016, S. 9, zur Abstimmung im Zusammenhang mit der Rückforderung von Zahlungen an Verleger in Folge des BGH-Urteils *Verlegeranteil*.

674 § 9 Abs. 5 lit. b VG Musikedition-Satzung n.F.

675 § 9 Abs. 5 lit. b lit. cc S. 2 VG Musikedition-Satzung n.F.

676 § 9 Abs. 5 lit. b lit. bb VG Musikedition-Satzung n.F.

677 § 9 Abs. 5 lit. a VG Musikedition-Satzung n.F.

678 § 9 Abs. 6 VG Musikedition-Satzung n.F.

von einem Beschluss nicht betroffene Rechtsinhaber sind daher nicht möglich.

d. Verleger als Sonderfall

Vier der 13 deutschen Verwertungsgesellschaften zählen Verleger zu ihren Mitgliedern und sonstigen Berechtigten.[679] Diesen kommt als Berufsgruppe in mehrfacher Hinsicht eine besondere Rolle zu. *Zum einen* sind sie nicht originäre Inhaber von Urheber- oder Leistungsschutzrechten.[680] Diese lassen sie sich in ihren Verlagsverträgen lediglich abtreten. Dabei muss unterschieden werden, welche Art von Rechten wahrgenommen wird. Während sich einige Gesellschaften weitgehend auf die Durchsetzung der gesetzlichen Vergütungsansprüche beschränken (sog. Zweitverwertungsrechte), nehmen andere auch die Erstverwertungsrechte wahr.[681] So lizenziert beispielsweise die GEMA Vervielfältigungs- und Verbreitungsrechte aus §§ 16, 17 UrhG für bestimmte Situationen.[682] Die Abtretungen der unionsrechtlich determinierten Zweitverwertungsrechte ist regelmäßig nicht möglich.[683] In der Folge bringen beispielsweise die betroffenen Verleger bei der VG WORT keine Rechte in die Verwertungsgesellschaft ein.[684] Soweit jedoch Ansprüche betreffend der Erstverwertung oder den daraus folgenden Vergütungsansprüchen abgetreten werden – wie bei der GEMA[685] –, ist dies grundsätzlich möglich.[686] *Zum anderen* nehmen die Verleger eine „Doppelrolle“[687] ein: Als Verwerter lizenzieren sie Rechte

679 Das sind VG WORT, GEMA, VG Bild-Kunst und VG Musikedition. Siehe dazu auch *Rehbinder/Peukert*, Urheberrecht, 18. Aufl. 2018, Rn. 1127.

680 Eine Ausnahme sind Presseverleger mit ihrem Leistungsschutzrecht aus § 87f Abs. 1 Urheberrechtsgesetz (UrhG).

681 *Himmelmann* in: Kreile/Becker/Riesenhuber, Recht und Praxis der GEMA, 2. Aufl. 2008, Kap. 18 Rn. 17. Zu den Begriffen siehe *Heinemann*, Die Verteilungspraxis der Verwertungsgesellschaften, 2017, S. 14 f.

682 Vgl. § 1 GEMA-Berechtigungsvertrag 2016. Siehe dazu *Ventroni*, ZUM 2017, 187 (193 f.).

683 Vgl. *BGH*, Urt. v. 21.4.2016, ZUM 2016, 639 (647 f.) – *Verlegeranteil*.

684 *BGH*, Urt. v. 21.4.2016, ZUM 2016, 639 (643) Rn. 40 – *Verlegeranteil*.

685 A.A. wohl *v. Ungern-Sternberg*, GRUR 2019, 1 (10).

686 So auch *KG Berlin*, Urt. v. 14.11.2016, ZUM 2017, 160 – *Musikverlegeranteil*.

687 *Podszun/Franz*, ZGE 2015, 15 (23).

von der Verwertungsgesellschaft.[688] Im Gegensatz zu den übrigen Rechtsinhabern, die stets ein Interesse an möglichst hohen Tarifen haben, dürften die betroffenen Verleger durchaus an niedrigen Lizenzierungsgebühren interessiert sein[689] – zumindest soweit die geminderten Ausschüttungen durch Ersparnisse bei der Lizenzierung (über-)kompensiert werden.[690]

Sie sind damit im Grunde Fremdkörper in der Verwertungsgesellschaft.[691] Dass ihnen in den betroffenen Gesellschaften dennoch eine zentrale Rolle zukommt, lässt sich nur historisch erklären.[692] Ob und inwieweit die Verlegerbeteiligung im Lichte des EuGH-Urteils in der Rs. *Hewlett-Packard/Reprobel*[693] und dem BGH-Urteil in der Rs. *Verlegeranteil*[694] noch rechtmäßig ist, ist umstritten.[695] Von dieser rechtlichen Bewertung ist die rechtspolitische Diskussion zu trennen.[696] Auf Unionsebene wurde im April 2019 mit Art. 16 Abs. 1 RL 2019/790/EU der Grundstein für eine Neuregelung im nationalen Recht gelegt.[697] Die unionsrechtliche Regelung erlaubt es den Mitgliedstaaten zu bestimmen, dass die Rechteeinräumung an einen Verlag als Rechtsgrundlage für dessen Beteiligung an Ausgleichsansprüchen genügt. Eine Einbringung von Rechten durch die Verleger selbst in die Verwertungsgesellschaft ist nicht mehr nötig für die Be-

---

688 *Podszun/Franz*, ZGE 2015, 15 (23 f.); *Podszun* in: Die Kollision von Urheberrecht und Nutzerverhalten, 2014, S. 177 f.; zur Doppelrolle von Schulbuchverlagen siehe *Melichar* in: Loewenheim, HdB UrhR, 2. Aufl. 2010, § 47 Rn. 5.

689 *Schack*, Urheber- und Urhebervertragsrecht, 9. Aufl. 2019, Rn. 1310.

690 Vgl. zu unterschiedlichen Interessen von originären Rechtsinhabern und Verlegern *Podszun*, GPR 2013, 97 (103). Siehe dazu auch *Melichar* in: Loewenheim, HdB UrhR, 2. Aufl. 2010, § 47 Rn. 5, wonach dies in der Praxis nicht zu Problem führe.

691 Vgl. *Schack*, Urheber- und Urhebervertragsrecht, 9. Aufl. 2019, Rn. 1310.

692 *Schack*, Urheber- und Urhebervertragsrecht, 9. Aufl. 2019, Rn. 1310; *v. Ungern-Sternberg* in: FS Büscher, 2018, S. 271; *Podszun* in: Grünberger/Leible, Die Kollision von Urheberrecht und Nutzerverhalten, 2014, S. 176 („historischen Geburtsfehler").

693 *EuGH*, Urt. v. 12.11.2015 – C-572/13, ZUM 2016, 153 – *Hewlett-Packard/Reprobel.*

694 *BGH*, Urt. v. 21.4.2016, ZUM 2016, 639 – *Verlegeranteil.*

695 Kritisch zur Berechtigten-Stellung i.S.v. § 6 VGG *v. Ungern-Sternberg* in: FS Büscher, 2018, S. 269 ff.; zum Streit bereits mit denselben Argumenten wie heute *Nordemann*, GRUR Int. 1973, 306 ff. (insb. 309).

696 Vgl. *Flechsig*, GRUR 2016, 1103 (1109 f.), der u.a. feststellt: „Einen möglicherweise fehlenden, zu legiferierenden Schutz des Verlegers kann das Fachgericht nicht herstellen. Dies ist Sache des Gesetzgebers." (S. 1109).

697 Ausführlich *Schulze*, GRUR 2019, 682 (683). Siehe zu dem entsprechenden Richtlinienvorschlag *Brauneck*, EuZW 2017, 450 f.; *Gerlach* in: Wandtke/Bullinger, Praxiskommentar UrhR, 5. Aufl. 2019, § 27a VGG Rn. 1.

teiligung an den Ausschüttungen. Art. 16 RL 2019/790/EU bleibt damit zwar hinter einem eigenen Leistungsschutzrecht für Verleger[698] – mit Ausnahme von Presseverlegern, vgl. Art. 15 RL 2019/790/EU – zurück, versetzt die Verleger jedoch wirtschaftlich in eine vergleichbare Lage.[699] Aus ökonomischer Sicht ist eine solche Annäherung an ein Investitionsschutzrecht für Verleger i.S.e. *Property Rights* für die organisatorischen und wirtschaftlichen Leistungen[700] sinnvoll. Sie können helfen, Externalitäten, wie z.B. Privatkopien, richtig zu erfassen.[701] Der infolge von Kopien verminderte Absatz von Printexemplaren, trifft neben den Urhebern auch die Verleger.[702] Es sprechen daher gute Gründe dafür, die Verleger in eine Position zu versetzen, die es ihnen erlaubt, (sodann rechtmäßig) an den Einnahmen der Verwertungsgesellschaften teilzuhaben.[703] Weil die Verleger in der Praxis nach wie vor Teil der Verwertungsgesellschaften sind und zu erwarten ist, dass der deutsche Gesetzgeber zeitnah von der Möglichkeit des Art. 16 Abs. 1 RL 2019/790/EU Gebrauch machen wird, werden sie in dieser Untersuchung – trotz der derzeitigen Rechtswidrigkeit ihrer Beteiligung an den Ausschüttungen – als Akteure in der Verwertungsgesellschaft berücksichtigt.

2. Rechtmäßigkeit des Kuriensystems

Das Kuriensystem, mit seinen einstimmigen Beschlüssen, führt dazu, dass Berufsgruppen, denen nur wenige Rechtsinhaber angehören, dasselbe Gewicht bei Entscheidungen zukommt wie Kurien, die erheblich mehr Rechtsinhaber repräsentieren. Folgt man der oben vorgeschlagenen Stimmenverteilung anhand der wirtschaftlichen Verhältnisse, kommt es dennoch zu starken Verzerrungen aufgrund der Blockade-Möglichkeit, die

---

698 Siehe dazu *Conrad/Berberich*, GRUR 2016, 748 ff.

699 So auch *Schulze*, GRUR 2019, 682 (683).

700 *Müller*, ZUM 2014, 781 (788).

701 *Lehmann*, GRUR Int. 1983, 356 (360) („Ohne die Schaffung derartiger Property Rights […] wäre der ‚geistige Diebstahl' eine Externalität geblieben […] der Verleger eines Werkes würde diese unternehmerische Tätigkeit nicht ins Auge fassen, wenn jeder sein Arbeitsergebnis etwa in Form von Fotokopien ungehindert übernehmen dürfte").

702 *Loewenheim*, NJW 2016, 2383 (2386). Kritisch mit Blick auf die meist fehlende oder bescheidene Primärvergütung der Urheber im wissenschaftlichen Bereich *Peifer*, ZUM 2016, 650 (651).

703 *Peifer*, ZUM 2016, 650 (651 f.).

einem Drittel – das sich dann nicht mehr nach Köpfen, sondern der Ausschüttungsbeteiligung bestimmen würde – einer jeden Berufsgruppe zukommt. Dies wirft die Frage auf, ob das Kuriensystem in seiner praktizierten Form rechtmäßig ist.

a. § 16 VGG als Maßstab

Die Art der Berücksichtigung der verschiedenen Berufsgruppen muss sich an dem Grundsatz der Mitwirkung messen lassen. Denn nach § 16 S. 2 VGG sollen die einzelnen Kategorien *fair und ausgewogen* vertreten sein. Damit wurde Art. 6 Abs. 3 S. 2 RL 2014/26/EU weitgehend wörtlich umgesetzt und um Beispiele nach dem Vorbild des ErwGr. 22 RL 2014/26/EU ergänzt. Eine Konkretisierung dieses Grundsatzes findet sich weder im VGG noch in der Richtlinie. Auch die Begründung zum Regierungsentwurf hilft kaum weiter. Dort setzt man zwar „fair und ausgewogen" mit „angemessen" gleich,[704] doch wird dadurch lediglich ein unbestimmter Rechtsbegriff durch einen anderen ersetzt. Daraus lassen sich schwerlich konkrete Vorgaben zur Ausgestaltung der Mitwirkung in der Verwertungsgesellschaft ableiten. § 16 S. 2 VGG belässt den Gesellschaften damit einen erheblichen Spielraum.[705]

Dieser ist indes nicht grenzenlos. § 16 S. 2 VGG stellt kein eigenständiges Postulat auf, sondern konkretisiert Satz 1 („dabei").[706] Im Rahmen der angemessenen und wirksamen Mitwirkung der Rechtsinhaber müssen die Berufsgruppen also fair und ausgewogen vertreten sein. Satz 1 begrenzt damit den Umsetzungsspielraum des zweiten Satzes: Fairness und Ausgewogenheit dürfen nicht zulasten der Angemessenheit und Wirksamkeit gehen, sondern sind nur subsidiär zu verwirklichen.[707] Nur innerhalb dieser Grenzen sind sie Richtschnur für die Mitwirkung der unterschiedlichen Kategorien von Rechtsinhabern. Demnach ist die angemessene und wirksame Mitwirkung der Rechtsinhaber weiterhin das primäre Ziel des § 16 VGG. Dies lässt sich ebenfalls – wenngleich weniger deutlich – aus dem

---

704 Begründung des Regierungsentwurfs zum VGG, BT-Drs. 18/7223, S. 76.

705 Vgl. *Riesenhuber*, ZUM 2018, 407 (409).

706 Dies verkennt *Riesenhuber*, ZUM 2018, 407 (410), wenn er durch § 16 S. 2 VGG das Kuriensystem pauschal legitimiert und dem privatautonomen Spielraum der Verwertungsgesellschaften zugewiesen sieht.

707 So auch *v. Ungern-Sternberg*, JurPC Web-Dok. 105/2018 Abs. 70.

zugrunde liegenden Art. 6 Abs. 3 RL 2014/26/EU herauslesen („beim Entscheidungsfindungsprozess").[708]

Das Kuriensystem darf also nicht die Wirksamkeit der Mitwirkung (§ 16 S. 1 VGG) unterwandern.[709] Wenn aber jeder Kurie ein Vetorecht zusteht, löst sich die Bedeutung des Stimmrechts von der wirtschaftlichen Bedeutung des Abstimmenden. Berufsgruppen, die nur wenige Rechtsinhaber repräsentieren und kaum am Ausschüttungsvolumen beteiligt sind, haben dasselbe Gewicht wie Berufsgruppen, die eine Mehrheit in sich vereinigen.[710] Diese vollständige Loslösung von den wirtschaftlichen Verhältnissen untergräbt nicht nur die Wirksamkeit und Angemessenheit des Entscheidungsfindungsprozesses (S. 1), sondern verletzt auch das Gebot der Fairness und Ausgewogenheit (S. 2). Sie beschwört auf diese Weise eine Majorisierungsgefahr hinauf, die nach der Begründung zum Regierungsentwurf unterbunden werden soll.[711] Ein Kuriensystem, das diese Gefahr verstärkt bzw. erst schafft, kann folglich nicht den Anforderungen des § 16 VGG genügen.[712] Ein gleiches Stimmrecht, d.h. eine Stimme pro Berufsgruppe, trotz unterschiedlicher Personenstärke und Ausschüttungsbeteiligung, darf es – und damit letztlich auch das gesamte Kuriensystem – nur in Ausnahmefällen geben.

b. Ausnahme bei Sonderrechten

Eine Vereinbarkeit des Kuriensystems mit § 16 VGG ist nur dann gegeben, wenn im Einzelfall die starke Position einer Minderheit geboten ist. Eine solche Ausnahme sind Beschlüsse, die Sonderrechte betreffen. Sonderrechte lassen sich umschreiben als eine unentziehbare bevorzugte Rechtsstellung aufgrund einer Satzungsbestimmung.[713] Nicht nur einzelne Mitglie-

---

708 Dabei gilt es jedoch zu beachten, dass die Regelung der Richtlinie nur Mitglieder erfasst, nicht aber Berechtigte. Damit regelt die Norm nicht das Verhältnis der beiden Gruppen zueinander. Die von § 16 VGG geregelte Materie geht folglich deutlich über sein unionsrechtliches Vorbild hinaus.

709 So wohl auch BeckOK-UrhR/*Freudenberg*, 25. Ed. 15.7.2019, § 16 VGG Rn. 9.

710 Vgl. *Riesenhuber*, ZUM 2018, 407 (414).

711 Begründung des Regierungsentwurfs zum VGG, BT-Drs. 18/7223, S. 76.

712 Im Ergebnis auch *v. Ungern-Sternberg* in: FS Büscher, 2018, S. 278 f.; *ders.*, JurPC Web-Dok. 105/2018 Abs. 70; a.A *Riesenhuber*, ZUM 2018, 407 (409, 416).

713 BGH, Urt. v. 25.10.2016, NJW 2017, 1467 Rn. 34; BeckOK-BGB/*Schöpflin*, 51. Ed. 1.8.2019, § 35 Rn. 3; *Hoffmann* in: Michalski, GmbHG, 3. Aufl. 2017, § 3 Rn. 77 ff. mit Beispielen; MüKo-BGB/*Leuschner*, 8. Aufl. 2018, § 35 BGB Rn. 4; ausführlich *Beuthien*, ZGR 2014, 24 ff.

der, sondern auch Gruppen können auf diese Weise privilegiert sein.[714] Beispielsweise das Recht einer einzelnen Gruppe, stets den Vorsitz des Aufsichtsgremiums zu stellen, oder ein Vetorecht einer Gruppe in diesem Gremium sind solche Sonderrechte.[715]

Nach dem in § 35 BGB statuierten und auf das gesamte Gesellschaftsrecht ausweitbaren Prinzip dürfen solche Sonderrechte nicht ohne Zustimmung des Betroffenen entzogen werden.[716] Aufgrund des gesellschaftsrechtlichen Gleichbehandlungsgebots ist grundsätzlich zusätzlich bei der Begründung oder Abänderung von Sonderrechten die Zustimmung aller nicht privilegierten Mitglieder nötig.[717] Denn sonst könnte sich eine Mehrheit zulasten der Minderheit sachgrundlos Vorteile verschaffen, ohne dass die Minderheit dies verhindern könnte. Entsprechend finden sich im GmbH- und Vereinsrecht Regelungen, die Satzungsänderungen, durch die Sonderrechte begründet, verändert oder aufgehoben werden, von der Zustimmung der nichtbegünstigten Gesellschafter bzw. Vereinsmitglieder abhängig machen.[718]

Da durch die Sonderrechte auch zukünftige Mitglieder der benachteiligten Berufsgruppen betroffen sind, reicht die Zustimmung der aktuellen Mitglieder alleine nicht aus:[719] Zumal bei Verwertungsgesellschaften keine Marktkontrolle durch Ein- und Austritte stattfindet,[720] bedarf es zusätzlich eines sachlichen Grundes für die Privilegierung einer einzelnen Kurie.[721] Liegt ein solcher nicht vor, so ist der Beschluss – trotz Zustimmung der übrigen Mitglieder – nichtig.

Soweit es um die Aufhebung von Sonderrechten einer Gruppe geht, wird teilweise vertreten, dass die Zustimmung *aller* Gruppenmitglieder nö-

---

714 BeckOK-BGB/*Schöpflin*, 51. Ed. 1.8.2019, § 35 Rn. 6; *Waldner/Wörle-Himmel* in: Sauter/Schweyer/Waldner, Der eingetragene Verein, 20. Aufl. 2016, Rn. 344; *Otto* in: Stöber/Otto, Hdb VereinsR, 11. Aufl. 2016, Kap. IX Rn. 210.

715 Siehe beispielhaft § 13 Ziff. 6 Abs. 1 S. 2 GEMA-Satzung n.F.

716 *BGH*, Urt. v. 10.10.1988, NJW-RR 1989, 542 (543); BeckOK-BGB/*Schöpflin*, 51. Ed. 1.8.2019, § 35 Rn. 2 m.w.N.

717 Vgl. *Hoffmann* in: Michalski, GmbHG, 3. Aufl. 2017, § 53 Rn. 86 f.; MüKo-BGB/*Leuschner*, 8. Aufl. 2018, § 35 BGB Rn. 10; MüKo-GmbHG/*Harbarth*, 3. Aufl. 2018, § 53 Rn. 179.

718 Siehe nur § 53 Abs. 3 GmbHG und § 35 BGB.

719 Vgl. MüKo-BGB/*Arnold*, 7. Aufl. 2015, § 35 BGB Rn. 6.

720 Ähnlich zu Vereinen ohne Aufnahmefreiheit MüKo-BGB/*Arnold*, 7. Aufl. 2015, § 35 BGB Rn. 6.

721 Vgl. MüKo-BGB/*Arnold*, 7. Aufl. 2015, § 35 BGB Rn. 6; *Rieckers* in: MünchHdB GesR IV, 4. Aufl. 2015, § 17 Rn. 16.

tig sei, sodass ein Mehrheitsbeschluss nicht genüge.[722] Jedenfalls für die Situation bei Verwertungsgesellschaften kann dies nicht überzeugen, denn die dortigen Gruppenvorteile betreffen regelmäßig nur die Gruppe in ihrer Gesamtheit. Bei dem individuellen Gruppenmitglied führen sie nur mittelbar und reflexartig zu einem Vorteil. Dessen Entzug hat daher eine andere Qualität als beispielsweise von Vermögensrechten, die jedem einzelnen Mitglied einer Gruppe zustehen. Die Zustimmung der privilegierten Gruppe in ihrer Gesamtheit, d.h. einer Mehrheit ihrer Mitglieder, muss daher für den Entzug genügen. Mit denselben Argumenten wird man auch für die Begründung von Sonderrechten Mehrheitsbeschlüsse der nicht privilegierten Kurien genügen lassen müssen.

In beiden Fällen – Begründungen und Entzug – kann ausnahmsweise bei Vorliegen eines wichtigen Grundes eine Zustimmung auch entbehrlich oder aufgrund der Treuepflicht verpflichtend sein.[723]

c. Ergebnis

Soweit Sonderrechte betroffen sind, ist das Kuriensystem in seiner praktizierten Form nicht nur rechtmäßig, sondern sogar zwingend geboten, um die allgemeinen gesellschaftsrechtlichen und die speziellen Anforderungen des § 16 VGG zu erfüllen. Nur so können die Rechte der nicht privilegierten Gruppen angemessen und wirksam geschützt werden.

Im Übrigen ist das in der Praxis vorherrschende Kuriensystem jedoch zu weitgehend. Eine redaktionelle Satzungsanpassung oder die Aufstellung der Grundsätze des Risikomanagements (§ 17 Abs. 1 Nr. 5 VGG) berühren in keiner Weise die verschiedenen Berufe der Rechtsinhaber, sodass in diesem Fall von einer Abstimmung getrennt nach Professionen Abstand zu nehmen ist. Damit sind weit gefasste Klauseln, die pauschal alle Beschlüsse betreffend die Satzung oder den Verteilungsplan dem Kuriensystem unterwerfen[724], nicht mit § 16 VGG vereinbar.[725]

---

722 MüKo-BGB/*Leuschner*, 8. Aufl. 2018, § 35 BGB Rn. 11 m.w.N. Ebenso für die Begründung von Gruppenrechten *Otto* in: Stöber/Otto, Hdb VereinsR, 11. Aufl. 2016, Kap. IX Rn. 209.

723 MüKo-BGB/*Leuschner*, 8. Aufl. 2018, § 35 BGB Rn. 14; *Haas/Vogel*, SpuRt 2011, 50 (53).

724 Siehe beispielhaft für eine solche Klausel § 11 lit. b S. 1 GEMA-Satzung n.F.

725 Im Ergebnis auch *v. Ungern-Sternberg* in: FS Büscher, 2018, S. 279 f.; wohl ebenfalls *Flechsig* in: FS Schulze, 2017, S. 255; a.A. *Riesenhuber*, ZUM 2018, 407 (409, 416).

3. Zweckmäßigkeit des Kuriensystems

Getrennt von der Rechtmäßigkeit des Kuriensystems ist seine Zweckmäßigkeit zu beurteilen. Kernaufgabe der nach Berufsgruppen getrennten Abstimmung ist die Wahrung der unterschiedlichen – dies wird typisierend durch die Einteilung unterstellt – Interessen der verschiedenen Gruppen. Dabei lassen sich verschiedene Gefahren identifizieren:

Erstens muss verhindert werden, dass sich eine (wirtschaftlich) mächtige Kurie unberechtigte Sondervorteile gegen die Stimmen der übrigen Berufsgruppen sichert. Das bisherige Prinzip der Einstimmigkeit verhindert dies, weil so keine kleine Gruppe übergangen werden kann. In diesem Punkt ist das Kuriensystem also nicht nur recht-, sondern auch zweckmäßig.

Zweitens muss ebenso verhindert werden, dass eine kleine Minderheit Entscheidungen blockieren kann. Hier offenbart das gegenwärtig praktizierte Kuriensystem Schwächen. Es ist zwar qualifizierten Mehrheitsentscheidungen immanent, dass eine Minderheit sie blockieren kann, doch wird die Schwelle durch das Kuriensystem deutlich gesenkt. Gerade die oben aufgeführten Beispiele von GEMA und VG WORT zeigen, dass es zur Beibehaltung von überholten Strukturen und ungerechtfertigten Sonderrechten kommen kann.[726] Nun ist bei diesen Sonderrechten die starke Position der Minderheit sogar geboten, doch ergibt sich auch bei weiteren Beschlussgegenständen ein Blockadepotenzial.

Im Ergebnis ist das Kuriensystem, wie es gegenwärtig häufig praktiziert wird, nicht zweckmäßig. Es führt nicht dazu, dass die einzelnen Berufsgruppen ihre legitimen Interessen verteidigen können, sondern birgt auch eine Majorisierungsgefahr in sich. Darüber kann auch nicht hinwegtäuschen, dass in der Praxis häufig betont wird, dass der Umgang zwischen den einzelnen Berufsgruppen kollegial und harmonisch sei.[727] Denn Aufgabe eine guten *Corporate-Governance*-Rahmens ist es auch *potenzielle* Gefahren zu adressieren.

---

726 Siehe dazu oben S. 182 f. und zu dem Problem bei der GEMA *Heinemann*, Die Verteilungspraxis der Verwertungsgesellschaften, 2017, S. 311 f. Zum Problem des dem Verein zugrunde gelegten „statischen Charakters“ siehe auch MüKo-BGB/*Arnold*, 7. Aufl. 2015, § 35 BGB Rn. 2 f.

727 Siehe nur *Riesenhuber*, ZUM 2018, 407 (416), der jedoch auch die Gefahr von Blockaden und sachwidrigen Entscheidungen durch das Kuriensystem im Einzelfall anerkennt (410).

4. Recht- und zweckmäßige Ausgestaltung des Kuriensystems

Das bestehende Kuriensystem ist aufgrund seiner oben aufgezeigten Schwächen kein Bestandteil einer guten *Corporate Governance*. Es stellt sich daher die Frage, welche Anpassungen nötig sind, um dies zu ändern. Kern einer Reform muss dabei die Beschränkung auf solche Beschlüsse sein, die Sonderrechte betreffen, denn nur so kann die Vereinbarkeit mit § 16 VGG sichergestellt werden. Durch diese Einengung muss der bislang durch das Kuriensystem vermittelte Minderheitenschutz – soweit nötig -für alle anderen Beschlussgegenstände auf sonstige Weise sichergestellt werden (a.). Doch auch die Mehrheit muss im Einzelfall geschützt werden (b.). Soweit das Gesetz für diese Fälle Schutzmechanismen bereithält, kommt der Aufsichtsbehörde die Aufgabe zu, deren Einhaltung sicherzustellen (c.). Schließlich dürfte der so erreichte Schutz nicht durch eine Kompetenzverlagerung umgangen werden können (d.).

a. Minderheitenschutz

Hinsichtlich des Kompetenzkatalogs der Mitgliederhauptversammlung in § 17 Abs. 1 S. 2 VGG ist der Bereich, in der sich eine Mehrheit Vorteile verschaffen kann, auf wenige Bereiche beschränkt: der Verteilungsplan (Nr. 6) und die Verwendung der nicht verteilbaren Einnahmen aus den Rechten (Nr. 7). Bei den übrigen Befugnissen ist eine Benachteiligung einzelner Gruppen schwer vorstellbar, da sie alle Rechtsinhaber gleichermaßen treffen, ohne zwischen den Kurien zu differenzieren. Soweit sie ausnahmsweise doch einzelne Gruppen speziell betreffen – z.B. ein Tarif, der nur Rechte einer bestimmten Berufsgruppe zum Gegenstand hat[728] –, sind mit dem entsprechenden Beschluss keine Nachteile für eine andere Gruppe verbunden. Damit es in diesen Fällen nicht zu Blockaden durch die nicht betroffenen Berufsgruppen kommt, empfiehlt es sich, diese von der Abstimmung auszuschließen, d.h. nur den Betroffenen ein Stimmrecht zu ge-

728 *v. Ungern-Sternberg* in: FS Büscher, 2018, S. 279.

ben.[729] So lässt sich effektiv verhindern, dass Nichtbetroffene aus sachfremden Gründen Einfluss auf die Entscheidungsfindung nehmen.[730]

Hinsichtlich des Verteilungsplans und der Einnahmenverteilung hat das VGG bereits eigene Schutzmechanismen implementiert:[731] Das Willkürverbot des § 27 Abs. 1 VGG steht einer sachfremden Übervorteilung einzelner Berufsgruppen entgegen. Es schließt aus, dass eine Kurie sich überhöhte Ausschüttungen genehmigt oder sich die nicht verteilbaren Einnahmen ausschüttet. Vor finanziellen Nachteilen sind sich in der Minderheit befindende Berufsgruppen mithin ausreichend durch das Gesetz geschützt.[732] Bei der Kompetenz aus § 13 Abs. 1 S. 2 VGG, die Mitgliedschaftsbedingungen festzulegen, besteht die Gefahr, dass z.B. einheitlich hohe Mindestausschüttungen gewählt werden, die von einzelnen Berufen kaum zu erreichen sind. Eine solche Satzungsbestimmung würde allerdings gegen § 13 Abs. 1 S. 2 VGG verstoßen[733], sodass das Gesetz ausreichenden Schutz vermittelt. Gleiches gilt für die gesellschaftsrechtliche Treuepflicht der Mitglieder. Sie vermittelt als materielles Wirksamkeitskriterium ebenfalls Schutz für die Minderheit.

b. Schutz der Mehrheit

Die Schwäche im bisherigen Kuriensystem liegt in der Machtposition, die das Einstimmigkeitsprinzip in Verbindung mit der Zweidrittelmehrheit kleinen Gruppen vermitteln kann. Durch die Hebelwirkung können bereits wenige Mitglieder Beschlüsse einer großen Mehrheit blockieren. Gibt man das Kuriensystem abseits von Sonderrechten auf und stellt stattdessen auf die Gesamtheit der Mitglieder für die Zweidrittelschwelle ab, so entschärft sich dieser *Principal-Principal*-Konflikt stark. Für eine Blockade bedarf es sodann eines Drittels der Stimmen. Darüber hinaus entfaltet die gesellschaftsrechtliche Treuepflicht nicht nur Schutzwirkung für die Minderheit, sondern ebenso für die Mehrheit.

---

729 Siehe nur § 9 Ziff. 6 Satzung der VG Musikedition n.F. und § 7 Abs. 7.4 GVL-Gesellschaftsvertrag n.F. Vgl. auch *v. Ungern-Sternberg* in: FS Büscher, 2018, S. 277. Siehe auch zur Zulässigkeit *Gerlach* in: Wandtke/Bullinger, Praxiskommentar UrhR, 5. Aufl. 2019, § 17 VGG Rn. 3.

730 Zu sachfremden Erwägungen durch „neutrale" Berufsgruppen siehe *Riesenhuber*, ZUM 2018, 407 (409); *v. Ungern-Sternberg* in: FS Büscher, 2018, S. 279.

731 Vgl. zum Schutz durch das VGG *Riesenhuber*, ZUM 2018, 407 (410).

732 Siehe ausführlich zum Schutz durch § 27 Abs. 1 VGG unten S. 242 ff.

733 Vgl. dazu bereits oben S. 137 f.

c. Kontrolle durch die Aufsichtsbehörde

Treuepflichten und andere materielle Anforderungen an Beschlüsse können leicht missachtet werden. Solche rechtswidrigen Beschlüsse sind für die nachteilig Betroffenen ein Problem. Der durch das verletzte Gesetz intendierte Schutz wird verfehlt, ohne dass die Betroffenen sich dagegen ohne Weiteres zur Wehr setzen können. Nicht zuletzt das BGH-Urteil *Verlegeranteil* hat verdeutlicht, dass die gerichtliche Geltendmachung für den Betroffenen mit hohem Aufwand – im Einzelfall auch persönlichen Anfeindungen[734] – verbunden ist und sich über einen längeren Zeitraum hinziehen kann.[735]

Dabei wäre die individuelle Rechtsverfolgung nach der Konzeption des VGG nicht nötig. Denn nach § 85 Abs. 4 VGG steht dem DPMA als Aufsichtsbehörde die Befugnis zu, an der Mitgliederhauptversammlung und Sitzungen anderer Gremien teilzunehmen. In Kombination mit § 85 Abs. 1 VGG, der der Aufsichtsbehörde „alle erforderlichen Maßnahmen" erlaubt, „um sicherzustellen, dass die Verwertungsgesellschaft die ihr nach diesem Gesetz obliegenden Verpflichtungen ordnungsgemäß erfüllt", müsste *eigentlich* ein wirksamer Schutz gewährleistet sein. In der Vergan-

---

734 Siehe nur *Esslinger*, Genug ist nicht Genug, Feuilleton, SZ v. 12.9.2016, S. 9 („[...] erst recht jener Münchner Gelegenheitsautor, der bis zum BGH gezogen war, sind echte Michael-Kohlhaas-Typen. Sie wollen recht haben bis zum letzten Cent, und wenn darüber kleine Verlage hopsgehen – ihnen doch wurscht."); *Hanfeld*, Großangriff auf die VG Wort, FAZ v. 8.9.2016, S. 9; *ders.*, Die nächste Etappe – Mitglieder entscheiden über Zukunft der VG Wort, FAZ v. 25.11.2016, S. 15 („[Martin Vogel] sorgte seinerzeit als Berater der vormaligen Justizministerin Herta Däubler-Gmelin (SPD) für einen Passus im Urheberrechtsgesetz, der eine Rechtewahrnehmung, wie die VG Wort sie ausübt, ausschließt. In dem Gerichtsverfahren gegen die VG Wort, das vor dem BGH endete, fuhr er die Ernte ein."); *ders.*, In der Schwebe – Bei der VG Wort verbleiben Verteilungsfragen offen, FAZ v. 28.11.2016, S. 11. Wegen der letzten beiden Artikel erwirkte *Martin Vogel* vor dem LG Frankfurt jeweils mit Beschluss vom 20.12.2016 zwei einstweilige Verfügungen, die die FAZ zu Gegendarstellungen verpflichteten. Die Beschlüsse sind abrufbar unter <www.vginfo.org/uploads/2/3/8/5/23857981/ev_vogel.pdf> (zuletzt abgerufen am 15.9.2019). Zur selben Einschätzung wie hier kommen *Haberstumpf*, GRUR 2018, 280; *Peifer*, ZUM 2016, 650.

735 So auch *Drexl* in: FS Vogel, 2017, S. 229; *v. Ungern-Sternberg*, JurPC Web-Dok. 105/2018 Abs. 67. Siehe auch die Entscheidung der Eingangsinstanz *LG München I*, Urt. v. 24.5.2012, ZUM-RD 2012, 410 – *Verlegeranteil*, und schließlich die letzte Entscheidung des *BVerfG*, Beschl. v. 18.4.2018, NJW 2018, 2036 – *Verlegeranteil*, zwischen denen knapp sechs Jahre lagen.

genheit hat das DPMA jedoch häufig nur sehr restriktiv eingegriffen und sich nicht gegen (evident) rechtswidrige Beschlüsse gewendet.[736] Die in dieser Arbeit aufgezeigten Verstöße gegen das VGG, wie fehlende[737] bzw. fehlerhafte[738] Veröffentlichungen oder offensichtlich rechtswidrige Satzungsregelungen[739], die bislang nicht durch die Aufsichtsbehörde abgestellt wurden, belegen dies.[740] Es bleibt zu hoffen, dass die Aufsichtsbehörde unter Geltung des VGG stärker tätig wird und so den gesetzlichen Schutznormen zur Wirkung verhilft.[741] Nicht zuletzt die Pflicht zur effektiven Umsetzung der Richtlinie 2014/26/EU zwingt das DPMA hierzu.

d. Keine Umgehungsgefahr durch Kompetenzverlagerung

Eine Umgehung des Schutzes durch die mögliche Übertragung der Mitgliederhauptversammlungskompetenzen auf das Aufsichtsgremium nach § 18 Abs. 1 Nr. 4 VGG scheidet aus. Denn § 22 Abs. 2 VGG sieht vor, dass auch in diesem Gremium die Kategorien von Mitgliedern fair und ausgewogen vertreten sein müssen.[742] Mithin besteht nicht die Gefahr, dass das

---

736 Siehe etwa zum Verstoß gegen § 34 BGB bei der VG WORT im Zusammenhang mit Beschlüssen zur Rückforderung der Verlegerbeteiligung *v. Ungern-Sternberg* in: FS Büscher, 2018, S. 273 f.; *ders.*, JurPC Web-Dok. 105/2018 Abs. 7, 38; *Flechsig* in: FS Schulze, 2017, S. 252; ferner *ders.* GRUR-Prax 2016, 209 (211). Vgl. auch die Kritik an der Aufsichtsbehörde bei *v. Ungern-Sternberg*, ZGE 2017, 2 (15); *Podszun*, ZUM 2017, 732 (736); *ders.* in: Grünberger/Leible, Die Kollision von Urheberrecht und Nutzerverhalten, 2014, S. 204 ff.; *Sandberger* in: FS Vogel, 2017, S. 325 f.; *Rehbinder*, DVBl. 1992, 216 ff.; *ders./Peukert*, Urheberrecht, 18. Aufl. 2018, Rn. 1134. *v. Ungern-Sternberg*, JurPC Web-Dok. 105/2018 Abs. 79 ff., schlägt im Ergebnis sogar vor, die Aufsicht auf das Bundeskartellamt zu übertragen.

737 Siehe etwa die fehlenden Grundsätze für die Abzüge der Verwaltungskosten und zu kulturellen und sozialen Zwecken bei der GEMA unten S. 276.

738 Siehe beispielhaft die fehlerhaften Zahlen zur Organvergütung bei VG WORT, GVL, GÜFA unten S. 281.

739 Siehe nur die hinter den gesetzlichen Vorgaben zurückbleibenden Mitwirkungsrechte der Delegierten bei der VFF oben S. 164 und zu der fehlenden Mitgliedschaftsmöglichkeit für Rechtsinhabern bei der GVL oben S. 143.

740 So auch mit Blick auf die jahrzehntelange Verlegerbeteiligung *Rehbinder/Peukert*, Urheberrecht, 18. Aufl. 2018, Rn. 1134.

741 Vgl. auch den ähnlichen Appell bei *Flechsig* in: FS Schulze, 2017, S. 256, der von einer „Ermessenreduzierung auf null" hinsichtlich des Einschreitend des DPMA spricht.

742 Siehe bereits oben S. 101.

Gremium von einer Profession beherrscht wird und so der Minderheitenschutz der Mitgliederhauptversammlung unterwandert wird. Hier sollten sodann dieselben Grundsätze wie für die Mitgliederhauptversammlung gelten, wonach z.B. bei Beschlüssen, die nur eine einzelne Kurie betreffen, auch nur diese abstimmungsberechtigt ist.

5. Zusammenfassung

Die in einer einzigen Verwertungsgesellschaft zusammengeschlossenen Mitglieder lassen sich auf vielfältige Weise unterteilen. Das wichtigste Differenzierungsmerkmal ist dabei der ausgeübte Beruf, denn das daran anknüpfende Kuriensystem nimmt in Verwertungsgesellschaften, die verschiedene Kategorien von Rechten wahrnehmen, eine wichtige Rolle ein. Es hilft dabei, die Interessen der einzelnen Mitglieder typisiert zusammenzufassen. Nur so lässt sich erreichen, dass in bestimmten Bereichen auf Gruppeninteressen reagiert werden kann.

Doch durch die Unterteilung in Berufsgruppen und durch die Abstimmungspraxis ergeben sich neben erheblichen Problemen aus *Corporate-Governance*-Perspektive auch rechtliche Bedenken. So ist das in der Praxis vorzufindende Kuriensystem häufig nicht rechtskonform. Es ist daher auf ein Maß zu reduzieren, dass es mit § 16 VGG in Einklang bringt. Nur bei Beschlüssen, die Sonderrechte betreffen, ist die Abstimmung nach Kurien nötig und rechtmäßig. In allen übrigen Fällen kann eine Berücksichtigung der unterschiedlichen Gruppeninteressen ebenso auf anderem Wege realisiert werden. Ein ausreichendes Schutzlevel wird bereits durch eine Fülle an gesetzlichen Vorgaben und die Treuepflicht der Mitglieder gewährleistet. Deren Durchsetzung sollte vom DPMA als Aufsichtsbehörde sichergestellt werden.

Die Unterteilung in verschiedene Rechtsinhaberkategorien wäre auch bei einer solchen Zurückdrängung des Kuriensystems weiterhin von großer Bedeutung. Zum einen knüpft die Wahl von Mitgliedern in andere Organe daran an (vgl. z.B. § 22 Abs. 2 VGG). Zum anderen entfalten die Berufsgruppen Bedeutung bei den Aufnahmebedingungen und eventuell bei der Verteilung der Einnahmen. Mithin würde eine Abschaffung des Kuriensystems bei der Mitgliederhauptversammlung die Unterteilung der Rechtsinhaber nach Berufen nicht obsolet werden lassen.

Kapitel 3: Eindämmung von Interessenkonflikten

I. Problemstellung

Unterschiedliche Interessen zwischen Prinzipal und Agent sind die Regel. Sie sind eine der Hauptgründe für die Agenturtheorie. Würden beide Parteien dieselben Ziele verfolgen, so bestünde keine Opportunismusgefahr. Annahmegemäß will aber der Agent (auch) seinen eigenen Nutzen maximieren und nicht (nur) den des Prinzipals.

Prinzipiell ist dies nicht negativ: Soweit der Agent möglichst gute Bedingungen für sich herausholen will *vor* seiner Beauftragung, spiegelt dies die Vertragsfreiheit wider. Zum Problem werden die unterschiedlichen Interessen zwischen Prinzipal und Agent erst, wenn *nach* Vertragsschluss Regelungslücken auftreten. Dann ergeben sich Opportunismuschancen und der Agent hat aufgrund seiner Rolle deutlich mehr Möglichkeiten, diese – womöglich sogar unbemerkt – für sich zu realisieren. Er zieht in dieser Situation seine Interessen denen des Prinzipals vor. Die gleiche Gefahr besteht auch in Situationen, in denen zwar der Vertrag nicht lückenhaft ist, der Prinzipal das Handeln des Agenten jedoch nicht beobachten kann (sog. *Hidden Action*). Wie im zweiten Kapitel gezeigt wurde, kann durch eine ausgewogene Kompetenzverteilung zwischen den Organen einer Verwertungsgesellschaft ein System von *Checks and Balances* implementiert werden, doch verbleiben noch immer erhebliche Handlungsspielräume für die Agenten.

Dabei muss zwischen einer hohen Vergütung des Agenten, die er aufgrund der Marktnachfrage nach seiner Leistung bei Vertragsschluss aushandeln kann, und einer Bereicherung aus Mitteln des Prinzipals bei Verrichtung seines Auftrags unterschieden werden: Anders als beim *ex-ante*-Opportunismus spiegelt sich in der zweiten Situation nicht die Verhandlungsmacht des Agenten wider, sondern die asymmetrische Informationsverteilung.[743] Allein dieser *ex-post*-Opportunismus ist Anknüpfungspunkt für *Corporate-Governance*-Maßnahmen. Diese können neben expliziten Verhaltensnormen mit Sanktionen auch Anreizsysteme umfassen. Welche Art von Maßnahme vorzugswürdig ist, hängt von der konkreten Situation ab.

---

743 Siehe dazu bereits oben S. 28 f.

Dabei gilt es zu bedenken, dass sanktionsbewehrte Maßnahmen einer Überwachung bedürfen und damit zu (Informations-)Kosten führen.

Die nachfolgende Untersuchung orientiert sich an verschiedenen Interessenkonflikten innerhalb der Verwertungsgesellschaft. Zum einen kann es zum Konflikt zwischen den Interessen eines Organwalters und denen der Gesellschaft kommen. Dies kann bei einzelnen Geschäftsführungsmaßnahmen der Fall sein (II.), ist aber auch generell ein Problem. Nach dem *Homo-oeconomicus*-Modell wird ein Organwalter stets versuchen, seinen eigenen Aufwand möglichst gering zu halten. Durch eine variable Vergütung kann versucht werden, seine Interessen denen des Prinzipals anzugleichen (III.). Zum anderen kann es auch zu Interessenkonflikten kommen, die nicht die Organwalter betreffen. Bei Einschaltung eines Stellvertreters kann es etwa sein, dass dieser seine eigenen Interessen verfolgt anstatt die des Vertretenen. Dieser *Principal-Agent*-Konflikt kann durch einschränkende Vorgaben entschärft werden (IV.). Schließlich kann es auch zu Konflikten zwischen den Interessen der Gesellschaft – den Prinzipalen in ihrer Gesamtheit – und einzelnen Prinzipalen kommen. Diese *Principal-Principal*-Konflikte treten insbesondere auf, wenn es um die Verteilung von Geld geht. Vorgaben zur Mittelverwendung können die Opportunismusspielräume dabei verkleinern (V.).

II. Das Verfahren nach § 21 Abs. 2 VGG

Im Rahmen ihrer organschaftlichen Tätigkeit ist es Vorständen und Geschäftsführern untersagt, ihre eigenen Interessen zu verfolgen, soweit diese nicht im Einklang mit denen der Gesellschaft stehen.[744] Einer ausdrücklichen Regelung bedarf es dafür weder in dem Statut der Verwertungsgesellschaft noch in ihrem Anstellungsvertrag. Die Pflicht, die Interessen der Gesellschaft zu wahren, ist Bestandteil ihrer organschaftlichen Treuepflicht.[745]

---

744 *Wilsing* in: Wilsing, DCGK, 2012, Ziff. 5.5.1 Rn. 1, 7; *Bachmann* in: Kremer u.a., DCGK, 7. Aufl. 2018, Rn. 1075; *Bicker/Preute* in: Fuhrmann/Linnerz/Pohlmann, DCGK, 2016, Ziff. 5 Rn. 296.

745 Für den Verein: MüKo-BGB/*Leuschner*, 8. Aufl. 2018, § 27 Rn. 41; für die GmbH: *Zöllner/Noack* in: Baumbach/Hueck, GmbHG, 21. Aufl. 2017, § 35 Rn. 39 f.; ausführlich *Fleischer*, WM 2003, 1045 ff.; *Kumpan*, Der Interessenkonflikt im deutschen Privatrecht, 2014, S. 113 ff. Auch soweit die Rechtewahrnehmung nur aufgrund einer rein gesetzlichen Beziehung erfolgt, d.h. ohne vertragliche Beziehung (z.B. bei Außenseitern bei Kabelweitersendung), besteht eine Interes-

Von der bloßen Verpflichtung ist jedoch die Durchsetzung zu unterscheiden. Die organschaftliche Interessenwahrungspflicht ist nicht *self-executing*, sondern bedarf einer Überwachung und Durchsetzung. Die *Corporate-Governance*-Grundsätze der *OECD* und der DCGK enthalten dahingehende Empfehlungen.[746] An sie knüpft § 21 Abs. 2 S. 1 VGG an. Demnach hat die Verwertungsgesellschaft zur Erkennung und Vermeidung von Interessenkonflikten der Geschäftsführung Verfahren festzulegen. Satz 2 ergänzt, dass unvermeidliche Konflikte „offenzulegen, zu überwachen und baldmöglichst zu beenden" sind. Die Regelung wird von der Offenlegungspflicht des Abs. 3 Nr. 4 flankiert, wonach „Art und Umfang eines tatsächlichen oder möglichen Konflikts" gegenüber der Mitgliederhauptversammlung in einer persönlichen Erklärung offenzulegen sind.[747] Das von der Verwertungsgesellschaft zu etablierende Verfahren ist damit zweistufig aufgebaut: Primär sollen Konflikte erkannt sowie gänzlich vermieden werden. Erst soweit dies nicht möglich ist, sollen sie kontrolliert und beendet werden.

Ausgehend vom Ziel des § 21 Abs. 2 VGG (1.) wird zunächst der zentrale Begriff des „Interessenkonflikt" zu bestimmen (2.). Auf den Erkenntnissen basierend wird ein konkretes Verfahren (3.) und seine Anwendung über den § 21 Abs. 2 VGG hinaus auf andere Organwalter als die Geschäftsführer (4.) vorgeschlagen. Zum Schluss ist zu klären, wo und wie dieses Verfahren zu verankern ist (5.).

1. Ziel der Regelung

Ausweislich des Wortlauts sollen durch das Verfahren des § 21 Abs. 2 VGG „Nachteile für Mitglieder und Berechtigte [...] verhinder[t]" werden. Während sich der damit umgesetzte Art. 10 Abs. 2 UAbs. 1 RL 2014/26/EU auf den Schutz der von der Verwertungsgesellschaft vertretenen Rechtsinhaber beschränkt – obwohl auch die Richtlinie den Begriff des Mitglieds kennt –, weitet das VGG den Schutzbereich auf Mitglieder und Berechtigte aus. Damit werden auch solche Mitglieder erfasst, die keine Rechtsinhaber sind, denn die übrigen Mitglieder fallen bereits in die Gruppe der „Be-

---

senwahrungspflicht, vgl. *Kumpan*, Der Interessenkonflikt im deutschen Privatrecht, 2014, S. 121.

746 Siehe Ziff. 4.3.3 DCGK; *OECD*, G20/OECD-Grundsätze der Corporate Governance, 2015, S. 57 ff.

747 Siehe zur persönlichen Erklärung ausführlich unten S. 257 ff.

rechtigten“, sodass eine erneute Nennung unnötig wäre. Die Richtlinie steht dem nicht entgegen, da ausweislich ErwGr. 9 S. 2 RL 2014/26/EU strengere Vorschriften möglich sind.

Die Ausweitung auf die gesamte Gruppe der Mitglieder ist beachtlich. Die Mitglieder i.S.v. § 7 Nr. 2 VGG partizipieren nicht an den Ausschüttungen und haben mangels Eigengewinnerzielungsabsicht der Verwertungsgesellschaft auch keine sonstigen finanziellen Beteiligungsansprüche.[748] Der Einbeziehung dieser Mitglieder neben den Rechtsinhabern kommt nur eine Bedeutung zu, soweit auch nicht-finanzielle Interessen berücksichtigungsfähig sind. Entsprechend lässt sich auch § 21 Abs. 2 S. 1 VGG nicht auf Interessenkonflikte mit wirtschaftlicher Bedeutung beschränken.[749]

2. Begriffsbestimmung

Kern der Regelung ist der Interessenkonflikt. Eine Legaldefinition für „Interessenkonflikt“ findet sich in der Richtlinie oder dem VGG jedoch nicht, sodass das genaue Verständnis zu klären ist. Ausgangspunkt der Begriffsbestimmung bildet die doppelte Rolle des Organwalters.[750] In Rahmen seines Amtes hat er die Interessen des Unternehmens zu wahren, während er als natürliche Person selbstverständlich auch eigene, private Interessen hat. Kommt es nun zu Entscheidungen, die beide Interessensphären betreffen, ergibt sich ein Konflikt.

Unter Interessenkonflikten versteht man somit Situationen, in denen eine Geschäftsführungsmaßnahme dazu geeignet ist, ein privates oder berufliches Interesse eines beteiligten Organmitglieds derart zu berühren, dass sich die Berücksichtigung dieses anderweitigen Interesses zulasten der Interessen des Unternehmens auswirken *könnte*.[751] Diese Definition ist denkbar weit und muss daher je nach Anwendungsbereich eingeengt wer-

---

748 Einziges finanzielle Interesse der Mitglieder i.S.v. § 7 Nr. 2 VGG könnte bei Verwertungsgesellschaften mit beschränkter Haftung die Rückgewähr der Einlage sein.

749 Vgl. weitergehend zur Berücksichtigungsfähigkeit *Goslar* in:Wilsing, DCGK, 2012, Ziff. 4.3.4 Rn. 5, der sogar auf aus dem politischen Motiven folgende (Gewissens)Konflikte abstellt.

750 Vgl. *Kumpan*, Der Interessenkonflikt im deutschen Privatrecht, 2014, S. 27.

751 *Bachmann* in: Kremer u.a., DCGK, 7. Aufl. 2018, Rn. 1100b; *Goslar* in: Wilsing, DCGK, 2012, Ziff. 4.3.4 Rn. 3; BeckOK-UrhR/*Freudenberg*, 25. Ed. 15.7.2019, § 21 VGG Rn. 4.

den.[752] Von besonderer Bedeutung ist dabei die Unterscheidung zwischen abstrakten und konkreten Interessenkonflikten.[753] Aus abstrakter Sicht kommt es nicht darauf an, ob der jeweilige Organwalter tatsächlich einem Konflikt zwischen Privat- und Unternehmensinteressen ausgesetzt ist.[754] Stattdessen wird anhand von *formal typisierten* Anknüpfungspunkten bestimmt, ob in einer bestimmten Situation ein Konflikt gegeben ist.[755] Durch diese Objektivierung wird die Rechtssicherheit und der Verkehrsschutz erhöht, weil so Dritte das Vorliegen des Interessenkonflikts determinieren können, ohne die tatsächlichen Interessen des Organwalters ermitteln zu müssen.[756] Ein konkreter Interessenkonflikt liegt hingegen nur dann vor, wenn unter Berücksichtigung der jeweiligen Umstände tatsächlich Interessen des Organwalters verhindern, dass er die Unternehmensinteressen wahrt.[757] Die beiden Ausprägungen stehen dabei nicht in einem Stufenverhältnis: Einerseits ist es möglich, dass ein abstrakter Konflikt vorliegt, nicht aber ein konkreter.[758] Andererseits ist es auch denkbar, dass tatsächlich ein Interessenkonflikt vorliegt, obwohl bei formal typisierter Betrachtung keine widerstreitenden Interessen erkennbar sind.

3. Ausgestaltung des Verfahrens

Explizite Vorgaben, wie das angeordnete Verfahren auszusehen hat, macht das VGG nicht. Der umgesetzte Art. 10 Abs. 2 RL 2014/26/EU gibt in UAbs. 2 lediglich vor, dass als Teil des Verfahrens eine *„individuelle* Erklärung" abzugeben ist. Es handelt sich dabei um die *„persönliche* Erklärung" des § 21 Abs. 3 VGG.[759] Darüber hinausgehende Konkretisierungen trifft auch die Richtlinie nicht. Den Verwertungsgesellschaften verbleibt daher ein großer Spielraum bei der Umsetzung des vorgeschriebenen Verfahrens.

---

752 *Kumpan*, Der Interessenkonflikt im deutschen Privatrecht, 2014, S. 11.

753 *Kumpan*, Der Interessenkonflikt im deutschen Privatrecht, 2014, S. 41 f.

754 *Kumpan*, Der Interessenkonflikt im deutschen Privatrecht, 2014, S. 41.

755 *Kumpan*, Der Interessenkonflikt im deutschen Privatrecht, 2014, S. 41; *Bachmann* in: Kremer u.a., DCGK, 7. Aufl. 2018, Rn. 1100; ähnlich *Fuhrmann* in: Fuhrmann/Linnerz/Pohlmann, DCGK, 2016, Ziff. 4 Rn. 256, der von „konfliktverdächtigen" Situationen spricht.

756 Ähnlich *Kumpan*, Der Interessenkonflikt im deutschen Privatrecht, 2014, S. 41; *Koch*, ZGR 2014, 697 (698).

757 *Kumpan*, Der Interessenkonflikt im deutschen Privatrecht, 2014, S. 41.

758 Vgl. *Butzke* in: FS Hoffmann-Becking, 2013, S. 231, der darauf verweist, dass diese Umstände dennoch einen „bösen Schein" schaffen könnten.

759 Siehe dazu ausfürhlichen unten S. 257 ff.

In Anlehnung an ähnliche Regelungen ist es zur Vermeidung von Interessenkonflikten zweckmäßig, potenziell suspekte Geschäftsführungsmaßnahmen einem Zustimmungsvorbehalt zu unterwerfen. Anknüpfungspunkt für den Zustimmungsvorbehalt sind dabei abstrakte Interessenkonflikte der Geschäftsführungsmitglieder (a.). Dieser weite Tatbestand ist nötig, um in einem ersten Schritt alle Situationen zu erfassen, in denen sich die Eigeninteressen gegen die Gesellschaftsinteressen durchsetzen könnten. Eine Wertung geht damit noch nicht einher.[760] Das Auftreten dieser abstrakten Konflikte sollte von dem betroffenen Organmitglied gemeldet werden (b.). Im nächsten Schritt kann die Situation bewertet werden (c.). Liegt demnach ein konkreter Interessenkonflikt vor oder ist dieser nicht auszuschließen, sollte keine Zustimmung erteilt werden. Liegt hingegen tatsächlich kein Konfliktfall vor, ist das Verfahren mit einer Genehmigung der Geschäftsführungsmaßnahme abzuschließen. Liegt ein Interessenkonflikt vor und ist dieser im Einzelfall jedoch nicht vermeidbar, ist die Zustimmung im Einzelfall zu erteilen. Auf einer dritten Stufe sind in diesem Fall Maßnahmen zur Überwachung des Konflikts zu treffen und dieser sobald wie möglich zu beenden (d.).

a. Interessenkonflikt i.S.v. § 21 Abs. 2 S. 1 VGG

Auf der ersten Stufe muss mit den abstrakten Interessenkonflikten ein grober Maßstab angelegt werden. Dieser ist nötig, um alle suspekten Geschäfte zu erfassen. Es sagt noch nichts darüber aus, ob auch ein konkreter und damit *per se* vermeidungswürdiger Interessenkonflikt vorliegt. Abgesichert wird dieser Befund von der Richtlinie, die in 10 Abs. 2 UAbs. 1 explizit „tatsächliche oder *mögliche* Interessenkonflikte [Hervorhebung des Verfassers]" adressiert. Dennoch darf der Anwendungsbereich des § 21 Abs. 2 S. 1 VGG auch nicht ausufern und die Handlungsfähigkeit der Geschäftsführung gefährden.

Ausgehend von dem Modell des *Homo oeconomicus*, der stets versucht, seinen eigenen Nutzen zu maximieren, ist in jedem Treuhandverhältnis latent ein abstrakter Interessenkonflikt angelegt. Dieser Konflikt ist offenkundig und allen Beteiligten bewusst,[761] sodass er von Regelungen des § 21

760 Vgl. *Furhmann* in: Fuhrmann/Linnerz/Pohlmann, DCGK, 2016, Ziff. 4 Rn. 270.

761 Ähnlich zur Offenkundigkeit bei Verträgen ohne Fremdinteressenwahrung *Kumpan*, Der Interessenkonflikt im deutschen Privatrecht, 2014, S. 41. Vgl. auch *Goslar* in: Wilsing, DCGK, 2012, Ziff. 4.3.4 Rn. 4.

Abs. 2 S. 1 VGG nicht erfasst werden sollte.[762] Vielmehr wird er als Ausgangspunkt des *Principal-Agent*-Konflikts bereits von dem *Corporate-Governance*-System in seiner Gesamtheit adressiert.

Gegenstand des Verfahrens nach § 21 Abs. 2 S. 1 VGG sollten stattdessen nur solche Interessenkonflikte sein, die über diesen latenten Dauerkonflikt hinausgehen.[763] Der Konflikt darf dabei „nicht lediglich zufällig“[764] auftreten. Zwischen der betroffenen Geschäftsführungsmaßnahme und dem konfligierenden Interesse muss ein unmittelbarer Zusammenhang bestehen.[765] Es genügt daher nicht, dass sich die Entscheidung der Geschäftsführung mittelbar auf die privaten Interessen auswirkt. Erfasst werden insbesondere Eigengeschäfte, d.h. Geschäfte zwischen der Gesellschaft und dem Vorstandsmitglied selbst (sog. *Self Dealing*).[766] Viele Geschäftsführer und Vorstände der deutschen Verwertungsgesellschaft üben nebenbei noch weitere Beschäftigungen – z.B. als Rechtsanwalt[767] – aus. Die Rechtsberatung der Gesellschaft durch den Organwalter aufgrund eines zusätzlichen Vertrages[768] ist ein Musterbeispiel für einen solchen Interessenkonflikt.[769]

Es kommt dabei nicht auf die vereinbarten Konditionen an oder darauf, ob sich das betroffene Vorstandsmitglied selbst für befangen hält. Es reicht aus, dass sich bei einer objektivierten Betrachtung typischerweise eine Beeinträchtigung der Unternehmensinteressen ergeben könnte.[770] Somit liegt auch dann ein zu berücksichtigender abstrakter Konflikt vor, wenn

---

762 Vgl. zu 4.3.3 DCGK *Bachmann* in: Kremer u.a., DCGK, 7. Aufl. 2018, Rn. 1110 f.

763 Vgl. zur ähnlichen Regelung in Ziff. 4.3.3 DCGK *Bachmann* in: Kremer u.a., DCGK, 7. Aufl. 2018, Rn. 1110.

764 *Kumpan*, Der Interessenkonflikt im deutschen Privatrecht, 2014, S. 28.

765 *Kumpan*, Der Interessenkonflikt im deutschen Privatrecht, 2014, S. 28 m.w.N. und Beispiel.

766 Vgl. *Bachmann* in: Kremer u.a., DCGK, 7. Aufl. 2018, Rn. 1110; *Goslar* in: Wilsing, DCGK, 2012, Ziff. 4.3.4 Rn. 4.

767 So etwa der Geschäftsführer der VFF, *Johannes Kreile*, der Geschäftsführer der GWFF und AGICOA, *Ronald Frohne*, der Geschäftsführer der GWVR, *Johannes Ulbricht*, sowie der Geschäftsführer der TWF, *Martin Feyock*, die alle nebenher als Rechtsanwälte tätig sind.

768 *Bachmann* in: Kremer u.a., DCGK, 7. Aufl. 2018, Rn. 1114.

769 Vgl. Ziff. 4.3.4 DCGK im Teil „Interessenkonflikte“, in der die Nebentätigkeiten von Vorstandsmitgliedern neben der allgemeineren Ziff. 4.3.3 DCGK speziell geregelt wird. *Hentsch* in: Dreyer/Kotthoff/Meckel/Hentsch, UrhR, 4. Aufl. 2018, § 21 VGG Rn. 3 sieht insbesondere anwaltliche Vertretung von Berechtigten als problematisch an.

770 Vgl. *Bachmann* in: Kremer u.a., DCGK, 7. Aufl. 2018, Rn. 1110, 1100b.

die Konditionen marktüblich oder sogar vorteilhaft für die Verwertungsgesellschaft sind.[771]

Auch Geschäfte zwischen der Gesellschaft und dem Organwalter nahestehenden – juristischen oder natürlichen – Personen werden erfasst,[772] weil ein dem Interesse der Verwertungsgesellschaft widerstrebendes Interesse eines Organwalters sich auch von einer nahestehenden Person ableiten kann.[773] Gleichzeitig können Umgehungsgeschäfte damit verhindert werden.[774] Gibt eine Verwertungsgesellschaft beispielsweise dem Sohn einer Geschäftsführerin einen Kredit,[775] so handelt es sich um einen Interessenkonflikt des Organmitglieds. Den Sohn hingegen trifft keine originäre Pflicht, auf die Interessen des Unternehmens besondere Rücksicht zu nehmen. Gleiches gilt für eine Mandatierung der Sozietät des Geschäftsführungsmitglieds.[776]

Häufige Quelle von Interessenkonflikten ist auch die Nutzung von Wissen oder Geschäftschancen aus der Organstellung vorbei an der Gesellschaft zum privaten Vorteil.[777] Wettbewerbsverbote sollen diesen Konflikt zugunsten der Gesellschaft lösen (vgl. § 88 Abs. 1 AktG). Bei einer Verwertungsgesellschaft ist diese Art von Konflikt jedoch nicht zu erwarten, da die Organwalter nicht in der Lage sind, die Leistungen der Gesellschaft oder Substitute anzubieten. Sie können privat keine Lizenzen einräumen oder verwertungsgesellschaftspflichtige Ansprüche einziehen.

Selbstverständlich müssen erst recht auch konkrete Interessenkonflikte erfasst werden, die bei objektivierter Betrachtung nicht erkannt werden

---

771 Vgl. *Bachmann* in: Kremer u.a., DCGK, 7. Aufl. 2018, Rn. 1113 ff.

772 *Hölters* in: Hölters, AktG, 3. Aufl. 2017, § 93 Rn. 123; *Dauner-Lieb* in: Henssler/Strohn, GesR, 4. Aufl. 2019, § 93 AktG Rn. 24; *Fleischer* in: Spindler/Stilz, AktG, 4. Aufl. 2019, § 93 Rn. 72; *Goslar* in: Wilsing, DCGK, 2012, Ziff. 4.3.4 Rn. 3 f. Vgl. auch die *OECD*-Empfehlung in *OECD*, G20/OECD-Grundsätze der Corporate Governance, 2015, S. 30.

773 *Bicher/Preute* in: Fuhrmann/Linnerz/Pohlmann, DCGK, 2016, Ziff. 5 Rn. 225; vgl. *Goslar* in: Wilsing, DCGK, 2012, Ziff. 4.3.4 Rn. 17.

774 Vgl. *v. Buttlar*, BB 2003, 2133 (2136).

775 Ausführlich zu Kreditvergaben an Angehörige *Fleischer* in: Fleischer, Hdb VorstandsR, 2006, § 9 Rn. 48 ff. insb. 58.

776 Differenzierend anhand der Beteiligungsverhältnisse *Kort*, ZIP 2008, 717 (723). *Spindler*, NZG 2011, 334 (335) will bereits ein „marginales Zugutekommen" ausreichen lassen. Dabei wird jedoch nicht hinreichend gewürdigt, dass auch ganz ohne Gewinnbeteiligung durch die Vermittlung von Aufträgen die Stellung innerhalb der Sozietät gefestigt bzw. gewahrt werden kann. Ähnlich auch zu § 114 AktG *OLG Frankfurt*, Urt. v. 15.2.2011, NZG 2011, 350 (352) – *Fresenius SE*.

777 Vgl. *Kort*, ZIP 2008, 717 (718 f.).

können. Denn gerade aufgrund ihrer *Unauffälligkeit* geht von ihnen eine besondere Opportunismusgefahr aus.

b. Erkennung der Konflikte

Während abstrakte Konflikte deutlich erkennbar sind, ist die Identifizierung von rein konkreten Interessenkonflikten ohne ein Mitwirken des betroffenen Organwalters kaum möglich. Aus Sicht des Prinzipals wirken sie harmlos, weil es ihnen immanent ist, dass sie keine *typischen* Konfliktsituationen verkörpern. Ohne die internen Beweggründe für das Handeln des Agenten zu kennen, wird es für den Prinzipal damit schwierig, den Konflikt zu identifizieren.

(1) Offenlegungspflicht

Auch in den übrigen Situationen ist es extrem aufwendig, Interessenkonflikte ohne die Hilfe des betroffenen Geschäftsführungsmitglieds zu erkennen. Nötig wäre eine durchgängige Beobachtung aller Handlungen der Geschäftsführung. Die Überwachungskosten wären entsprechend hoch. Vorzugswürdig ist es daher, den Organmitgliedern Mitwirkungspflichten aufzuerlegen. Sie müssen zeitnah aktiv offenlegen, wenn ein abstrakter oder konkreter Interessenkonflikt auftritt. Um den Beurteilungsspielraum der Adressaten der Offenlegungspflicht zu minimieren, sollten ihnen klare Vorgaben gemacht werden. Dies kann beispielsweise durch eine nicht enumerative Aufzählung von typischen Interessenkonflikten geschehen.[778]

Ob im konkreten Einzelfall tatsächlich eine Gefährdung der Unternehmensinteressen gegeben ist, ist, wie bereits erwähnt, nicht ausschlaggebend für die Meldepflicht.[779] Ihr kommt vielmehr eine präventive Wirkung zu:[780] Durch die frühzeitige Offenlegung wird verhindert, dass der betroffenen Organwalter mit einer *Hidden Intention* handelt. Die Prinzipale – bzw. deren Überwachungsagenten – kennen nun die vermeintliche Absicht des Agenten, sich opportunistisch zu verhalten. Erst so werden sie

---

778 *Schieffer/Wauschkuhn*, CCZ 2017, 191.

779 Vgl. zur ähnlichen Situation bei § 181 BGB: Staudinger/*Schilken*, Neubearb. 2014, § 181 Rn. 4 ff.

780 Vgl. *Kort*, ZIP 2008, 717 (720, 724).

in die Lage versetzt, das Handeln des Agenten angemessen bewerten zu können.[781]

Die Offenlegung durch das betroffene Organmitglied sollte unverzüglich gegenüber dem Aufsichtsgremium bzw. dessen Vorsitzenden erfolgen.[782] Die Offenlegung in der jährlichen persönlichen Erklärung gegenüber der Mitgliederhauptversammlung genügt daher nicht.

(2) Konkretisierung der Reichweite

Soweit auch Geschäfte mit Dritten von dem Verfahren wirksam erfasst werden sollen, muss der Kreis der betroffenen Personen festgelegt werden. Eine Offenlegungspflicht muss bei Geschäftsführungsmaßnahmen ausgelöst werden, bei denen davon auszugehen ist, dass die Interessen einer dem Mitglied der Geschäftsführung nahestehenden Person dazu geeignet sind, ihn zu einer Überlagerung der Unternehmensinteressen zu motivieren. Dabei können verschiedene Normen als Vorbild dienen:

Der sich mit den sogenannten *Directors' Dealings* – einem Unterfall von Interessenkonflikten – befassende Art. 19 VO 596/2014/EU[783] statuiert eine Meldepflicht für bestimmte Finanzgeschäfte von Führungskräften, „sowie in enger Beziehung zu ihnen stehende Personen". Nach der Legaldefinition in Art. 3 Abs. 1 Nr. 26 VO 596/2014/EU sind dies Ehepartner, eingetragene Lebenspartner, unterhaltsberechtigte Kinder und Verwandte, die mit der Führungskraft zum Zeitpunkt des Abschlusses des meldepflichtigen Geschäfts seit mindestens einem Jahr demselben Haushalt angehören.[784] Eine ähnliche Eingrenzung nimmt § 15 Abs. 1 S. 1 Nr. 5 KWG für Organkredite vor und § 89 Abs. 3 S. 1 AktG für Kredite an Vorstandsmitglieder.[785] Im Wege einer Gesamtanalogie ist bei diesen Personengruppen eine

---

781 Vgl. *Butzke* in: FS Hoffmann-Becking, 2013, S. 231; *Kumpan*, Der Interessenkonflikt im deutschen Privatrecht, 2014, S. 66.

782 Vgl. *Goslar* in: Wilsing, DCGK, 2012, Ziff. 4.3.4 Rn. 10.

783 Verordnung (EU) Nr. 596/2014 des Europäischen Parlaments und des Rates vom 16.4.2014 über Marktmissbrauch, ABl. Nr. L 173, S. 1.

784 Siehe auch die fast identische vorherige nationale Regelung in § 15a Abs. 3 WpHG i.d.F vom 1.11.2007.

785 Siehe aber auch die weitergehenden § 1795 Abs. 1 BGB, § 138 Abs. 1 InsO und § 15 AO. Ihnen liegt jedoch ein anderer Anwendungsbereich zugrunde, sodass die Interessenlage eine andere ist und sie im vorliegenden Kontext ungeeignet sind. Ähnlich auch *Bicher/Preute* in: Fuhrmann/Linnerz/Pohlmann, DCGK, 2016, Ziff. 5 Rn. 225. Für die Übertragbarkeit des § 15 AO hingegen *Goslar* in: Wilsing, DCGK, 2012, Ziff. 4.3.3 Rn. 9, weil bei diesen Personen ein Konflikt

Anwendung des § 21 Abs. 2 S. 1 VGG vorzunehmen.[786] Zur Klarstellung und Information aller Verfahrensbeteiligung empfiehlt es sich, dies in den Statuten oder einer Verfahrensordnung festzuhalten.[787]

(3) Zuständiges Organ

Art. 10 Abs. 2 RL 2014/26/EU und § 21 Abs. 2 VGG lassen offen, wer für die Überwachung des Verfahrens zuständig ist. Aufgrund der Zuweisung der Überwachung der Geschäftsführung an das Aufsichtsgremium (§ 22 Abs. 1 und Abs. 3 Nr. 2 VGG) ist es zweckmäßig, diesem auch die Leitung des Verfahrens nach § 21 Abs. 2 VGG zuzuteilen. Die Interessenkonflikte sind folglich diesem Gremium zu melden. Auch der DCGK und die *Corporate-Governance*-Prinzipien der *OECD* empfehlen die Offenlegung von Interessenkonflikten gegenüber dem Aufsichtsrat.[788] Während aus der Treuepflicht des jeweiligen Geschäftsführungsmitglieds bereits eine Offenlegungspflicht gegenüber seinen Geschäftsführungskollegen folgen soll,[789] ist die Meldepflicht gegenüber dem Aufsichtsgremium im Rahmen des Verfahrens nach § 21 Abs. 2 VGG konstitutiv.[790]

c. Vermeidung der Konflikte

Wurden die betroffenen Situationen dem Aufsichtsgremium gegenüber offengelegt, folgt im nächsten Schritt eine wertende Betrachtung, denn § 21 Abs. 2 S. 1 VGG fordert nicht lediglich die Erkennung von Konflikten,

---

nicht ausgeschlossen werden könne und § 89 Abs. 3 S. 1 AktG entsprechend zu eng sei.

786 Vgl. zur Gesamtanalogie bei § 93 AktG wohl *Koch* in: Hüffer/Koch, AktG, 13. Aufl. 2018, § 93 Rn. 25; *Koch*, ZGR 2014, 697 (705 f.).

787 Siehe auch die Auflistung bei *Bicher/Preute* in: Fuhrmann/Linnerz/Pohlmann, DCGK, 2016, Ziff. 5 Rn. 225 f.

788 Ziff. 4.3.3 S. 1 DCGK und die *OECD*-Empfehlung, *OECD*, G20/OECD-Grundsätze der Corporate Governance, 2015, S. 30 u. 63.

789 *Goslar* in: Wilsing, DCGK, 2012, Ziff. 4.3.4 Rn. 7, 11; *Wilsing* in: Wilsing, DCGK, 2012, Ziff. 5.5.2 Rn. 1; *Bachmann* in: Kremer u.a., DCGK, 7. Aufl. 2018, Rn. 1097; wohl auch MüKo-AktG/*Habersack*, 5. Aufl. 2019, § 93 Rn. 71; *Koch* in: Hüffer/Koch, AktG, 13. Aufl. 2018, § 93 Rn. 26; a.A. *Furhmann* in: Fuhrmann/Linnerz/Pohlmann, DCGK, 2016, Ziff. 4 Rn. 274.

790 Vgl. zur Empfehlung im DCGK: *Goslar* in: Wilsing, DCGK, 2012, Ziff. 4.3.4 Rn. 6.

sondern ihre Vermeidung. Für Letzteres muss ein zusätzliches Verfahrenselement vorgesehen werden. Ziff. 4.3.3 S. 4 DCGK schreibt vor, dass betroffene „wesentliche Geschäfte“ der Zustimmung des Aufsichtsrats bedürfen. Auch die *Corporate-Governance*-Prinzipien der *OECD* empfehlen eine Genehmigungspflicht.[791] Ein solcher Zustimmungsvorbehalt[792] des Aufsichtsgremiums stellt sicher, dass erkannte Konflikte ganz einfach durch schlichte Verweigerung der Zustimmung vermieden werden können. Ein gesetzliches Vorbild dafür findet sich in § 114 Abs. 1 AktG für Verträge mit Aufsichtsratsmitgliedern.[793] Die Zustimmung sollte dabei stets vorab erteilt werden und nicht nachträglich möglich sein.[794] Dem Aufsichtsgremium müssen die wesentlichen Umstände des Einzelfalls bekannt sein, damit es die Situation angemessen bewerten kann.[795] Eine pauschale Einwilligung wird dem Verfahren des § 21 Abs. 2 VGG daher ebenfalls nicht gerecht.

Die Wirksamkeit des gesamten Verfahrens hängt mithin weitgehend von der Erteilung der Zustimmung ab. Wird sie zu leichtfertig erteilt, verfehlt das Verfahren seinen Zweck und vermeidet die erkannten Interessenkonflikte nicht. Wird die Zustimmung jedoch unnötig verweigert, kann dies die Handlungsfähigkeit der Gesellschaft beeinträchtigen und die Gewaltenteilung – das Aufsichtsgremium kann mithin Geschäftsführungsmaßnahmen verhindern – gefährden. Um dies zu vermeiden, sollten klare Kriterien definiert werden, wann die Zustimmung zu erteilen ist. Richtschnur müssen dabei die gesetzlichen Vorgaben sein. Besonders der Zweck des Verfahrens nach § 21 Abs. 2 VGG lässt sich dafür fruchtbar machen: Es soll die Mitglieder und Berechtigten vor Nachteilen schützen. Damit sind prinzipiell alle Geschäftsführungsmaßnahmen zustimmungsfähig, die nicht zu Nachteilen der beiden Personengruppen führen.

---

791 *OECD*, G20/OECD-Grundsätze der Corporate Governance, 2015, S. 29.

792 Zur Zulässigkeit nach dem AktG *Fleischer*, BB 2013, 835 (841) m.w.N.

793 Siehe aber auch § 89 Abs. 1 AktG, der keine Zustimmung, sondern einen vorherigen *Beschluss* des Aufsichtsrats vorschreibt. Eine Zustimmung wäre auch nicht möglich, da der Aufsichtsrat die Aktiengesellschaft gem. § 112 AktG gegenüber dem Vorstand vertritt und der Vorstand daher nicht mit sich selbst kontrahieren kann. Dazu MüKo-AktG/*Spindler*, 5. Aufl. 2019, § 89 Rn. 2.

794 Vgl. zu § 114 AktG *Spindler*, NZG 2011, 334 ff., insb. 336 f.

795 Vgl. zu § 114 AktG *Spindler*, NZG 2011, 334 (337). Ähnlich auch *Butzke* in: FS Hoffmann-Becking, 2013, S. 231 und *Bicker/Preute* in: Fuhrmann/Linnerz/Pohlmann, DCGK, 2016, Ziff. 5 Rn. 298, die Transparenz für eine Kontrolle voraussetzen.

(1) Konkrete Interessenkonflikte

Konkreten Interessenkonflikten ist per Definition die Zustimmung zu verweigern. Sie verhindern stets, dass der Organwalter die Interessen der Verwertungsgesellschaft angemessen vertritt. Bereits in dieser Verletzung des Fremdinteressenwahrungscharakters seines Amtes liegt ein Nachteil für die Mitglieder und Berechtigten.

(2) Abstrakte Interessenkonflikte

Schwieriger ist die Beurteilung bei Geschäftsführungsmaßnahmen, die einen abstrakten Interessenkonflikt auslösen. Soweit eine Gefahr für die Gesellschaftsinteressen ausgeschlossen werden kann, ist die Zustimmung zu erteilen.[796] Lässt sich nicht ermitteln, ob auch im jeweiligen Einzelfall tatsächlich ein Konflikt gegeben ist, so ist das Geschäft zu verhindern. Es liegt mithin an dem betroffenen Geschäftsführungsmitglied, die Abweichung vom objektiv-typisierten Standardfall ausreichend darzulegen.

Auf den ersten Blick ambivalent sind solche Situationen, die keine Mehrkosten[797] im Vergleich zu Verhaltensalternativen erzeugen. Soweit die Geschäftsführungsmaßnahme als solche nötig ist, ist mit ihr *prima facie* kein finanzieller Nachteil für die Mitglieder und übrigen Berechtigten verbunden. Schließlich wären die Kosten so oder so angefallen – unabhängig vom Vertragspartner. Durch die Einhaltung des Fremdvergleichsgrundsatzes scheint zusätzlich auch gewährt, dass es nicht zu einer unmittelbaren Bereicherung des Organmitglieds unter Ausnutzung von *ex-post*-Opportunismuschancen kommt.

Diese Betrachtung greift jedoch zu kurz: Sie lässt außer Acht, dass sich im weiteren Verlauf der an sich branchenüblichen Vertragsbeziehungen Gelegenheiten für opportunistisches Handeln bieten könnten. Es ist damit noch nicht ausgeschlossen, dass sich die Eigeninteressen des Organwalters in sonstiger Weise negativ auf die Verwertungsgesellschaft auswirken. Wenngleich etwa der Arbeitsvertrag eines nahen Angehörigen eines Geschäftsführungsmitglieds nicht von denen vergleichbar qualifizierter und

---

796 Vgl. *Wilsing* in: Wilsing, DCGK, 2012, Ziff. 5.5.2 Rn. 5.

797 Mit den Worten von Ziff. 4.3.3 S. 2 DCGK ließe sich auch von „branchenüblichen Standards“ sprechen. Es handelt sich dabei um eine Ausprägung des Fremdvergleichsgrundsatzes, so *Hölters* in: Hölters, AktG, 3. Aufl. 2017, § 93 Rn. 123.

eingesetzter Angestellter abweicht, kann es dennoch bei einer Kündigung bzw. deren Ausbleiben zu einer Beeinträchtigung der Unternehmensinteressen kommen. Damit ergeben sich laufend Möglichkeiten zum opportunistischen Verhalten. Es reicht daher nicht, die jeweilige das Vertragsverhältnis betreffende Geschäftsführungsmaßnahme dem Zustimmungsverfahren zu unterwerfen. Vielmehr ist bereits dem Vertrag, obwohl er einem Fremdvergleich standhält, als Quelle dieser potenziellen Interessenkonflikte die Zustimmung zu verweigern. Aufgrund dieses latenten Widerstreitens der Unternehmens- und Eigeninteressen des Organwalters ist der auf den ersten Blick nur abstrakt gegebene Konflikt auch konkret eine Gefahr für die Verwertungsgesellschaft.

Dies gilt jedenfalls bei Dauerschuldverhältnissen. Bei rein punktuellen[798] Austauschbeziehungen zwischen Verwertungsgesellschaft und Organmitglied ist die Gefahr für potenzielle Konflikte in der Zukunft deutlich geringer,[799] sodass diese eher zustimmungsfähig erscheinen. Es gilt jedoch zu beachten, dass bestimmte Situationen, in denen keine widerstreitenden Interessen vorliegen, trotzdem vermieden werden sollten, um einen „bösen Schein"[800] zu verhindern. Das Vertrauen in die Verwertungsgesellschaft und ihre Leitung würde dadurch geschwächt. Es liegt gerade in der Natur eines abstrakten Interessenkonflikts, dass er objektiv als problematisch erscheint. Die konkreten Umstände der Geschäftsführungsmaßnahme, die sie unverdächtig macht, sind hingegen nur den Verfahrensbeteiligten bekannt. Daher sollten solche Geschäftsführungsmaßnahmen, die eigentlich keine Gefährdung der Unternehmensinteressen bedeuten, mit Blick auf die Außenwirkung im Einzelfall trotzdem unterbleiben. Werden solche Geschäftsführungsmaßnahmen dennoch vorgenommen, sind sie wenigstens im Rahmen der persönlichen Erklärung nach § 21 Abs. 3 VGG der Mitgliederhauptversammlung gegenüber offenzulegen.[801]

---

798 Siehe zum Begriff *Kumpan*, Der Interessenkonflikt im deutschen Privatrecht, 2014, S. 41; *Wilsing* in: Wilsing, DCGK, 2012, Ziff. 5.5.2 Rn. 4.

799 Sie sind hingegen nicht ausgeschlossen, weil auch ein Kaufvertrag, etwa bei der Geltendmachung von Mängeln, Opportunismuschancen bieten kann. Die Wahrscheinlichkeit und Intensität ist dabei indes deutlich geringer als bei Dauerschuldverhältnissen.

800 *Butzke* in: FS Hoffmann-Becking, 2013, S. 231.

801 Siehe dazu unten S. 264.

(3) (Un-)wesentliche Konflikte

Der DCGK regt an, die Zustimmungspflicht auf *wesentliche* Geschäfte zu beschränken.[802] Fraglich ist, ob sich eine solche Einschränkung auf Verwertungsgesellschaften übertragen lässt. Dagegen sprich, dass § 21 Abs. 2 S. 1 VGG die Vermeidung von Interessenkonflikten und nicht nur von *wesentlichen* Interessenkonflikten fordert. Auch solche können zu – wenn auch unwesentlichen – Nachteilen für die Mitglieder und Berechtigten führen.

Daneben sprechen gegen eine solche Einschränkung auch praktische Gründe. Viele Unternehmen sprechen mit ihren Dienstleistungen oder Produkten einen breiten Markt an, sodass auch die Geschäftsführungsmitglieder zu den Kunden zählen können. Wenn der Vorstand eines Warenhauses eine Bratpfanne kauft oder die Tochter des Geschäftsführers eines Mobilfunkanbieters einen Handyvertrag abschließt, dann wäre ein Zustimmungsvorbehalt zu diesen Geschäften unnötig – zumindest soweit nicht von den allgemeingültigen Konditionen abgewichen wird.[803] Bei solchen Massengeschäften besteht kaum Missbrauchsgefahr. Diese standardisierten Transaktionen werden hundertfach zu einheitlichen Konditionen durchgeführt.[804] Bei den Verwertungsgesellschaften gibt es solche Geschäfte indes nur in zwei Bereichen: Die *Rechtewahrnehmung zu standardisierten Bedingungen* kann schon aufgrund des Wahrnehmungszwangs nach § 9 VGG nicht der Zustimmung des Aufsichtsgremiums unterliegen. Beim *Abschluss von Nutzungsvereinbarungen* unterliegt die Verwertungsgesellschaft gemäß § 34 Abs. 1 VGG ebenso einem Abschlusszwang. Daher muss auch in diesem Bereich – soweit die allgemeingültigen Tarife zugrunde gelegt werden – ein Zustimmungsvorbehalt ausscheiden. Denn dort wo das Gesetz einen Kontrahierungszwang vorsieht, verbleibt kein Entscheidungsspielraum für den Aufsichtsrat. Vielmehr stellt sich hier schon nicht das Ausgangsproblem: Wo die Gesellschaft keinen Handlungsspielraum hat,

---

802 Ähnlich („Erheblichkeitsschwelle") auch bezüglich § 114 AktG *Spindler*, NZG 2011, 334 (335 f.), der sich an der Vergütungshöhe der Organwalter orientiert.

803 *Bachmann* in: Kremer u.a., DCGK, 7. Aufl. 2018, Rn. 1124 nennt etwa „Tanken an einer der AG gehörenden Tankstelle, Übernachtung in einem der AG gehörenden Hotel" als weitere Beispiele für Alltags- oder Bagatellgeschäfte. Vgl. auch *J. Schmidt*, NZG 2018, 1201 (1210).

804 Zustimmungsbedürftig wäre es aber etwa dann, wenn der Geschäftsführer unter Verweis auf seine Position, den Verkäufer im Ladenlokal „überzeugt" mit seiner Tochter trotz negativen Schufa-Eintrags einen Handyvertrag abzuschließen und damit von den einheitlichen Konditionen abgewichen wird.

besteht auch nicht die Gefahr, dass der Organwalter diesen zum eigenen Vorteil nutzt.[805] Im Ergebnis ist eine Übertragung der Beschränkung des Zustimmungsvorbehalts auf wesentliche Interessenkonflikte auf Verwertungsgesellschaften abzulehnen.

(4) Unvermeidbare Interessenkonflikte

Es kann zu Situationen kommen, in denen nach den oben aufgestellten Richtlinien die Zustimmung nicht zu erteilen wäre. Wenn die Unterlassung der betroffenen Geschäftsführungsmaßnahme jedoch zu Nachteilen für die Mitglieder und Berechtigten führt und es auch keine Handlungsalternative gibt, die dies verhindert, würde die Nichtzustimmung das Verfahrensziel sabotieren. In diesem Fall ist der Interessenkonflikt unvermeidbar und die Zustimmung zu erteilen. Um auf das einführende Beispiel der Rechtsberatung der Gesellschaft durch die Sozietät eines Geschäftsführungsmitglieds zurückzukommen, sei an einen ausgewiesenen Experten in seinem Rechtsgebiet gedacht. Gibt es zu seiner Mandatierung keine adäquate Alternative und ist auch der Verzicht der Rechtsberatung nicht im Interesse der Verwertungsgesellschaft, so liegt ein unvermeidbarer Interessenkonflikt vor.

d. Umgang mit unvermeidbaren Interessenkonflikten

In diesem Fall endet das Verfahren nicht mit der Erteilung der Zustimmung durch das Aufsichtsgremium. Der Konflikt ist gemäß § 21 Abs. 2 S. 2 VGG stattdessen nachfolgend offenzulegen (1), zu überwachen (2) und möglichst zeitnah zu beenden (3). Das VGG geht damit über die Vorgaben von DCGK und AktG hinaus. Wie mit bestehenden Interessenkonflikten vorzugehen ist, schreiben beide mit Ausnahme einer Offenlegungspflicht nicht vor.[806]

---

805 *Kumpan*, Der Interessenkonflikt im deutschen Privatrecht, 2014, S. 41; *Goslar* in: Wilsing, DCGK, 2012, Ziff. 4.3.3 Rn. 7.

806 *Koch* in: Hüffer/Koch, AktG, 13. Aufl. 2018, § 108 Rn. 13; *Bachmann* in: Kremer u.a., DCGK, 7. Aufl. 2018, Rn. 1098, 1108; *Goslar* in: Wilsing, DCGK, 2012, Ziff. 4.3.4 Rn. 14.

(1) Offenlegung

Anders als im Rahmen von Satz 1 kann es bei der Offenlegung des unvermeidbaren Konflikts nicht um eine Pflicht gegenüber dem Aufsichtsgremium gehen. Ihm wurde der Interessenkonflikt bereits angezeigt, sodass diese Pflicht leerlaufen würde. Stattdessen hat die Offenlegung nach § 21 Abs. 2 S. 2 VGG im Rahmen der persönlichen Erklärung nach Absatz 3 der Mitgliederhauptversammlung gegenüber zu erfolgen. Die Details legt § 21 Abs. 3 Nr. 4 VGG fest.[807]

(2) Überwachung

Wie bereits im Rahmen der Erkennung, wird das Aufsichtsgremium auch bei der Überwachung des Interessenkonflikts regelmäßig auf das Mitwirken des betroffenen Geschäftsführungsmitglieds angewiesen sein. Es sollte daher eine kontinuierliche Berichtspflicht des Organwalters an das Gremium statuiert werden. Nur so kann sichergestellt werden, dass das Aufsichtsgremium über die nötigen Informationen verfügt, um den Konflikt wirksam überwachen zu können. Das Gremium wird dadurch darüber hinaus in die Lage versetzt, zu erkennen, wann die ultimativ angestrebte Beendigung des Konflikts möglich ist, d.h., wann die Unvermeidbarkeit entfällt.

(3) Beendigung

Bei unvermeidbaren Interessenkonflikten ist zwischen vorübergehenden und dauerhaften zu unterscheiden. Während Erstere in absehbarer Zeit enden, handelt es sich bei Letzteren um „systematische Konflikte".[808] Bei vorübergehenden Interessenkonflikten ist kein Eingreifen des Aufsichtsgremiums zur Beendigung nötig. Sie lösen sich durch Zeitablauf von allein auf. Bei systematischen Konflikten hingegen muss aktiv auf die Beendigung hingewirkt werden. Sobald sich eine gleichwertige Handlungsalternative bietet, ist der den Konflikt auslösende Sachverhalt zu terminieren.

---

807 Siehe ausführlich zur persönlichen Erklärung als Transparenzmaßnahme unten S. 264.

808 Vgl. *Bicker/Preute* in: Fuhrmann/Linnerz/Pohlmann, DCGK, 2016, Ziff. 5 Rn. 304; *Wilsing* in: Wilsing, DCGK, 2012, Ziff. 5.5.3 Rn. 9.

Anders als das VGG fordert Art. 10 Abs. 2 UAbs. 1 RL 2014/26/EU nicht die baldmöglichste Beendigung, sondern nur die „Ausräumung" des Konflikts. Eine zeitliche Vorgabe trifft die Richtlinie nicht. Es drängt sich daher die Frage auf, wie weit die Pflicht zur Beendigung aus § 21 Abs. 2 S. 2 VGG reicht. Viele Interessenkonflikte lassen sich sowohl durch Unterlassen des konfliktträchtigen Geschäfts als auch durch Austausch des betroffenen Organwalters lösen. Da man auf letztere Weise jedoch den Konflikt bereits *vermeiden* könnte, ist § 21 Abs. 2 S. 2 VGG nicht dahingehend auszulegen, dass die Amtsniederlegung stets von der Pflicht erfasst wird.[809]

Der Interessenkonflikt muss folglich auf andere Weise als durch einen Austausch des betroffenen Organwalters auflösbar sein, damit die Beendigungspflicht ausgelöst wird. Der durch die Norm intendierte Schutz der Mitglieder und Berechtigten vor Nachteilen würde verfehlt, wenn die bloße Möglichkeit der Beendigung die entsprechende Pflicht auslösen würde. Beispielsweise kann der Austausch eines Rechtsbeistands im laufenden Verfahren mit finanziellem Zusatzaufwand einhergehen. Hier ist also zwischen den Kosten einer sofortigen Beendigung des Interessenkonfliktes und den Nachteilen, die bei einer Fortführung bestehen würden, abzuwägen. Eine strengere Auslegung der Pflicht aus § 21 Abs. 2 S. 2 VGG würde die Nachteile nicht zwingend minimieren, sondern könnte sie im Einzelfall sogar vergrößern. Mithin kann eine Beendigung der Organwalterstellung nur *ultima ratio* sein.[810] Insbesondere bei systematischen Dauerkonflikten kann sie jedoch bereits aus der organschaftlichen Treuepflicht des Geschäftsführungsmitglieds folgen.[811]

4. Ausweitung auf die Mitglieder weiterer Organe

In § 22 VGG findet sich für die Mitglieder des Aufsichtsgremiums kein Verweis auf § 21 Abs. 2 VGG. Dies ist misslich, können doch auch dessen

809 A.A. wohl BeckOK-UrhR/*Freudenberg*, 25. Ed. 15.7.2019, § 21 VGG Rn. 6; bezüglich des Aufsichtsrats und der Pflicht aus Ziff. 5.5.3 DCGK: *Spindler* in: Spindler/Stilz, AktG, 4. Aufl. 2019, § 109 Rn. 8 f.; siehe dazu auch *LG Hannover*, Beschl. v. 12.3.2009, GWR 2009, 297.

810 *Kort*, ZIP 2008, 717 (724); *Wilsing* in: Wilsing, DCGK, 2012, Ziff. 5.5.3 Rn. 7; *Israel* in: Bürgers/Körber, AktG, 4. Aufl. 2017, § 116 Rn. 8.

811 *Bicker/Preute* in: Fuhrmann/Linnerz/Pohlmann, DCGK, 2016, Ziff. 5 Rn. 304; vgl. bzgl. der Amtsniederlegung bei Aufsichtsratsmitgliedern *Wilsing* in: Wilsing, DCGK, 2012, Ziff. 5.5.3 Rn. 1, 4.

Organwalter von Interessenkonflikten betroffen sein.[812] Die Mandatierung des im Aufsichtsgremium sitzenden Steuerberaters – oder anderer Mitglieder seiner Sozietät[813] – ist ebenso wenig angebracht wie bei der Geschäftsführung. Nach außen könnte der Eindruck erweckt werden, der Vertragsschluss mit dem Aufsichtsgremiumsmitglied sei eine Gegenleistung oder das Gremiumsmitglied nicht mehr gänzlich unabhängig in seiner Kontrolle der Geschäftsführung. Aufgrund der Konzipierung des Aufsichtsgremiumsmandats als nebenberuflich[814] ist die Chance, dass es zu weiteren professionellen Beziehungen mit Aufsichtsgremiumsmitgliedern kommt, gleichzeitig höher.[815]

Art. 9 Abs. 3 RL 2014/26/EU verweist für die Mitglieder des Aufsichtsgremiums nur auf Art. 10 As. 2 UAbs 2 RL 2014/26/EU und somit nur auf die „individuelle Erklärung". Nach der Konzeption der Richtlinie ist diese Erklärung Teil des in § 21 Abs. 2 VGG umgesetzten Verfahrens. Obwohl der europäische Gesetzgeber also erkannt hat, dass auch das Aufsichtsgremium von Interessenkonflikten betroffen sein kann – sonst hätte man nicht die individuelle Erklärung für anwendbar erklären brauchen – hat er das Verfahren an sich nicht auf dieses ausgeweitet. Ziff. 5.5 DCGK sieht für die Mitglieder eines aktienrechtlichen Aufsichtsrats Offenlegungspflichten, in bestimmten Konstellationen Zustimmungsvorbehalte und bei wesentlichen, nicht nur vorübergehenden Konflikten eine Mandatsbeendigung vor. Auch § 114 AktG statuiert eine entsprechende Zustimmungspflicht zwingend für den aktienrechtlichen Aufsichtsrat. Aus *Corporate-Governance*-Perspektive sollten die deutschen Verwertungsgesellschaften an diese Vorbilder anknüpfen und mithin das Verfahren des § 21 Abs. 2 VGG *freiwillig* auf das Aufsichtsgremium und etwaige fakultative Gremien ausweiten. Ein Zuständigkeitskonflikt entsteht dabei nicht, da auch im Falle eines betroffenen Aufsichtsgremiumsmitglieds noch genügend andere Gremiumsmitglieder zur Verfügung stehen, die die Einhal-

---

812 Siehe etwa Ziff. 5.5 DCGK, der für den Aufsichtsrat ähnliche Regelungen wie für den Vorstand in Ziff. 4.3 DCGK empfiehlt.

813 Siehe zu dieser Konstellation *Kort*, ZIP 2008, 717 (723).

814 Vgl. *Bicker/Preute* in: Fuhrmann/Linnerz/Pohlmann, DCGK, 2016, Ziff. 5 Rn. 297; *Berrar*, NZG 2001, 1113 (1120).

815 Ähnlich *Kort*, ZIP 2008, 717 (722 f.); *Wilsing* in: Wilsing, DCGK, 2012, Ziff. 5.5.2 Rn. 2 f.; vgl. auch *Kremer* in: Kremer u.a., DCGK, 7. Aufl. 2018, Rn. 1454.

tung des Verfahrens überwachen und eine eventuelle Zustimmung erteilen können.[816]

Der Anwendungsbereich wird darüber hinaus durch § 3 Abs. 2 S. 2 VGG auf die Geschäftsführung abhängiger Verwertungseinrichtungen ausgedehnt. Soweit die Gesellschaft fakultative Organe neben dem Aufsichtsgremium unterhält, z.B. einen gesonderten Verwaltungsrat, sollten aus denselben Gründen die Verfahren und Regelungen zu Interessenkonflikten auf diese Gremien ausgeweitet werden.

5. Verankerung des Verfahrens

Nicht vorgeschrieben wird, wo die Verfahren festzuhalten sind und ob sie veröffentlicht werden müssen. Soweit Zustimmungsvorbehalte Teil des Verfahrens sind, empfiehlt es sich, zumindest diese in das Statut der Verwertungsgesellschaft aufzunehmen.[817] Alternativ können auch im Anstellungsvertrag der Mitglieder der Geschäftsführung das Verfahren und die daraus folgenden Pflichten wirksam verankert werden.[818] Demgegenüber bietet die Festschreibung im Statut der Gesellschaft jedoch Vorteile, weil sie öffentlichkeitswirksam ist. Den Rechtsinhabern wird so deutlich gemacht, dass aktiv gegen Interessenkonflikte vorgegangen wird. Als zusätzliche vertrauensbildende Maßnahme sollten – auch ohne entsprechende gesetzlich Verpflichtung – die Verfahrensgrundsätze i.S.d. § 21 Abs. 2 VGG veröffentlicht werden. Der Transparenzbericht nach § 58 VGG bietet sich dafür an.

6. Zusammenfassung

Verwertungsgesellschaften sollten in ihren Satzungen Verfahren verankern, die Interessenkonflikte jeglicher Organwalter ausschließen, und detailliert im Transparenzbericht veröffentlichen. Außerdem sollten bereits abstrakte Interessenkonflikte zu einer Offenlegung gegenüber dem Aufsichtsgremium verpflichten. Dieses kann im nächsten Schritt prüfen, ob

---

816 Vgl. Ziff. 5.5.4 DCGK. Vgl. dazu auch *Bicher/Preute* in: Fuhrmann/Linnerz/Pohlmann, DCGK, 2016, Ziff. 5 Rn. 220.

817 Vgl. *Bachmann* in: Kremer u.a., DCGK, 7. Aufl. 2018, Rn. 1125.

818 Vgl. *Bachmann* in: Kremer u.a., DCGK, 7. Aufl. 2018, Rn. 1071, 1104; *Lutter* in: Kremer u.a., DCGK, 7. Aufl. 2018, Rn. 1895.

tatsächlich eine Gefahr für die Interessen der Verwertungsgesellschaft besteht, und ansonsten seine Einwilligung geben. Soweit ein konkreter Interessenkonflikt vorliegt, ist die betroffene Geschäftsführungsmaßnahme zu unterlassen. Nur falls dies nicht möglich ist, ist ausnahmsweise eine Zustimmung zu erteilen. Im Nachgang ist dieser unvermeidbare Konflikt jedoch der Mitgliederhauptversammlung gegenüber offenzulegen und kontinuierlich zu überwachen. Dabei trifft das betroffene Organmitglied eine Mitwirkungspflicht. Sobald die Unvermeidbarkeit entfällt, ist der Konflikt zu beenden. Handelt es sich um einen dauerhaften Konflikt, der auf absehbare Zeit nicht zu lösen ist, kann der Organwalter zur Niederlegung seines Amts verpflichtet sein. Auch ohne gesetzliche Verpflichtung sollten die Verwertungsgesellschaften das Verfahren des § 21 Abs. 2 VGG nach dem Vorbild von DCGK und AktG auf ihre anderen Organe ausweiten. Um den Rechtsinhabern zu verdeutlichen, dass gegen Interessenkonflikte vorgegangen wird, sollte das Verfahren in dem Statut der Gesellschaft festgeschrieben und zusätzlich im Transparenzbericht veröffentlicht werden.

III. Interessensangleichung zwischen Organwaltern und Rechtsinhabern

Soweit bestimmte Geschäftsführungsmaßnahmen zu einem Konflikt zwischen den Interessen der Gesellschaft und des Organmitglieds führen, greift das Verfahren des § 21 Abs. 2 VGG ein. Im Idealfall jedoch wird das Verfahren überhaupt nicht benötigt, weil – einen Schritt vorher – schon verhindert wird, dass es überhaupt zu widerstreitenden Interessen kommt. Aufgrund der Vielfalt an möglichen privaten Interessen des Organmitglieds ist es praktisch nicht möglich, alle seine Interessen denen der Gesellschaft vollständig anzugleichen. Eine Harmonisierung ist jedoch in einzelnen Bereichen möglich. Insbesondere an den latenten Zielkonflikt, der sich aus der REM-Hypothese ergibt, lässt sich anknüpfen. Gelingt es, die Ziele von Prinzipal und Agenten anzugleichen, führt eine Maximierung des Nutzens des einen auch zu einer Mehrung des Nutzens des anderen.[819] Ein Weg dies zu erreichen ist eine erfolgsabhängige Vergütung (1.). Das VGG weist die Entscheidung darüber der Mitgliederhauptversammlung zum Beschluss zu (2.).

---

819 *Koss* in: Hopt/Hippel/Walz, Nonprofit-Organisationen in Recht, Wirtschaft und Gesellschaft, 2004, S. 214.

1. Variable Vergütung

Ziff. 4.2.3 Abs. 2 S. 2 DCGK empfiehlt, dass „die monetären Vergütungsteile […] fixe und variable Bestandteile umfassen". Ist die variable Vergütung des Agenten erfolgsabhängig, kann sie zur Gleichschaltung der Interessen von Prinzipal und Agenten führen. Der finanzielle Erfolg des Unternehmens bedeutet auch einen persönlichen Vorteil für das Organmitglied. Da bei Verwertungsgesellschaften eine Orientierung am Bilanzgewinn ausscheidet, müssen andere Anknüpfungspunkte für eine variable Vergütung gefunden werden (a.). Eine falsche Ausgestaltung der Vergütungsstruktur kann zu Fehlanreizen führen, daher ist die Festlegung eines geeigneten Betrachtungszeitraums wichtig (b.).

Nicht von der Agenturentheorie erfasst wird das Streben der Geschäftsführungsmitglieder nach einem möglichst hohen Gehalt bei der Aufnahme ihrer Tätigkeit. Es handelt sich vielmehr um *ex-ante*-Opportunismus, weil die Agentenstellung erst mit Vertragsschluss begründet wird. Ihn zu begrenzen ist Aufgabe des Austauschvertrags – hier: des Anstellungsvertrags – und nicht der nachgelagerten *Corporate Governance*, die sich lediglich mit *ex-post*-opportunistischem Verhalten befasst. Dies gilt nicht, wenn im Nachhinein, d.h. während der Vertragsdurchführung, z.B. bei Vertragsverlängerung, die Vergütung nachverhandelt wird.

a. Anknüpfungspunkt

Von direkten Gewinnbeteiligungen über Tantiemen, die vom Umsatz abhängig sind, bis hin zu Aktienoptionen finden sich bei Aktiengesellschaften viele verschiedene Anreizsysteme. Allen gemein ist jedoch, dass der variable Teil der Vergütung vom Unternehmensgewinn bzw. -umsatz, dem Aktienkurs oder mit ihnen mittelbar verknüpften Kennzahlen abhängt. Eine – wie auch immer geartete – Gewinnbeteiligung scheidet bei einer Verwertungsgesellschaft jedoch aus, weil sie nicht auf die Erzielung von Eigengewinn ausgerichtet ist.[820] Bei Verwertungsgesellschaft müssen daher andere Maßstäbe für eine variable Vergütung gesucht werden.

Das VGG und die Richtlinie 2014/26/EU schreiben eine variable Vergütung nicht vor und geben somit auch keine Vorgaben für deren Ausgestaltung. Ausgangspunkt auf der Suche nach einer geeigneten *Benchmark* für

820 Ähnlich zu Nonprofit-Organisationen *Koss* in: Hopt/Hippel/Walz, Nonprofit-Organisationen in Recht, Wirtschaft und Gesellschaft, 2004, S. 214.

die variable Vergütung müssen die Interessen der Rechtsinhaber sein. Sie nehmen als Treuhänder die Stellung ein, die in einer Gesellschaft mit Gewinnerzielungsabsicht den Gesellschaftern zukommt.

Die Rechtsinhaber haben primär ein Interesse an möglichst hohen Ausschüttungen und sekundär ein Interesse an kultureller und sozialer Förderung. Letzteres lässt sich schwer mit Zahlen messen, sodass es als Anknüpfungspunkt ausscheidet. Übrig bleiben damit die Ausschüttungen an die Rechtsinhaber als Kennziffer. Da die Ausschüttungen bei einer Verwertungsgesellschaft die Stellung einnehmen, die bei einem sonstigen Unternehmen der Gewinn innehat, scheint dies mit Blick auf die gängige Praxis der Gewinnbeteiligung plausibel. Die Ausschüttungssumme ist der Betrag, der von den Einnahmen aus der Rechtewahrnehmung nach Abzug der Kosten für kulturelle und soziale Förderungen sowie den Verwaltungskosten verbleibt, vgl. § 26 VGG. Da die Abzüge für die Förderung in der Regel fix in der Satzung festgelegt sind oder vom Aufsichtsgremium festgesetzt werden, ist die Höhe der Ausschüttungen weitgehend abhängig von zwei Faktoren: den Einnahmen aus der Rechtewahrnehmung (1) und den Verwaltungskosten (2). Sie lassen sich zur Verwaltungskostenquote kombinieren (3).

(1) Einnahmen aus der Rechtewahrnehmung

Faktoren, die stark von externen Umständen abhängen, sind nur bedingt zur Interessenangleichung geeignet.[821] Da der eigene Leistungsbeitrag des Geschäftsführers nur einer von vielen Einflussfaktoren ist, liegt der Grad der Zielerreichung nicht in seiner Hand.[822] Dies trifft auch auf die Einnahmen aus der Rechtewahrnehmung zu. Die Geschäftsführung kann nicht durch die Verbesserung der angebotenen Produkte die Nachfrage ankurbeln oder durch eine ansprechende Preisgestaltung den Absatz erhöhen. Die Rechtsinhaber liefern die „Produkte“ und die Verwertungsgesellschaft ist bei der Aufstellung von Tarifen nicht frei. Sie hat sich nach objektiven Kriterien zu richten (vgl. § 39 VGG), die der Kontrolle des DPMA unterlie-

---

821 Siehe *Ebers/Gotsch* in: Kieser/Ebers, Organisationstheorien, 8. Aufl. 2015, S. 214; *Welge/Eulerich*, Corporate-Governance-Management, 2. Aufl. 2014, S. 75.

822 Vgl. zum Problem der externen Effekte bei einer variablen Vergütung *Ferstl*, Managervergütung und Shareholder Value, 2000, S. 28 f., 203; siehe auch *Engert* in: Möslein, Private Macht, 2016, S. 412 f., 415.

gen.[823] Es wäre aber sowieso nicht damit zu rechnen, dass die Nachfrage bei niedrigeren Lizenzkosten spürbar steigen würde (sog. Preiselastizität). Aus Sicht des Vorstandsmitglieds sind die Einnahmen aus der Rechtewahrnehmung damit ganz weitgehend von externen Effekten abhängig.

Eine Ausnahme besteht nur, soweit bestehende Ansprüche gegen Vergütungsschuldner nicht durchgesetzt werden. Durch Kontrollen können nicht angemeldete Verwertungshandlungen aufgespürt werden und durch (Gerichts-)Verhandlungen Streitigkeiten über die Vergütungspflichtigkeit von Verwertungshandlungen[824] bzw. die Vergütungshöhe[825] zugunsten der Verwertungsgesellschaft gelöst werden. Mit der Einziehung der ausstehenden Forderungen können die Mitglieder der Geschäftsführung die Einnahmen aktiv steigern. Es gilt jedoch zu beachten, dass die Kontrolle und Rechtsdurchsetzung Kosten verursacht, die den Mehreinnahmen gegenüberstehen. Die Einnahmen aus der Rechteverwertung allein sind deshalb wegen der beschränkten Einwirkungsmöglichkeiten der Geschäftsführung und der außer Betracht bleibenden Kosten kein sinnvoller Anknüpfungspunkt für eine variable Vergütung.

(2) Verwaltungskosten

Anders als die Einnahmen sind die Verwaltungskosten nur gering von externen Faktoren[826] abhängig. Die Geschäftsführung kann sie stärker beeinflussen. Es liegt beispielsweise in ihrer Hand, Mitarbeiter einzustellen bzw. zu entlassen, Verträge mit externen Dienstleistern abzuschließen und generell zu überprüfen, wie effizient die Verwaltung abläuft. Doch auch die Verwaltungskosten allein sind keine sinnvolle Bemessungsgrundlage für eine erfolgsabhängige Vergütung, da geringe Kosten nicht zwangsläufig im Interesse der Rechtsinhaber sind. Würde die Geschäftsführung etwa al-

---

823 Siehe beispielhaft *VG München*, Urt. v. 25.10.2016, ZUM 2017, 779, in dem eine entsprechende Aufsichtsmaßnahme des DPMA von der VG Media angegriffen wurde.

824 Siehe beispielhaft *BGH*, Urt. v. 11.1.2018, ZUM 2018, 532, zur Vergütungspflicht von Radios in Patientenzimmern im Krankenhaus; *Leistner/Metzger*, IIC 2017, 381 (382), zum Vertrag zwischen GEMA und YouTube; *EuGH*, Urt. v. 27.6.2013 – C-457/11 u.a., NJW 2013, 2653 – *VG Wort u.a.*, zur Gerätevergütung für Drucker und PCs.

825 Siehe beispielhaft *LG Stuttgart*, Urt. v. 26.7.2007, ZUM 2007, 937 zur Höhe der Vergütung für Multifunktionsgeräte.

826 Z.B. Lohnnebenkosten oder Heizkosten der angemieteten Bürogebäude.

le Mitarbeiter entlassen und Verträge mit Prozessbevollmächtigten kündigen, sänken die Verwaltungskosten erheblich, doch im gleichen Zug könnten die Ansprüche gegen Rechteverwerter nicht mehr geltend gemacht werden. Die Einnahmen aus der Rechtewahrnehmung sänken noch stärker als die Verwaltungskosten, sodass im Ergebnis weniger Geld für die Ausschüttung an die Treuhänder zur Verfügung stünde.

(3) Kombination in Form der Verwaltungskostenquote

Die Schwächen der beiden Kennziffern lassen sich durch eine Kombination zur *Verwaltungskostenquote* als Anknüpfungspunkt für die variable Vergütung ausmerzen: Steigen die Verwaltungskosten aufgrund eines höheren Arbeitsaufkommens in Folge steigender Nachfrage, steigen auch die Einnahmen aus der Rechteverwertung und der Quotient der beiden Werte dürfte nur einer geringen Veränderung unterliegen. Führen verstärkte Kontrollen zu erhöhten Verwaltungskosten, steigen auch die Einnahmen aus der Rechteverwertung. Soweit in der Folge die Einnahmen stärker steigen als die Kosten, sinkt die *Verwaltungskostenquote*. Die Quote drückt mithin aus, wie *effizient* die Verwertungsgesellschaft arbeitet, d.h. wie viel Geld von den Einnahmen aus der Rechteverwaltung für die Ausschüttung an die Rechtsinhaber übrig bleibt. Problematisch ist die Situation, wenn die Nachfrage zurückgeht und damit die Einnahmen sinken. Der externe Faktor „Nachfrage“ verschlechtert die Quote, ohne dass dies einen Beitrag des Agenten abbildet. Ein Entgegenwirken durch eine proportionale Senkung der Verwaltungskosten dürfte in dieser Situation kaum möglich sein. Um dieses Risiko nicht einseitig auf die Geschäftsführung abzuwälzen, empfiehlt es sich, eine bestimmte Verwaltungskostenquote als Zielwert vorzugeben; bei der Beurteilung der Zielerreichung jedoch zu berücksichtigen, ob eine Verfehlung des Ziels durch sinkende Einnahmen oder gestiegene Kosten zustande kam. Die Interessen von Agenten und Prinzipalen lassen sich auf diese Weise wirkungsvoll angleichen. Nebenbei wird damit auch der Wettbewerb unter den Verwertungsgesellschaften belebt, da sich aufgrund von Skaleneffekten neue Rechtsinhaber besonders positiv auf die Verwaltungskostenquote auswirken.[827]

827 *Hansen/Schmidt-Bischoffshausen*, GRUR Int. 2007, 461 (470 f.).

b. Vermeidung von Fehlanreizen

Ziel der variablen Vergütung ist die Interessenangleichung zwischen Prinzipal und Agenten. Bei falscher Ausgestaltung wird dieses Ziel nicht nur verfehlt, sondern es werden sogar neue Konflikte hervorgerufen. Da die Organmitglieder aus verschiedenen Gründen[828] ein Interesse an einer hohen Vergütung in der Gegenwart haben, kommt es zu einem Zeitpräferenzkonflikt zwischen ihnen und den Prinzipalen.[829] Kurzfristige Gewinnmaximierungen führen zu hohen Zahlungen an die Organmitglieder, lassen sich aber nicht unbedingt mit einer langfristig optimalen Unternehmensentwicklung gleichsetzen (sog. *Strohfeuereffekt*).[830] Im Aktienrecht hat der Gesetzgeber auf dieses Problem mit der Einführung von § 87 Abs. 1 S. 2 und 3 AktG reagiert. Demnach ist die Vergütungsstruktur auf eine „nachhaltige Unternehmensentwicklung" auszurichten. Um zu verhindern, dass kurzfristige Effekte zur Maximierung der Vergütung genutzt werden, empfiehlt es sich, den Betrachtungszeitraum auf mehr als ein Jahr festzusetzen. Ziff. 4.2.3 Abs. 2 S. 3 DCGK, der insoweit § 87 Abs. 1 S. 3 Hs. 1 AktG wiedergibt, schreibt daher eine „mehrjährige Bemessungsgrundlage, die im Wesentlichen zukunftsbezogen sein soll", vor. Die Geschäftsführung soll so zu einer nachhaltigen Unternehmensführung motiviert werden.[831] Damit soll u.a. verhindert werden, dass der Gesellschaft durch das Eingehen von unvertretbaren Risiken geschadet wird.[832]

Bei Verwertungsgesellschaften besteht dieselbe Gefahr wie bei Aktiengesellschaften. Die Geschäftsführer könnten versucht sein, ihre variable Vergütung mit Maßnahmen in die Höhe zu treiben, die sich während ihrer Beschäftigungszeit positiv auswirken, insgesamt aber einen negativen Effekt haben. Beispielsweise wäre es bei einer absehbaren Beendigung ihrer Tätigkeit rational, keine Gerichtsprozesse mehr anzustreben, die während ihrer Amtszeit nur Kosten verursachen und erst danach zu einem Einnahmenplus führen. Die Einsparung der Rechtsverfolgungskosten entspricht

---

828 Beispielsweise befristete Verträge oder eine bevorstehende Verrentung.

829 *Fleischer*, NZG 2009, 801 (802); *Harbarth*, ZGR 2018, 379 (385); *Klöhn*, ZGR 2012, 1 (11 f.).

830 *Fleischer*, NZG 2009, 801 (802 f.); *Velte*, DStR 2018, 2445; *Harbarth*, ZGR 2018, 379 (385). Siehe auch bereits oben S. 42 f.

831 *Velte*, NZG 2016, 294 ff. Vgl. auch für die börsennotierte Aktiengesellschaft § 87 Abs. 1 S. 2 AktG.

832 MüKo-AktG/*Spindler*, 5. Aufl. 2019, § 87 Rn. 79; *Fuhrmann* in: Fuhrmann/Linnerz/Pohlmann, DCGK, 2016, Ziff. 4 Rn. 185; *Fleischer* in: Spinder/Stilz, AktG, 3. Auf., 2015, § 87 Rn. 28; *Röttgen/Kluge*, NJW 2013, 900.

in diesem Fall nicht dem (langfristigen) Interesse der Rechtsinhaber. Ebenso können Sondereffekte zur Verzerrung einer momentbezogenen Betrachtung der Bemessungsgrundlage führen. So resultierten in der Vergangenheit aus Gesamtvertragsabschlüssen der ZPÜ mit großen Branchenverbänden hohe Zahlungen an die beteiligten Verwertungsgesellschaften in dem Jahr, die sich jedoch auf mehrere Perioden bezogen.[833] Auch andere Sondereffekte (Veräußerungserlöse, Auflösung von Rückstellungen nach gewonnenen Prozessen, etc.) sollten berücksichtigt und gegebenenfalls eliminiert werden.[834] In Anlehnung an Art. 9a Abs. 1 UAbs. 1 S. 3 RL 2007/36/EG[835] ist mithin ein Zeitraum von mindestens drei Jahren für die Betrachtung der Verwaltungskostenquote zweckmäßig.

2. Beschluss über die Vergütung (Say on Pay)

Eigentlich eine Frage der Machtverteilung, aber doch untrennbar mit der variablen Vergütung verbunden, ist der Beschluss der Mitgliederhauptversammlung über die Vergütung der Geschäftsführung gemäß § 18 Abs. 1 Nr. 1 VGG.

Auf den ersten Blick scheint dieser Beschluss das Verhältnis zwischen Mitgliederhauptversammlung und Geschäftsführung zu betreffen. Doch der Anstellungsvertrag, der die Vergütung regelt, wird nicht zwischen der Mitgliederhauptversammlung und den einzelnen Geschäftsführungsmitgliedern, sondern Letzteren und dem Aufsichtsgremium oder Verwaltungsrat geschlossen. Die Rechtsinhaber müssen dabei darauf vertrauen, dass die vereinbarte Vergütung nicht ihren Interessen widerspricht.[836] Das Agenturenproblem zeigt sich deutlich: Die Mitglieder des Aufsichts- bzw. Verwaltungsrats legen die Vergütung fest, die mittelbar von den Rechtsinhabern bezahlt wird.[837] Der Konflikt spielt sich also nicht, wie *prima facie* zu vermuten, im Verhältnis zum Vorstand ab, sondern zwischen Rechtsinhabern und dem Gremium, das den Anstellungsvertrag mit dem Vorstand

---

833 Siehe exemplarisch die Presseinformation der VG WORT vom 12.6.2018, abrufbar unter <www.vgwort.de/fileadmin/pdf/pressemitteilungen/12.6.2018_PM_Gremiensitzungen_Berlin.pdf> (zuletzt abgerufen am 15.9.2019).

834 *Fuhrmann* in: Fuhrmann/Linnerz/Pohlmann, DCGK, 2016, Ziff. 4 Rn. 206.

835 Richtlinie 2007/36/EG des Europäischen Parlaments und des Rates vom 11.7.2007 über die Ausübung bestimmter Rechte von Aktionären in börsennotierten Gesellschaften, ABl. 2007 L 184 S. 17.

836 Vgl. *Göx/Kunz*, ZfB 2012, 123 (127); *Habersack*, NZG 2018, 127 (128).

837 Vgl. *Habersack*, NZG 2018, 127 (128).

abschließt.[838] Bekommen nun die Rechtsinhaber Mitspracherechte bei der Vergütung (sog. *Say on Pay*), lässt sich dieser Konflikt entschärfen.[839] Mit Blick auf die bisherige Vergütungsentwicklung scheint ein solcher Schritt sinnvoll (a.). Je nach Ausgestaltung der Mitbestimmung kommt es zu einer Rückübertragung von Kompetenzen[840] oder zu Transparenzpflichten (b.). Ausgehend von diesen Varianten wird unter Berücksichtigung der Vorgaben des VGG die zweckmäßigste Umsetzung für Verwertungsgesellschaften herausgearbeitet (c.).

a. Entwicklung der Vergütung ohne Say on Pay

Unter der Geltung des UrhWahrnG hatten die Rechtsinhaber keine Mitspracherechte bei der Vergütung des Vorstands. Da viele Verwertungsgesellschaften die Vergütung auch nicht veröffentlichten, war sie der Kontrolle der Mitgliederhauptversammlung vollkommen entzogen. In Fällen, in denen die Gehälter veröffentlicht wurden, zeigen sich teils erstaunliche Entwicklungen.[841] Der Vorstandsvorsitzende der GEMA konnte seine Vergütung von 333.600 € im Jahr 2007 auf 795.000 € im Jahr 2017 steigern, was einem Zuwachs von insgesamt rund 138 % entspricht. Im selben Zeitraum sind die Preise in Deutschland inflationsbedingt um knapp 14 %[842] sowie die Bruttolöhne und -gehälter in Deutschland um circa 41 %[843] gestiegen. Moderater fielen die Steigerungen bei anderen Verwertungsgesellschaften aus. Bei der VG WORT blieben die Gesamtbezüge für die beiden geschäftsführenden Vorstände seit 2013 – vorher wurden keine Zahlen veröffentlicht – weitgehend konstant. Sie stiegen lediglich von 400.000 €

---

838 Vgl. *Stenger*, Kodex und Entsprechenserklärung, 2013, S. 92; *Göx/Kunz*, ZfB 2012, 123 (127).

839 Vgl. *Göx/Kunz*, ZfB 2012, 123 (127).

840 So *Velte*, EuZW 2013, 893 (894).

841 Nachfolgende Zahlen stammen – soweit nicht anders ausgewiesen – aus den Geschäftsberichten und Jahresabschlüssen der jeweiligen Verwertungsgesellschaften.

842 *Statistisches Bundesamt*, Inflationsrate in Deutschland von 1992 bis 2017 (Veränderung des Verbraucherpreisindex gegenüber Vorjahr), Statista, abrufbar unter <de.statista.com/statistik/daten/studie/1046/umfrage/inflationsrate-veraenderung-des-verbraucherpreisindexes-zum-vorjahr/> (zuletzt abgerufen am 15.9.2019).

843 *Statistisches Bundesamt*, Gehalts- und Lohnentwicklung in Deutschland gegenüber dem Vorjahr von 1992 bis 2017, Statista, abrufbar unter <de.statista.com/statistik/daten/studie/75731/umfrage/entwicklung-der-bruttoloehne-in-deutschland/> (zuletzt abgerufen am 15.9.2019).

(2013 und 2014) über 402.000 € (2015 und 2016) auf 411.000 € (2017). Dies entspricht einer Steigerung von insgesamt 2,75 %.

Insbesondere bei den Gehältern für das Jahr 2017 kam es bei der GEMA zu extremen Erhöhungen. Die Gesamtvorstandsvergütung stieg plötzlich um knapp 23 % bzw. 302.000 € auf 1.632.000 € an. Die Gehaltserhöhung des Vorstandsvorsitzenden der GEMA fiel mit fast 28 % noch deutlicher aus. Die Verwertungsgesellschaften hatten bis zum 31.12.2016 Zeit, § 18 VGG in ihrem Statut umzusetzen. Es entsteht so der Eindruck, als sollte vor der zwingenden Mitwirkung der Mitgliederhauptversammlung im Jahr 2017, noch einmal „ungestört" eine Erhöhung durchgeführt werden. Dabei weist § 13 Ziff. 3 S. 2 lit. a GEMA-Satzung n.F. sowieso dem Aufsichtsrat die Festlegung der Vergütung der Vorstandsmitglieder zu. Damit wurde von der Übertragungsmöglichkeit nach § 18 Abs. 2 VGG Gebrauch gemacht. Gleiches gilt auch für die VG WORT, die mit § 7 Abs. 3 lit. h VG WORT-Satzung n.F. die entsprechende Kompetenz auf den Verwaltungsrat übertrug.

Problematisch ist, dass diese Übertragungsbeschlüsse bzw. die entsprechenden Satzungsänderungen noch von der Mitgliederhauptversammlung der GEMA bzw. VG WORT nach dem alten Recht, d.h. ohne Berücksichtigung der Mitwirkungsbefugnisse und Vorgaben des VGG, gefasst wurden. Bezüglich anderer Kompetenzen der Mitgliederhauptversammlung, wie z.B. Beschlüsse über Tarife (§ 17 Abs. 1 S. 2 Nr. 14 VGG), Repräsentationsvereinbarungen (§ 17 Abs. 1 S. 2 Nr. 12 VGG) oder die zum Tätigkeitsbereich gehörenden Rechte (§ 17 Abs. 1 S. 2 Nr. 15 VGG), stehen diesem Vorgehen keine Bedenken gegenüber. Sie gelten fort. Ein wesentlicher Unterschied zu der Kompetenz aus § 18 Abs. 2 VGG liegt aber darin, dass ein entsprechender Beschluss dauerhaft die Struktur der Verwertungsgesellschaft zulasten der Nichtmitglieder verändert. Zukünftige Beschlüsse über die Vergütung der Geschäftsführer werden von den im Aufsichtsrat vertretenen Mitgliedern ohne Mitwirken der Nichtmitglieder durchgeführt. Werden hingegen die Tarife neu gefasst, können die Nichtmitglieder ihren Einfluss im Rahmen der Mitgliederhauptversammlung ausüben. Aus denselben Gründen, aus denen die Zustimmung der Delegierten zu einem Beschluss nach § 17 Abs. 2 VGG und § 18 Abs. 2 VGG erforderlich ist,[844] ist ein entsprechender Beschluss ohne ihre Beteiligung nicht mit dem VGG vereinbar. Die Beschlüsse nach § 18 Abs. 2 VGG, die ohne Mitwirkung der

844 Siehe dazu oben S. 94 ff.

Nichtmitglieder durchgeführt wurden, sind damit nichtig.[845] Die Befugnisse nach § 18 Abs. 1 Nr. 1 VGG verbleiben bis zu einer rechtmäßigen Übertragung auf den Aufsichtsrat bzw. den Verwaltungsrat bei den Mitgliederhauptversammlungen der GEMA und der VG WORT.

b. Gestaltungsmöglichkeiten eines Say-on-Pay-Beschlusses

In der Praxis lassen sich unterschiedliche Modelle der Mitsprache der Gesellschafter finden. § 120 Abs. 4 S. 1 AktG sieht vor, dass die Hauptversammlung bei börsennotierten Gesellschaften über die Billigung des Systems zur Vergütung der Vorstandsmitglieder beschließen *kann*. Es steht Aufsichtsrat und Vorstand damit nach § 124 Abs. 3 AktG frei, den fakultativen Beschluss auf die Tagesordnung zu setzen, soweit nicht eine Minderheit i.S.v. § 122 Abs. 2 AktG die Behandlung der Vorstandsvergütung verlangt.[846] Trotz einer fehlenden Verpflichtung haben 2010 82 % der DAX-30-Unternehmen einen entsprechenden Beschluss auf ihrer Tagesordnung gehabt.[847]

Der Beschlussgegenstand ist dabei auf die (Miss-)Billigung des *bestehenden* – nicht aber eines zukünftigen – Vergütungs*systems* für die Vorstandsmitglieder begrenzt, sodass eine Abstimmung über dessen einzelne Teile oder die Vergütung der einzelnen Vorstandsmitglieder nicht möglich ist.[848] Aufgrund der Richtlinie 2017/828/EU[849] wird zukünftig jedoch eine in die Zukunft gerichtete Abstimmung über die Vergütungspolitik auch

845 A.A. unter Verweis auf das Fehlen einer ausdrücklichen Regelung *Gerlach* in: Wandtke/Bullinger, Praxiskommentar UrhR, 5. Aufl. 2019, § 17 VGG Rn. 4.

846 MüKo-AktG/*Kubis*, 4. Aufl. 2018, § 120 Rn. 46; *Liebscher* in: Henssler/Strohn, GesR, 4. Aufl. 2019, § 120 AktG Rn. 15; *Hoffman* in: Spindler/Stilz, AktG, 4. Aufl. 2019, § 120 Rn. 54; *Bosse*, BB 2009, 1650 (1653); *Mülbert* in: Hirte/Mülbert/Roth, AktG, 5. Aufl. 2015, § 120 Rn. 166.

847 *Eulerich/Rapp/Wolff*, ZCG 2012, 70 ff. Siehe auch für empirische Daten aus 2015 *Eisenschmidt*, DB 2016, 2793 ff.

848 *Mülbert* in: Hirte/Mülbert/Roth, AktG, 5. Aufl. 2015, § 120 Rn. 168; *Liebscher* in: Henssler/Strohn, GesR, 4. Aufl. 2019, § 120 AktG Rn. 13; MüKo-AktG/*Kubis*, 4. Aufl. 2018, § 120 Rn. 47; *Diekmann*, WM 2018, 796.

849 Richtlinie (EU) 2017/828 des Europäischen Parlaments und des Rates vom 17.5.2017 zur Änderung der Richtlinie 2007/36/EG im Hinblick auf die Förderung der langfristigen Mitwirkung der Aktionäre, ABl. 2017 L 132, S. 1.

im deutschen Recht zwingend sein.[850] Es handelt sich bei dem Hauptversammlungsvotum um einen Beschluss *sui generis*, der keine unmittelbaren Rechtsfolgen nach sich zieht.[851] Insbesondere ist der Aufsichtsrat, der gemäß § 87 AktG die Bezüge der Vorstandsmitglieder festlegt, nicht an ihn gebunden, vgl. § 120 Abs. 4 S. 2 AktG. Damit folgt aus einer Billigung weder eine Enthaftung des Aufsichtsrats noch eine Legalisierung der gebilligten Vergütungsstruktur.[852]

In Anlehnung an § 120 Abs. 4 AktG sieht Ziff. 2.2.1 DCGK vor, dass die Hauptversammlung „über die Billigung des Systems der Vergütung der Vorstandsmitglieder beschließen" kann. Damit beschreibt der DCGK lediglich die bestehende Gesetzeslage.[853] Diese lässt sich wiederum auf die Europäische Kommission zurückführen.[854] Sie sieht in Ziff. 4.1 und 4.2 ihrer Empfehlung 2004/913/EG[855] vor, dass „die Vergütungspolitik und erhebliche Änderungen daran Gegenstand eines eigenen Tagesordnungspunkts der Jahres-Hauptversammlung sein" und zur Abstimmung vorgelegt werden sollten, ohne dass dadurch die Rolle des für die Festlegung der Vergütung zuständigen Gremiums beeinträchtigt werden soll. Nach Ziff. 3.3 der Empfehlung 2004/913/EG soll der Beschluss dabei zumindest

> „a) Erläuterungen zum relativen Gewicht der variablen und der fixen Komponenten der Vergütung;
> b) ausreichende Informationen über die Erfolgskriterien, an die Aktienoptionen, Aktien und variable Vergütungskomponenten geknüpft sind;
> c) ausreichende Informationen über die Erfolgsbindung der Vergütung;

---

850 So *Leuering*, NZG 2017, 646 und *Gaul*, AG 2017, 178 (182) mit Blick auf Art. 9a RL 2007/36/EG n.F. Siehe zu den Änderungen insgesamt auch *Leuering*, NZG 2017, 646 (647 ff.); *Velte*, NZG 2017, 368 ff.; *Gaul*, AG 2017, 178 (181 ff.); *Diekmann*, WM 2018, 796 ff.; *Habersack*, NZG 2018, 127 (129 ff.). Zu der bereits 2013 angestrebten Änderung in einen verbindlichen Beschluss, die jedoch am Widerstand des Bundesrats gescheitert ist, siehe *Verse*, NZG 2013, 921 ff.

851 *Hoffman* in: Spindler/Stilz, AktG, 4. Aufl. 2019, § 120 Rn. 52; *Begemann/Laue*, BB 2442 (2444); *Leuering*, NZG 2017, 646 (647).

852 MüKo-AktG/*Kubis*, 4. Aufl. 2018, § 120 Rn. 48; *Hoffman* in: Spindler/Stilz, AktG, 4. Aufl. 2019, § 120 Rn. 55; *Mülbert* in: Hirte/Mülbert/Roth, AktG, 5. Aufl. 2015, § 120 Rn. 175.

853 *Kremer* in: Kremer u.a. DCGK, 6. Aufl. 2016, Rn. 336.

854 Ausführlich dazu *Lutter*, EuZW 2009, 799 (801 f.).

855 Empfehlung 2004/913/EG der Kommission vom 14.12.2004 zur Einführung einer angemessenen Regelung für die Vergütung von Mitgliedern der Unternehmensleitung börsennotierter Gesellschaften, ABl. 2004 L 385, S. 55.

d) wichtigste Parameter und Begründung etwaiger jährlicher Bonusregelungen und anderer unbarer Leistungen;
e) Beschreibung der wichtigsten Merkmale der betrieblichen Altersversorgungs- und Vorruhestandsregelungen für Mitglieder der Unternehmensleitung“

umfassen. Beschlussgegenstand ist also nicht die tatsächliche Vergütung des einzelnen Vorstandsmitglieds, sondern ein abstraktes Vergütungssystem.[856]

Nach den *OECD*-Grundsätzen der *Corporate Governance* ist es entscheidend, dass Aktionäre – u.a. im Wege der Abstimmung auf der Hauptversammlung – überhaupt die Möglichkeit haben, sich zur Vergütung der Geschäftsführung zu äußern.[857] Als verschiedene Formen des *Say-on-Pay* werden bindende oder konsultative Abstimmungen, *ex-post-* oder *ex-ante*-Abstimmungen und Abstimmungen über die Einzel- oder Gesamtvergütung sowie über die Vergütungspolitik oder tatsächliche Vergütung genannt, ohne sich für eine bestimmte Form auszusprechen.[858]

Die verschiedenen *Say-on-Pay*-Konzeptionen lassen sich anhand von vier wesentlichen Merkmalen kategorisieren: *Erstens* kann eine Mitbestimmung fakultativ oder obligatorisch sein. *Zweitens* lässt sich anhand des Beschlussgegenstandes differenzieren. Neben einer Abstimmung über ein abstraktes Vergütungssystem ist auch ein Beschluss über eine konkrete Vergütung denkbar, wobei dieser sich jeweils auf den Gesamtvorstand oder die einzelnen Mitglieder beziehen kann. *Drittens* kann der Beschluss vor Abschluss des Anstellungsvertrags und damit der vertraglichen Vereinbarung erfolgen (*ex ante*) oder im Nachhinein i.S.e. Billigung (*ex post*). *Viertens* lässt sich ein *Say on Pay* anhand der Rechtsfolge unterscheiden. So gibt es sowohl bindende als auch konsultative Beschlüsse zur Vergütung.

c. Beschluss nach den Vorgaben des VGG

Der Beschluss über die Vergütung und sonstigen Leistungen der Vorstandsmitglieder gemäß § 18 Abs. 1 Nr. 1 VGG ist obligatorisch. Er ist im Statut der Verwertungsgesellschaft zwingend vorzusehen („regelt“). Die Norm folgt damit der Vorgabe des Art. 8 Abs. 4 UAbs. 1 RL 2014/26/EU.

---

856 Auch Ziff. 3.2 Empfehlung 2004/913/EG spricht hinsichtlich der Vergütung von einem „*Konzept*“.
857 *OECD*, Grundsätze der Corporate Governance, 2016, S. 23.
858 Vgl. *OECD*, Grundsätze der Corporate Governance, 2016, S. 24.

Offen bleibt der Zeitpunkt der Beschlussfassung (1), die Rechtsfolge (2), der genaue Beschlussgegenstand (3) und wie häufig der Beschluss gefasst werden muss (4).

(1) Zeitpunkt der Beschlussfassung

Abweichend von der deutschen Umsetzung spricht Art. 8 Abs. 4 UAbs. 1 RL 2014/26/EU davon, dass die Vergütung „genehmigt" wird. Da Begriffe in Unionsrichtlinien autonom auszulegen sind[859], ist darunter nicht zwingend die nachträgliche Einwilligung i.S.v. § 184 Abs. 1 BGB zu verstehen. Mangels Angaben zum Zeitpunkt lässt der Wortsinn vielmehr auch eine vorherige „Genehmigung" zu.[860] Mithin bleibt der Zeitpunkt der Einwilligung den Verwertungsgesellschaften überlassen. Mit Blick auf empirische Erkenntnisse, nach denen ein vorvertragliches *Say-on-Pay*-Votum zu bevorzugen ist,[861] sollten die Verwertungsgesellschaften ein solches in ihren Statuten vorsehen. So können sie ihre rechtliche Gestaltungsfreiheit möglichst zweckmäßig ausüben.

(2) Rechtsverbindlichkeit

Bei einem rein konsultativen Votum der Mitgliederhauptversammlung bestünde die Gefahr, dass das Aufsichtsgremium den Beschluss schlicht ignoriert und – ohne rechtliche Folgen – eine andere Vergütung mit den Vorstandsmitgliedern vereinbart. Die Vorgaben der Richtlinie 2014/26/EU würden damit ins Leere laufen. Der Beschluss nach § 18 Abs. 1 Nr. 1 VGG muss folglich eine bindende Wirkung haben, weil nur so die Richtlinienvorgaben effektiv zur Geltung kommen. Aus *Corporate-Governance*-Perspektive ist ein bindendes Votum ebenfalls sinnvoll, da empirische und ex-

---

859 *EuGH*, Urt. v. 16.6.2016 – C-511/14, NJW 2016, 2311 (2312) Rn. 36; ausführlich *Riesenhuber* in: Riesenhuber, Europäische Methodenlehre, 3. Aufl. 2014, § 10 Rn. 4 ff.; *Kaufmann* in: Dauses/Ludwigs, HdB EU-WirtschaftsR, 47. EL. März 2019, Kap. P. II. Rn. 63.

860 In der englischen Richtlinienfassung wird *approve* verwendet, was ebenso wenig einen Zeitpunkt vorgibt.

861 *Göx/Kunz*, ZfB 2012, 123 (126 ff.), weisen darauf hin, dass ein nachvertraglicher Beschluss nur unter bestimmten Voraussetzungen ebenso wirksam ist.

perimentelle Studien zeigen, dass ein konsultatives *Say on Pay* keine Auswirkung auf Höhe und Struktur der Vergütung zeigt.[862]

(3) Beschlussgegenstand

Aufgrund der oben präferierten variablen Vergütung scheidet notwendigerweise die Abstimmung über eine konkrete Summe aus. Vielmehr sollte nur über ein abstraktes Vergütungskonzept abgestimmt werden. Um eine leichte Anpassung in Abhängigkeit des Unternehmensumfeldes zuzulassen, empfiehlt es sich, dem mit den Organmitgliedern den Vertrag schließenden Gremium einen gewissen Spielraum zu lassen.

Dieser ist schon nötig, weil der *Say-on-Pay*-Beschluss nicht die Vertragsfreiheit des betroffenen Vorstandsmitglieds aushebelt. Der betroffene Organwalter kann auch abweichende Konditionen fordern und seinen Vertrag nicht verlängern bzw. abschließen. Wäre in Folge ein erneuter Beschluss der Mitgliederhauptversammlung nötig, würde dies das gesamte Prozedere deutlich verkomplizieren und vermeidbare Transaktionskosten verursachen.

(4) Häufigkeit

Die Häufigkeit des Beschlusses sollte sich nach der Bemessungsgrundlage der erfolgsabhängigen Vergütung richten. Solange der Betrachtungszeitraum läuft, wird regelmäßig auch der Anstellungsvertrag Bestand haben, sodass eine Abänderung der Vergütung sowieso nur unter Mitwirkung des betroffenen Organs möglich wäre.[863]

3. Zusammenfassung

§ 18 Abs. 1 Nr. 1 VGG beschränkt sich darauf, einen Beschluss über Vergütung und sonstige Leistungen der Mitglieder der Geschäftsführung vorzusehen, ohne weitere Vorgaben zu machen. Rechtmäßig sind daher alle in Betracht kommenden Formen eines verbindlichen *Say-on-Pay*-Votums.

---

862 *Göx/Kunz*, ZfB 2012, 123 (126 ff., 146). Vgl. auch zur Diskussion zur Verbindlichkeit im Aktienrecht *J. Schmidt*, NZG 2018, 1201 (1203).

863 Vgl. *Fuhrmann* in: Fuhrmann/Linnerz/Pohlmann, DCGK, 2016, Ziff. 4 Rn. 207.

Aus *Corporate-Governance*-Perspektive sind hingegen nur bestimmte Gestaltungen zweckmäßig: Um die Gefahr von opportunistischem Verhalten der Geschäftsführung zu minimieren, sollten die Anstellungsverträge ihrer Mitglieder eine erfolgsabhängige Vergütung vorsehen.[864] Wird dadurch die Vergütung der Organmitglieder an die Verwaltungskostenquote geknüpft, entsteht ein Anreiz für sie, für eine effiziente Verwaltung zu sorgen. Die Rechtsinhaber profitieren davon durch höhere Ausschüttungen, sodass die Interessen beider Gruppen wirksam angeglichen sind.

Es empfiehlt sich für die Verwertungsgesellschaften, in ihren Statuten einen bindenden *ex-ante*-Beschluss nach § 18 Abs. 1 Nr. 1 VGG der Mitgliederhauptversammlung über die Vergütung der Geschäftsführungsmitglieder vorzusehen. Zur Abstimmung sollte dabei ein abstraktes Vergütungskonzept gestellt werden, um dem vertragschließenden Organ genügend Verhandlungsspielraum zu geben. Alle drei Jahre – in Anlehnung an den Betrachtungszeitraum für die variablen Vergütungsbestandteile – sollte die Vergütung der Vorstandsmitglieder Beschlussgegenstand sein.

Strikt von der Anreizfunktion einer variablen Vergütung ist ihre *Angemessenheit* zu unterscheiden. Anders als bei der Aktiengesellschaft, für die § 87 Abs. 1 AktG diese zwingend vorschreibt, ist bei den Verwertungsgesellschaften keine Gefahr zu sehen. Aufgrund des krisensicheren und nicht fremdkapitalfinanzierten Geschäftsmodells der Verwertungsgesellschaften und des zwingenden Beschlusses der Mitgliederhauptversammlung ist eine Beschränkung zum Schutz von Gläubigern, Mitgliedern und Arbeitnehmern nicht nötig.[865] Die konkrete Höhe der Vergütung steht damit aufgrund der Vertragsfreiheit vollständig zur Disposition der Vertragsparteien.

---

864 Ähnlich *Bing*, Die Verwertung von Urheberrechten, 2002, S. 223, die jedoch eine Beteiligung der Agenten an der Ausschüttungssumme vorschlägt. Kritisch hinsichtlich möglicher negativer Folgen für die intrinsische Motivation der Manager (sog. *Crowding-out*-Effekt) *Fleischer*, NZG 2009, 801 (803).

865 Vgl. zur Funktion der Angemessenheit im Aktienrecht *Koch* in: Hüffer/Koch, AktG, 13. Aufl. 2018, § 87 Rn. 1; *Weber* in: Hölters, AktG, 3. Aufl. 2017, § 87 Rn. 1. Soweit man in der Vorschrift eine Kapitalerhaltungsmaßnahme sieht, ist eine Übertragung auf Verwertungsgesellschaften in Vereinsform ohnehin hinfällig.

IV. Vermeidung von Interessenkonflikten bei Stellvertretung

Interessenkonflikte können nicht nur zwischen Rechtsinhabern und der Geschäftsführung auftreten, sondern auch zwischen einem einzelnen Rechtsinhaber und seinem Stellvertreter. In dieser Beziehung ist ein *Principal-Agent*-Konflikt ebenfalls angelegt. Während dieser Konflikt in den meisten Verwertungsgesellschaften bislang keine Rolle spielte, weil die Stellvertretung ausgeschlossen war, schreibt § 19 Abs. 4 S. 1 Hs. 1 VGG nun zwingend vor, dass Stellvertreter an der Mitgliederhauptversammlung teilnehmen dürfen.[866] Der einzelne Rechtsinhaber kann sich künftig also eines Vertreters zur Erfüllung seiner Aufgaben bedienen. Anders als bei der Geschäftsführung geht es dabei weniger um Spezialwissen oder -können des Agenten als vielmehr um seine Anwesenheit am Ort der Mitgliederhauptversammlung. Auf diese Weise erspart sich der Prinzipal die Kosten, die für ihn mit seiner persönlichen Teilnahme verbunden wären. Da es zwischen dem Agenten und dem Prinzipal zu Zielkonflikten kommen kann, stehen dieser Kostenersparnis einige Gefahren gegenüber. Das VGG sieht hierfür verschiedene Lösungsmechanismen vor. Neben der Möglichkeit, bindende Weisungen an den Vertreter zu erteilen (1.), beschränkt das VGG auch die Auswahl des Stellvertreters (2.) und stellt zeitliche Schranken für die Vollmacht auf (3.).

1. Weisungserteilung durch den Vertretenen

Nach § 19 Abs. 4 S. 5 VGG ist der Vertreter verpflichtet, entsprechend den Anweisungen des Vertretenen abzustimmen. Die Regelung entspricht Art. 8 Abs. 10 UAbs. 3 S. 2 RL 2014/26/EU. Die Norm statuiert zwar eine Pflicht zur weisungsgemäßen Abstimmung für den Vertreter, macht aber keine Angaben dazu, ob der Vollmachtgeber zwingend Anweisungen zu erteilen hat. Aufgrund des mit einer solchen Verpflichtung des Vertretenden einhergehenden Einschränkung der Privatautonomie, wird man mangels ausdrücklicher Anordnung im Gesetz nicht von einer solchen ausgehen können. Aber auch ohne entsprechende Pflicht sind aus Perspektive der *Corporate Governance* bestimmte Vorgaben an den Vertreter sinnvoll. Wer in einer bestimmten Weise abzustimmen hat, der kann sich bei Ausübung des Stimmrechts nicht nach seinen eigenen Interessen richten. Durch die Weisungen wird der Handlungsspielraum somit eingeengt und

866 Siehe dazu bereits ausführlich oben S. 146 f.

gleichzeitig die Opportunismuschancen des Vertreters reduziert. Allzu starre Vorgaben können sich jedoch auch als Problem herausstellen: Werden im Rahmen der Mitgliederhauptversammlung Umstände bekannt, die – hätte der Vollmachtgeber sie vorher gekannt – Einfluss auf seine Weisung gehabt hätten, ist es sinnvoll, den Vertreter eine abweichende Stimmabgabe zu gestatten. Auch für den Fall, dass es zu kurzfristigen Änderungen der Beschlussvorlagen kommt, empfiehlt es sich, vorzusorgen. Eine Pflicht zur Rücksprache[867] mit dem Vertretenen kommt ebenso in Betracht wie die Aufstellung von Leitlinien.[868] Liegt der Vertretung ein Auftrag i.S.d. §§ 662 ff. BGB zugrunde, so ergibt sich eine solche Pflicht auch ohne ausdrückliche Vereinbarung bereits aus § 665 S. 1 BGB.[869]

Das VGG ordnet keine Rechtsfolgen für den Fall eines Verstoßes gegen die Weisung des Vertretenen an. Daher muss auf die Regelungen der jeweiligen Rechtsform zurückgegriffen werden. Regelmäßig handelt es sich bei der Nichteinhaltung einer schuldrechtlichen Stimmrechtsbindung lediglich um eine Pflichtwidrigkeit im Innenverhältnis zwischen Vollmachtgeber und Vertreter.[870] Beim VGG liegt der Fall jedoch anders: Es handelt sich nicht um eine reine *schuldrechtliche* Verabredung, sondern um eine *gesetzliche* Pflicht des Vertreters aus § 19 Abs. 4 S. 5 VGG. Demnach liegt bei einem Verstoß ein Mangel in der Stimmabgabe vor.[871] Beim Verein führt ein solcher zur Ungültigkeit der Einzelstimme, was mithin wie eine Stimmenthaltung zu bewerten ist.[872] Die Nichtigkeit des Beschlusses ergibt sich nur, wenn sich durch die Enthaltung das Abstimmungsergebnis ändert.[873] Bei der GmbH ist zu unterscheiden: Wurde der Verstoß gegen

---

867 In eine ähnliche Richtung geht Ziff. 2.3.2 S. 2 HS. 2 DCGK, der empfiehlt, dass der Stimmrechtsvertreter der Gesellschaft „auch während der Hauptversammlung erreichbar sein" sollte. Vgl. auch *Kremer* in: Kremer u.a., DCGK, 7. Aufl. 2018, Rn. 412.

868 Vgl. zur selben Situation bei der Hauptversammlung einer Aktiengesellschaft *Kocher*, BB 2014, 2317 (2320).

869 Siehe auch *Kocher*, BB 2014, 2317 (2320); *Gerlach* in: Wandtke/Bullinger, Praxiskommentar UrhR, 5. Aufl. 2019, § 19 VGG Rn. 11.

870 *Altmeppen* in: Roth/Altmeppen, GmbHG, 9. Aufl. 2019, § 47 Rn. 75; *K. Schmidt* in: Scholz, GmbHG, 11. Aufl. 2014, § 47 Rn. 53; BeckOK-BGB/*Schöpflin*, 51. Ed. 1.8.2019, § 32 Rn. 22.

871 A.A. BeckOK-UrhR/*Freudenberg*, 25. Ed. 15.7.2019, § 19 VGG Rn. 22.

872 BeckOK-BGB/*Schöpflin*, 51. Ed. 1.8.2019, § 32 Rn. 39; Palandt/*Ellenberger*, 78. Aufl. 2019, § 32 Rn. 8.

873 *BGH*, Urt. v. 9.11.1972, NJW 1973, 235; BeckOK-BGB/*Schöpflin*, 51. Ed. 1.8.2019, § 32 Rn. 39; Staudinger/*Weick*, Neubearb. 2005, § 32 BGB Rn. 30; Erman/*Westermann*, 15. Aufl. 2017, § 32 Rn. 6; kritisch *Fluck*, Fehlerhafte Vereinsbeschlüsse, 2017, S. 50 ff.

die Stimmbindung frühzeitig bemerkt und die Stimme entsprechend nicht mitgezählt, ergeben sich keine Probleme. Stellt sich die weisungswidrige Abstimmung des Vertreters allerdings erst im Nachhinein heraus, so kann darin ein Anfechtungsgrund liegen.[874] Dafür müsste die betroffene Stimme indes kausal für das Beschlussergebnis sein.[875] Somit wirkt sich ein Verstoß gegen § 19 Abs. 4 S. 5 VGG bei Verein und GmbH nur aus, wenn er das Ergebnis beeinflusst hat.

2. Vorgaben an den Stellvertreter

§ 19 Abs. 4 S. 1 Hs. 2 VGG beschränkt das Recht, einen Stellvertreter einzusetzen, soweit es dadurch zu einem Interessenkonflikt kommt. Diese sehr abstrakte Regelung hilft im Einzelfall kaum weiter. Die Verwertungsgesellschaft wird kaum in jedem Einzelfall die jeweiligen Interessen des Mitglieds und seines Stellvertreters ermitteln und abgleichen können. Daher bedarf es – wie bereits im Verfahren nach § 21 Abs. 2 VGG – einer Objektivierung durch die Festlegung von Tatbeständen, bei denen ein Interessenkonflikt pauschal angenommen wird.[876] Dabei kommen verschiedene Merkmale als Anknüpfungspunkte in Betracht.

a. Personelle Beschränkungen

Ein Interessenkonflikt kann sich aus der Person des Vertreters ergeben.

(1) Externe Dritte

§ 19 Abs. 4 S. 1 VGG lässt grundsätzlich jedermann, d.h. auch einen Außenstehenden, als Stellvertreter zu.[877] Der die Regelung vorgebende Art. 8 Abs. 10 UAbs. 1 RL 2014/26/EU lässt ebenfalls jede „andere natürliche oder

---

874 Vgl. *Zöllner/Noack* in: Baumbach/Hueck, GmbHG, 21. Aufl. 2017, § 47 Rn. 8.
875 *Zöllner/Noack* in: Baumbach/Hueck, GmbHG, 21. Aufl. 2017, § 47 Rn. 8.
876 Ähnlich *Holzmüller*, ZUM 2016, 88 (90).
877 So auch indirekt die Begründung des Regierungsentwurfs zum VGG, BT-Drs. 18/7223, S. 78.

juristische Person" zu, ohne den Kreis tauglicher Vertreter auf die Mitglieder zu beschränken.[878]

Abweichendes kann sich im Einzelfall aus der Rechtsform der Verwertungsgesellschaft ergeben.[879] Beim Verein ist umstritten, inwieweit Nichtmitglieder als Vertreter in Betracht kommen.[880] Da jedoch auch die Gegner einer Bevollmächtigung Dritter stets nur auf den „Charakter des Idealvereins"[881] abstellen und die deutschen Verwertungsgesellschaften wirtschaftliche Vereine nach § 22 BGB sind,[882] ist im vorliegenden Kontext von der Zulässigkeit auszugehen.[883] Soweit ein Externer die Stellvertretung übernimmt, lässt sich nicht pauschal ein Interessenkonflikt erkennen, weil die Auswahl an möglichen Vertretern extrem breit ist und entsprechend vielfältige Interessen möglich sind. Ein Ausschluss von Externen ist daher nicht nötig, um den Vorgaben des § 19 Abs. 4 S. 1 Hs. 2 VGG gerecht zu werden.

(2) Interne Rechtsinhaber

Fraglich ist, ob sich aus den Vorgaben des VGG eine Beschränkung hinsichtlich solcher Rechtsinhaber ergibt, die Mitgliedern der Verwertungsgesellschaft sind. Sie gehören automatisch einer bestimmten Berufsgruppe an. Das Gesetz nennt diesen Fall zwar nicht speziell, normiert jedoch ein ähnliches Regelbeispiel: § 19 Abs. 4 S. 2 VGG nennt Stellvertreter, die Mitglieder verschiedener Kategorien vertreten, als Fall eines Interessenkonflikts. Dahinter steckt die Vermutung, dass verschiedene Berufsgruppen

---

878 Gleichwohl ist eine Einschränkung unter den Voraussetzungen des Art. 8 Abs. 10 UAbs. 2 RL 2014/26/EU möglich.

879 So auch ausdrücklich die Begründung des Regierungsentwurfs zum VGG, BT-Drs. 18/7223, S. 78.

880 Dagegen: Jauernig/*Mansel*, 17. Aufl. 2018, § 38 Rn. 4; Palandt/*Ellenberger*, 78. Aufl. 2019, § 38 Rn. 3. Dafür: BeckOK-BGB/*Schöpflin*, 51. Ed. 1.8.2019, § 32 Rn. 23; BeckOGK/*Notz*, Stand: 15.9.2018, § 32 BGB Rn. 142; *Otto* in: Herberger u.a., jurisPK-BGB, 8. Aufl. 2017, § 32 Rn. 40; *Dörner* in: Schulze, HK-BGB, 10. Aufl. 2019, § 38 Rn. 8; MüKo-BGB/*Leuschner*, 8. Aufl. 2018, § 38 Rn. 50. Differenzierend: MüKo-BGB/*Arnold*, 7. Aufl. 2015, § 38 Rn. 62, § 32 Rn. 32 f.; Staudinger/*Schwennicke*, Neubearb. 2019, § 32 BGB Rn. 100.

881 Siehe nur Palandt/*Ellenberger*, 78. Aufl. 2019, § 38 Rn. 3.

882 Irreführend daher *Holzmüller*, ZUM 2014, 468 (469), wenn er mit Blick auf Verwertungsgesellschaften auf ebendiese Ansichten verweist.

883 So auch beim wirtschaftlichen Verein MüKo-BGB/*Arnold*, 7. Aufl. 2015, § 32 Rn. 32.

widerstreitende Interessen haben, die der Vertreter nicht gleichzeitig befriedigen kann.[884] Dieselbe Situation entsteht auch, wenn der Vertreter selbst Mitglied einer anderen Berufsgruppe als der Vertretene ist.[885] Auch in diesem Fall ist daher ein Zielkonflikt zu vermuten und die Situation als Interessenkonflikt i.S.v. § 19 Abs. 4 S. 1 Hs. 2 VGG zu erfassen. Diese Auslegung bestätigt ein Blick in die Richtlinie, die diese Konstellation explizit in Art. 8 Abs. 10 UAbs. 1 RL 2014/26/EU anführt.

Darüber hinaus können sich Konflikte typischerweise nicht nur aus der Kategorie der Mitglieder ergeben, sondern auch aus den anderen Unterscheidungsmerkmalen: Delegierte sollten daher nicht als Vertreter für Mitglieder eingesetzt werden. Je nach der Situation in der einzelnen Verwertungsgesellschaft kann es sich anbieten, in der Satzung weitere Beispielskonstellationen aufzunehmen, in denen ein Interessenkonflikt unterstellt wird.[886] Dazu gehört auch das Regelbeispiel des § 19 Abs. 4 S. 2 VGG. Nur eine solche formalisierende Pauschalisierung erlaubt es, Interessenkonflikten zuverlässig zu begegnen.[887]

(3) Keine Ausnahme beim weisungsgebundenen Vertreter

In bestimmten Situationen erscheint auf den ersten Blick eine Ausnahme der Beschränkungen möglich: Wenn der Vertreter gemäß § 19 Abs. 4 S. 5 VGG gebunden ist[888] und folglich über keinen Entscheidungsspielraum verfügt, kann kein Interessenkonflikt auftreten.[889] Die Gefahr, dass er die Interessen eines Vertretenen zugunsten anderer vollmachtgebender Mitglieder übergeht, besteht nicht. Gleich einem Boten übermittelt er lediglich die Stimmen der Geschäftsherren. Jedoch können in tatsächlicher Hinsicht Probleme auftreten, weil häufig getrennt nach Berufsgruppen abgestimmt wird. Stimmt ein Mitglied für verschiedene Gruppen ab, kann dies die Stimmabgabe kompliziert machen. In diesem Fall treten keine In-

---

884 Vgl. BeckOK-UrhR/*Freudenberg*, 25. Ed. 15.7.2019, § 19 VGG Rn. 15.

885 So jetzt auch *Gerlach* in: Wandtke/Bullinger, Praxiskommentar UrhR, 5. Aufl. 2019, § 19 VGG Rn. 7.

886 Siehe beispielhaft § 10 Ziff. 7 Abs. 2 lit. a GEMA-Satzung n.F.

887 Vgl. *Holzmüller*, ZUM 2016, 88 (90).

888 Siehe zur Bindung des Stellvertreters bereits oben S. 232.

889 Ähnlich bezüglich § 134 Abs. 3 AktG MüKo-AktG/*Arnold*, 4. Aufl. 2018, § 134 Rn. 39, § 136 Rn. 83.

teressenkonflikte auf, sondern Organisationsprobleme.[890] Fraglich ist, ob solche tatsächlichen Faktoren eine Beschränkung der Stellvertretung rechtfertigen können. Art. 8 Abs. 10 UAbs. 2 RL 2014/26/EU erlaubt Einschränkungen bei der Stimmrechtsausübung durch Stellvertreter, soweit die wirksame und angemessene Mitwirkung der Mitglieder nicht gefährdet wird. Wenn der Stellvertreter derart gebunden ist, dass er *de facto* nur noch eine vorgefertigte Erklärung übermittelt, besteht kein Unterschied mehr zu einer Abstimmung durch das Mitglied im Vorfeld der Mitgliederhauptversammlung. Dies ist jedoch bereits durch die elektronische Stimmabgabe möglich.[891] Ein wirksames und angemessenes Mitwirken an der Mitgliederhauptversammlung wird also bereits durch die elektronische Teilnahme sichergestellt. Daher sind die Verwertungsgesellschaften nicht dazu angehalten, Abstimmungsmechanismen zu implementieren, die eine gespaltene Stimmabgabe[892] über Berufsgruppen hinweg ermöglichen. Im Ergebnis ist auch für den weisungsgebundenen Stellvertreter keine Ausnahme hinsichtlich des Verbots der Zugehörigkeit zu verschiedenen Berufsgruppen anzuerkennen.

b. Anzahl der vertretenen Mitglieder

Nach § 19 Abs. 4 S. 3 VGG ist den Verwertungsgesellschaften die Einschränkung erlaubt, dass ein Vertreter nicht mehr als zehn Mitglieder vertreten darf. Um die Gefahr zu unterbinden, dass einzelne Vertreter auf „Stimmenfang" gehen und massenhaft für Mitglieder als Stellvertreter fungieren[893], sollten die Verwertungsgesellschaften von der Beschränkungsmöglichkeit Gebrauch machen. Denn durch die Sammlung von Stimmrechten in einer Person wird eine Machtposition geschaffen – bis hin zu

---

890 Vgl. *Schulze* in: Dreier/Schulze, UrhG, 6. Aufl. 2018, § 19 VGG Rn. 10. Siehe zu den organisatorischen Problemen bei der GEMA *Holzmüller*, ZUM 2016, 88 (90).

891 Siehe dazu ausführlich oben S. 147 ff.

892 Zur Zulässigkeit einer gespaltenen Stimmabgabe bei Stimmvollmacht siehe Staudinger/*Schwennicke*, Neubearb. 2019, § 32 BGB Rn. 98; BeckOK-BGB/*Schöpflin*, 51. Ed. 1.8.2019, § 32 BGB Rn. 22; Palandt/*Ellenberger*, 78. Aufl. 2019, § 32 Rn. 8; *Otto* in: Herberger u.a., jurisPK-BGB, 8. Aufl. 2017, § 32 Rn. 52; *K. Schmidt* in: Scholz, GmbHG, 11. Aufl. 2014, § 47 Rn. 64 ff.; *A. Bartl* in: Bartl u.a., GmbHR, 8. Aufl. 2019, § 47 Rn. 13 ff.

893 Vgl. BeckOK-UrhR/*Freudenberg*, 25. Ed. 15.7.2019, § 19 VGG Rn. 18; *Drexl*, Stellungnahme des Max-Planck-Instituts für Innovation und Wettbewerb vom 14.8.2015 zum Referentenentwurf des VGG, Rn. 50.

einer Sperrminorität –, die der Vertreter nutzen kann, um sich persönliche Vorteile zu verschaffen.

Holzmüller hält die Beschränkbarkeit auf zehn Mitglieder für nicht weitgehend genug und fordert eine Beschränkung auf maximal fünf Mitglieder.[894] Eine solche Beschränkung muss sich an Art. 8 Abs. 10 UAbs. 2 RL 2014/26/EU messen lassen, der dem deutschen Gesetzgeber hier Grenzen setzt. Die Norm erlaubt Beschränkungen der Stellvertretung nur, „wenn dadurch die angemessene und wirksame Mitwirkung der Mitglieder an dem Entscheidungsfindungsprozess [...] nicht beeinträchtigt wird.“ Setzt man die erlaubte Höchstzahl an Vertretenen zu gering an, wird es für die Mitglieder schwierig, einen tauglichen Vertreter unter den anderen Mitgliedern zu finden. Möglich wäre theoretisch zwar auch die Beauftragung eines Dritten, doch geht dies mit einem deutlich höheren Aufwand einher. Für ein Mitglied, das sowieso an der Mitgliederhauptversammlung teilnimmt, ist die Ausübung weiterer Stimmrechte hingegen mit minimalem Aufwand verbunden. Eine zu geringe Höchstzahl führt somit zu einer stark steigenden Wahrscheinlichkeit, dass auf die Einschaltung eines Vertreters verzichtet wird.[895] In der daraus resultierenden Nichtausübung des Stimmrechts ist eine gegen Art. 8 Abs. 10 UAbs. 2 RL 2014/26/EU verstoßene Beeinträchtigung der Mitwirkung des Mitglieds zu sehen.[896]

3. Zeitliche Beschränkung

Konfliktpotenzial bietet auch die Laufzeit der Stellvertretung. Unvorhergesehene Veränderungen können auch bei ursprünglich gleichlaufenden Zielen zwischen Vertretenem und Vertreter mit der Zeit zu Interessenkonflikten führen. Durch eine zeitliche Beschränkung der Vollmacht kann dieses Risiko minimiert werden. Zugleich steigert die jedes Mal erneut nötige Vollmachtserteilung die Chance, dass der Vertretene dem Vertreter

---

894 *Holzmüller*, ZUM 2016, 88 (89 f.). Siehe auch *Pfennig*, Stellungnahme der Initiative Urheberrecht vom 9.2.2016 zum Regierungsentwurf des VGG, S. 3, der eine Ausnahme für „Gewerkschaften, Verbände oder Organisationen der Kreativen“ anregt.

895 Dies verkennt BeckOK-UrhR/*Freudenberg*, 25. Ed. 15.7.2019, § 19 VGG Rn. 19, mit seinem Hinweis, es würde den Interessen des vertretenen Mitglieds sowieso eher gerecht, einen Vertrauten zum Vertreter zu bestellen.

896 Ähnlich auch der Regierungsentwurf zum VGG, BT-Drs. 18/7223, S. 78. A.A. *Gerlach* in: Wandtke/Bullinger, Praxiskommentar UrhR, 5. Aufl. 2019, § 19 VGG Rn. 9.

Weisungen erteilt.[897] Noch eine weitere Gefahr kann durch eine zeitliche Beschränkung gebannt werden: Aufgrund ihrer überlegenen Verhandlungsposition gegenüber den Urhebern könnten Verwerter sich im Rahmen des Verwertungsvertrages sonst die Stimmrechte des Mitglieds dauerhaft übertragen lassen.[898]

Die Richtlinie und entsprechend das VGG begegnen diesen Gefahren mit einer Höchstdauer der Vollmacht. Diese ist gemäß § 19 Abs. 4 S. 5 VGG nur wirksam, wenn sie auf *eine* Mitgliederhauptversammlung beschränkt ist. Eine dauerhafte Stimmrechtsübertragung durch *eine* Vollmacht ist damit ausgeschlossen.[899] Entsprechend erschwert wird kommerziellen Verwertern die Erlangung von Vollmachten zur Vertretung ihrer Vertragspartner auf der Mitgliederhauptversammlung.

4. Zusammenfassung

Eine einzelfallabhängige Beurteilung, ob ein der Generalklausel des § 19 Abs. 4 S. 1 VGG unterfallender Interessenkonflikt vorliegt, ist nicht vollständig vermeidbar. In bestimmten Fällen lässt sich ein solcher jedoch pauschal vermuten: Vertreter und Vertretener gehören verschiedenen Berufsgruppen an, ein Vertreter vertritt verschiedene Berufsgruppen oder mehr als zehn Mitglieder. Um den Mitgliedern klare Handlungsvorgaben bei der Stellvertreterwahl zu geben und somit die Rechtssicherheit zu erhöhen, sollte das Statut der Verwertungsgesellschaft einen Katalog der besonders konfliktträchtigen Konstellationen enthalten. Die Verwertungsgesellschaften sollten von der Möglichkeit, die Anzahl von Rechtsinhabern, die von einem Stellvertreter vertreten werden, auf zehn zu begrenzen, Gebrauch machen. In Kombination mit der gesetzlichen Beschränkung der Vollmacht auf eine Mitgliederhauptversammlung wird so die Bündelung erheblicher Mengen an Stimmrechten effektiv verhindert.

---

897 Ähnlich *Gerlach* in: Wandtke/Bullinger, Praxiskommentar UrhR, 5. Aufl. 2019, § 19 VGG Rn. 10 und BeckOK-UrhR/*Freudenberg*, 25. Ed. 15.7.2019, § 19 VGG Rn. 20, die jedoch auf die persönliche Teilnahme abstellt.

898 *Holzmüller*, ZUM 2016, 88 (90). Soweit der jeweilige Verwerter selbst Mitglied der Verwertungsgesellschaft ist, scheidet aufgrund der unterschiedlichen Berufsgruppen eine Stellvertretung nach den oben erörterten Grundsätzen sowieso aus.

899 Vgl. BeckOK-UrhR/*Freudenberg*, 25. Ed. 15.7.2019, § 19 VGG Rn. 20.

V. Vorgaben zur Mittelverwendung

Bereits aus der Natur der Sache ergibt sich, dass bei der Verwaltung und Verwendung der Einnahmen besonders viele unterschiedliche Interessen aufeinandertreffen. Die Opportunismusgefahr ist entsprechend hoch: Wer im Rahmen der Mitgliederhauptversammlung über die Verwendung der Einnahmen entscheidet, kann seine Interessen durchsetzen. Es liegt folglich ein *Principal-Principal*-Konflikt vor.

Bei Kapitalgesellschaften macht der Gesetzgeber zum Schutz der nicht an der Entscheidung beteiligten Personen, z.B. Gläubigern, strenge Vorgaben, was erlaubt und was nicht erlaubt ist.[900] So verhindern beispielsweise Kapitalerhaltungsgrundsätze, dass es zu überhöhten Ausschüttungen an die *Shareholder* kommt, die über die Mittelverwendung im Rahmen der Gesellschafter- bzw. Hauptversammlung entscheiden. Solche Zahlungen würden zulasten der übrigen *Stakeholder* geschehen. Das Gesellschaftsrecht reagiert in diesen Konstellationen auf die starken Opportunismuschancen und schränkt ihre Realisierung ein, indem es strenge Vorgaben zur Mittelverwendung macht. Handlungsspielräume, die der Prinzipal nicht hat, kann er auch nicht zulasten des Agenten nutzen. Gleiches gilt im Verhältnis der Prinzipale untereinander: Dort, wo das Gesetz eine Gleichstellung *aller* Gruppenzugehörigen vorschreibt, ist es dem Entscheider nicht möglich, sich zu übervorteilen. So schützt das Aktiengesetz etwa Minderheitsaktionäre davor, dass ein Mehrheitsaktionär beschließt, dass nur er am Gewinn beteiligt wird.[901]

Aus methodischer Sicht löst das Gesetz damit den Konflikt auf, denn dort, wo der Handelnde durch die gesetzlichen Vorgaben derart gebunden ist, dass er keinen Handlungsspielraum mehr hat – mithin lediglich das Gesetz umsetzt –, verbleiben ihm keine Opportunismuschancen mehr. Verbleiben noch Spielräume, etwa weil das Gesetz nur Leitlinien aufstellt, verkleinern sich die Opportunismuschancen zumindest. Bei der Verwertungsgesellschaft ist der letztgenannte Fall einschlägig (1.). Insbesondere bei der Verteilung der Einnahmen aus der Rechteverwertung (2.) und den Abzügen zu sozialen und kulturellen Zwecken (3.) macht das VGG der Mitgliederhauptversammlung Vorgaben.

---

900 Beim wirtschaftlichen Verein gibt es solche Kapitalerhaltungsvorschriften nicht, siehe *Thölke*, npoR 2017, 54 (56).

901 Vgl. MüKo-AktG/*Bayer*, 5. Aufl. 2019, § 60 Rn. 3; *Cahn* in: Spindler/Stilz, AktG, 4. Aufl. 2019, § 60 Rn. 1; *Koch* in: Hüffer/Koch, AktG, 13. Aufl. 2018, § 53a Rn. 6.

1. Die Ausgangssituation bei Verwertungsgesellschaften

§ 17 Abs. 1 S. 2. Nr. 6 bis Nr. 11 VGG weisen der Mitgliederhauptversammlung die wesentlichen finanziellen Entscheidungen zu. Soweit es um die Verwendung der Einnahmen aus der Rechteverwaltung geht, konkretisieren die §§ 26 bis 32 VGG die gesetzlichen Vorgaben, überlassen jedoch der Mitgliederhauptversammlung noch weitgehende Entscheidungsbefugnisse.

Da nach § 23 S. 2 VGG die Erträge aus der Anlage der Einnahmen der Rechtewahrnehmung wie diese Einnahmen selbst zu behandeln sind, erfasst der Wirkungsbereich der §§ 26 bis 32 VGG regelmäßig nahezu sämtliche Mittel einer Verwertungsgesellschaft. Klammert man die Erträge aus der Rückabwicklung der Verlegerbeteiligung bei der VG WORT aus, so entfielen nur ca. 1,8 % der Einnahmen im Geschäftsjahr 2016 außerhalb der Rechtewahrnehmung an. Diese stammten insbesondere aus der Vergütung für die Übernahme von Geschäftsführungs- und anderen Leistungen für andere Verwertungsgesellschaften bzw. gemeinsame Tochterunternehmen. Bei der GÜFA lag der Anteil der sonstigen betrieblichen Erträge im Geschäftsjahr 2016 bei rund 1,2 % und bei der VFF bei ca. 2,1 %. Bei der VG Bild-Kunst lag die Quote, soweit man die Rückabwicklung der Verlegerbeteiligung ausblendet, im Geschäftsjahr 2016 sogar nur bei 0,8 %. Die GEMA erzielte im Geschäftsjahr 2016 neben den Einnahmen aus der Rechtewahrnehmung sonstige Erlöse, z.B. durch ihre Immobilienverwaltung oder die Erbringung von Leistungen für die ZPÜ[902], die ungefähr 2 % ausmachten.

Bereits aus § 2 Abs. 1 VGG, wonach die Verwertungsgesellschaft *für Rechnung der Rechtsinhaber* die Rechte wahrnimmt, ergibt sich, dass die Einnahmen daraus primär den Rechtsinhabern zuzufließen haben.[903] Entsprechend listet der auf Art. 11 Abs. 4 RL 2014/26/EU basierende § 26 VGG die Verteilung an die berechtigten Rechtsinhaber als ersten von vier zulässigen Zwecken für die Verwendung von Einnahmen aus den Rechten auf. Zulässig ist außerdem die Verwendung zur Deckung der Verwaltungskosten (§ 26 Nr. 3 VGG) und zur Bereitstellung bestimmter kultureller und sozialer Förderleistungen (§ 26 Nr. 4 VGG). Eine andere Mittelverwendung ist nach § 26 Nr. 2 VGG nur möglich, soweit die Einnahmen nicht

902 Die GEMA übernimmt die Geschäftsführung der ZPÜ und stellt ihr sämtliche Einrichtungen zur Verfügung. Seit 2014 geschieht letzteres über die ZPÜ-Service GmbH in München als 100-prozentige Tochter der GEMA.

903 BeckOK-UrhR/*Freudenberg*, 25. Ed. 15.7.2019, § 26 VGG Rn. 5.

verteilt werden können, weil z.B. der Rechtsinhaber nicht ausfindig gemacht werden kann.[904] Da der Umfang der Aufwendungen nach § 26 Nr. 2 bis Nr. 4 VGG rechtlich oder tatsächlich der Höhe nach gedeckelt ist, sind entsprechend § 26 Nr. 1 VGG die übrigen Einnahmen zwingend an die Rechtsinhaber auszuschütten.[905] Die Norm bestätigt damit das Wesen der Verwertungsgesellschaft als Treuhand.[906]

2. Verteilung an die Berechtigten

Aus dem Wesen der Verwertungsgesellschaft als Organisation, die treuhänderisch tätig wird und nicht auf die Erzielung eines Eigengewinns abzielt, ergibt sich bereits eine wesentliche Einschränkung bei der Mittelverwendung. Die Mittel sind restlos unter den Treugebern – hier also den Berechtigten – zu verteilen. Daraus folgen zwei Verbote. Zum einen darf auf Ebene der Gesellschaft nicht unnötig Geld angesammelt werden (a.) und zum anderen darf kein Geld aus der Rechtewahrnehmung an Nichtberechtigte (b.) fließen. Daneben ist bei der Aufstellung des Verteilungsplans noch das Gebot der leistungsgerechten Verteilung zu berücksichtigen (c.).

a. Einbehaltung von Mitteln

Würde Geld einbehalten, würde dies zu einer zeitlichen Verschiebung der Einnahmenverteilung führen. Die Treugeber im Zeitpunkt der Thesaurierung finanzierten so die Auszahlungen derjenigen, die im Zeitpunkt der Auflösung ihre Rechte von der Gesellschaft wahrnehmen ließen. Um dies zu verhindern, sind die Mittel – soweit möglich – im erwirtschafteten Geschäftsjahr auszuschütten.[907] *Rücklagen* sind den Verwertungsgesellschaften nicht erlaubt. Zulässig sind hingegen *Rückstellungen* nach den maßgeblichen handelsrechtlichen Vorgaben. Da die Verwertungsgesellschaften wie andere Unternehmen am Handelsverkehr teilnehmen, gehen die Sorgfaltspflichten des ordentlichen Kaufmanns (vgl. §§ 86 Abs. 3, 347 HGB) insoweit der möglichst periodengerechten Mittelverwendung vor.

---

904 BeckOK-UrhR/*Freudenberg*, 25. Ed. 15.7.2019, § 26 VGG Rn. 7.

905 Vgl. *Gerlach* in: Wandtke/Bullinger, Praxiskommentar UrhR, 5. Aufl. 2019, § 26 VGG Rn. 1; zur Richtlinie *Peifer*, ZUM 2014, 453 (463).

906 Vgl. zur Richtlinie *Peifer*, ZUM 2014, 453 (463).

907 *v. Ungern-Sternberg*, JurPC Web-Dok. 105/2018 Abs. 43.

b. Ausschüttungen an Nichtberechtigte, insbesondere Verleger

Die Verteilung der Einnahmen aus den Rechten darf gemäß § 27 Abs. 1 VGG nicht willkürlich erfolgen. Die Rechtsprechung hat dieses Willkürverbot dahingehend konkretisiert, dass eine Ausschüttung *ausschließlich* an Berechtigte erfolgen darf.[908] Dies folge aus der Stellung der Verwertungsgesellschaft als Treuhänderin der Berechtigten.[909]

Eine Ausnahme von diesem Grundsatz will § 27a VGG statuieren. Die Norm wurde zusammen mit § 27 Abs. 2 VGG zum 1.3.2017 neu ins VGG eingefügt.[910] Ein Teil der Einnahmen aus den in § 63a UrhG genannten gesetzlichen Vergütungsansprüchen soll an Verleger ausgeschüttet werden können (§ 27a Abs. 1 VGG), wobei der Anteil von der Verwertungsgesellschaft festgesetzt wird (§ 27a Abs. 2 VGG). Für diese *Verlegerbeteiligung* muss der Urheber der Gesellschaft gegenüber die Zustimmung erklärt haben. Verleger sollen demnach – auch ohne Rechtsinhaber zu sein – an den Ausschüttungen beteiligt werden können.

Begreift man die *Zustimmung* des Rechtsinhabers gemäß § 27a Abs. 1 VGG als eine Weisung an die Verwertungsgesellschaft, an den Verleger anstelle des Rechtsinhabers zu leisten, handelt es sich um eine simple Leistungsabkürzung:[911] Statt das Geld an den Urheber auszuschütten, der es anteilig seinem Verleger weiterleitet, wird dieser Anteil direkt von der Verwertungsgesellschaft an den Verleger gezahlt. Da die Verwertungsgesellschaft dabei auf Weisung ihres Treugebers handelt (vgl. § 665 BGB)[912], handelt sie nicht treuwidrig und verstößt nicht gegen das Willkürverbot des § 27 Abs. 1 VGG. Die bisherige Praxis einiger Verwertungsgesellschaften, die Einnahmen aus den gesetzlichen Vergütungsansprüchen *aller* verlegten Werke pauschal aufzuteilen, kann folglich nicht länger aufrechterhalten werden. Nur noch die Einnahmen aus Werken, deren Urheber zu-

---

908 *BVerfG*, Urt. v. 10.12.1996, ZUM 1997, 555 f. – *Bandübernahmeverträge*; *BGH*, Urt. v. 21.4.2016, ZUM 2016, 639 (642), Rn. 30, 32 – *Verlegeranteil*; *BGH*, Urt. v. 2.2.2012, ZUM-RD 2012, 514 (517), Rn. 25 – *Delcantos Hits*; *KG Berlin*, Urt. v. 14.11.2016, ZUM 2017, 160 (163) – *Musikverlegeranteil*.

909 *BGH*, Urt. v. 21.4.2016, ZUM 2016, 639 (642), Rn. 32 – *Verlegeranteil*.

910 Art. 2 des Gesetzes zur verbesserten Durchsetzung des Anspruchs der Urheber und ausübenden Künstler auf angemessene Vergütung und zur Regelung von Fragen der Verlegerbeteiligung vom 20.12.2016, BGBl. I 2016, S. 3037.

911 Vgl. *Ventroni*, ZUM 2017, 187 (198, 204).

912 Siehe zur Weisung durch den Rechtsinhaber als Treugeber auch *Conrad/Berberich*, GRUR 2016, 648 (653 f.).

gestimmt haben, dürfen zwischen dem Verleger und ihm aufgeteilt werden.

Es kommt somit zu einem Systemwechsel von einer zwangsweisen Verlegerbeteiligung zu einer *freiwilligen*[913] Beteiligung. Der Urheber kann sich auch nicht wirksam im Verlagsvertrag verpflichten, die Zustimmung gegenüber der Verwertungsgesellschaft zu erteilen.[914] Eine solche Verpflichtung würde gegen Art. 5 Abs. 2 lit. b RL 2001/29/EG verstoßen. An die Stelle einer oktroyierten „Solidargemeinschaft" von Verlegern und Urhebern tritt eine freiwillige, privatautonome Entscheidung jedes einzelnen Urhebers. Die Weisung des Treuhandgebers an den -nehmer, wie er die auf ihn entfallenden Ausschüttungsbetrag verwenden soll, wäre als Ausdruck der Privatautonomie auch ohne spezielle gesetzliche Regelung möglich.[915] Die Verwertungsgesellschaft ist jedoch nicht verpflichtet, in ihren Wahrnehmungsbedingungen die Möglichkeit einer solchen Weisung zu schaffen.[916] § 27a Abs. 1 VGG kommt daher keine eigenständige Bedeutung zu.[917]

Dass die Mitgliederhauptversammlung pauschal und nicht der über seinen Ausschüttungsanspruch individuell verfügende Rechtsinhaber gemäß § 27a Abs. 2 VGG die Höhe des Verlegeranteils festlegt, stößt nicht auf Bedenken. Denn der Rechtsinhaber erklärt seine Zustimmung *freiwillig*. Ist er mit der Höhe des Verlegeranteils nicht einverstanden, muss er sie nicht erteilen. Um zu verhindern, dass von Verlegerseite Druck auf die Rechtsinhaber ausgeübt wird, erfolgt die Erteilung der Zustimmung in der Regel nur gegenüber der Verwertungsgesellschaft, die diese dem begünstigten Verleger gegenüber nicht offenlegt. Er bekommt lediglich das Geld ohne „Quellenangabe". Es wäre wünschenswert gewesen, hätte der Gesetzgeber diese Anonymität zwingend vorgeschrieben, um den strukturell unterlegenen Rechtsinhaber zu schützen.

---

913 Vgl. *Mueller/Jangl* in: FS Schulze, 2017, S. 260; *Riesenhuber* in: FS Schulze, 2017, S. 298; *Schulze* in: Dreier/Schulze, UrhG, 6. Aufl. 2018, § 27a VGG Rn. 7.

914 So auch *v. Ungern-Sternberg*, GRUR 2017, 217 (234); a.A. wohl *Riesenhuber* in: FS Schulze, 2017, S. 303. Siehe auch *v. Ungern-Sternberg*, JurPC Web-Dok. 105/2018 Abs. 37, im Kontext der Rückabwicklung der Verlegerbeteiligung.

915 *Pflüger*, Gerechter Ausgleich und Angemessene Vergütung, 2017, S. 245. Vgl. auch *Sandberger* in: FS Vogel, 2017, S. 332.

916 So auch *Pflüger*, Gerechter Ausgleich und Angemessene Vergütung, 2017, S. 245.

917 Im Ergebnis auch *Pflüger*, Gerechter Ausgleich und Angemessene Vergütung, 2017, S. 245. A.A. *Heinemann*, Die Verteilungspraxis der Verwertungsgesellschaften, 2017, S. 226 f., der § 27a VGG als unionsrechtswidrig und gegen § 27 VGG verstoßend ansieht.

Nach der Konzeption des EuGH ist u.a. der gerechte Ausgleich i.S.v. Art. 5 Abs. 2 lit. b RL 2001/29/EG der Disposition der Rechtsinhaber entzogen.[918] Soweit dies einem (teilweisen) Verzicht durch den Rechtsinhaber nicht entgegensteht, ist eine Beteiligung der Verleger nach § 27a Abs. 1 VGG möglich. Mit einer Umsetzung des Art. 16 Abs. 1 RL 2019/790/EU in nationales Recht könnte jedoch auch im Fall von unionsrechtlich determinierten Ausgleichsansprüchen eine rechtmäßige Verlegerbeteiligung ermöglicht werden.[919] Bereits die Rechteeinräumung an einen Verlag würde für diese genügen. Sind, wie im Fall der GEMA, Einnahmen aus der Lizenzierung der Nutzungen nach §§ 15 ff. UrhG Gegenstand des Verlegeranteils, stehen der Zustimmung i.S.v. § 27a Abs. 1 VGG bereits heute keine Bedenken gegenüber.[920]

c. Verteilungsmaßstab

Im Idealfall würden die Einnahmen aus der Rechtewahrnehmung unter den Rechtsinhabern entsprechend ihres Anteils am Aufkommen verteilt. Wessen Rechte viele Einnahmen generiert haben, der sollte auch mehr erhalten als derjenige, dessen Rechte nur wenig Geld eingebracht haben.[921] Dies ergibt sich nicht nur aus dem Wesen der Verwertungsgesellschaften als Treuhänder, sondern auch aus dem Willkürverbot des § 27 Abs. 1 VGG.[922] Eine solche *leistungsgerechte* Verteilung stößt jedoch auf tatsächli-

---

918 Vgl. *EuGH*, Urt. v. 9.2.2012 – C-277/10, ZUM 2012, 313 (321 f.), Rn. 102 ff. – *Luksan*. Siehe auch *Riesenhuber* in: FS Schulze, 2017, S. 305; *Heinemann*, Die Verteilungspraxis der Verwertungsgesellschaften, 2017, S. 217; *v. Ungern-Sternberg*, GRUR 2017, 217 (234); *v. Ungern-Sternberg* in: FS Büscher, 2018, S. 270 f.

919 Siehe dazu *Schulze*, GRUR 2019, 682 f.; *Schack*, Urheber- und Urhebervertragsrecht, 9. Aufl. 2019, Rn. 597a.

920 Die Einnahmen der GEMA stammen ganz weitgehend aus der Erstverwertung, sodass es sich *nicht* um Einnahmen aus vergütungspflichtigen Schranken handelt. Zu dem sich daraus ergebenden Unterschied zur Verlegerbeteiligung bei der VG WORT siehe *Ventroni*, ZUM 2017, 187 (188 f.).

921 Vgl. *Müller*, ZUM 2014, 781 (784).

922 *BGH*, Urt. v. 21.4.2016, ZUM 2016, 639 (642 f.), Rn. 35 – *Verlegeranteil; BGH*, Urt. v. 19.5.2005, ZUM 2005, 739 (743) – *PRO-Verfahren*; *W. Nordemann/Wirtz* in: Fromm/Nordemann, UrhR, 11. Aufl. 2014, Vor. § 6 UrhWahrnG Rn. 9; BeckOK-UrhR/*Freudenberg*, 25. Ed. 15.7.2019, § 27 VGG Rn. 19; *v. Ungern-Sternberg*, JurPC Web-Dok. 105/2018 Abs. 14; *Heine/Staats* in: MAHdb UrhR, 2. Aufl. 2017, § 6 Rn. 50.

che Probleme.[923] Oft lässt sich nicht oder nur mit erheblichen Aufwand ermitteln, welche Rechte zu welchen Einnahmen geführt haben. Wie viele Privatkopien i.S.d. § 53 UrhG von einem Musikstück erstellt wurden[924] oder „welche Radiostation gerade in welcher Arztpraxis läuft“,[925] ist unbekannt. Daneben treten rechtliche Einschränkungen, weil der Gesetzgeber teilweise eine Pauschalierung im Verhältnis zum Nutzer vorsieht. Gerade dort, wo urheberrechtsrelevante Nutzungshandlungen im Privaten stattfinden, z.B. durch das Überspielen eines Filmes auf ein Mobiltelefon, gibt es vergütungspflichtige Schranken, die eine *pauschale* Vergütung vorsehen. Auf die einzelne urheberrechtliche Handlung kommt es damit nicht an.[926] Obwohl aufgrund der zunehmenden Bedeutung von digitalen Verwertungshandlungen eine einzelfallgenaue Abrechnung zwischen Nutzer und Verwertungsgesellschaft in immer mehr Szenarios möglich ist,[927] wird sie vom Gesetzgeber nur in den wenigsten Bereichen umgesetzt und teilweise

---

923 Siehe zu den Folgen einer „Fehlallokation“ durch Pauschalierungen *Heinemann*, Die Verteilungspraxis der Verwertungsgesellschaften, 2017, S. 126 ff.

924 Vgl. auch *EuGH*, Urt. v. 21.10.2010, C-467/08, ZUM-RD 2011, 1 (6 f.) Rn. 46 – *Padawan*; *EuGH*, Urt. v. 21.4.2016, C-572/14, ZUM-RD 2016, 489 (491 f.) Rn. 21- *Austro-Mechana/Amazon*; *Schack*, Urheber- und Urhebervertragsrecht, 9. Aufl. 2019, Rn. 1368. Bereits bei Einführung des UrhG von 1965 war man sich dieses Problems – mit Blick auf ein Verbot solcher Vervielfältigungen – bewusst, siehe die Begründung zum Regierungsentwurf des UrhG, BT-Drs. IV/270, S. 71: „Eine wirksame Überprüfung könnte nur dann durchgeführt werden, wenn den Kontrolleuren der privaten Verwertungsgesellschaften gestattet werden würde, die Wohnung jedes einzelnen Staatsbürgers daraufhin zu überprüfen, ob er ein Magnettongerät besitzt, mit diesem urheberrechtlich geschützte Werke aufnimmt und hierfür eine Genehmigung des Urhebers bzw. der Verwertungsgesellschaft nachweisen kann. Eine solche Kontrolle würde jedoch dem in Artikel 13 des Grundgesetzes ausgesprochenen Grundsatz der Unverletzlichkeit der Wohnung widersprechen. Übertretungen eines solchen Verbots könnten daher nur durch Zufall oder Denunziation bekannt werden“.

925 *Podszun*, ZUM 2017, 732 (740).

926 BeckOK-UrhR/*Freudenberg*, 25. Ed. 15.7.2019, § 27 VGG Rn. 25; *Heine/Staats* in: MAHdb UrhR, 2. Aufl. 2017, § 6 Rn. 48. Nach dem Verständnis des Rechtsausschusses knüpfte die Vergütung bereits an die *Möglichkeit* einer Vervielfältigung an, Schriftlicher Bericht des Rechtsausschusses zu BT-Drs. IV/3401 vom 14.5.1965, S. 9.

927 Vgl. *Hansen/Schmidt-Bischoffshausen*, GRUR Int. 2007, 461 (480 ff.); *Pflüger*, Gerechter Ausgleich und Angemessene Vergütung, 2017, S. 242 f.; *Heinemann*, Die Verteilungspraxis der Verwertungsgesellschaften, 2017, S. 234 f.; *Rehbinder/Peukert*, Urheberrecht, 18. Aufl. 2018, Rn. 1102.

sogar wieder abgeschafft.[928] Bislang wurde der Kopienversand durch Bibliotheken (§ 53a UrhG a.F. bzw. § 60e Abs. 5 UrhG n.F.) genau erfasst und entsprechend die Vergütung individuell an die Rechtsinhaber ausgeschüttet.[929] Da Bibliotheken heute sowieso weitgehend alle Vorgänge elektronisch erfassen, scheint mit der Meldung an die Verwertungsgesellschaft kein unzumutbarer Aufwand einherzugehen.[930] Dennoch sieht § 60 h Abs. 3 UrhG n.F. vor, dass eine pauschale Vergütung oder repräsentative Stichprobe der Nutzung zukünftig genügt. Begründet wurde dies mit einer ansonsten drohenden Unternutzung.[931] Aus Sicht der Rechtsinhaber ist dies misslich. Eine genaue Nutzungserfassung als Ausschüttungsgrundlage scheitert in diesen Fällen – trotz tatsächlicher Umsetzbarkeit – am rechtlichen Rahmen.[932] Dabei hat der Gesetzgeber mit Blick auf das verfassungsrechtlich garantierte Eigentum[933] – und teilweise auf die unionsrechtlichen Vorgaben – dafür Sorge zu tragen, dass dem Rechtsinhaber nicht seine angemessene Vergütung entgeht.[934] Eine werkbezogene Abrechnung wird dieser Aufgabe deutlich besser gerecht als eine Pauschalierung.[935]

Eine Pauschalierung und Typisierung im Rahmen des Verteilungsplans ist nur dann erlaubt, wenn eine genaue Verteilung durch die Verwertungsgesellschaft nicht möglich ist oder mit unvertretbaren Kosten einhergeht.[936] Wenn eine Direktverteilung nicht möglich ist, bedeutet dies nicht, dass die Mitgliederhauptversammlung die Mittel frei verteilen kann. Vielmehr muss die Mittelverwendung auch in diesen Fällen anhand von objektiven Kriterien durchgeführt werden. Auch hier gilt das Willkürverbot des

---

928 Kritisch diesbezüglich *Schack*, Urheber- und Urhebervertragsrecht, 9. Aufl. 2019, Rn. 1343.

929 Vgl. Tarif zur Regelung der Vergütung von Ansprüchen nach § 53a UrhG, Nr. 4 f.; siehe auch *Heine/Staats* in: MAHdb UrhR, 2. Aufl. 2017, § 6 Rn. 48.

930 Ähnlich *Heinemann*, Die Verteilungspraxis der Verwertungsgesellschaften, 2017, S. 129 f., der von sogar zum Teil sinkenden Kosten durch technische Maßnahmen, die sämtliche Nutzungen rückmelden könnten, ausgeht.

931 Begründung zum Regierungsentwurf des UrhWissG, BT-Drs. 18/12329, S. 22.

932 Vgl. *Heine/Staats* in: MAHdb UrhR, 2. Aufl. 2017, § 6 Rn. 48.

933 *BVerfG*, Beschl. v. 14.7.1981, GRUR 1982, 45 (48) – *Pflichtexemplare*.

934 Vgl. *Heinemann*, Die Verteilungspraxis der Verwertungsgesellschaften, 2017, S. 234.

935 *Jani* in: Wandtke/Bullinger, Praxiskommentar zum UrhR, 4. Aufl. 2014, § 53a UrhG, Rn. 55; *Wandtke*, NJW 2018, 1129 (1135); *Grünberger*, GRUR 2017, 1 (8).

936 *BGH*, Urt. v. 19.5.2005, ZUM 2005, 739 (742) – *PRO-Verfahren*; *BGH*, Beschl. v. 3.5.1988, GRUR 1988, 782 (783) – *GEMA-Wertungsverfahren*; *Heine/Staats* in: MAHdb UrhR, 2. Aufl. 2017, § 6 Rn. 48; *Pflüger*, Gerechter Ausgleich und Angemessene Vergütung, 2017, S. 242 f.

§ 27 Abs. 1 VGG, dass eine *möglichst* leistungsgerechte Verteilung erfordert. Dies kann etwa durch Stichproben oder anerkannte mathematische Verfahren geschehen.

Die grundsätzlich anzuwendende Direktverteilung auf Grundlage einer genauen Einzelerfassung lässt für die Mitgliederhauptversammlung wenig Spielraum bei der Verteilung der entsprechenden Mittel. Doch verbleibt ein großer Ansatzpunkt für opportunistisches Verhalten: Den Einnahmen stehen auch *Ausgaben* in Form von Verwaltungskosten gegenüber. Kostenintensive Verwertungsarten könnten bei der Kostenverteilung bevorzugt werden, z.B. durch eine Pauschalierung der Kosten. § 31 Abs. 1 VGG soll dies verhindern, indem Abzüge nur zulässig sind, wenn sie anhand von objektiven Kriterien festgelegt worden sind. Dem Leistungsgerechtigkeitsprinzip auf der Einnahmenseite steht damit die veranlassungsgerechte Kostenverteilung als Pendant auf der Kostenseite gegenüber. Regelmäßig werden sich Verwaltungskosten, z.B. die Büromiete oder die Vorstandsvergütung, nicht einer bestimmten Einnahmenart zuweisen lassen, sodass bei ihrer Verteilung pauschaliert werden muss. Wo ausnahmsweise jedoch eine genaue Kostenzuweisung möglich ist, ist eine verursachungsgerechte Verteilung durchzuführen.[937]

3. Abzüge zu sozialen und kulturellen Zwecken

Von dem Grundsatz, dass die Einnahmen möglichst ungeschmälert an die Rechtsinhaber ausgeschüttet werden sollen, macht § 26 Nr. 4 VGG eine wichtige Ausnahme. Zur Förderung von kulturell bedeutenden Werken und Leistungen sowie für den Betrieb von Vorsorge- und Unterstützungseinrichtungen sind Abzüge von den Einnahmen aus den Rechten erlaubt. Die Privilegierung solcher Abzüge lässt sich auf das (Selbst-)Verständnis der Verwertungsgesellschaften als „Solidargemeinschaft" zurückführen.[938]

§ 32 Abs. 1 und Abs. 2 VGG geben dieser Bestimmung zusätzliches Gewicht, indem sie die kulturelle Förderung und die sozialen Einrichtungen

---

937 So wohl auch *Grewenig*, ZUM 2016, 98 (99). A.A. wohl BeckOK-UrhR/*Freudenberg*, 25. Ed. 15.7.2019, § 31 VGG Rn. 6, der eine genaue Zuordnung der Kosten als „objektiv unmöglich" ansieht.

938 *Schulze* in: Dreier/Schulze, UrhG, 5. Aufl. 2015, § 8 UrhWahrnG Rn. 4; *Becker* in: FS Kreile, 1994, S. 30; *Melichar* in: Loewenheim, HdB UrhR, 2. Aufl. 2010, § 47 Rn. 42; kritisch mit Blick auf den Ausschluss der Nichtmitglieder von den Leistungen *Schack*, Urheber- und Urhebervertragsrecht, 9. Aufl. 2019, Rn. 1373.

als Regelfall ausgestalten („soll").[939] Die Norm führt im Wesentlichen die Regelung der §§ 7 S. 2, 8 UrhWahrnG fort.[940] Sie geht über die Vorgaben der Richtlinie 2014/26/EU hinaus, die in ErwGr. 3, 28 und 36 RL 2014/26/EU anerkennt, dass es kulturelle, soziale oder Bildungsleistungen durch die Verwertungsgesellschaften geben kann, ohne diese jedoch vorzuschreiben.[941] Da die Richtlinie sogar obligatorische Abzüge zu diesen Zwecken im nationalen Recht erlaubt (vgl. Art. 18 Abs. 1 lit. f RL 2014/26/EU), verstößt der deutsche Gesetzgeber mit seiner *Soll*-Vorschrift nicht gegen das Unionsrecht.[942]

Betrachtet man die einzelnen Regelungen des VGG zu diesem Komplex streng getrennt, fällt auf, dass die kulturelle Förderung und der Betrieb von Vorsorge- und Unterstützungseinrichtungen zwar gewünscht wird (§ 32 Abs. 1 u. 2 VGG), das Mittel zur Zielerreichung den Verwertungsgesellschaften jedoch freigestellt wird. Gleichwohl wird die Finanzierung über Abzüge von den Einnahmen aus der Rechtewahrnehmung der absolute Regelfall sein.[943] Aufgrund der strengen Vorschriften zur Mittelverwendung bleibt den Verwertungsgesellschaften kaum eine andere Finanzierungsmöglichkeit. Allein die nicht verteilbaren Einnahmen aus der Rechtewahrnehmung dürften kaum genügen. Erkennbar gehen sowohl der europäische als auch der nationale Gesetzgeber von dieser Prämisse aus.[944]

Die Abzüge haben nach § 31 Abs. 1 VGG zum einen im Verhältnis zu den Leistungen der Verwertungsgesellschaften an die Berechtigten angemessen zu sein (a.). In der Praxis ist die Einhaltung dieser Vorgabe mitun-

---

939 Im Referentenentwurf war ursprünglich eine „darf"-Regelung vorgesehen. Die Änderung zur „soll"-Vorschrift wurde maßgeblich von den deutschen Verwertungsgesellschaften angeregt, vgl. *Gerlach*, ZUM 2016, 85; *Staats*, ZUM 2016, 81. Zur Wirkung der Ausgestaltung als *soll*-Vorschrift vgl. *Gerlach* in: Wandtke/Bullinger, Praxiskommentar UrhR, 4. Aufl. 2014, § 7 UrhWahrnG Rn. 6; *Schulze* in: Dreier/Schulze, UrhG, 5. Aufl. 2015, § 7 UrhWahrnG Rn. 14; kritisch BeckOK-UrhR/*Freudenberg*, 25. Ed. 15.7.2019, § 7 UrhWahrnG Rn. 7.

940 Begründung des Regierungsentwurfs zum VGG, BT-Drs. 18/7223, S. 83.

941 So auch *Peifer*, ZUM 2014, 453 (460). Vgl. zum RL-Entwurf *Staats*, ZUM 2013, 162 (164 f.).

942 Vgl. auch ErwGr. 28 RL 2014/26/EU, wonach Abzüge für die Bereitstellung sozialer Leistungen nach nationalem Recht unberührt bleiben sollen.

943 Insbesondere weil auch Zahlungen an die Verwertungsgesellschaft als Abzüge gelten, vgl. Begründung des Regierungsentwurfs zum VGG, BT-Drs. 18/7223, S. 82.

944 Siehe nur Art. 12 Abs. 4 RL 2014/26/EU und §§ 26 Nr. 4, 17 Abs. 1 S. 2 Nr. 9 VGG.

ter zweifelhaft (b.). Zum anderen müssen die Abzüge nach objektiven Kriterien festgelegt werden (c.). § 31 Abs. 1 VGG gilt dabei für alle Abzüge und nicht nur für solche zu kulturellen oder sozialen Zwecken i.S.v. § 32 Abs. 1 und 2 VGG.[945]

a. Angemessenheit im Verhältnis zu den Leistungen der Verwertungsgesellschaft

Weder die Richtlinie 2014/26/EU noch das VGG stellen umfängliche Kriterien für das Angemessenheitsgebot des § 31 Abs. 1 VGG auf. Stattdessen lassen sich nur vereinzelte Anhaltspunkte ableiten. Die Art der Einnahme (1) und die den Abzügen gegenüberstehenden Leistungen (2) müssen berücksichtigt werden. Fraglich ist, ob daneben auch der korporative Status des Rechtsinhabers die Angemessenheit beeinflussen kann (3). Entscheidend ist letztlich, dass die Abzüge nicht dazu führen, dass dem Rechtsinhaber nur ein Bruchteil seiner Einnahmen ausgezahlt wird (4).

(1) Art der Einnahme

Bei einem verwertungsgesellschaftspflichtigen Anspruch hat der Rechtsinhaber keine andere Möglichkeit als die Wahrnehmung durch die Gesellschaft. Er kann sich den Abzügen daher – ausgehend von einem Quasi-Monopol der jeweiligen Verwertungsgesellschaft – nicht entziehen. Bei sonstigen Ansprüchen könnte der Rechtsinhaber zumindest theoretisch seine Rechte selbst wahrnehmen. Aus diesem Grund ist die Herkunft des vom Abzug betroffenen Einkommens zu berücksichtigen. Handelt es sich um verwertungsgesellschaftspflichtige Vergütungsansprüche, gebietet es die verfassungsrechtliche Eigentumsgarantie, einen strengeren Maßstab an die Angemessenheit zu stellen.

---

945 Die abweichende Interpretation von *Peifer*, ZUM 2014, 453 (464), wonach die zugrundeliegende europäische Regelung Art. 12 RL 2014/26/EU nur in Abs. 4 Sozialabzüge regelt, findet keine Stütze im Gesetz. Vielmehr heißt es bereits in Abs. 1 „Verwaltungskosten und andere Abzüge von den Einnahmen“. Einzig Abs. 3 spricht nicht von „Abzügen“, sondern von „abgezogenen […] Verwaltungskosten“. Richtigerweise gelten daher Art. 12 Abs. 1 und 2 RL 2014/26/EU für sämtliche Abzüge.

(2) Gegenleistung als Bezugsgröße

Durch die Abzüge werden kulturell bedeutende Werke und Leistungen gefördert sowie Vorsorge- und Unterstützungseinrichtungen betrieben. Art. 12 Abs. 2 und 4 RL 2014/26/EU ordnen unter Verweis auf diese Gegenleistungen an, dass diese Abzüge „im Verhältnis zu den Leistungen" angemessen sein müssen.[946] § 31 Abs. 1 VGG trifft dieselbe Anordnung, nur ohne speziellen Verweis auf die kulturellen und sozialen Leistungen der Verwertungsgesellschaften. Die Einbeziehung der Gegenleistungen ergibt sich bei solchen Ansprüchen, die nach dem Unionsrecht *unbedingt* dem Rechtsinhaber zufließen müssen, bereits aus der Rechtsprechung des EuGH.[947] Die Abzüge dürfen nicht dazu führen, dass z.B. der gerechte Ausgleich nach Art. 5 Abs. 2 lit. b RL 2001/29/EG den Rechtsinhabern nicht zumindest *mittelbar*[948] zufließt.[949] In diesem Fall ist daher der Zweck der Abzüge besonders zu berücksichtigen.

Offenbleibt nach dem Wortlaut der Regelungen im VGG und in der Richtlinie, ob es für die Angemessenheit auf die Leistungen an den jeweils betroffenen Rechtsinhaber ankommt oder an die Rechtsinhaber in ihrer Gesamtheit. Stellte man auf Letztere ab, so wäre eine groß angelegte Umverteilung unter den Rechtsinhabern möglich, weil es für die Angemessenheit der Abzüge gleichgültig wäre, wem die Leistungen zugutekämen, solange es sich dabei nur um Rechtsinhaber handelte. Dagegen spricht jedoch das Modell der treuhänderischen Wahrnehmung, dass eine möglichst leistungsgerechte Verteilung fordert. Dieses Prinzip darf nicht auf dem Umweg über Abzüge untergraben werden, sodass es für die Beurteilung der Angemessenheit nur auf die individuellen Leistungen an den jeweils vom Abzug betroffenen Rechtsinhaber ankommen kann.[950]

---

946 BeckOK-UrhR/*Freudenberg*, 25. Ed. 15.7.2019, § 31 VGG Rn. 3.

947 Dazu *EuGH* Urt. v. 9.2.2012 – C-277/10, ZUM 2012, 313 (322) Rn. 108 – *Luksan*; *EuGH*, Urt. v. 11.7.2013 – C-521/11, ZUM 2013, 780 (785) – *Amazon/Austro-Mechana.*

948 Siehe Beispiele dazu bei *Gerlach* in: Wandtke/Bullinger, Praxiskommentar UrhR, 5. Aufl. 2019, § 32 VGG Rn. 3.

949 Vgl. *EuGH*, Urt. v. 12.11.2015 – C-572/13, ZUM 2016, 153 (157) Rn. 49 – *Hewlett-Packard/Reprobel*; *EuGH*, Urt. v. 11.7.2013 – C-521/11, ZUM 2013, 780 (785) – *Amazon/Austro-Mechana.*

950 Wohl auch BeckOK-UrhR/*Freudenberg*, 25. Ed. 15.7.2019, § 31 VGG Rn. 3, der darauf verweist, dass „es objektiv unmöglich [sei], für jeden Berechtigten individuell den Wert der von der Verwertungsgesellschaft für die Wahrnehmung gerade seiner Rechte erbrachten Leistungen zu ermitteln".

Folglich sind solche Abzüge, die an den Rechtsinhaber (z.B. in Form einer Altersrente) zurückfließen oder aber ihm zumindest einen (geldwerten) Vorteil dergestalt bieten, dass sie ein abstraktes Risiko absichern (z.B. Versicherungen), großzügiger zu beurteilen als solche Abzüge, die die Sphäre des Rechtsinhabers gänzlich verlassen. So ist die Unterstützung von Forschungseinrichtungen, Vergabe von Stipendien oder Verleihung von Preisen zwar für alle Rechtsinhaber der betroffenen Werkgattung von Vorteil, soweit das Kulturschaffen und dessen Rahmenbedingungen gefördert werden[951], doch lässt sich dies nicht mehr als „Leistung" i.S.v. § 31 Abs. 1 VGG begreifen.[952] Das bedeutet nicht, dass Abzüge zu diesen Zwecken verboten wären,[953] sondern lediglich, dass in diesen Fällen dem Angemessenheitsgebot strengere Maßstäbe zugrunde zu legen sind. Kritisch sind demnach insbesondere solche Abzüge, die nur eine bestimmte Gruppe von Rechtsinhabern treffen, jedoch allen Rechtsinhabern zugutekommen. Wird beispielsweise ein Sozialfonds nur durch Abzüge von einer Rechtekategorie finanziert, während Mitglieder aller Berufsgruppen von den Leistungen profitieren können, so streitet eine starke Vermutung dafür, dass den Abzügen keine angemessene Gegenleistung gegenübersteht.

(3) Berücksichtigung des korporativen Status

Erhebliche Konsequenzen ergeben sich bei diesem engen Verständnis des Leistungsbegriffs für die Unterscheidung zwischen Mitgliedern und Nichtmitgliedern. Oftmals sind Letztere von durch die Gesellschaft erbrachten Sozialleistungen ausgeschlossen, während die Abzüge sie unterschiedslos treffen. Auf diesem Wege findet eine Umverteilung zugunsten der Mitglieder statt.[954] Das Abweichen vom Prinzip der leistungsgerechten Verteilung entspricht in diesem Fall dem politischen Willen, hauptberuflich Werkschaffende besonders zu fördern.[955] Es müsste aber auch mit dem VGG und der Richtlinie 2014/26/EU vereinbar sein. Soweit die Mitgliedschaftsbedingungen die Voraussetzungen des § 13 Abs. 1 VGG erfüllen[956], beste-

951 Ähnlich *Gerlach* in: Wandtke/Bullinger, Praxiskommentar UrhR, 5. Aufl. 2019, § 32 VGG Rn. 3 („mittelbare Förderung").
952 So auch *v. Ungern-Sternberg*, JurPC Web-Dok. 105/2018 Abs. 60.
953 So wohl aber *v. Ungern-Sternberg*, JurPC Web-Dok. 105/2018 Abs. 59 f.
954 Siehe zur GEMA *Hauptmann*, Die Vergesellschaftung des Urheberrechts, 1994, S. 124.
955 Siehe dazu bereits oben S. 169 f.
956 Siehe dazu ausführlich oben S. 137 f.

hen diesbezüglich keine Bedenken. Zwar liegt in dem Ausschluss von den Leistungen eine Benachteiligung der Nichtmitglieder, doch verstößt diese nicht gegen Art. 12 Abs. 4 RL 2014/26/EU. Die Norm und ihre Umsetzung in § 32 Abs. 3 VGG erlauben explizit, den Zugang zu den kulturellen und sozialen Leistungen aufgrund „fairer Kriterien" einzuschränken. Darin liegt eine Ausnahme von der leistungsgerechten Verteilung, die sich ebenfalls auf die Abzüge durchschlägt. Der Grad der Professionalisierung des Werkschaffenden ist ein sachlicher, d.h. fairer Grund für die Differenzierung des Zugangs zu den Leistungen.[957] Wer im Haupterwerb einer anderen Beschäftigung nachgeht, wird regelmäßig bereits über diese abgesichert sein. Damit ist auch ein einheitlicher Abzug für Leistungen, die nur Mitgliedern zustehen, gerechtfertigt und steht der Angemessenheit nicht entgegen.

(4) Höhe der Abzüge

Die herausgearbeiteten Kriterien für die Angemessenheit der Abzüge dürfen nicht darüber hinwegtäuschen, dass es bei der Angemessenheit letztlich immer um die *Höhe* der Abzüge geht.[958] Die Herkunft der Einnahmen und die Gegenleistung sind nur Teil des Maßstabs zur Beurteilung der Angemessenheit. Entsprechend sind auch solche Abzüge, die nicht verwertungsgesellschaftspflichtige Rechte betreffen und zu 100 % als Gegenleistung an den Rechtsinhaber zurückfließen, nicht schlechthin angemessen.

Auch eine Vielzahl für sich genommen angemessener Abzüge kann so aufaddiert unangemessen werden. Ein Beispiel dafür bietet die VG Wort. Sie sieht in ihrem Statut eine Reihe von Abzügen insbesondere von der Bibliothekstantieme nach § 27 Abs. 2 UrhG vor. Nach einem allgemeinen Kostenanteil in Höhe von 10 % werden gemäß § 10 Abs. 2 Nr. 1 VG WORT-Satzung n.F. zwischen 35 % und 50 % der verbleibenden Einnahmen aus der Bibliothekstantieme dem Autorenversorgungswerk beigeführt.[959] Der Sozialfonds der VG WORT wird gemäß § 10 Abs. 2 Nr. 2 VG WORT-Satzung n.F. mit bis zu 10 % der Jahreseinnahmen finanziert. So-

957 A.A. wohl *Schack*, Urheber- und Urhebervertragsrecht, 9. Aufl. 2019, Rn. 1373.

958 Siehe auch *Gerlach* in: Wandtke/Bullinger, Praxiskommentar UrhR, 5. Aufl. 2019, § 31 VGG Rn. 1, der fordert, dass die Abzüge für die kulturelle Förderung nicht höher als die Ausschüttungen sein dürfen.

959 Detailliert zu den Sozialabzügen bei der VG WORT *Hauptmann*, Die Vergesellschaftung des Urheberrechts, 1994, S. 127 ff.

weit die Einnahmen aus der Bibliothekstantieme für wissenschaftliche sowie Fach- und Sachbücher stammen, werden bis zu 10 % des nach Vornahme der obigen Abzüge verbleibenden Betrags gemäß § 10 Abs. 2 Nr. 3 VG WORT-Satzung n.F. dem Förderungsfonds Wissenschaft zugeführt. In allen Fällen legt der Verwaltungsrat die genaue Höhe der Abzüge fest.

Im Extremfall bedeutet dies für Einnahmen aus der Bibliothekstantieme für wissenschaftliche sowie Fach- und Sachbücher einen Abzug von insgesamt 68,5 %.[960] Selbst bei Annahme der geringstmöglichen Abzüge (10 % allgemeiner Kostenanteil, 35 % des Restbetrags für das Autorenversorgungswerk und jeweils 0 % für den Sozialfonds sowie den Förderungsfonds) betragen die Abzüge noch immer 41,5 %. Tatsächlich lag der Abzug im Geschäftsjahr 2017 eher bei diesem Minimum: Für das Autorenversorgungswerk wurden die minimalen 35 % und für den Sozialfonds lediglich 0,44 % abgezogen.[961] Im Vergleich dazu lag die durchschnittliche Abzugsquote bei der VG WORT insgesamt bei rund 5,6 %.[962]

Die einzelnen Abzüge an sich mögen jeweils noch angemessen sein, insbesondere soweit sie den betroffenen Rechtsinhabern zumindest mittelbar zugutekommen.[963] Die Aufsummierung aller Abzüge kann rechnerisch jedoch zu einer Gesamthöhe führen, die nur noch einen Bruchteil der Einnahmen zur Ausschüttung belässt. Da es sich bei der Bibliothekstantieme nach § 27 Abs. 3 UrhG um einen verwertungsgesellschaftspflichtigen Anspruch handelt, wäre jedenfalls der maximale Abzug von über zwei Dritteln nicht mehr angemessen i.S.v. § 31 Abs. 1 VGG.[964]

---

960 Beispiel mit Einnahmen von 100 €: Von den 100 € werden 10 % als allgemeiner Kostenanteil abgezogen und sodann bis zur Hälfte des übrigen Betrags für das Autorenversorgungswerk (= 45 € verbleibend). Zusätzlich fließen bis zu 10 % der vollen 100 € in den Sozialfonds, sodass noch 35 € übrig sind. Davon werden 10 % dem Förderungsfonds zugeführt. Damit verbleiben 31,50 € für die Ausschüttung.

961 Transparenzbericht der VG WORT für das Geschäftsjahr 2017, S. 146.

962 Nach dem Transparenzbericht 2017 standen Einnahmen von 293 Mio. € (S. 6) Abzüge zu sozialen und kulturellen Zwecken i.H.v. insgesamt 5,2 Mio. € (S. 6) und Verwaltungsaufwand i.H.v. 11,4 Mio. € (S. 17) gegenüber. Deutlich höher noch die bei *Hauptmann*, Die Vergesellschaftung des Urheberrechts, 1994, S. 132, für das Geschäftsjahr 1991 genannte Quote von 9,5 % allein für soziale und kulturelle Zwecke.

963 Dies für den Förderungsfonds ablehnend *v. Ungern-Sternberg*, JurPC Web-Dok. 105/2018 Abs. 57 ff.

964 Vgl. auch *Hauptmann*, Die Vergesellschaftung des Urheberrechts, 1994, S. 130, der isoliert die Abzüge von der Bibliothekstantieme für das Autorenversorgungswerk von mehr als 40 % im Geschäftsjahr 1991 bereits als „fragwürdig“ ansieht.

(5) Zwischenergebnis

Welche Abzüge angemessen sind und welche nicht, ist anhand der Umstände des Einzelfalls zu beurteilen. Eine pauschale Festlegung bestimmter Grenzen verbietet sich. Bei der Prüfung ist der den vom Abzug betroffenen Einnahmen zugrunde liegende Vergütungsanspruch und der dem Rechtsinhaber konkret oder abstrakt zufließende Vorteil zu beachten. Jedenfalls solche Abzüge, die – allein oder in Summe mit anderen – einen Großteil der Einnahmen aus der Rechtewahrnehmung aufzehren, sind regelmäßig unangemessen. Trotz eines gewissen Beurteilungsspielraums der Verwertungsgesellschaften führt das Gebot der Angemessenheit aus § 31 Abs. 1 VGG im Ergebnis zu einer Einschränkung der Opportunismuschancen, weil es materielle Voraussetzungen an die Abzüge zu sozialen und kulturellen Zwecken stellt.

b. Objektive Kriterien für die Abzüge

§ 31 Abs. 1 VGG verlangt, dass Abzüge anhand von objektiven Kriterien festgelegt werden. Das Tatbestandsmerkmal wurde unverändert aus Art. 12 Abs. 2 RL 2014/26/EU übernommen. Spiegelbildlich regelt § 32 Abs. 3 VGG, dass Leistungen, die aus diesen Abzügen finanziert werden, „nach festen Regeln, die auf fairen Kriterien beruhen, zu erbringen" sind.[965] Eine Konkretisierung enthält weder das VGG noch die Richtlinie 2014/26/EU.[966] Aus ErwGr. 28 RL 2014/26/EU lässt sich jedoch zumindest entnehmen, dass die Regeln, nach denen Abzüge zu sozialen oder kulturellen Zwecken erfolgen, offengelegt werden sollten. Aus dieser Transparenzanforderung lässt sich der Rückschluss ziehen, dass für die Rechtsinhaber anhand der Kriterien erkennbar sein sollte, welche Belastung individuell zu erwarten ist. Da nach § 17 Abs. 1 S. 2 Nr. 9 VGG die Mitgliederhauptversammlung nicht über die Abzüge als solche, sondern nur über die zugrunde liegenden allgemeinen Grundsätze entscheidet, ergibt sich die Publizität der Kriterien nicht bereits im Rahmen der Beschlussfassung der Mitgliederhauptversammlung. Somit erfordert die Objektivität i.S.v. § 31 Abs. 1 VGG jedenfalls die Offenlegung der Kriterien. Nur auf diese Weise ist richtlinienkonform eine Kontrolle möglich, ob die gesetzlichen Vorgaben gewahrt werden.

965 Siehe auch die zugrundeliegende Regelung in Art. 12 Abs. 4 RL 2014/26/EU.
966 BeckOK-UrhR/*Freudenberg*, 25. Ed. 15.7.2019, § 31 VGG Rn. 9.

4. Zusammenfassung

Das VGG macht strenge Vorgaben zur Mittelverwendung, indem es abschießend aufzählt, für welche Zwecke die Mittel verwendet werden dürfen. Damit begrenzt es die Handlungsfreiheit der Agenten und schränkt so deren Opportunismuschancen ein. Der *Principal-Principal*-Konflikt entschärft sich, weil durch die materiellen Vorgaben des VGG eine Übervorteilung einzelner Gruppen verhindert wird. Insbesondere lässt das Gesetz keine Ausschüttung an Nichtberechtigte zu. Soweit den Rechtsinhabern die Möglichkeit eingeräumt wird, *freiwillig* einen Teil ihrer Ausschüttungssumme an Nichtberechtigte auszuzahlen, sind die Wertungen des Unionsrechts zu beachten.

Sofern es rechtlich und tatsächlich realisierbar ist, sollten die Einnahmen aus der Rechtewahrnehmung möglichst leistungsgerecht verteilt werden. Dies ergibt sich bereits aus dem Gedanken der Treuhand, der in Form des Willkürverbots in § 27 Abs. 1 VGG Ausdruck im Gesetz gefunden hat. Gleiches gilt spiegelbildlich auch für die Verwaltungskosten. Sie sind möglichst verursachungsgerecht zu verteilen.

Die Abzüge zu sozialen und kulturellen Zwecken müssen das Angemessenheitsgebot des § 31 Abs. 1 VGG beachten. Bei dessen Bestimmung sind insbesondere die (abstrakten) Gegenleistungen und die Herkunft des Geldes zu berücksichtigen. Zusätzlich muss die Höhe der Abzüge für die Rechtsinhaber individuell bestimmbar sein, damit sie Objektiv i.S.d. § 31 Abs. 1 VGG sind.

Kapitel 4: Transparenz- und Informationsmaßnahmen

I. Problemstellung

Der Prinzipal hat typischerweise einen beschränkten Einblick in die Arbeit des Agenten. Er sieht häufig nur die Ergebnisse, nicht aber wie sie zustande gekommen sind (sog. *Hidden Actions*). Dies bietet dem Agenten die Möglichkeit, einen eigenen Leistungsbeitrag vorzuspiegeln, der in Wirklichkeit so nicht existiert. Erst durch die umfassende Unterrichtung des Prinzipals wird dieser in die Lage versetzt, die Leistung des Agenten besser einschätzen zu können. Nur so ist eine wirksame Kontrolle durch den Geschäftsherrn möglich.[967] Durch die gesteigerte Publizität seines Handelns wird der Agent zusätzlich dazu angehalten, sich auf die Interessen des Prinzipals zu konzentrieren. Der Abbau von Informationsasymmetrien ist daher ein fester Bestandteil eines jeden guten *Corporate-Governance*-Systems.[968]

Noch früher setzen Maßnahmen an, die bereits den zukünftigen Prinzipalen Informationen über die Arbeit seines potenziellen Agenten geben. Sie verbessern die Entscheidungsgrundlage der Geschäftsherren und können so einer adversen Selektion entgegenwirken. Das VGG sieht eine Reihe unterschiedlicher Transparenz- und Informationsmaßnahmen vor: Die Mitglieder des Aufsichtsgremiums und der Geschäftsführung haben im Rahmen einer persönlichen Erklärung bestimmte Informationen gegenüber der Mitgliederhauptversammlung offenzulegen (II.). Zusätzlich sorgen weitere Publizitätspflichten gegenüber den Rechtsinhabern (III.) und der Allgemeinheit (IV.) für ein Mindestmaß an Transparenz der Verwertungsgesellschaften.

II. Die persönliche Erklärung nach § 21 Abs. 3 VGG

Wer als Rechtsinhaber nicht weiß, inwieweit ein Aufsichtsgremiums- oder Vorstandsmitglied von seinen Beschlüssen selbst tangiert wird, kann auch

---

967 Vgl. *Stenger*, Kodex und Entsprechenserklärung, 2013, S. 92 f.

968 *OECD*, Grundsätze der Corporate Governance, 2015, S. 45; *Marsch-Barner* in: Marsch-Barner/Schäfer, Hdb börs-AG, 4. Aufl. 2018, § 2 Rn. 5.

nicht beurteilen, in wessen Interesse – dem eigenen oder dem seiner Prinzipale – der Organwalter gehandelt hat. Um den Mitgliedern eine bessere Grundlage für ihre Bewertung des Handelns des Agenten zu ermöglichen und um mit Blick auf künftige Wiederwahlen bzw. Vertragsverlängerungen die Auswahlentscheidung zu verbessern, verpflichtet § 21 Abs. 3 VGG die Vorstandsmitglieder, mindestens einmal jährlich eine persönliche Erklärung abzugeben. § 22 Abs. 5 VGG dehnt die Verpflichtung auf die Mitglieder des Aufsichtsgremiums aus. Die persönliche Erklärung nach § 21 Abs. 3 VGG muss (1.) eine eventuelle Beteiligung an der Verwertungsgesellschaft, (2.) die Höhe der im vergangenen Geschäftsjahr von der Verwertungsgesellschaft bezogenen Vergütungen, (3.) die von der Gesellschaft im letzten Geschäftsjahr erhaltenen Ausschüttungen und (4.) Angaben zu möglichen Interessenkonflikten beinhalten.

1. Beteiligung an der Verwertungsgesellschaft

Nach § 21 Abs. 3 Nr. 1 VGG müssen die Organmitglieder „ihre Beteiligung an der Verwertungsgesellschaft" offenlegen. Eine solche kann nur an den Verwertungsgesellschaften mit beschränkter Haftung bestehen. Praktische Relevanz dürfte die Regelung daher derzeit allein bei den wenigen Verwertungsgesellschaften, die Rechtsinhaber als Gesellschafter aufnehmen, entfalten.[969] Durch den Aufnahmezwang nach § 13 Abs. 1 VGG dürfte sich die praktische Relevanz jedoch auf die übrigen als GmbH organisierten Verwertungsgesellschaften ausweiten.

a. Sachliche Reichweite

Sinn und Zweck der Verpflichtung gebieten es, nicht nur das Bestehen, sondern auch den Umfang einer Beteiligung offenzulegen. Ist ein Organmitglied nur mittelbar beteiligt, d.h. über eine Beteiligung an einer Personen- oder Kapitalgesellschaft, die wiederum Gesellschafterin der Verwertungsgesellschaft ist, wird auch diese Konstellation von der Verpflichtung nach § 21 Abs. 3 Nr. 1 VGG erfasst.[970] Die Gefahr einer sachwidrigen Be-

---

969 Dies sind derzeit GÜFA, VG Media, GWFF, TWF und VFF.
970 So auch BeckOK-UrhR/*Freudenberg*, 25. Ed. 15.7.2019, § 21 VGG Rn. 8.

einflussung des Agenten[971] hängt nicht davon ab, ob er seine Beteiligung an der Verwertungsgesellschaft mittelbar oder unmittelbar hält.

b. Bedeutung der Erklärung

Die öffentliche Verfügbarkeit der Informationen ist nicht in allen Fällen für die Rechtsinhaber neu. Nach § 40 Abs. 1 S. 1 GmbHG hat der Geschäftsführer die Pflicht, eine Gesellschafterliste zum Handelsregister einzureichen. Soweit eine mittelbare Beteiligung über eine Personengesellschaft oder Aktiengesellschaft besteht, ergibt sich dies nicht ohne Weiteres aus dem Handelsregister. Die Offenlegungsverpflichtung der Aufsichtsgremiums- und Vorstandsmitglieder im Rahmen ihrer persönlichen Erklärung erleichtert den Mitgliedern daher den Informationszugang erheblich.

2. Vergütung und sonstige Leistungen

Daneben sind ebenfalls Vergütungen und sonstige Leistungen offenzulegen, vgl. § 21 Abs. 3 Nr. 2 VGG. Erfasst sind nach der Systematik des Gesetzes nur solche Vergütungen und Leistungen, die sich unmittelbar aus der jeweiligen Stellung als Organwalter ergeben.[972]

a. Sachliche Reichweite

Nicht erfasst werden demnach Ausschüttungserträge – diese richten sich allein nach dem Wahrnehmungsvertrag und dem Verteilungsplan – sowie Leistungen, die aufgrund von weiteren Vertragsverhältnissen (z.B. der Mandatierung als Anwalt oder sonstigen Nebentätigkeiten für die Gesellschaft) gewährt werden. Zum einen hätte sonst § 21 Abs. 5 Nr. 3 VGG keinen eigenständigen Anwendungsbereich. Zum anderen findet sich der Begriff auch in § 18 Abs. 1 VGG. Die Vergütung und sonstigen Leistungen werden dort im Kontext der „Ernennung und Entlassung“ der Mitgliederhauptversammlung zur Entscheidung zugewiesen, d.h. eng mit der Organstellung verknüpft. Dieses Begriffsverständnis wird untermauert von Art. 8

---

971 Vgl. BeckOK-UrhR/*Freudenberg*, 25. Ed. 15.7.2019, § 21 VGG Rn. 9.

972 Vgl. zur ähnlichen Situation bei Ziff. 4.2.3 DCGK *Fuhrmann* in: Fuhrmann/Linnerz/Pohlmann, DCGK, 2016, Ziff. 4 Rn. 179.

Abs. 4 RL 2014/26/EU, der als sonstige Leistungen ausdrücklich „Versorgungsansprüche, Ansprüche auf sonstige Zuwendungen und Abfindungen" aufzählt. Alle diese Leistungen sind direkte Gegenleistung für die Tätigkeit als Organmitglied.

b. Bedeutung der Erklärung

Die Mitgliederhauptversammlung beschließt nach § 18 Abs. 1 Nr. 1 bzw. Nr. 4 VGG über die Vergütungen und sonstigen Leistungen. Da regelmäßig lediglich über ein abstraktes Vergütungssystem abgestimmt wird[973], ergibt sich aus der Beschlussfassung keine Kenntnis über die letztendliche Vergütungshöhe des einzelnen Organmitglieds.

Verwertungsgesellschaften gelten gemäß § 57 Abs. 1 S. 1 VGG unabhängig von ihrer Rechtsform oder ihrer tatsächlichen Größe stets als große Kapitalgesellschaften i.S.v. § 267 Abs. 2 HGB. Daher sind sie bereits aufgrund des § 285 Nr. 9 lit. a HGB zur Offenlegung von gewährten Bezügen für die Tätigkeit als „Mitglieder des Geschäftsführungsorgans, eines Aufsichtsrats, eines Beirats oder einer ähnlichen Einrichtung" verpflichtet. Dennoch erhöht die Regelung des § 21 Abs. 3 Nr. 2 VGG die Transparenz erheblich. Viele der deutschen Verwertungsgesellschaften unterlassen die Angaben unter Berufung auf die Schutzklausel des § 286 Abs. 4 HGB. Demnach können die Angaben unterbleiben, wenn sich anhand dieser die Bezüge eines Mitglieds der Organe feststellen lassen. Da nur die akkumulierte Gesamtsumme der Bezüge des jeweiligen Organs zu veröffentlichen ist, dürfte eine Feststellung ab zwei Personen – was auf die Geschäftsführungen von zwei Dritteln der deutschen Verwertungsgesellschaften zutrifft – in der Regel ausscheiden.[974] Jedoch wird vielfach die Anwendbarkeit der Schutzklausel auch auf Gremien mit mehreren Mitgliedern ausgedehnt.[975] Selbst wenn Verwertungsgesellschaften sich nicht auf die Schutzklausel be-

---

973 Siehe oben S. 230.

974 *Klatte*, BB 1995, 35 (36 f.); *Herrmann* in: Heymann, HGB, 2. Aufl. 1999, § 286 Rn. 7; *Hüttemann/Meyer* in: Staub, HGB, 5. Aufl. 2014, § 286 Rn. 22 f.

975 Siehe nur das Schreiben des BMJ v. 6. 3. 1995, III A 3–350/71–13 (D) – 1 II – 32–2014/91, DB 1995, 639, wonach es für die Anwendbarkeit bereits genügen soll, dass alle Organwalter dieselben Leistungen erhalten und sich somit ihre Vergütung aus der Gesamtvergütung und der Anzahl der Organmitglieder berechnen lassen würde. So auch *Grottel* in: Beck Bil-Komm, 11. Aufl. 2018, § 286 HGB Rn. 44; *Kling*, BB 1995, 349; vgl. auch MüKo-HGB/*Poelzig*, 3. Aufl. 2013, § 286 HGB Rn. 68 f. m.w.N.

rufen, ist der Informationsgehalt der persönlichen Erklärung deutlich höher. Denn § 21 Abs. 3 Nr. 2 VGG verpflichtet gerade zur Offenlegung der individuellen Vergütung und nicht nur der Gesamtbezüge einer Personengruppe. Ein weiterer wesentlicher Unterschied zu den handelsrechtlichen Offenlegungsvorschriften liegt im Adressaten der jeweiligen Verpflichtungen: Während sich Vorgenannte an die Gesellschaft richten, verpflichtet das VGG den Organwalter selbst zur Offenlegung.

3. Ausschüttungen

Nach § 21 Abs. 3 Nr. 3 VGG haben die Organmitglieder zu erklären, welche Beträge sie „in der Eigenschaft als Berechtigter (§ 6) von der Verwertungsgesellschaft im abgelaufenen Geschäftsjahr erhalten haben". Anders als bei den Verpflichtungen aus Nr. 1 und 2 handelt es sich hierbei um ein echtes Novum. Die Regelung geht auf Art. 9 Abs. 3 i.V.m. Art. 10 Abs. 2 UAbs. 2 lit. b RL 2014/26/EU zurück.

a. Reichweite

Nach dem Wortlaut der Norm werden solche Ausschüttungen nicht erfasst, die an juristische Personen geflossen sind. Ist etwa der Geschäftsführer einer Filmproduktions-GmbH Organmitglied, so läuft die Regelung ins Leere, soweit nur die GmbH Berechtigte i.S.d. § 6 VGG ist. Während die Richtlinie diesen Punkt nicht aufgreift, soll nach der Begründung zum Regierungsentwurf diese Konstellation unter § 21 Abs. 3 Nr. 4 VGG fallen.[976] Aus dem Wortlaut von Nr. 4 lässt sich dies nur schwerlich herauslesen. Einzig möglicher Anknüpfungspunkt in der Bestimmung ist die Formulierung „Art und Umfang eines tatsächlichen oder möglichen Konflikts [...] zwischen ihren Pflichten gegenüber der Verwertungsgesellschaft und ihren Pflichten gegenüber einer anderen [...] juristischen Person". Es wäre wünschenswert gewesen, hätte der nationale Gesetzgeber die Chance genutzt, dies klarer hervorzuheben. So ist diese Konstellation entweder unter § 21 Abs. 3 Nr. 4 VGG zu fassen oder mittels teleologischer Extension von Nr. 3.

Darüber hinaus wurde teilweise angedacht, die Pflicht zur Offenlegung von Ausschüttungen auf enge Familienangehörige, wie den Ehepartner,

---

976 Begründung des Regierungsentwurfs zum VGG, BT-Drs. 18/7223, S. 79.

auszudehnen.[977] Aus *Corporate-Governance*-Perspektive ist dies sinnvoll, weil Zahlungen an den Lebensgefährten – nicht nur Ehepartner – oder engste Familienangehörige geeignet sind, Interessenkonflikte hervorzurufen.[978] Man gehe z.B. von einem Organwalter aus, der nur niedrigste Ausschüttungen bekommt und kein Mitglied der Verwertungsgesellschaft ist, während sein Lebenspartner als Mitglied der Gesellschaft erhebliche Ausschüttungen bezieht. In diesem Fall könnte der Anschein, dass sich der Organwalter besonders für die Belange der Nichtmitglieder einsetzen wird, täuschen. Richtigerweise ist zur Erfassung dieser Konstellationen jedoch keine Ausweitung des § 21 Abs. 3 Nr. 3 VGG erforderlich, da diese Situationen bereits *de lege lata* Nr. 4 unterfallen. Unmittelbar in der Person des Organwalters liegt in diesen Fällen ein abstrakter Interessenkonflikt vor. Einen solchen erfasst § 21 Abs. 3 Nr. 4 VGG, der bereits *mögliche* Konflikte genügen lässt.[979] Die Offenlegung von „Art und Umfang" des Konflikts erfordert entsprechend § 21 Abs. 3 Nr. 3 VGG die Offenlegung der den Konflikt begründenden Ausschüttungen. Der Gesetzgeber sollte hier nachbessern und § 21 Abs. 3 Nr. 3 VGG weiter fassen, sodass ein Rückgriff auf § 21 Abs. 3 Nr. 4 VGG nicht nötig ist und für die Normadressaten klar ersichtlich wird, wie weit ihre Erklärungspflicht reicht.[980]

b. Angabe in Stufen

§ 21 Abs. 4 VGG erlaubt, für die Offenlegung der Ausschüttungsbeträge *angemessene* Stufen festzulegen. Diese Stufen finden nur bei den Ausschüttungen Anwendung. Die Vergütung und sonstigen Leistungen sind also *genau* zu beziffern.

---

977 In diese Richtung gehen die Äußerungen von *Gerlach* und *Staats* im Rahmen einer Arbeitssitzung des Instituts für Urheber und Medienrecht in München, vgl. den Diskussionsbericht bei *Burner*, ZUM 2014, 489 (492).

978 Vgl. dazu bereits oben S. 204.

979 Siehe dazu auch sogleich unten S. 264.

980 Vergleiche etwa Art. 19 Abs. 1 VO 596/2014/EU, wo im Zusammenhang mit einer Meldepflicht für sogenannte *Directors' Dealings* konkretisiert wird: „Personen, die Führungsaufgaben wahrnehmen, sowie in enger Beziehung zu ihnen stehende Personen".

(1) Hintergrund der Regelung

Die Regelung findet kein Vorbild in der Richtlinie 2014/26/EU und die Begründung zum Regierungsentwurf des VGG schweigt zu ihren Hintergründen. Es ist jedoch davon auszugehen, dass die stufenweise Angabe der Ausschüttungen dem Schutz der Organmitglieder dient, denn anders als ihre Bezüge i.S.d. § 21 Abs. 3 Nr. 2 VGG sind die Ausschüttungen nicht Folge ihrer Organstellung, sondern gänzlich unabhängig von ihr.

(2) Angemessenheit

Einen Maßstab für die Angemessenheit der Stufen liefert das Gesetz nicht. Mit Blick auf den Zweck der Regelung dürfte jedoch klar sein, dass nur solche Stufen angemessen sind, die weder zu detailliert sind – etwa in 100 €-Schritten – noch derart grob, dass sich keine Erkenntnisse aus der Angabe gewinnen lassen. Dabei muss auf die Situation in der jeweiligen Verwertungsgesellschaft abgestellt werden. Untauglich, weil trivial, ist jedenfalls eine *erste* oder *letzte* Stufe, die auf Höhe des Betrages angesiedelt ist, der auch in den Mitgliedschaftsbedingungen vorgesehen ist. Ob ein Organmitglied über eine Mitgliedschaft verfügt oder nicht, dürfte der Mitgliederhauptversammlung sowieso bekannt sein.

(3) Orientierung an § 3 S. 3 Anl. 1 zur GO-BT

In der Begründung zum Regierungsentwurf des VGG heißt es:

> „Stufen, die sich an den für die Abgeordneten des Deutschen Bundestages geltenden Regelungen über Angaben zu Einkünften aus Nebentätigkeiten orientieren, sind grundsätzlich angemessen.“[981]

Aufgrund der fehlenden Verankerung dieser Konkretisierung in der Norm und der damit einhergehenden fehlenden Objektivierung des Willens des Gesetzgebers[982], kann ihr jedoch lediglich eine Indizfunktion beikommen. § 3 S. 3 Anl. 1 zur GO-BT stellt für die Abgeordneten folgende Stufen auf:

---

981 Begründung des Regierungsentwurfs zum VGG, BT-Drs. 18/7223, S. 79.

982 Vgl. nur *BVerfG*, Beschl. v. 17.5.1960, NJW 1960, 1563 (1564); *Wischmeyer*, JZ 2015, 957 (963 f.).

> „Die Stufe 1 erfasst einmalige oder regelmäßige monatliche Einkünfte einer Größenordnung von 1 000 bis 3 500 Euro, die Stufe 2 Einkünfte bis 7 000 Euro, die Stufe 3 Einkünfte bis 15 000 Euro, die Stufe 4 Einkünfte bis 30 000 Euro, die Stufe 5 Einkünfte bis 50 000 Euro, die Stufe 6 Einkünfte bis 75 000 Euro, die Stufe 7 Einkünfte bis 100 000 Euro, die Stufe 8 Einkünfte bis 150 000 Euro, die Stufe 9 Einkünfte bis 250 000 Euro und die Stufe 10 Einkünfte über 250 000 Euro."

Insbesondere bei Verwertungsgesellschaften mit nur geringen Ausschüttungen an die einzelnen Rechtsinhaber, sind diese groben Stufen – aus den oben bereits genannten Gründen – ungeeignet, um Transparenz herzustellen.

4. Interessenkonflikte

Bereits die nach § 21 Abs. 3 Nr. 1 bis 3 VGG nötigen Angaben dienen dazu, mögliche Interessenkonflikte aufzudecken.[983] Da diese jedoch nicht alle Konstellationen, in denen Konflikte auftreten können, erfassen, kommt dem bereits mehrfach angesprochenen § 21 Abs. 3 Nr. 4 VGG die Funktion einer Generalklausel zu, wenn dort von „Art und Umfang eines tatsächlichen oder möglichen Konflikts" gesprochen wird.

Mit Blick auf den Telos der Norm – Abbau von Informationsasymmetrien und Offenlegung von Opportunismuschancen – ist die Klausel weit auszulegen. Dies wird vom Wortlaut bestätigt, der bereits einen „möglichen Konflikt[]" genügen lässt. Dieses Ergebnis wird durch einen Blick in die Richtlinie abgesichert: Nach der Konzeption des Art. 10 Abs. 2 UAbs. 2 RL 2014/26/EU ist die persönliche Erklärung Teil des Verfahrens zur Erkennung und Vermeidung von Interessenkonflikten. Entsprechend muss von einem einheitlichen Begriff des Interessenkonflikts ausgegangen werden, der – wie oben bereits erörtert[984] – denkbar weit ist. Zwar verweist § 22 VGG für das Aufsichtsgremium nicht auf § 21 Abs. 2 VGG, doch ist kein Grund ersichtlich, § 21 Abs. 3 VGG gespalten auszulegen. Vielmehr sind die Ausgangslage und das Normziel in beiden Anwendungsfällen identisch.

---

983 BeckOK-UrhR/*Freudenberg*, 25. Ed. 15.7.2019, § 21 VGG Rn. 9 f.
984 Siehe S. 200 ff.

5. Eingriffe in informationelle Selbstbestimmungsrechte

Die im Rahmen der persönlichen Erklärung offenzulegenden Angaben betreffen die persönlichen Daten der Organwalter. Die Offenlegungspflicht ist damit ein Eingriff in ihre informationellen Selbstbestimmungsrechte aus Art. 8, 15, 16 GRCh.[985] Diese gehen ihren grundgesetzlichen Äquivalenten hier vor, weil § 21 Abs. 3 VGG die obligatorische Regelung der Art. 9 Abs. 3 i.V.m. Art. 10 Abs. 2 UAbs. 2 lit. b RL 2014/26/EU ohne Spielraum für die Mitgliedstaaten umsetzt.[986] Ob diese Eingriffe gerechtfertigt sind, hängt vom jeweiligen Erklärungsgegenstand ab. Sie müssen einen legitimen Zweck verfolgen und verhältnismäßig sein.[987]

a. Beteiligung an der Verwertungsgesellschaft

Hinsichtlich der Beteiligung (§ 21 Abs. 3 Nr. 1 VGG) liegt lediglich ein minimaler Eingriff vor, da die Informationen größtenteils sowieso aus dem Handelsregister ersichtlich sind. Mit der Herstellung von Transparenz wird ein legitimer Zweck verfolgt[988], sodass der Eingriff insoweit gerechtfertigt ist.

b. Vergütung und sonstige Leistungen

Deutlich schwerer wiegt der Eingriff durch die Offenlegung der Vergütung und sonstigen Leistungen (§ 21 Abs. 3 Nr. 2 VGG). Die Aspekte betreffen unmittelbar die wirtschaftlichen Verhältnisse der betroffenen Per-

---

985 Vgl. Zum hier eröffneten Schutzbereich siehe *Bernsdorff* in: Meyer, GRCh, 4. Aufl. 2014, Art. 8 Rn. 13; *Kingreen* in: Calliess/Ruffert, EUV/AEUV, 5. Aufl. 2016, Art. 8 GRCh Rn. 9; zur parallelen Situation nach dem Grundgesetz *Augsberg*, ZRP 2005, 105 (106). Ausführlich zur Situation bei den handelsrechtlichen Veröffentlichungspflichten siehe *Hesse*, Die Veröffentlichungspflicht für Vorstandsvergütung, 2013, S. 148 ff. Siehe auch *Fleischer*, NZG 2006, 561 (568 f.).

986 Vgl. *BVerfG*, Urt. v. 31.5.2016, ZUM 2016, 626 (636) Rn. 115 – *Metall auf Metall*; *BVerfG*, Beschl. v. 13.3.2007, NVwZ 2007, 937 – *Treibhausgas-Emissionshandel*.

987 *Kingreen* in: Calliess/Ruffert, EUV/AEUV, 5. Aufl. 2016, Art. 8 GRCh Rn. 14.

988 *BVerfG*, Beschl. v. 25.2.2008, NJW 2008, 1435; *Kingreen* in: Calliess/Ruffert, EUV/AEUV, 5. Aufl. 2016, Art. 8 GRCh Rn. 15; *Bernsdorff* in: Meyer, GRCh, 4. Aufl. 2014, Art. 8 Rn. 13; *Hesse*, Die Veröffentlichungspflicht für Vorstandsvergütung, 2013, S. 174 ff.

son. Aus diesem Grund hat der nationale Gesetzgeber bei den ähnlichen handelsrechtlichen Publikationspflichten Schutzklauseln vorgesehen.[989]

Dort richten sich die betroffenen Informationen jedoch an den Markt und nicht an die Gesellschafter. Sie sind im Handelsregister für jedermann einsehbar.[990] Hierin liegt ein wesentlicher Unterschied zu der persönlichen Erklärung nach § 21 Abs. 3 VGG. Sie ist nicht zum Handelsregister einzureichen und auch nicht auf der Internetseite der Verwertungsgesellschaft zu veröffentlichen, sondern lediglich gegenüber der Mitgliederhauptversammlung abzugeben.[991] Durch diesen kleineren Adressatenkreis wird die Verhältnismäßigkeit gewahrt.[992] Schließlich beschließen die Mitglieder gemäß § 18 Abs. 1 Nr. 4 VGG sowieso über die Vergütung und sonstigen Leistungen der Aufsichtsgremiumsmitglieder. Als Rechtsinhaber sind sie es, die mittelbar über die Verwaltungskosten die Vergütung der Organmitglieder tragen. Sie sind zwar nicht im rechtlichen, jedoch als Treugeber im wirtschaftlichen Sinne die Vertragspartner der Organmitglieder. Mithin überwiegt das Interesse der Mitglieder, die Bezüge der Organwalter zu kennen, deren Geheimhaltungsinteresse.[993]

c. Ausschüttungen

Am schwersten wiegt die Pflicht zur Offenlegung der Ausschüttungen, weil die Zahlungen – wie bei der Vergütung – die wirtschaftlichen Verhältnisse betreffen, jedoch gänzlich unabhängig von der Organstellung sind. Die Ausschüttungen sind allein auf die eingebrachten Rechte zurückzuführen und wären auch geflossen, wäre der entsprechende Rechtsinhaber nicht Aufsichtsgremiums- oder Geschäftsführungsmitglied gewesen.

Während sich an der Transparenz als legitimen Zweck vorliegend nicht zweifeln lässt, bedarf die Verhältnismäßigkeit einer genaueren Betrachtung. Die Organmitglieder haben ein erhebliches Interesse daran, dass ihre

---

989 Siehe oben S. 260.

990 *Hesse*, Die Veröffentlichungspflicht für Vorstandsvergütung, 2013, S. 58 f.

991 Siehe aber auch ErwGr. 25 RL 2014/26/EU, wonach die Verpflichtung der Verwertungsgesellschaften zur Veröffentlichung oder Übermittlung an staatliche Stellen, möglich sein soll.

992 Vgl. zur Berücksichtigung des Empfängerkreises im Rahmen der Rechtfertigung *BVerfG*, Beschl. v. 9.3.1988, NJW 1988, 2031.

993 Vgl. zur ähnlichen Situation bei öffentlichen Unternehmen im Verhältnis zu den Steuerzahlern *Hesse*, Die Veröffentlichungspflicht für Vorstandsvergütung, 2013, S. 175 f.

Einkünfte nicht auf den Cent genau offengelegt werden.[994] Dem gegenüber steht das Interesse der Mitglieder, als Prinzipale Opportunismuschancen der Agenten identifizieren zu können. Dafür müssen die Prinzipale jedoch nicht den exakten Ausschüttungsbetrag des Organmitglieds kennen. Solch eine genaue Offenlegung wäre entsprechend nicht das mildeste Mittel, sodass der Eingriff nicht verhältnismäßig wäre. Stattdessen reicht es aus, eine grobe Vorstellung davon zu vermitteln, in welchem Umfang die Ausschüttungen zu ihrem Einkommen beitragen. Die Regelung in Art. 10 Abs. 2 UAbs. 2 lit. b RL 2014/26/EU ist daher primärrechtskonform auszulegen. Aus diesem Grund verstößt der deutsche Gesetzgeber mit der Schaffung des § 21 Abs. 4 VGG nicht gegen Unionsrecht, obwohl die Richtlinie keine Stufen vorsieht. Die Regelung trägt vielmehr dafür Sorge, dass das informationelle Selbstbestimmungsrecht der Organwalter aus der GRCh nicht unverhältnismäßig eingeschränkt wird.

Soweit auch Angehörige in die Offenlegungsverpflichtung einbezogen werden, wird auch in ihr Grundrecht auf informationelle Selbstbestimmung eingegriffen.[995] Da auch Ausschüttungen an nahestehende Personen zu abstrakten Interessenkonflikten führen, ist hier die Herstellung von Transparenz ebenfalls ein legitimes Ziel. Im Rahmen der Verhältnismäßigkeitsprüfung ist jedoch zu beachten, dass anders als bei den Aufsichtsgremiumsmitgliedern selbst, die Publizität nicht auf die (selbstveranlasste) Stellung als Organwalter zurückzuführen ist, sondern allein auf die persönliche Verbindung zu einem solchen. Soweit durch die Richtlinie 2014/26/EU tatsächlich ein europäischer Binnenmarkt entsteht, steht der betroffenen Person der Wechsel in eine andere, d.h. ausländische Verwertungsgesellschaft offen, um sich der Veröffentlichung zu entziehen. Selbst wenn man die Verweisung auf eine solche „Flucht" zu einer anderen Verwertungsgesellschaft als unverhältnismäßig ablehnt, ist der Eingriff in das informationelle Selbstbestimmungsrecht gerechtfertigt. Dem Interesse der nahestehenden Person an einer Geheimhaltung ihrer Ausschüttungen wird durch die Beschränkung auf die Mitgliederhauptversammlung und die Angabe in Stufen Rechnung getragen. Da kein milderes Mittel ersicht-

994 *Hesse*, Die Veröffentlichungspflicht für Vorstandsvergütung, 2013, S. 157 ff., die insbesondere auf die öffentliche Resonanz („Prangerwirkung", S. 161 ff.) und deren Folge von Managergehältern eingeht.

995 Vgl. zum ähnlich gelagerten Fall des § 15a WphG a.F. *VGH Kassel*, Urt. v. 3.5.2006, NZG 2006, 795 (797 f.).

lich ist[996], wie Transparenz hergestellt werden kann, ist die Offenlegung der Ausschüttungen an nahestehende Angehörige im Ergebnis gerechtfertigt.[997]

6. Zusammenfassung

Die persönliche Erklärung nach §§ 21 Abs. 3 VGG ist ein taugliches Mittel, die Informationslage der Mitglieder und damit letztlich ihre Entscheidungsgrundlage zu verbessern. Dort, wo die Regelungen des VGG ungenau sind – z.B. bei § 21 Abs. 3 Nr. 4 VGG –, empfiehlt es sich, in der Satzung Konkretisierungen, wann ein Interessenkonflikt vorliegt, z.B. durch Regelbeispiele, vorzunehmen. Dabei sollten auch die Empfehlungen des DCGK ergänzend beachtet werden.

Bezüglich des Rechts auf informationelle Selbstbestimmung der Organwalter und übrigen betroffenen juristischen und natürlichen Personen, ist die Einschränkung auf eine stufenweise Offenlegung der erhaltenen Ausschüttungen in § 21 Abs. 4 VGG nicht nur mit der Richtlinie vereinbar, sondern notwendig. Aus gleichem Grund scheidet eine Veröffentlichung der persönlichen Erklärungen auf der Internetseite der Gesellschaft aus. Anders als bei Offenlegungspflichten im Wertpapier- und Kapitalmarktrecht wird die Zielgruppe hier auch ohne sie erreicht. Misslich ist dies aus Sicht der Rechtsinhaber, die nicht Teil der Mitgliederhauptversammlung sind. Sie werden jedoch mittelbar über ihre Delegierten informiert.

Die persönliche Erklärung nach § 21 Abs. 3 VGG ist somit ein Eckpfeiler eines guten *Corporate-Governance*-Rahmens der Verwertungsgesellschaften, der effektiv Informationsasymmetrien zwischen Prinzipalen und Agenten abbauen kann.

---

996 Vgl. dazu *Augsberg*, ZRP 2005, 105 (107), der hinsichtlich der Bezüge von Vorstandsmitgliedern einer Aktiengesellschaft statt einer Veröffentlichungspflicht eine Binnenkontrolle, wie es sie hier gibt, als milderes Mittel vorschlägt.

997 Vgl. VGH Kassel, Urt. v. 3.5.2006, NJW 2006, 3737, das jedoch allein die *Namensnennung* von nahen Angehörigen bei Eigengeschäften im Kapitalmarktrecht betrifft.

III. Informationen für die Berechtigten

§§ 53, 54 VGG postulieren Informationspflichten der Verwertungsgesellschaft zugunsten der Berechtigten. Diese dienen nur zum Teil dem Abbau von Informationsasymmetrien zwischen Agenten und Prinzipalen. Im Übrigen zielen die Informationspflichten auf die Aufklärung der Berechtigten über ihre Rechte nach dem VGG ab. Damit werden strukturelle Nachteile der Berechtigten gegenüber der professionell organisierten Verwertungsgesellschaft ausgeglichen. Beide Normen unterscheiden sich im Zeitpunkt der Verpflichtung. § 53 VGG betrifft Pflichten der Verwertungsgesellschaft vor der Rechteeinräumung (1.); § 54 VGG regelt die Informationspflichten während der Vertragsdurchführung (2.).

1. Vorvertragliche Informationspflichten

§ 53 Abs. 1 VGG regelt, dass die Rechtsinhaber *vor* Abschluss des Wahrnehmungsvertrags über die ihnen nach §§ 9 bis 12 VGG zustehenden Rechte (Nr. 1) und die Abzüge von den Einnahmen (Nr. 2) zu informieren sind. Bei den Informationen nach Nr. 1 handelt es sich weitgehend um die Rahmenbedingungen (z.B. Wahrnehmungsbedingungen und Kündigungsmöglichkeiten).[998]

a. Abgrenzung zu § 305 Abs. 2 Nr. 2 BGB

Soweit es sich dabei um AGB handelt[999], ergibt sich die mit der Informationspflicht korrespondierende Möglichkeit zur Kenntnisnahme bereits aus § 305 Abs. 2 Nr. 2 BGB. Dies gilt trotz der Ausnahme für den Bereich des Gesellschaftsrechts in § 310 Abs. 4 S. 1 BGB auch für solche Verwertungs-

---

998 Zu den einzelnen Gegenständen siehe BeckOK-UrhR/*Freudenberg*, 25. Ed. 15.7.2019, § 53 VGG Rn. 6 ff.

999 Zu den Wahrnehmungsbedingungen als AGB siehe *BGH*, Urt. v. 5.12.2012, ZUM-RR 2013, 176 (178) – *Missbrauch des Verteilungsplans*; *BGH*, Urt. v. 19.5.2005, ZUM 2005, 739 (741) – *PRO-Verfahren*; *BGH*, Urt. v. 13.12.2001, ZUM 2002, 379 ff. – *Klausurerfordernis*; *Schack*, Urheber- und Urhebervertragsrecht, 9. Aufl. 2019, Rn. 1349 ff.; *Mauhs*, Der Wahrnehmungsvertrag, 1991, S. 57 ff.; *Gerlach* in: Wandtke/Bullinger, Praxiskommentar UrhR, 5. Aufl. 2019, § 9 VGG Rn. 9 f.; vertiefend *Riesenhuber*, Die Auslegung und Kontrolle des Wahrnehmungsvertrags, 2004, S. 23 ff.

gesellschaften in Vereinsform, die sämtliche Berechtigte auch als Mitglieder i.S.d. Vereinsrechts aufnehmen. Der schuldrechtliche Wahrnehmungsvertrag und der gesellschaftsrechtliche Beitritt sind getrennt zu betrachten.[1000] Anders als § 53 Abs. 1 VGG, der die Informationspflicht als echte Rechtspflicht statuiert, handelt es sich bei der Regelung des § 305 Abs. 2 Nr. 2 BGB jedoch nur um eine reine Obliegenheit[1001] der Verwertungsgesellschaft als Verwender der AGB.

b. Verweis auf die Satzung und den Transparenzbericht

Nach der Begründung des Regierungsentwurfs zum VGG soll für die Erfüllung des § 53 Abs. 1 Nr. 1 VGG ein Hinweis auf die Satzung oder die Wahrnehmungsbedingungen genügen.[1002] Hinsichtlich der Informationsverpflichtung in Nr. 2 schlägt die Begründung vor, „den Rechtsinhaber auf den aktuellen jährlichen Transparenzbericht (§ 58) [hinzuweisen], der sämtliche in Nummer 2 genannten Informationen enthält".[1003]

Es erscheint zweifelhaft, ob solche schlichten Hinweise dem Ziel der Richtlinie genügen. Die Informationen gerade vor Abschluss des Vertrags mit der Verwertungsgesellschaft haben das Potenzial, den Wettbewerb zwischen den einzelnen Gesellschaften anzuregen. Statt sich durch seitenweise Wahrnehmungsbedingungen und das Statut zu kämpfen, bekommt der Rechtsinhaber die wichtigsten Informationen präsentiert. So kann er ohne großen Aufwand die Leistungen der verschiedenen Verwertungsgesellschaften vergleichen und sich für das attraktivste Angebot entscheiden. Allein der Hinweis, dass die Kündigungsfristen im Vertrag zu finden sind und die Verwaltungskostenquote im an die hundert Seiten umfassenden Transparenzbericht, erleichtert dem Rechtsinhaber die Auswahlentscheidung nicht.

Der in der Begründung zum Regierungsentwurf genannte Verweis genügt daher nicht den Anforderungen der RL 2014/26/EU. Deren Ziel ist es, die Transparenz zu fördern.[1004] Der durchschnittliche Rechtsinhaber dürfte sich auch ohne ausdrücklichen Hinweis bewusst sein, dass etwa die

---

1000 Vgl. *BGH*, Urt. v. 5.12.2012, ZUM-RR 2013, 176 (178) – *Missbrauch des Verteilungsplans*.

1001 BeckOK-BGB/*Becker*, 51. Ed. 1.8.2019, § 305 Rn. 57; *Schwab*, AGB-Recht, 3. Aufl. 2019, S. 60.

1002 Begründung des Regierungsentwurfs zum VGG, BT-Drs. 18/7223, S. 88.

1003 Begründung des Regierungsentwurfs zum VGG, BT-Drs. 18/7223, S. 88.

1004 Vgl. ErwGr. 34, 55 RL 2014/26/EU.

Kündigungsfrist in den Vertragsunterlagen zu finden ist. Für zusätzliche Transparenz sorgt ein solcher Hinweis nicht und das Ziel des Art. 5 Abs. 8 UAbs. 1 RL 2014/26/EU würde daher verfehlt werden.[1005]

c. Standardisiertes „Produktinformationsblatt"

Es wäre wünschenswert gewesen, hätte sich der nationale Gesetzgeber an den vorvertraglichen Informationspflichten in anderen Rechtsbereichen orientiert. Dafür hätten die Produktinformationsblätter nach § 1 TKTransparenzV[1006] oder § 4 VVG-InfoV[1007], die kurz und standardisiert die relevanten Informationen übersichtlich aufbereiten, Vorbild stehen können. Dass der Gesetzgeber dies nicht vorgesehen hat, sollte die Verwertungsgesellschaften jedoch nicht davon abhalten, die nach § 53 VGG vorgeschriebenen Informationen ähnlich übersichtlich und prägnant zur Verfügung zu stellen.[1008]

2. Informationspflichten während der Vertragsdurchführung

Nach Abschluss des Wahrnehmungsvertrags, d.h. wenn der Rechtsinhaber zum Berechtigten i.S.d. § 6 VGG geworden ist, treffen die Verwertungsgesellschaft weitere Informationspflichten aus § 54 VGG, die spätestens zwölf Monate nach Ablauf des Geschäftsjahres zu erfüllen sind.

a. Empfängerkreis

Empfänger sind sämtliche Berechtigte, an die in dem betreffenden Geschäftsjahr Einnahmen „verteilt" wurden. Eine Ausschüttung ist dafür nicht erforderlich. Es genügt bereits die Zuteilung von Einnahmen an den

---

1005 A.A. wohl BeckOK-UrhR/*Freudenberg*, 25. Ed. 15.7.2019, § 53 VGG Rn. 11, 14.

1006 Verordnung zur Förderung der Transparenz auf dem Telekommunikationsmarkt vom 19.12.2016, BGBl. I S. 2977.

1007 Verordnung über Informationspflichten bei Versicherungsverträgen vom 18.12.2007, BGBl. I S. 3004, zuletzt geändert durch Art. 2 Abs. 50 Gesetz vom 1.4.2015, BGBl. I S. 434.

1008 Vgl. auch die Begründung zum Regierungsentwurf des VGG, BT-Drs. 18/7223, S. 88, die Informationsbroschüren für denkbar hält.

Berechtigten.[1009] Behält sich eine Verwertungsgesellschaft beispielsweise vor, sehr geringe Beträge nicht auszuschütten, sondern anzusammeln[1010], so ist der betroffene Berechtigte dennoch nach § 54 VGG zu informieren. Darüber hinaus sind aufgrund des eindeutigen Wortlauts des Art. 18 Abs. 1 RL 2014/26/EU auch solche Berechtigten zu informieren, denen im abgelaufenen Geschäftsjahr zwar keine Einnahmen zugewiesen wurden, die jedoch Ausschüttungen erhielten.

b. Individuelle Abrechnung

Bei den nach § 54 VGG zur Verfügung zu stellenden Informationen handelt es sich um eine Art individualisierte Abrechnung.[1011] Für den Berechtigten wird daraus ersichtlich, welcher Betrag ihm zugewiesen wurde (Nr. 2), welcher Betrag an ihn ausgeschüttet wurde (Nr. 3) sowie welcher Betrag ihm zwar zugewiesen, aber noch nicht ausgeschüttet wurde (Nr. 7). Während sich die ersten beiden Informationen lediglich auf das aktuelle Geschäftsjahr beziehen, erfasst Nr. 7 sämtliche, d.h. auch vorhergehende Jahre. Die bereits ausgeschütteten Einnahmen (Nr. 3) sind nach den Kategorien der wahrgenommenen Rechte und der Art der Nutzung aufzuschlüsseln.

Nach § 54 Nr. 5 und Nr. 6 VGG sind die Abzüge für die Verwaltungskosten sowie für soziale und kulturelle Zwecke anzugeben. Gesetz und Richtlinie stellen dabei nicht, wie in den übrigen Nummern, einen Bezug zum Berechtigten her, sodass *de lege lata* wohl keine individuelle Angabe zu erfolgen hat. Vielmehr dürfte die Gesamtsumme der jeweiligen Abzüge genügen. Aus Sicht der Berechtigten ist dies unglücklich.[1012] Sie können

---

1009 Vgl. Art. 18 Abs. 1 RL 2014/26/EU: „jedem Rechtsinhaber, dem sie […] Einnahmen aus den Rechten zugewiesen oder […] ausgeschüttet hat". Siehe auch die Begründung zum Regierungsentwurf des VGG, BT-Drs. 18/7223, S. 89; BeckOK-UrhR/*Freudenberg*, 25. Ed. 15.7.2019, § 53 VGG Rn. 2; *Gerlach* in: Wandtke/Bullinger, Praxiskommentar UrhR, 5. Aufl. 2019, § 54 VGG Rn. 2.

1010 Siehe beispielhaft § 7 Abs. 4 S. 1 Verteilungsplan VG WORT i.d.F. v. 20.5.2017 oder § 13 Abs. 6 Verteilungsplan der VG Bild-Kunst i.d.F. v. 29.7.2017.

1011 A.A. *Gerlach* in: Wandtke/Bullinger, Praxiskommentar UrhR, 5. Aufl. 2019, § 54 VGG Rn. 4 und 6, der es nicht für erforderlich hält, dass die Informationen in einem Dokument zusammengefasst werden, sondern die Veröffentlichung in anderem Zusammenhang genügen lässt.

1012 So auch *v. Ungern-Sternberg*, JurPC Web-Dok. 105/2018 Abs. 65 f., der auf eine mangelnde Überprüfbarkeit durch die Rechtsinhaber hinweist und zusätzlich auf Verstöße gegen § 54 Nr. 6 VGG bei der VG Wort.

nur schwerlich einen Bezug zwischen dieser Summe und den ansonsten individualisierten Angaben herstellen. Es wäre im Rahmen einer guten *Corporate Governance* wünschenswert, wenn die Verwertungsgesellschaften die Berechtigten zusätzlich darüber informieren würden, welche Abzüge individuell vorgenommen wurden. Das Gesetz hindert die Gesellschaften nicht daran, da es sich bei den Angaben nach § 54 VGG explizit um Mindestvorgaben handelt.[1013]

c. Angabe des Zeitraums der Nutzungen

Ergänzend ist der Zeitraum der jeweiligen Nutzung anzugeben (Nr. 4), sofern nicht „sachliche Gründe im Zusammenhang mit Meldungen von Nutzern der Verwertungsgesellschaft daran hindern, diese Angaben zur Verfügung zu stellen." Die Regelung wurde weitgehend wörtlich von Art. 18 Abs. 1 lit. d RL 2014/26/EU übernommen. Weder die Richtlinie noch das VGG oder die Gesetzesmaterialien geben Beispiele, wann diese Voraussetzung erfüllt ist. Jedoch kann in § 54 Nr. 4 VGG das formelle Korrelat zum materiellen Gebot der leistungsgerechten Verteilung[1014] gesehen werden, sodass die Abrechnung insoweit der Einnahmenseite folgt.

Soweit keine Pauschalvergütung durch den Nutzer erfolgt, liegen demnach die Zeiträume der Nutzung vor und sind nach § 54 Nr. 4 VGG anzugeben. Fälle, in denen die Verwertungsgesellschaft zwar die Nutzungszeiträume kennt, jedoch, z.B. aus datenschutzrechtlichen Gründen[1015], nicht mitteilen kann, sind kaum denkbar.

3. Zusammenfassung

Die Bereitstellung von Informationen vor Vertragsschluss kann wesentlich dazu beitragen, den Wettbewerb zwischen Verwertungsgesellschaften zu befeuern. Wenn der potenzielle Berechtigte nicht erst hunderte Seiten Rechtstexte durchlesen muss, um die für seine Auswahl wesentlichen Informationen zu erhalten, erhöht dies die Wahrscheinlichkeit, dass er ver-

---

1013 Vgl. BeckOK-UrhR/*Freudenberg*, 25. Ed. 15.7.2019, § 54 VGG Rn. 7; *Gerlach* in: Wandtke/Bullinger, Praxiskommentar UrhR, 5. Aufl. 2019, § 54 VGG Rn. 6.

1014 Siehe oben S. 245 ff.

1015 Vgl. dazu ErwGr. 52 RL 2014/26/EU.

schiedene Gesellschaften vergleicht.[1016] Gerade für effizient arbeitende Verwertungsgesellschaften mit attraktiven Wahrnehmungsbedingungen liegt darin eine große Chance: Der zwischen zwei Gesellschaften schwankende Rechtsinhaber kann sofort erkennen, welche Verwertungsgesellschaft vorteilhafter für ihn ist. Faktoren wie Außendarstellung oder Bekanntheit dürften zugunsten einer informierten Entscheidung in den Hintergrund treten. Durch die kontinuierliche Bereitstellung von Informationen nach § 54 VGG während der Durchführung des Wahrnehmungsvertrags, wird der Rechtsinhaber zusätzlich in die Lage versetzt, seine Auswahl der Verwertungsgesellschaft zu überprüfen. Erscheinen ihm die Ausschüttungssummen zu gering oder die Abzüge zu hoch, steht es ihm frei, seine Auswahlentscheidung zu überdenken. Dank der nach § 12 Abs. 1 und Abs. 2 VGG relativ kurzen Kündigungsfristen, ist ein Wechsel der Verwertungsgesellschaft zeitnah möglich.[1017] Die Regelung der §§ 53, 54 VGG fördert daher den Wettbewerb zwischen den Verwertungsgesellschaften und infolge der dadurch entstehenden Marktkontrolle[1018] eine gute *Corporate Governance* in den einzelnen Gesellschaften.

IV. Informationen für die Allgemeinheit

Nach § 56 VGG müssen bestimmte Informationen nicht nur den Berechtigten und Nutzern zur Verfügung gestellt werden, sondern auch der Allgemeinheit (1.). Diese Pflicht flankiert die Publizität von Jahresabschluss (2.) und Transparenzbericht (3.).

1. Veröffentlichungspflichten nach § 56 VGG

Die zu veröffentlichenden Informationen sind in § 56 Abs. 1 VGG nicht abschließend („mindestens") aufgezählt. Unter anderem sind das Statut (Nr. 1), die Wahrnehmungsbedingungen (Nr. 2), die Standardnutzungsverträge (Nr. 3), die Tarife und Standardvergütungssätze – jeweils einschließlich Ermäßigungen – (Nr. 4) sowie der Verteilungsplan (Nr. 7) öffentlich zu machen. Nach § 56 Abs. 2 VGG sind die Verwertungsgesellschaften verpflichtet, die Informationen laufend zu aktualisieren.

1016 Vgl. ErwGr. 36 RL 2014/26/EU.
1017 Ähnlich *Schack*, Urheber- und Urhebervertragsrecht, 9. Aufl. 2019, Rn. 1350.
1018 Siehe oben S. 67 ff.

Die Regelung basiert auf Art. 21 Abs. 1 RL 2014/26/EU. Sie enthält mit Nr. 5 („die von ihr geschlossenen Gesamtverträge") und Nr. 13 („die Regelungen gemäß § 63 zur Berichtigung von Daten, auf die in § 61 Absatz 2 Bezug genommen wird, und zur Berichtigung der Informationen nach § 62 Absatz 1") jedoch über die Richtlinie hinausgehende Informationsverpflichtungen.[1019]

a. Gesamtverträge im Wortlaut

Die von der Verwertungsgesellschaft geschlossenen Gesamtverträge (Nr. 5) sind im Wortlaut zu veröffentlichen und nicht lediglich aufzulisten.[1020] Dies ergibt sich aus dem Vergleich zu Nr. 6 („eine *Liste* der Personen [Hervorhebung des Verfassers]") und Nr. 11 („eine *Aufstellung* der von ihr geschlossenen Repräsentationsvereinbarungen [Hervorhebung des Verfassers]"). Die Regelung ist weniger für die Rechtsinhaber von Bedeutung als vielmehr für die Nutzer. Zum einen sind die Verwertungsgesellschaften gemäß § 35 VGG verpflichtet, mit Nutzervereinigungen Gesamtverträge zu angemessenen Bedingungen abzuschließen. Durch die Veröffentlichung wird eine Kontrolle der Bedingungen – insbesondere durch andere Nutzervereinigungen – ermöglicht. Zum anderen gelten die Gesamtverträge nach § 38 S. 2 VGG als Tarife. Die Veröffentlichungspflicht ist daher die logische Konsequenz daraus in Ergänzung zu § 56 Abs. 1 Nr. 4 VGG.

b. Analoge Anwendung auf Einzelvereinbarungen

Nach §§ 56 Abs. 1 Nr. 4 und Nr. 5 VGG sind Tarife, Standardvergütungssätze einschließlich eventueller Ermäßigungen und Gesamtverträge zu veröffentlichen. Damit ist für jeden ersichtlich, welche Zahlungsverpflichtung eine bestimmte Verwertung auslöst. Es gibt jedoch auch Ausnahmen von dieser Transparenz.

Im November 2016 schlossen die GEMA und YouTube einen Vertrag, der die Nutzung von durch die GEMA wahrgenommenen Rechten auf

---

1019 Siehe auch die Begründung zum Regierungsentwurf des VGG, BT-Drs. 18/7223, S. 89.

1020 So wohl auch BeckOK-UrhR/*Freudenberg*, 25. Ed. 15.7.2019, § 56 VGG Rn. 9. Vgl. auch *Höppner*, Stellungnahme des Deutschen Musikrats vom 14.8.2015 zum Referentenentwurf des VGG, S. 6.

dem Portal betraf.[1021] Dem ging ein langjähriger Streit über die Vergütungsschuldnereigenschaft von YouTube voraus.[1022] Welche Summe YouTube an die GEMA zahlte und der genaue Inhalt des Vertrags sind nicht bekannt, da die Parteien Verschwiegenheit vereinbart haben.[1023] Für die Rechtsinhaber ist dies höchst unbefriedigend. Sie haben weder die Möglichkeit, die Vereinbarung zu kontrollieren noch zu überprüfen, ob ihre Agenten tatsächlich in ihrem besten Interesse gehandelt haben. Eine Veröffentlichung des Vertrags ist nach dem VGG nicht vorgesehen. Der Gesetzgeber hatte eine solche Situation nicht bedacht, da nach dem Konzept der kollektiven Wahrnehmung gerade keine Einzelvereinbarungen geschlossen werden. An ihre Stelle treten die allgemeingültigen Tarife und Gesamtverträge. Somit liegt eine planwidrige Regelungslücke vor. Dabei ist die Interessenlage mit den dem § 56 VGG und den übrigen Informationspflichten zugrunde liegenden Interessen uneingeschränkt vergleichbar. Zwar richtet sich § 56 VGG an die Allgemeinheit, doch gelangen die Informationen über Tarife, Standardvergütungssätze einschließlich eventueller Ermäßigungen und Gesamtverträge auf diesem Wege auch an die Berechtigten. Diese werden damit in die Lage versetzt, die Angemessenheit der Vergütung zu kontrollieren und die ihnen zugewiesenen Einnahmen auf Plausibilität zu überprüfen, wodurch sie eventuelle Fehler in der Abrechnung durch die GEMA feststellen können. Gleichzeitig wird durch die Veröffentlichung die Informationsasymmetrie zwischen den Rechtsinhabern und den Leitungsorganen der Verwertungsgesellschaft abgebaut und ihre Kontrolle ermöglicht. Insoweit unterscheidet sich der Vertrag zwischen YouTube und GEMA nicht von Tarifen oder Gesamtverträgen. Im Ergebnis liegen die Voraussetzungen einer Gesamtanalogie von §§ 56 Abs. 1 Nr. 4 und Nr. 5 VGG vor. Die GEMA ist demnach zur Veröffentlichung solcher Einzelverträge, wie der mit YouTube geschlossene, verpflichtet. Sie treten an die Stelle von Tarifen und sind folglich wie diese zu behandeln.

c. Veröffentlichung im Internet

Gemäß § 56 Abs. 1 VGG hat die Veröffentlichung auf der Internetseite der Verwertungsgesellschaft zu erfolgen. Anders als bei der Veröffentlichung

---

1021 Siehe dazu *Leistner/Metzger*, IIC 2017, 381 (382).
1022 Siehe nur *OLG Hamburg*, Urt. v. 1.7.15, ZUM-RD 2016, 83 ff.
1023 *Leistner/Metzger*, IIC 2017, 381 (382).

im Handelsregister, dürften die Informationen so für die Allgemeinheit leicht auffindbar sein. Dies gilt jedenfalls, solange die Informationen nach § 56 Abs. 1 VGG nicht auf der Internetseite in schwer auffindbaren Untermenüs versteckt werden. Auf der Internetseite der GEMA sind die Gesamtverträge unter *Musiknutzer*, *Musik lizenzieren*, *Gesamtvertragspartner* zu finden.[1024] Die Allgemeinheit, die sich nicht mit Musiknutzern gleichsetzen lässt, dürfte erst nach einigen Suchen die gewünschten Informationen auffinden. Überhaupt nicht auffindbar – auch nicht über die Suchfunktion der Internetseite oder Google – sind die Informationen nach § 56 Abs. 1 Nr. 9 VGG zu den Grundsätzen für die Abzüge der Verwaltungskosten und zu kulturellen und sozialen Zwecken.

d. Allgemeinheit als Adressat

Die Informationen nach § 56 Abs. 1 VGG richten sich ausweislich der amtlichen Überschrift an die Allgemeinheit.[1025] Dieser denkbar weite Empfängerkreis ist wichtig, weil die Verwertungsgesellschaften zwar in privatrechtlicher Rechtsform organisiert sind, ihre Aufgabe jedoch (auch) im öffentlichen Interesse liegt.[1026] Über die hergestellte Publizität werden eventuelle Missstände schneller öffentlich, als wenn nur ein kleiner Kreis von Berechtigten und Nutzern einen Einblick in die Arbeit der Verwertungsgesellschaft erhält. Daneben sind natürlich auch Rechtsinhaber Teil der Allgemeinheit, sodass § 56 Abs. 1 VGG insoweit die Informationspflichten aus § 53 VGG ergänzt.

2. Jahresabschluss

Zusätzlich zu den nach § 56 Abs. 1 VGG zu veröffentlichenden Informationen ist die Verwertungsgesellschaft gemäß §§ 57 VGG verpflichtet, unabhängig von ihrer Rechtsform einen Jahresabschluss samt Lagebericht auf-

---

1024 Siehe unter <www.gema.de/musiknutzer/musik-lizenzieren/gesamtvertragspartner/> (zuletzt abgerufen am 15.9.2019).

1025 Der deutsche Gesetzgeber hat sich damit für einen von der unionsrechtlichen Regelung des Art. 21 VGG („Informationen für die Öffentlichkeit") abweichenden Wortlaut entschieden, ohne dass dies für die Auslegung der Regelung erkennbare Folgen hätte.

1026 Vgl. *Lerche*, ZUM 2003, 34 (35 f.); *Schierholz/Gerlach* in: FS UrhG, 2015, S. 146 ff.

zustellen und zu publizieren. Die Regelung orientiert sich deutlich an der Vorgängernorm in § 9 UrhWahrnG. In Art. 22 RL 2014/26/EU wird der Jahresabschluss lediglich als Teil des Transparenzberichts adressiert. Die Regelungen im VGG sind damit deutlich detaillierter als die Vorgaben der Richtlinie. Dem Jahresabschluss kommt eine Rechenschaftsfunktion zu: Er soll die Kapitalgeber – im Falle der Verwertungsgesellschaft, die Rechtsinhaber – über die Verwendung der zur Verfügung gestellten Mittel informieren.[1027]

a. Anwendbarkeit von HGB-Vorschriften

Nach § 57 Abs. 1 S. 1 VGG haben die Verwertungsgesellschaften einen aus Bilanz, Gewinn- und Verlustrechnung, Kapitalflussrechnung sowie Anhang bestehenden Jahresabschluss aufzustellen. Genaue Vorgaben finden sich diesbezüglich in §§ 264 ff. HGB. Soweit die handelsrechtlichen Vorschriften auf eine eigene Gewinnerzielung abstellen, sind sie, mangels einer solchen Absicht bei den Verwertungsgesellschaften, entsprechend anzuwenden.[1028]

Die Vorgabe, die „nach den für große Kapitalgesellschaften geltenden Bestimmungen des Handelsgesetzbuchs" anzuwenden, bezieht sich auf die gesamte Aufzählung und nicht nur den letzten Gegenstand. Von größenabhängigen Erleichterungen können die Verwertungsgesellschaften somit nicht profitieren.[1029] Jedoch können für sie im Einzelfall strengere Vorschriften gelten, denn nach § 57 Abs. 3 VGG bleiben weitergehende Rechnungslegungs- und Prüfungsvorschriften unberührt.

Neu im Vergleich zur Vorgängerregelung des § 9 UrhWahrnG hinzugekommen ist die Verpflichtung, eine Kapitalflussrechnung[1030] aufzustellen. Nr. 1 lit. a des Anhangs der RL 2014/26/EU gibt dies vor. Damit geht die Verpflichtung der Verwertungsgesellschaften noch über solche von großen Kapitalgesellschaften hinaus. Denn nach §§ 297 Abs. 1 S. 1, 264 Abs. 1 S. 2

1027 Vgl. *Rabenhorst* in: Marsch-Barner/Schäfer, Hdb börs-AG, 4. Aufl. 2018, § 55 Rn. 1; MüKo-HGB/*Lange*, 3. Aufl. 2013, § 289 Rn. 7.

1028 Vgl. zu § 9 UrhWahrnG BeckOK-UrhR/*Freudenberg*, 25. Ed. 15.7.2019, § 9 WahrnG Rn. 3; *Zeisberg* in: Dreyer/Kotthoff/Meckel, UrhR, 3. Aufl. 2013, § 9 UrhWahrnG Rn. 1; *Gerlach* in: Wandtke/Bullinger, Praxiskommentar UrhR, 5. Aufl. 2019, § 57 VGG Rn. 1.

1029 Begründung zum Regierungsentwurf des VGG, BT-Drs. 18/7223, S. 90.

1030 Siehe zum Begriff und der Funktion *Winkeljohann/Rimmelspacher* in: Beck Bil-Komm, 11. Aufl. 2018, § 297 HGB Rn. 52 ff.

HGB sind nur Konzerne und kapitalmarktorientiere Gesellschaften i.S.d. § 264d HGB zur Aufstellung einer Kapitalflussrechnung verpflichtet.

b. Lagebericht

Ebenfalls ist nach § 57 Abs. 1 S. 1 VGG ein Lagebericht dem Jahresabschluss beizufügen. Nach § 289 Abs. 1 S. 1 HGB sind im Lagebericht der Geschäftsverlauf, einschließlich des Geschäftsergebnisses und die Lage der Kapitalgesellschaft, so darzustellen, dass ein den tatsächlichen Verhältnissen entsprechendes Bild vermittelt wird. Dabei ist auch auf wesentliche Chancen und Risiken einzugehen, vgl. § 289 Abs. 1 S. 4 HGB.

Die Kernfunktion des Lageberichts ist die Informationsvermittlung.[1031] Insbesondere soll er dabei helfen, zusammen mit dem Jahresabschluss eine Gesamtwürdigung des Unternehmens zu ermöglichen.[1032] Mithilfe des Anhangs zum Jahresabschluss und des Lageberichts können so auch Rechtsinhaber ohne betriebswirtschaftlichen Hintergrund leichter Kenntnisse aus den nach § 57 S. 1 VGG zu veröffentlichenden Informationen ziehen.

c. Prüfung

Jahresabschluss und Lagebericht sind nicht nur zu veröffentlichen, sondern auch durch einen Abschlussprüfer zu prüfen. Die Regelung im § 57 Abs. 1 S. 1 VGG ist teilweise nur deklaratorischer Natur, da große Kapitalgesellschaften bereits nach § 316 Abs. 1 S. 1 HGB der Pflicht zur Prüfung unterliegen. Gegenüber dem Prüfungsumfang nach den §§ 316 ff. HGB erweitert § 57 Abs. 2 VGG jedoch die Prüfung um bestimmte verwertungsgesellschaftsspezifische Angaben.

Habersack/Schürnbrand sehen im Abschlussprüfer eine „eigenständige[] Säule der Corporate Governance".[1033] Durch die Kontrolle mittels einer unabhängigen und qualifizierten Person wird die Vereinbarkeit mit den einschlägigen gesetzlichen Vorschriften sichergestellt und die veröffent-

---

1031 MüKo-HGB/*Lange*, 3. Aufl. 2013, § 289 Rn. 1, 7; *Böcking/Gros* in: Ebenroth u.a., HGB, 3. Aufl. 2014, § 289 Rn. 8.

1032 MüKo-HGB/*Lange*, 3. Aufl. 2013, § 289 Rn. 4, 6; *Böcking/Gros* in: Ebenroth u.a., HGB, 3. Aufl. 2014, § 289 Rn. 8.

1033 *Habersack/Schürnbrand* in: Staub, HGB, 5. Aufl. 2011, Vor. § 316 Rn. 4.

lichten Informationen hinreichend verlässlich.[1034] Der Bestätigungsvermerk bildet damit die Grundlage des Vertrauens des Rechtsverkehrs in die Ordnungsmäßigkeit der Angaben.[1035]

d. Veröffentlichung

Der Jahresabschluss, der Lagebericht und der Bestätigungsvermerk des Abschlussprüfers sind nach § 57 Abs. 1 S. 2, S. 3 VGG innerhalb von acht Monaten zum Schluss eines Geschäftsjahres offenzulegen. Mangels Vorgaben im § 57 VGG hat die Veröffentlichung nach handelsrechtlichen Regelungen (§§ 325 ff. HGB) im Bundesanzeiger zu geschehen. Gegenüber der Frist gemäß § 325 Abs. 1 S. 2 HGB verkürzt das VGG die Jahresfrist um vier Monate. Dies entspricht der Vorgängerregelung des § 9 Abs. 6 S. 1 UrhWahrnG. Zwar sieht auch Art. 22 Abs. 1 UAbs. 1 RL 2014/26/EU eine Veröffentlichung innerhalb von acht Monaten vor, doch bezieht sich diese Pflicht nur auf den Transparenzbericht – deren Bestandteil der Jahresabschluss ist – und nur auf die Veröffentlichung auf der Internetseite der Verwertungsgesellschaft, vgl. Art. 22 Abs. 1 UAbs. 2 RL 2014/26/EU. Die gegenüber dem Handelsrecht verkürzte Frist des VGG stellt so einen Gleichlauf zwischen der Veröffentlichung auf der Internetseite als Teil des Transparenzberichts und der Publikation im Bundesanzeiger sicher. Für Laien dürften die – zwar auch problemlos online im Bundesanzeiger zugänglichen – Jahresabschlüsse auf der Internetseite der Verwertungsgesellschaft deutlich leichter auffindbar sein. Die dortige Veröffentlichung verstärkt so die Wirkung des § 57 VGG erheblich.

3. Transparenzbericht

Der bereits angesprochene jährliche Transparenzbericht ist gemäß § 58 Abs. 1, Abs. 4 S. 1 VGG innerhalb von acht Monaten nach Geschäftsjahresende auf der Internetseite der Verwertungsgesellschaft zu veröffentlichen. Dort muss er für mindestens fünf Jahre zugänglich bleiben, vgl. § 58 Abs. 4 S. 2 VGG. Dadurch wird den Rechtsinhabern und der übrigen Allgemeinheit der Vergleich zwischen mehreren Geschäftsjahren erleichtert.

1034 *Habersack/Schürnbrand* in: Staub, HGB, 5. Aufl. 2011, Vor. § 316 Rn. 1.
1035 *Habersack/Schürnbrand* in: Staub, HGB, 5. Aufl. 2011, Vor. § 316 Rn. 1.

Der Inhalt des Transparenzberichts ergibt sich aus Anlage zu § 58 Abs. 2 VGG. Demnach sind u.a. eine Beschreibung von Rechtsform und Organisationsstruktur (Nr. 1 lit. d), der Gesamtbetrag der im Vorjahr an die in § 18 Abs. 1 VGG genannten Personen gezahlten Vergütungen und sonstigen Leistungen (Nr. 1 lit. f), detaillierte Finanzinformationen (Nr. 1 lit. g i.V.m. Nr. 2) sowie substanziierte Informationen zu den Abzügen zu sozialen und kulturellen Zwecken und ihrer Verwendung (Nr. 1 lit. h i.V.m. Nr. 3) Bestandteil des Berichts.

a. An Organmitglieder gezahlte Leistungen

Gemäß Nr. 1 lit. f Anlage zu § 58 Abs. 2 VGG ist der Gesamtbetrag der im Vorjahr an die in § 18 Abs. 1 VGG genannten Personen gezahlten Vergütungen und sonstigen Leistungen im Transparenzbericht anzugeben. Fraglich ist, ob der Gesamtbetrag für jede Personengruppe des § 18 Abs. 1 VGG, z.B. die Geschäftsführung und das Aufsichtsgremium, getrennt auszuweisen ist oder die Angabe eines einzigen Betrags genügt. Die Verwendung des Plurals („Angaben") spricht dafür, dass eine Ausweisung der aggregierten Gesamtsumme nicht genügt. Denn ausweislich Nr. 1 lit. b („einen Bericht") und Nr. 1 lit. d („eine Beschreibung") unterscheidet das Gesetz durchaus zwischen den Numeri. Es stützt sich dabei auf die Richtlinie, deren Wortlaut es für den Bericht weitgehend übernommen hat. In Nr. 1 lit. f Anhang zur RL 2014/26/EU wird auf „die in Artikel 9 Absatz 3 und Artikel 10 genannten Personen" Bezug genommen. Die Unterteilung in zwei Gruppen spiegelt die Regelungstechnik der Richtlinie wider, die die Rechte der Mitgliederhauptversammlung bezüglich der in § 18 Abs. 1 VGG genannten Personen nicht zentral regelt, sondern über mehrere Normen verteilt. Die Angabe der Vergütungen und sonstigen Leistungen ist daher zumindest für die Mitglieder der Geschäftsführung, des Aufsichtsrats, des Verwaltungsrats und des Aufsichtsgremiums getrennt auszuweisen.

In der Praxis sehen einige Verwertungsgesellschaften von der Angabe der Zahlen für die in § 18 Abs. 1 Nr. 1 VGG genannten Mitglieder der Geschäftsführung im Transparenzbericht ab. So gibt die VG WORT beispielsweise eine Summe von rund 220.000 € an und unterteilt diese in Sitzungsgelder, Reisekosten und Aufwandsentschädigungen.[1036] Da der Vorstand jedoch keine Sitzungsgelder bekommt und in den letzten Jahren stets

1036 Transparenzbericht der VG WORT für das Geschäftsjahr 2017, S. 69.

rund 400.000 € an Bezügen bekam, wurden die in § 18 Abs. 1 Nr. 1 VGG genannten Personen offensichtlich nicht berücksichtigt. Die GVL weist nur die Aufwandsentschädigungen für den (mittlerweile nicht mehr existenten) Beirat aus.[1037] Besonders kreativ geht die GÜFA vor, wenn sie erklärt:

> „Die an die in § 18 Abs. 1 VGG genannten Personen gezahlten Vergütungen und sonstigen Leistungen sind gemäß Gesellschaftsvertrag der GÜFA, § 10 (7) und (8), in die Stufe 9 einzuordnen."[1038]

Die Gesamtbezüge lagen also zwischen 150.000 und 250.000 €. Anwendbar sind die Stufen jedoch nach § 22 Abs. 4 VGG – und selbst nach der in Bezug genommenen Satzungsbestimmung – nur für die Angabe der bezogenen Ausschüttungen in der persönlichen Erklärung. Gründe für den Verzicht der Angaben werden oftmals weder genannt noch sind sie ersichtlich. Die GVL beruft sich hingegen ausdrücklich auf § 286 Abs. 4 HGB.[1039] Es mag zwar widersprüchlich anmuten, dass im Transparenzbericht enthaltenen Jahresbericht gegebenenfalls unter Verweis auf § 286 Abs. 4 HGB die Angabe unterbleiben kann und ein paar Seiten später dann doch anzugeben ist. Eine (analoge) Berufung auf die Schutzklausel des § 286 Abs. 4 HGB scheidet dennoch aus, denn als unionsrechtlich determinierte *lex specialis* verdrängt § 58 VGG die allgemeinen Regelungen des HGB. § 57 Abs. 3 VGG, der auf handelsrechtliche Normen verweist, ändert diesen Befund nicht. Zum einen gilt die Vorschrift nur für den Jahresabschluss und Lagebericht, nicht aber den Transparenzbericht. Zum anderen werden nur *weitergehende* gesetzliche Vorschriften für anwendbar erklärt. § 286 Abs. 4 HGB als einengende Ausnahme ist davon bereits nicht berührt.

b. Gesonderter Bericht über soziale und kulturelle Abzüge und Ausgaben

Nr. 1 lit. h und Nr. 3 Anlage zu § 58 Abs. 2 VGG verlangen einen gesonderten Bericht über die im Geschäftsjahr abgezogenen Beträge für soziale und kulturelle Zwecke sowie über deren Verwendung. Dabei sind die Abzüge getrennt nach Verwendungszweck und diese wiederum nach Kategorie der wahrgenommen Rechte sowie Art der Nutzung aufzuschlüsseln, Nr. 3 lit. a

---

1037 Transparenz- und Geschäftsbericht der GVL für das Geschäftsjahr 2017, S. 74.
1038 Transparenzbericht der GÜFA für das Geschäftsjahr 2016, S. 22.
1039 Transparenz- und Geschäftsbericht der GVL für das Geschäftsjahr 2017, S. 74.

Anlage zu § 58 Abs. 2 VGG. Somit wird z.B. die genaue Zusammensetzung der Finanzierung von Unterstützungseinrichtungen sichtbar.

Auf der Ausgabenseite ist ebenfalls getrennt nach Verwendungszwecken und dabei wiederum insbesondere zwischen den Verwaltungskosten im Zusammenhang mit sozialen und kulturellen Leistungen und den Leistungen an sich zu unterscheiden, Nr. 3 lit. b Anlage zu § 58 Abs. 2 VGG.

Vorbildlich umgesetzt hat dies die VFF, die bei den Ausgaben des Förderfonds die Leistungen spezifiziert.[1040] Dies ist sinnvoll, weil die Rechtsinhaber so wissen, was mit „ihrem" Geld – immerhin wurde es von ihren Einnahmen abgezogen – geschieht. Aus ihrer Sicht dürfte es einen Unterschied machen, ob Leistungen an Stipendiaten gezahlt wurden oder das Sommerfest einer Interessengruppe gesponsert wurde.

Nicht gesetzeskonform sind hingegen die Transparenzberichte von GVL, GEMA und VG WORT bezüglich des gesonderten Berichts nach Nr. 1 lit. h Anlage zu § 58 Abs. 2 VGG. Die Abzüge sind nur nach den Rechtskategorien unterteilt, ohne eine Zuordnung zu den einzelnen Verwendungszwecken herzustellen.[1041]

c. Finanzinformationen

Die detailliertesten Vorgaben macht das VGG zu den im Transparenzbericht anzugebenden Finanzinformationen. Nach Nr. 2 Anlage zu § 58 Abs. 2 VGG hat der Bericht insbesondere die Kosten der Rechtewahrnehmung, Beträge, die den Berechtigten zustehen, sowie an andere Verwertungsgesellschaften geleistete und von diesen erhaltene Zahlungen zu enthalten. Die Angaben sind dabei weitgehend aufzuschlüsseln, u.a. nach Rechtekategorien. Dieser umfassende Einblick in die Einnahmestrukturen der Verwertungsgesellschaft ermöglicht es, die Kostenstruktur einzelner Rechtekategorien genau zu analysieren. Für einzelne Kategorien unangemessen hohe Abzüge lassen sich so leicht feststellen. Auch wird so für den einzelnen Rechtsinhaber deutlich, wie hoch die Abzüge von seinen Einnahmen sind. Eine Verwertungsgesellschaft mit insgesamt niedrigen Abzügen für Verwaltungskosten und für soziale und kulturelle Zwecke mag in

---

1040 Transparenzbericht der VFF für das Geschäftsjahr 2017, S. 45.

1041 Transparenz- und Geschäftsbericht der GVL für das Geschäftsjahr 2017, S. 86; Geschäftsbericht mit Transparenzbericht der GEMA für das Geschäftsjahr 2017, S. 53; Transparenzbericht der VG WORT für das Geschäftsjahr 2017, S. 78.

einzelnen Bereichen doch hohe Abzüge haben. Die hiervon betroffenen Rechtsinhaber können sodann die Situation mit anderen Verwertungsgesellschaften vergleichen und unter Umständen einen Wechsel anstreben.

4. Zusammenfassung

Die Informationspflichten nach §§ 56 bis 58 VGG sind unter *Corporate-Governance*-Gesichtspunkten extrem wichtig. Sie stellen wesentliche Informationen bereit, die für die Rechtsinhaber als Grundlage für ihre Entscheidungen im Rahmen der Mitgliederhauptversammlung als auch bei der Wahl, welche Verwertungsgesellschaft sie mandatieren, dienen können. Sie stärken damit den Wettbewerb zwischen den Gesellschaften und bieten einen Anreiz, attraktive und schlanke Kostenstrukturen zu schaffen. Die Allgemeinheit kann mithilfe der Informationen die Arbeit der Verwertungsgesellschaften kontrollieren. Verschwendungen von Mitteln – etwa in Form von suspekt hohen Abzügen – können so (schneller) erkannt und vermieden werden. Ähnlich wie bei börsennotierten Kapitalgesellschaften kommt es durch die breite Basis an Beteiligten zu einem systematischen Kontrolldefizit[1042], das jedoch durch gesteigerte Transparenz teilweise kompensiert werden kann.[1043] Um auch die Rechtsinhaber in anderen europäischen Staaten anzusprechen, empfiehlt es sich, die Informationen auch auf Englisch zur Verfügung zu stellen.[1044] Mit Blick auf die zum Teil erheblichen Mängel bei den Transparenzberichten verwundert es, dass das DPMA bislang nicht eingeschritten ist, denn ein lückenhafter Transparenzbericht kann seine Funktion als Informationsquelle der Allgemeinheit und der Rechtsinhaber nicht (vollständig) erfüllen.

1042 Ähnlich *Rehbinder/Peukert*, Urheberrecht, 18. Aufl. 2018, Rn. 1132. Vgl. zur börsennotierten Kapitalgesellschaft MüKo-AktG/*Habersack*, 5. Aufl. 2019, § 100 Rn. 39; Bericht des Rechtsausschusses zum VorstAG-Entwurf, BT-Drs. 16/13433, S. 11; zu Großvereinen siehe *Kreutz*, ZRP 2007, 50 (52).

1043 Vgl. *Podszun/Franz*, ZGE 2015, 15 (44); *Rehbinder/Peukert*, Urheberrecht, 18. Aufl. 2018, Rn. 1132 f.

1044 So bereits etwa AGICOA, GWFF, GEMA und GVL.

Kapitel 5: Ergebnisse der Untersuchung

I. Zusammenfassung

Verwertungsgesellschaften nehmen eine essenzielle Rolle bei der Monetisierung von Urheber- und verwandten Leistungsschutzrechten ein, da die Inhaber ihre Rechte ohne sie nicht wirksam lizenzieren könnten. Dies gilt nicht nur für gelegentlich Kulturschaffende, sondern ebenso für hauptberufliche Rechtsinhaber. In der Folge finden sich verschiedenste Rechtsinhaber mit unterschiedlichen Interessen in einer Verwertungsgesellschaft zusammen, wodurch es zu *Principal-Principal*-Konflikten kommt. Durch die treuhänderische Übertragung der Urheber- und verwandten Leistungsschutzrechte auf die Verwertungsgesellschaft treten zusätzlich *Principal-Agent*-Konflikte zwischen den Rechtsinhabern und den Organwaltern der Verwertungsgesellschaft auf. Hauptursache für diese Konflikte sind neben unvollständigen Verträgen zwischen den Akteuren, insbesondere Informationsasymmetrien und divergierende Interessen. Die ihren Schwerpunkt im Aktienrecht habende *Corporate-Governance*-Forschung untersucht, wie diese Konflikte aufgelöst oder zumindest eingedämmt werden können mittels Regelungen, die die Organisation des Unternehmens und seine Einbettung in die Umwelt betreffen. Wichtige Grundprinzipien sind dabei die Gewaltenteilung, die Herstellung von Transparenz sowie die Reduzierung von Interessenkonflikten. Es gibt eine Reihe von Vorlagen für solche Regelungen mit unterschiedlicher Rechts(norm-)qualität. Neben den *Corporate-Governance*-Grundsätzen der *OECD* finden sich im DCGK und im Aktienrecht entsprechende Maßnahmen. Die Europäische Kommission ist ebenfalls mit mehreren Richtlinien und Empfehlungen auf dem Gebiet in Erscheinung getreten. Sie war es auch, die mit der Richtlinie 2014/26/EU einheitliche Vorgaben zu der Binnenstruktur, der Machtverteilung und der Transparenz in den Verwertungsgesellschaften forciert hat.

Diese Regelungen lassen sich mithilfe der *Corporate-Governance*-Forschung untersuchen. Trotz der Unterschiede zwischen Aktiengesellschaften und Verwertungsgesellschaften sind die *Corporate-Governance*-Ansätze auf Verwertungsgesellschaften übertragbar. Dabei müssen deren Besonderheiten stets im Hinterkopf behalten werden. Verwertungsgesellschaften sind nicht auf die Erzielung von Eigengewinn ausgerichtet. Stattdessen schütten sie ihre kompletten Einnahmen aus der Rechtewahrnehmung nach Abzug ihrer Verwaltungskosten und Kosten für kulturelle und soziale Einrichtungen an die Rechtsinhaber aus. Das Geld verteilt sich dabei nicht gleichmäßig auf die Rechtsinhaber, sondern in Abhängigkeit von den eingebrachten Rechten. Viele Verwertungsgesellschaften knüpfen an diese wirtschaftlichen Unterschiede zwischen den Rechtsinhabern an, indem sie nur besonders erfolgreiche Rechtsinhaber als Mitglieder im korporativen Sinne aufnehmen.[1045] Auf die Ausschüttungen hat diese Unterteilung keinen Einfluss, weil sie ihre Rechtsgrundlage stets allein in dem schuldrechtlichen Wahrnehmungsvertrag haben. Die Auswirkungen zeigen sich indes bei der Steuerung der Verwertungsgesellschaft. Nur Mitgliedern stehen die vollen Mitwirkungs- und Kontrollrechte zu, während die übrigen Rechtsinhaber als Nichtmitglieder auf eine Wahrnehmung ihrer Interessen durch Delegierte verwiesen sind. Da auch Nichtmitglieder ihre Rechte der Verwertungsgesellschaft überlassen und damit „Kapital" bereitstellen, wäre es zu kurz gedacht, sie als reine *Stakeholder* zu begreifen. Aus wirtschaftlicher Perspektive sind sie, ebenso wie die Mitglieder, *Shareholder*.[1046]

Anders als die *Shareholder* einer Aktiengesellschaft können sie nicht einfach ihren Anteil verkaufen, wenn sie mit der Verwertungsgesellschaft unzufrieden sind. Auch wenn die Richtlinie 2014/26/EU einen echten Binnenmarkt für Verwertungsgesellschaften schaffen will, kommt den deutschen Verwertungsgesellschaften auf ihrem jeweiligen Gebiet derzeit noch ein Quasi-Monopol zu. Folglich fehlt eine Kontrolle der Gesellschaften über den Markt der Rechteverwertung. Der auf Abnehmerseite ebenfalls fehlende Markt verstärkt das Problem. Verwertungsgesellschaften sind zur Finanzierung auch nicht auf den Kapitalmarkt angewiesen, sodass sie durch äußere Einflüsse kaum zu einer effizienten Ausübung ihrer Tätigkeit angehalten werden. Die Staatsaufsicht des DPMA, das seine Aufgabe sehr zurückhaltend ausübt, kann diese Lücke nicht füllen. Die fehlenden externen Kontrollinstanzen müssen somit durch eine umso stärkere interne Kontrolle ausgeglichen werden. Da die Verwertungsgesellschaften keine „Ankeraktionäre" haben und ein Großteil der Rechtsinhaber nur geringe Ausschüttungen bezieht, besteht eine hohe Gefahr, dass aufgrund rationaler Apathie nur eine ineffektive Kontrolle stattfindet. Die vorstehenden Besonderheiten der Verwertungsgesellschaften müssen im Rahmen der *Corporate Governance* berücksichtigt und adressiert werden.[1047] Maßgebliche

1045 Siehe dazu S. 62 ff.
1046 Siehe dazu S. 61 f.
1047 Siehe dazu S. 71 ff.

Richtschnur ist dabei primär das monetäre Interesse der Rechtsinhaber als Treuhänder. Sekundär müssen jedoch auch die kulturellen und sozialen Belange beachtet werden.

Durch den von der Richtlinie 2014/26/EU angestrebten Wettbewerb zwischen den Verwertungsgesellschaften auf dem Binnenmarkt ist zu erwarten, dass eine gute *Corporate Governance* für die deutschen Verwertungsgesellschaften in Zukunft besonders wichtig sein wird, um ihre Vorreiterrolle abzusichern und möglichst attraktiv für die Rechtsinhaber zu sein. Sie können sich gegenüber Gesellschaften aus anderen Ländern trotz der Harmonisierung durch die Richtlinie 2014/26/EU weiterhin absetzen, da das Unionsrecht den Mitgliedstaaten in vielen Bereichen deutliche Umsetzungsspielräume belässt, die der deutsche Gesetzgeber weitgehend an die Verwertungsgesellschaften weitergereicht hat. Häufig schreibt das VGG den Verwertungsgesellschaften lediglich vor, einen bestimmten Aspekt in ihren Statuten zu regeln. Aus rechtspolitischer Perspektive ist die damit einhergehende fehlende Satzungsstrenge bedauerlich. Die so entstehenden höheren Informationskosten der Rechtsinhaber bremsen den Wettbewerb unnötig aus.[1048] Mit Blick auf handelsrechtliche und gesellschaftsrechtliche Normen drängt sich die Frage nach dem Verhältnis der unterschiedlichen Regime im Kollisionsfall auf. Dabei lässt sich keine allgemeine Entscheidung für oder gegen das VGG treffen. Stattdessen kommt es auf die jeweilige Regelung an, wobei es zu beachten gilt, dass das VGG rechtsformneutral sein soll.[1049]

Trotz der großen Spielräume, die das VGG den Verwertungsgesellschaften zugesteht, lässt sich dem Gesetz ein grob umrissener *Corporate-Governance*-Rahmen entnehmen: Ein System von *Checks and Balances* verteilt die Macht und Kontrolle zwischen den einzelnen Organen (1.). Die Machtverteilung innerhalb der Organe unterliegt ebenfalls Vorgaben (2.). Maßnahmen adressieren Interessenkonflikte aktiv und versuchen, bereits ihr Entstehen zu verhindern (3.). Transparenz- und Publizitätsvorschriften helfen, Informationsasymmetrien abzubauen (4.).

1048 Siehe zur fehlenden Satzungsstrenge S. 83 ff.

1049 Siehe zu dem Verhältnis von VGG und gesellschafts- und handelsrechtlichen Regelungen S. 78 f.

1. Checks and Balances

Als einen Eckpfeiler der *Corporate Governance* gibt das VGG eine weitgehend klare Aufgaben- und Machtverteilung zwischen den beteiligten Akteuren vor.

a. Mitgliederhauptversammlung

Als zentrales Entscheidungsorgan statuiert das VGG die Mitgliederhauptversammlung.[1050] Während es sich im Verein dabei regelmäßig um die Mitgliederversammlung handelt, umfasst die Mitgliederhauptversammlung bei der GmbH die Gesellschaftergesamtheit und die Delegierten als Organ und beschreibt zugleich das Beschlussfassungsverfahren. §§ 17 Abs. 1 S. 2, 18 Abs. 1 VGG regeln ihre Kompetenzen. Da darunter auch die Ernennung und Entlassung der Mitglieder der übrigen Organe fällt sowie die Festlegung ihrer Vergütung, wird die Mitgliederhauptversammlung in die Lage versetzt, die übrigen Organe zu kontrollieren. Dabei hilft ihr, dass sie nach § 22 Abs. 4 VGG über die Arbeit des Aufsichtsgremiums zu unterrichten und gemäß §§ 22 Abs. 5 S. 1, 21 Abs. 3 VGG Empfängerin der persönlichen Erklärungen der Aufsichtsgremiums- und der Geschäftsführungsmitglieder ist.

Während dem aktienrechtlichen Aufsichtsrat gemäß § 111 Abs. 4 S. 1 AktG keine Maßnahmen der Geschäftsführung übertragen werden können, lassen §§ 22 Abs. 3 Nr. 1, 17 Abs. 2, 18 Abs. 2 VGG die Übertragung einzelner Befugnisse von der Mitgliederhauptversammlung auf das Aufsichtsgremium zu. Um die Mitwirkung der Delegierten und den dadurch intendierten Schutz nicht auszuhebeln, ist die Ausübung der Kompetenzübertragungsermächtigungen in §§ 18 Abs. 2 und 17 Abs. 2 VGG – soweit in § 20 Abs. 2 Nr. 4 VGG genannte Kompetenzen betroffen sind – mittels einer teleologischen Auslegung von der Zustimmung der Delegierten abhängig zu machen. Eine solche Kompetenzverlagerung ist mit Blick auf die *Corporate Governance* ohnehin kritisch zu sehen, weil sie das System von *Checks and Balances* gefährdet. Die Übertragung führt zu einem Aufsichtsvakuum. Daher sollte von der Option nur sehr zurückhaltend Gebrauch gemacht werden. Falls Befugnisse auf das Aufsichtsgremiums übertragen wurden, sollte die Mitgliederhauptversammlung einen Kontrollausschuss bilden, um die Lücke in der Überwachung zu schließen.

1050 Siehe zur Mitgliederhauptversammlung S. 88 ff.

b. Aufsichtsgremium

Nach § 21 Abs. 1 und Abs. 3 Nr. 2 VGG ist das Aufsichtsgremium mit der kontinuierlichen Überwachung der Geschäftsführung betraut.[1051] Es ist damit das zentrale Kontrollorgan der Verwertungsgesellschaft. Damit das Aufsichtsgremium seine Überwachungsaufgaben auch ordnungsgemäß erfüllen kann, muss es über die nötigen Informationen verfügen. Der deutsche Gesetzgeber hat keine entsprechenden Informationsrechte und -pflichten vorgesehen, sodass die aktienrechtlichen Instrumente des Aufsichtsrats, insbesondere §§ 90 und 111 Abs. 2 AktG, analog anzuwenden sind. § 18 Abs. 1 Nr. 4 VGG weist die Besetzung des Aufsichtsgremiums der Mitgliederhauptversammlung zu. Diese hat dabei gemäß § 22 Abs. 2 VGG die verschiedenen Kategorien von Mitgliedern zu berücksichtigen und eine faire und ausgewogene Besetzung zu beachten. Richtigerweise sind auch Kategorien von Berechtigten zu berücksichtigen, soweit diese von den Mitgliederkategorien abweichen. Bei Verwertungsgesellschaften handelt es sich um komplexe Unternehmen, sodass die Anforderungen an die Kontrolleure nicht von *„normalen"* Unternehmen abweichen. Eine hohe Fachkompetenz des Gremiums in seiner Gesamtheit ist wichtig für eine effektive Kontrolle. Es empfiehlt sich daher, nicht nur Rechtsinhaber in das Aufsichtsgremium zu berufen, sondern auch externe Experten, die über Fachwissen verfügen. Richtlinie und VGG lassen dies explizit zu und im Gesellschaftsrecht sind die Vorteile ebenfalls anerkannt. Entsenderechte zugunsten einzelner Mitglieder sind wegen § 18 Abs. 1 VGG unzulässig, soweit sie sich nicht auch auf alle zukünftigen Mitglieder erstrecken.

c. Aufsichts- und Verwaltungsrat

Zu unterscheiden ist das Aufsichtsgremium von dem Aufsichtsrat.[1052] Das VGG erwähnt den Aufsichtsrat, ohne jedoch seine Funktion, Rechte oder Pflichten zu bestimmen. Auch wenn ausweislich § 18 Abs. 1 VGG ein Nebeneinander der beiden Organe möglich ist, ist dies wenig sinnvoll und kommt in der Praxis auch nicht vor. Die beiden Organe sind von dem Verwaltungsrat abzugrenzen, den das VGG, ohne weitere Konkretisierungen, ebenfalls nennt.[1053] Nicht erfasst werden von dem Begriff i.S.d. VGG die

1051 Siehe zum Aufsichtsgremium S. 97 ff.
1052 Siehe zum Aufsichtsrat S. 110 ff.
1053 Siehe zum Verwaltungsrat S. 113 ff.

so bezeichneten Organe der deutschen Verwertungsgesellschaften. Stattdessen erfasst der Begriff richtlinienkonform nur das gemeinsame Leitungs- und Überwachungsorgan einer monistisch strukturierten Gesellschaft (*One-Tier*-System), vgl. § 20 SEAG, und wahrt so die Rechtsformneutralität. In Deutschland gibt es daher derzeit keine Verwertungsgesellschaft mit einem Verwaltungsrat i.S.d. VGG.

d. Geschäftsführung

Komplementiert wird die Aufgabenverteilung innerhalb der Verwertungsgesellschaft von der Geschäftsführung.[1054] Trotz des Wortlautes des § 21 VGG, der auf das Außenverhältnis abstellt, unterfallen der Norm nur Personen, die im Innenverhältnis über Geschäftsführungsbefugnisse verfügen. Nach § 21 Abs. 1 VGG hat die Geschäftsführung ihre Aufgaben solide, umsichtig und angemessen zu erfüllen. Dies bedeutet insbesondere, dass die Mitglieder der Geschäftsführung nicht ihre eigenen Interessen anstelle der Interessen der Verwertungsgesellschaft verfolgen dürfen.

2. Machtverteilung in den Organen

Eine wesentliche Aufgabe im Rahmen der *Corporate Governance* kommt der Machtverteilung innerhalb der Organe zu, insbesondere innerhalb der Mitgliederhauptversammlung. Indem das Gesetz gemäß § 17 Abs. 1 S. 1 VGG die Mitgliederhauptversammlung zum zentralen Entscheidungsorgan macht und die Delegierten nur in einzelnen Angelegenheiten nach § 22 Abs. 3 VGG mitbestimmen lässt, erhebt es die Mitglieder zu den Agenten der Nichtmitglieder. Da dieses *Principal-Agent*-Verhältnis gesetzlich angeordnet wird, stellen sich keine Probleme auf Ebene der Agentenauswahl. Konflikte treten dennoch auf, denn die Mitglieder haben in einigen Punkten von den Nichtmitgliedern abweichende Interessen. Dies gilt insbesondere für Abzüge zu sozialen Zwecken, von denen nur Mitglieder profitieren können. Der zugrunde liegende *Principal-Agent*-Konflikt entfällt, soweit die Delegierten abstimmen dürfen und dabei einen angemessenen Einfluss ausüben können. Bereits unter Geltung des UrhWahrnG fehlte es an der letzten Bedingung. In Verwertungsgesellschaften in Vereinsform wurden nur wenige Delegierte gewählt, sodass sie in der Mitglie-

---

1054 Siehe zur Geschäftsführung S. 118 ff.

derhauptversammlung keinen spürbaren Einfluss auf die Entscheidungen nehmen konnten. Bei Kapitalgesellschaften wurde ein Beirat als „gemeinsame Vertretung" i.S.v. § 6 Abs. 2 UrhWahrnG eingerichtet, in dem jedoch auch Repräsentanten der Gesellschafter vertreten waren. Angesichts der geringen Anzahl der Delegierten bzw. der Zusammensetzung der Beiräte wurde die von § 6 Abs. 2 UrhWahrnG angestrebte angemessene Wahrung der Belange der Nichtmitglieder häufig nicht erreicht. Das VGG adressiert dieses Problem durch den in § 16 S. 1 VGG statuierten Grundsatz der Mitwirkung, wonach angemessene und wirksame Verfahren die Mitwirkung von Mitgliedern und Nichtmitgliedern sicherstellen sollen. Dazu ist die Möglichkeit der tatsächlichen Einflussnahme i.S.e. Spürbarkeitserfordernisses nötig. § 20 VGG ergänzt diesen Grundsatz hinsichtlich der Mitwirkung der Nichtmitglieder an der Mitgliederhauptversammlung. Unabhängig von der Rechtsform wird die Teilnahme von Delegierten der Nichtmitglieder an der Mitgliederhauptversammlung zwingend vorgeschrieben. Während den Delegierten in einigen Angelegenheiten lediglich eine beratende Rolle zukommt, ist ihr stimmberechtigtes Mitwirken bei zentralen Kompetenzen verpflichtend.

a. Machtverteilung zwischen Mitgliedern und Nichtmitgliedern in der Praxis

Die deutschen Verwertungsgesellschaften setzen die vagen Gesetzesvorgaben auf vier verschiedene Arten um, die alle rechts- oder zumindest zweckwidrig sind. Eine *erste* Gruppe von Verwertungsgesellschaften lässt eine in ihrem Statut festgelegte Zahl von Delegierten an der Mitgliederhauptversammlung teilnehmen.[1055] Dort wird nach Köpfen abgestimmt. Je nach konkreter Ausgestaltung kommen die Delegierten so auf einen Stimmanteil von einstelligen Prozentzahlen bis zu zwei Dritteln. Unabhängig von der konkreten Höhe des Stimmgewichts stellt sich bei dieser Gestaltung das Problem, dass das Risiko zukünftiger Veränderungen aufgrund der festen Anzahl von Delegierten einseitig den Nichtmitgliedern zugewiesen ist. Zum einen kann der Aufnahmeanspruch (§ 13 Abs. 1 S. 1 VGG) dazu führen, dass die Zahl der Mitglieder deutlich steigt und das Stimmgewicht der Delegierten verwässert wird.[1056]. Da keine Ausnahmen vom Aufnahmezwang anzuerkennen sind, betrifft diese Gefahr Verwertungsgesellschaften

1055 Siehe dazu S. 132 ff.
1056 Siehe zum Aufnahmeanspruch S. 134 ff.

mit beschränkter Haftung und in Vereinsform gleichermaßen. Der Zweck des § 13 Abs. 1 S. 1 VGG und des Art. 6 Abs. 2 RL 2014/26/EU rechtfertigt keine Abweichung von dem klaren Wortlaut. Demnach müssen Gesellschaften, wie die GVL, die bislang nur über Einrichtungen i.S.v. § 7 Nr. 2 VGG als Mitglieder verfügen, zukünftig auch Rechtsinhaber als Mitglieder aufnehmen. Mit Blick auf die Vertragsbegründungsfreiheit der Verwertungsgesellschaften bestehen ebenfalls keine Bedenken. In vergleichbaren Konstellationen ist ein Aufnahmezwang bereits seit Langem anerkannt. Die Verwertungsgesellschaften können durch Mitgliedschaftsbedingungen i.S.v. § 13 Abs. 1 S. 2 VGG außerdem verhindern, dass sämtliche Rechtsinhaber zu Mitgliedern werden.

Zum anderen verwässert auch eine erhöhte Teilnahme an der Mitgliederhauptversammlung den Stimmanteil der Delegierten. Eine solche ist zu erwarten durch die zwingend zuzulassende Stellvertretung (§ 19 Abs. 4 VGG) und elektronische Teilnahme (§ 19 Abs. 3 VGG).[1057] Bis zur Ablösung des UrhWahrnG durch das VGG hatten die meisten Verwertungsgesellschaften die Teilnahme von Stellvertretern in ihrem Statut ausgeschlossen oder auf Krankheitsfälle beschränkt. Die persönliche Teilnahme am Ort der Mitgliederhauptversammlung verursacht hohe Kosten für den Rechtsinhaber, die durch die Beauftragung eines sowieso teilnehmenden Rechtsinhabers vermieden werden können. Die elektronische Teilnahme senkt ebenso den Aufwand der Stimmrechtsausübung. Da das VGG für den Fall von technischen Störungen keine Anordnungen trifft, ist § 243 Abs. 3 Nr. 1 AktG analog auf virtuelle Mitgliederhauptversammlungen anzuwenden. Demnach wirken sich technische Störungen aus der Sphäre der Verwertungsgesellschaft nur auf die Rechtmäßigkeit der Mitgliederhauptversammlungsbeschlüsse aus, wenn der Gesellschaft grobe Fahrlässigkeit oder Vorsatz vorzuwerfen ist. Den Verwertungsgesellschaften ist es nicht erlaubt, Geld für die elektronische Teilnahme zu verlangen, weil sie damit die Wirksamkeit der in der Richtlinie 2014/26/EU angeordneten Maßnahme untergraben würden. Im Ergebnis führen beide Neuerungen im VGG zu einem Rückgang der rationalen Apathie bei den Mitgliedern.

Eine *zweite* Gruppe von Verwertungsgesellschaften setzt § 16 S. 1 VGG auch durch die Teilnahme von Delegierten an der Mitgliederhauptversammlung um, gibt ihnen jedoch ein festes Stimmgewicht.[1058] GmbHG und BGB lassen eine solche Stimmrechtsbündelung zu. Eine Veränderung der Mitgliederstruktur oder eine erhöhte Stimmrechtsausübung der Mit-

1057 Siehe zu beiden Neuerungen S. 146 ff.
1058 Siehe dazu S. 152 ff.

glieder sind in diesem Fall kein Risiko für die Delegierten. Diese Umsetzung ist dennoch nicht ideal, weil die Delegierten in der Praxis nur bis zu 50 % der Stimmen zugewiesen bekommen. Den Rest der Stimmen halten die Mitglieder, d.h. – weil es sich ausschließlich um GmbHs handelt – die Gesellschafter. Trotz des zum Teil auf den ersten Blick hohen Stimmanteils der Delegierten ist dies nicht mit dem Spürbarkeitserfordernis des § 16 S. 1 VGG zu vereinbaren, wenn die Gesellschafter keine Rechtsinhaber sind. Den Nichtgesellschaftern stehen in diesen Konstellationen mindestens 50 % der Stimmrechte zu, sodass die Delegierten, die die Rechtsinhaber in ihrer Gesamtheit vertreten, keinen angemessenen Einfluss ausüben können.

Die *dritte* Umsetzungsvariante vereint die Schwächen der beiden vorherigen Gestaltungen.[1059] Bei der VGF haben die Mitglieder eine Stimme pro einem Euro Stammkapital, derzeit also insgesamt 26.500 Stimmen. Jeder Delegierte hat pauschal 200 Stimmen, wobei es für je 100 Berechtigte einen Delegierten geben sollte. Statt rechnerischen 13 Delegierten gibt es tatsächlich jedoch nur fünf. Sie kommen mit ihren 1.000 Stimmen auf 3,6 %, was ihnen keinen spürbaren Einfluss auf die Entscheidungsfindung in der Verwertungsgesellschaft gibt. Wie bereits unter Geltung des § 6 Abs. 2 UrhWahrnG ist die Beteiligung der Delegierten hier rein symbolisch. Hinzu tritt die Gefahr, dass das Stimmgewicht der Delegierten durch eine Kapitalerhöhung und eine damit einhergehende Stimmenerhöhung der Gesellschafter noch weiter sinkt.

Einen *vierten* Weg geht eine Gruppe von Verwertungsgesellschaften, die keine Delegierten in der Mitgliederhauptversammlung abstimmen lässt, sondern einen Beirat eingerichtet hat.[1060] In diesem stimmen die Delegierten getrennt von der Mitgliederhauptversammlung ab. Soweit der Beirat seinen Beschluss *vor* den Gesellschaftern fasst, d.h. diese dem Beiratsbeschluss zustimmen müssen, bestehen keine gesellschaftsrechtlichen Bedenken, insbesondere nicht mit Blick auf die Willensbildungsautonomie der Gesellschafter. Aus unionsrechtlicher Sicht bestehen ebenfalls keine Bedenken gegen diese Ausgestaltung, obwohl sie in die der Mitgliederhauptversammlung von der Richtlinie 2014/26/EU zugewiesenen Kompetenzen eingreift. Die Richtlinie zielt u.a. darauf ab, die Mitwirkung der Rechtsinhaber zu stärken. Die Auslagerung der Delegierten in einen Beirat ist auch mit § 20 Abs. 2 Nr. 4 VGG vereinbar. Dies gilt, trotz des klaren Wortlauts, wonach die Delegierten stimmberechtigt – nicht zustimmungsberechtigt –

1059 Siehe dazu S. 155 f.
1060 Siehe dazu S. 156 ff.

zu sein haben. Die Systematik des Gesetzes, die das Stimmrecht der Delegierten zwischen dem Teilnahmerecht an der Mitgliederhauptversammlung und der dort zu erfolgenden Beratung einordnet, spricht auf den ersten Blick ebenfalls für die Mitgliederhauptversammlung als Ort der Stimmrechtsausübung. Die Begründung zum Regierungsentwurf schlägt jedoch die Einrichtung eines Beirats zur Umsetzung des § 20 Abs. 2 Nr. 4 VGG explizit vor. Dieser Wille des Gesetzgebers findet sich auch objektiviert im VGG wieder, denn der Beirat wird als Ort des Stimmrechts der Delegierten ausdrücklich in § 88 Abs. 2 Nr. 5 VGG erwähnt. Trotz ihrer Rechtmäßigkeit ist die Umsetzung aus *Corporate-Governance*-Perspektive abzulehnen. Die Beiräte sind nicht nur mit Delegierten, sondern auch mit Gesellschaftsvertretern besetzt. Deren Stimmanteil verhindert, dass die Delegierten gegen den Willen der Gesellschafter Beschlüsse fassen können. Aufgrund der Eigenarten des Abstimmungsverfahrens müssen bei der VFF in bestimmten Angelegenheiten sogar elf der zwölf Beiratsmitglieder einem Beschluss zustimmen. Dadurch besteht die Gefahr, dass es zu Blockaden kommt. Daneben ist ein zweistufiges Beschlussverfahren mit Beirat und Mitgliederhauptversammlung noch aus einem weiteren Grund nicht zweckmäßig: Es sind keine organübergreifenden Mehrheiten möglich. Die Stimmen der Minderheit im Beirat gehen mit der Abstimmung verloren und können sich in dem nachfolgenden Beschluss der Mitgliederhauptversammlung nicht auswirken.

b. Optimale Machtverteilung zwischen Mitgliedern und Nichtmitgliedern

Alle in der Praxis vorzufindenden Umsetzungen der Mitwirkung der Mitglieder und Nichtmitglieder am Entscheidungsfindungsprozess der Verwertungsgesellschaft weisen Schwächen auf. Ausgehend von dem gemeinsamen Wirken beider Gruppen in der Mitgliederhauptversammlung lassen sich die aktuellen Umsetzungen anpassen und ihre Nachteile vermeiden.[1061] Das Risiko für die Machtverteilung zwischen Mitgliedern und Nichtmitgliedern durch steigende Mitgliederzahlen oder eine erhöhte Teilnahmequote lässt sich durch eine Stimmrechtsbündelung vermeiden. Sie entkoppelt das Stimmgewicht von der Anzahl der Teilnehmer. Die Stimmen sind zwischen den beiden Gruppen – Mitgliedern und Nichtmitgliedern – anhand der Ausschüttungssummen zu verteilen. Damit knüpft die Stimmmacht an die eingebrachten Rechte an, die – im übertragenen

1061 Siehe zur Ausgestaltung der Stimmrechtsbündelung S. 165 ff.

Sinne – das Kapital der Verwertungsgesellschaft sind. Dieses Vorgehen ist in Anlehnung an § 47 Abs. 2 GmbHG und § 12 S. 1 AktG billig. Gegen ein Demokratieprinzip verstößt dies nicht, weil es ein solches richtigerweise bei Verwertungsgesellschaften nicht gibt. Über die Privilegierung bestimmter Werke im Verteilungsplan finden auch kulturelle Belange Eingang in die Mitwirkungsmöglichkeiten. Die Mitgliedschaft eines Rechtsinhabers ist nicht pauschal stimmerhöhend zu berücksichtigen, weil die korporative Stellung an sich kein sachlicher Grund für einen größeren Einfluss ist. Da die Stellung als Mitglied bereits weitgehend durch die starke Partizipation des Rechtsinhabers an der Ausschüttungshöhe gerechtfertigt wird, käme es zu einem Zirkelschluss. Abweichendes gilt nur, wenn man die Mitgliedschaft als Stellvertretermerkmal für die hauptberufliche Tätigkeit begreift und die Mitgliedschaftsbedingungen entsprechend ausgestaltet. Dann kann die sich nach den Ausschüttungen ergebende Machtverteilung zwischen den Mitgliedern und Nichtmitgliedern im Einzelfall korrekturbedürftig sein, z.B. weil eine Majorisierung der Mitglieder droht. Liegt dies nicht bloß an zu hohen Hürden für eine Mitgliedschaft, ist ein wirksames und angemessenes Mitwirken der Mitglieder über eine Heraufsetzung ihres Stimmgewichts sicherzustellen.

Soweit Verwertungsgesellschaften betroffen sind, die auch über Mitglieder i.S.v. § 7 Nr. 2 VGG verfügen, muss von dem vorstehenden Muster der Machtverteilung abgewichen werden.[1062] Mangels Ausschüttungsbeteiligung der Mitglieder i.S.v. § 7 Nr. 2 VGG kann ihnen kein Stimmrecht daran anknüpfend zugeteilt werden. Sie dürfen nach den Vorgaben des Art. 8 Abs. 9 UAbs. 1 S. 1 RL 2014/26/EU und der §§ 16, 17 VGG jedoch auch nicht komplett von der Mitwirkung ausgeschlossen werden, sodass andere Anknüpfungspunkte gewählt werden müssen. Nicht abgestellt werden darf auf die hinter der Einrichtung stehenden Rechtsinhaber, da diese ansonsten auf der Mitgliederversammlung doppelt repräsentiert wären. Beheben lässt sich dieses Problem über einen pauschalen Stimmanteil der Mitglieder i.S.v. § 7 Nr. 2 VGG. Hat die Verwertungsgesellschaft ausschließlich Mitglieder i.S.v. § 7 Nr. 2 VGG, ist diesen Mitgliedern ein Stimmgewicht knapp unterhalb einer Sperrminorität zuzuweisen. Sind in der jeweiligen Verwertungsgesellschaft hingegen sowohl Mitglieder i.S.v. § 7 Nr. 1 VGG als auch § 7 Nr. 2 VGG vereint, ist bei dem Stimmrecht der Letzteren die Stärke der Mitglieder i.S.v. § 7 Nr. 1 VGG zu berücksichtigen. Da die Rechtsinhaber als Bezieher des Residualeinkommens die Kontrolle der Verwertungsgesellschaft effizienter ausüben, sollte ihr Stimmge-

1062 Siehe dazu S. 172 ff.

wicht in allen Konstellationen möglichst hoch sein. Um auch gruppenübergreifende Mehrheiten zu ermöglichen, sollten die Delegierten und Mitglieder einzeln und nicht *en bloc* abstimmen. Auf diese Weise werden kommt der einzelnen Stimme innerhalb einer Gruppe ein größeres Gewicht zu.

c. Machtverteilung zwischen den Berufsgruppen (Kuriensystem)

Mit Blick auf den Grundsatz der Mitwirkung (§ 16 S. 1 VGG) sind die derzeit praktizierten Kuriensysteme kritisch zu sehen.[1063] Sie ermöglichen einzelnen Berufsgruppen, bzw. bereits kleinsten Bruchteilen einer Berufsgruppe, Blockaden und führen zu einem überproportionalen Einfluss. Zahlreiche Praxisbeispiele belegen, dass es sich nicht nur um eine abstrakte Gefahr handelt, sondern durchaus statt des Unternehmensinteresses das Eigen- bzw. Gruppeninteresse verfolgt wird. Eine besondere Rolle kommt in diesem Kontext den Verlegern zu, die eigentlich – weil sie zugleich als Verwerter fungieren – Fremdkörper in der Verwertungsgesellschaft sind. Obwohl ihr Verbleiben in den Verwertungsgesellschaften nach der EuGH-Entscheidung *Hewlett-Packard/Reprobel* und dem BGH-Urteil *Verlegeranteil* äußerst umstritten ist, werden sie mit Blick auf die auf Unionsebene angestrebte „Reparatur" der Situation als Akteure berücksichtigt.

Das bestehende Kuriensystem ist nur insoweit rechts- und zweckmäßig, wie Sonderrechte betroffen sind. Im Übrigen besteht kein sachlicher Grund für eine nach Berufsgruppen getrennte Abstimmung, denn das VGG enthält eine Reihe von Schutzvorschriften, die eine Benachteiligung einzelner Gruppen ohnehin effektiv verhindern. Daneben treten die allgemeinen gesellschaftsrechtlichen Treuepflichten, die ebenfalls dem Schutz von Mehr- und Minderheiten dienen. Die materiellen Vorgaben helfen dem einzelnen Rechtsinhaber jedoch nicht weiter, wenn sie nicht beachtet werden. Da eine individuelle Rechtsdurchsetzung mit hohem Aufwand verbunden ist, sollte das DPMA – beherzter als in der Vergangenheit – bei Verstößen eingreifen. Soweit die betroffenen Vorschriften unionsrechtlich determiniert sind, besteht sogar eine entsprechende Pflicht aus dem Gebot der effektiven Richtlinienumsetzung.

1063 Siehe zum Kuriensystem S. 178 ff.

3. Eindämmung von Interessenkonflikten

Neben der Machtverteilung innerhalb und zwischen den Organen, enthält das VGG eine Reihe von Regelungen, die sich aus Perspektive der *Corporate-Governance*-Forschung als Maßnahmen zur Eindämmung von Interessenkonflikten begreifen lassen. Sie betreffen verschiedene *Principal-Agent*-Konflikte und den *Principal-Principal*-Konflikt zwischen den Rechtsinhabern.

a. Rechtsinhaber – Geschäftsführung

Der *Principal-Agent*-Konflikt zwischen den Rechtsinhabern und der Geschäftsführung ist das Resultat der Informationsasymmetrien und divergierenden Interessen bei einer Fremdorganschaft. § 21 Abs. 2 VGG schreibt den Verwertungsgesellschaften die Etablierung eines mehrstufigen Verfahrens zur Erkennung und Vermeidung von Interessenkonflikten vor, das beide Probleme adressiert.[1064]

Auf der *ersten* Stufe des Verfahrens nach § 21 Abs. 2 VGG müssen die Organwalter konkrete und abstrakte Interessenkonflikte gegenüber dem Aufsichtsgremium offenlegen. Neben Geschäften zwischen dem Organmitglied und der Verwertungsgesellschaft fallen auch Geschäfte mit ihm nahestehenden Personen darunter, weil sie eine ebenso hohe Opportunismusgefahr bergen. Vorgaben im Statut der Verwertungsgesellschaft, wann ein Konflikt vorliegt, können die Konturen der Offenlegungspflicht schärfen. Insbesondere die Erfassung von Geschäften mit nahestehenden Personen im Wege der Gesamtanalogie sollte zur Verdeutlichung in dem Statut festgeschrieben werden.

Auf *zweiter* Stufe des Verfahrens hat das Aufsichtsgremium zu entscheiden, ob ein konkreter Konflikt vorliegt. Handelt es sich um einen rein abstrakten Interessenkonflikt, der auch nicht das Risiko in sich trägt – insbesondere bei Dauerschuldverhältnissen –, dass es im Verlauf zu tatsächlich widerstreitenden Interessen kommt, ist der Geschäftsführungsmaßnahme zuzustimmen. Konkrete Interessenkonflikte können durch Verweigerung der Zustimmung vermieden werden. Sind sie im Ausnahmefall unvermeidlich, ist dem betroffenen Geschäftsführungsmitglied die Zustimmung zu erteilen. Richtschnur ist dabei die Abwehr von – nicht nur finanziellen – Nachteilen für die Mitglieder und die übrigen Berechtigten. Unver-

1064 Siehe dazu S. 198 ff.

meidbar sind demnach nur solche Interessenkonflikte, bei denen die Nichtvornahme der Geschäftsführungsmaßnahme gegenüber der Vornahme die größeren Nachteile mit sich bringt. Sonderregelungen für unwesentliche Konflikte sind bei Verwertungsgesellschaften nicht nötig, weil es solche aufgrund der Besonderheiten ihres Geschäftsmodells kaum geben kann.

Ist ein Interessenkonflikt unvermeidbar, ist er auf einer *dritten* Stufe gemäß § 21 Abs. 2 S. 2 VGG durch das Aufsichtsgremium zu überwachen, in der persönlichen Erklärung nach § 21 Abs. 3 VGG gegenüber der Mitgliederhauptversammlung offenzulegen und baldmöglichst zu beenden. Die Aufgabe der Organwalterstellung des betroffenen Geschäftsführungsmitglieds kommt nur ausnahmsweise bei systematischen Dauerkonflikten als Beendigungsmittel in Frage. Nicht unter das Verfahren nach § 21 Abs. 2 VGG fallen Geschäfte, bei denen die Verwertungsgesellschaft einem Kontrahierungszwang unterliegt. Die Geschäftsführer können in diesen Fällen mangels eines Entscheidungsspielraums nicht zulasten der Rechtsinhaber handeln.

Obwohl das VGG das Verfahren nach § 21 Abs. 2 VGG nur für die Geschäftsführungsmitglieder zwingend vorsieht, sollten die Verwertungsgesellschaften es aus *Corporate-Governance*-Gründen freiwillig auf andere Organe ausweiten. Insbesondere die Konzipierung des Aufsichtsgremiumsmandats als nebenberufliche Tätigkeit führt dazu, dass weitere professionelle Beziehungen zwischen Verwertungsgesellschaft und Aufsichtsgremiumsmitglied entstehen können. Verankert werden sollte das Verfahren im Statut der Gesellschaft. Zusätzlich sollten die Verfahrensgrundsätze i.S.d. § 21 Abs. 2 VGG im Transparenzbericht veröffentlicht werden.

Damit es erst gar nicht zu unterschiedlichen Interessen zwischen Rechtsinhabern und Geschäftsführern kommt, lassen sich ihre Interessen mittels variabler Vergütungsbestandteile harmonisieren.[1065] Der Gewinn scheidet mangels Eigengewinnerzielungsabsicht als Referenzgröße aus. Anknüpfungspunkt sollte die Verwaltungskostenquote als Quotient aus den Einnahmen aus der Rechtewahrnehmung und den Verwaltungskosten sein. Beide Kennzahlen für sich genommen sind wegen ihrer nur teilweise durch die Geschäftsführung beeinflussbaren Höhe bzw. den (unerwünschten) Nebeneffekten einer Senkung kein taugliches Kriterium. Um ein durch Fehlanreize entstehendes *Strohfeuer* zu vermeiden, ist es wichtig, den Zeitpräferenzkonflikt zwischen Geschäftsführung und Rechtsinhabern bei der Ausgestaltung der variablen Vergütung zu berücksichtigen. Entschei-

---

1065 Siehe dazu S. 218 ff.

dend dafür sind ein mehrjähriger Betrachtungszeitraum der Bemessungsgrundlage und die Bereinigung um etwaige Sondereffekte.

Nach § 18 Abs. 1 Nr. 1 VGG beschließt die Mitgliederhauptversammlung unter Mitwirkung der Delegierten über die Vergütung und sonstigen Leistungen an die Geschäftsführung.[1066] Dieser verbindliche *Say-on-Pay*-Beschluss hat keinen Vorgänger im UrhWahrnG. Unmittelbar vor dem Ende der Anpassungsfrist an das VGG kam es bei einigen deutschen Verwertungsgesellschaften zu starken Gehaltssprüngen von bis zu 28 % in einem Jahr und einer antizipierten Übertragung der Kompetenz auf das Aufsichtsgremium nach § 18 Abs. 2 VGG. Weil mit dieser Verlagerung die Kompetenzen dauerhaft zulasten der Nichtmitglieder verändert wurden, sind die entsprechenden Beschlüsse nichtig und unter Beachtung der Mitwirkungsrechte der Delegierten zu wiederholen. Für den *Say-on-Pay*-Beschluss nach § 18 Abs. 1 Nr. 1 VGG machen VGG und Richtlinie keine genauen Vorgaben. Ihren Spielraum sollten die Verwertungsgesellschaften dergestalt ausnutzen, dass sie die Mitgliederhauptversammlungen über ein abstraktes Vergütungssystem *ex ante* und mit bindender Wirkung abstimmen lassen. Die Häufigkeit des Beschlusses sollte mit dem Betrachtungszeitraum der Bemessungsgrundlage der variablen Vergütung gleichlaufen. Aufgrund dieser Mitsprache bei der Vergütung der Geschäftsführer durch die Rechtsinhaber, werden die Opportunismuschancen des Aufsichtsgremiums beschränkt; denn die Rechtsinhaber als Bezieher des Residualeinkommens – zumindest aus wirtschaftlicher Perspektive – haben ein gesteigertes Interesse an einer wirksamen Kontrolle der Vergütung.

b. Mitglied – Stellvertreter

Für den Fall, dass sich ein Mitglied eines Stellvertreters zur Teilnahme an der Mitgliederhauptversammlung bedient, macht § 19 Abs. 4 VGG Vorgaben zur Vermeidung von *Principal-Agent*-Konflikten zwischen dem Vertretenen und seinem Vertreter:[1067] Soweit die Verwertungsgesellschaft von der Möglichkeit des § 19 Abs. 4 S. 3 VGG Gebrauch gemacht hat, darf der Vertreter nicht mehr als zehn Rechtsinhaber vertreten. Diese wiederum dürfen nicht verschiedenen Kategorien angehören. Ist der Vertreter selbst Rechtsinhaber, gilt die Beschränkung auch mit Blick auf das Verhältnis zwischen ihm und dem Geschäftsherrn, da dieselben Interessenkonflikte

1066 Siehe zum *Say-on-Pay*-Beschluss S. 223 ff.
1067 Siehe dazu S. 232 ff.

zu befürchten sind. Eine Ausnahme für den Fall, dass dem Vertreter genaue Weisungen erteilt sind, ist nicht anzuerkennen, weil auch ohne die Gefahr von widerstreitenden Interessen, organisatorische Probleme in tatsächlicher Hinsicht entgegenstehen. Das nicht persönlich teilnehmende Mitglied muss seine Suche nach einem Vertreter nicht auf andere Rechtsinhaber beschränken, sondern darf genauso außenstehende Dritte mandatieren. Ein dies verbietender Ausschluss in dem Statut der Verwertungsgesellschaft verstößt gegen Art. 8 Abs. 10 UAbs. 1 RL 2014/26/EU und § 19 Abs. 4 S. 1 VGG. Der Rechtsinhaber hat die aus *Corporate-Governance*-Perspektive sinnvolle Möglichkeit, seinem Vertreter Weisungen zu erteilen und so dessen Opportunismuschancen einzuschränken. Aufgrund des expliziten Befolgungsgebots in § 19 Abs. 4 S. 5 VGG handelt es sich bei der Missachtung der Weisung um einen Mangel in der Stimmabgabe, der zur Ungültigkeit der Einzelstimme führt und – soweit er kausal für das Beschlussergebnis war – auf den Beschluss der Mitgliederhauptversammlung durchschlagen kann. Die Wahrscheinlichkeit, dass dem Stellvertreter Weisungen erteilt werden, steigt durch die Regelung des § 19 Abs. 4 S. 4 VGG, wonach eine Vollmacht stets auf eine Mitgliederhauptversammlung beschränkt sein muss.

c. Rechtsinhaber – Rechtsinhaber

Das VGG sieht Beschränkungen für die Verwendung der Einnahmen der Verwertungsgesellschaften vor.[1068] Durch die Einengung der Handlungsoptionen der in der Mitgliederhauptversammlung vertretenen Rechtsinhaber kommt es zu einer Entschärfung des *Principal-Principal*-Konflikts. Grundsätzlich sind alle Einnahmen der Verwertungsgesellschaft entsprechend dem treuhänderischen Leitbild und dem Willkürverbot des § 27 Abs. 1 VGG möglichst leistungsgerecht an die Rechtsinhaber auszuschütten. Auch die Kosten sind möglichst verursachungsgerecht zu verteilen. Ausnahmen in Form von Pauschalierungen sind auf ein Minimum zu beschränken. Wo rechtlich und tatsächlich möglich, hat eine Verteilung auf Grundlage von erfassten Verwertungshandlungen zu erfolgen. Die Bildung von Rücklagen ist der Verwertungsgesellschaft nicht erlaubt. Stattdessen sind Ausschüttungen möglichst periodengerecht vorzunehmen. Nichtberechtigte, d.h. Dritte, die keine Rechte eingebracht haben, dürfen nur dann beteiligt werden, wenn der betroffene Rechtsinhaber *freiwillig* zu

1068 Siehe dazu S. 240 ff.

ihren Gunsten auf einen Teil seiner Einnahmen verzichtet. Eine entsprechende Verpflichtung im Verlagsvertrag ist bei unionsrechtlich vorgegebenen Vergütungsansprüchen nicht möglich.

Eine Minderung der Ausschüttung an die Rechtsinhaber ist nur zulässig durch angemessene Abzüge zur Deckung der Verwaltungskosten und zu sozialen und kulturellen Zwecken.[1069] Bei Letzteren beurteilt sich die Angemessenheit der Höhe der Abzüge gemäß § 31 Abs. 1 VGG unter Berücksichtigung der Herkunft der Einnahmen – aus einem verwertungsgesellschaftspflichtigen Anspruch oder einem freiwillig eingebrachten Recht – und der gegenüberstehenden Leistung. Dabei ist zu unterschieden zwischen Gegenleistungen, die dem von dem Abzug betroffenen Rechtsinhaber zumindest abstrakt zugutekommen, wie eine Altersrente, und sonstigen Gegenleistungen, wie einer generellen Förderung der Werkschaffenden durch Stipendien oder Druckkostenzuschüsse. Abzüge für letztere Leistungen sind nicht verboten, führen jedoch eher zu einer Unangemessenheit i.S.d. § 31 Abs. 1 VGG. Diese kann sich daneben auch aus der Summe vieler einzelner, für sich genommen angemessener Abzüge ergeben. Wie § 32 Abs. 3 VGG belegt, ist bei der Angemessenheitsprüfung der korporative Status des Rechtsinhabers nicht zu berücksichtigen. Auf diesem Wege lässt das VGG eine Umverteilung zugunsten solcher Rechtsinhaber zu, die regelmäßig im Haupterwerb Werkschaffende sind. Gemäß § 31 Abs. 1 VGG haben Abzüge generell anhand von objektiven Kriterien zu erfolgen. Der einzelne Rechtsinhaber muss dafür die ihn treffende Belastung anhand der Abzugskriterien abschätzen können. Dafür hat jedenfalls eine Offenlegung der Kriterien zu erfolgen.

4. Informations- und Transparenzmaßnahmen

Ein weiterer Eckpfeiler der vom VGG skizzierten *Corporate Governance* sind Informations- und Transparenzmaßnahmen. Diese richten sich neben den Mitgliedern und Nichtmitgliedern der Verwertungsgesellschaft auch an die Allgemeinheit.

1069 Siehe zu den Abzügen S. 248 ff.

a. Informationen für die Rechtsinhaber

§ 21 Abs. 3 VGG bzw. §§ 22 Abs. 5, 21 Abs. 3 VGG statuieren für die Mitglieder der Geschäftsführung und des Aufsichtsgremiums die Pflicht zur Abgabe einer persönlichen Erklärung gegenüber der Mitgliederhauptversammlung.[1070] Die Erklärung hat Angaben zu eventuellen – direkten oder mittelbaren – Beteiligungen an der Verwertungsgesellschaft zu enthalten. Daneben sind die aufgrund des Anstellungsvertrags gezahlten Vergütungen und sonstigen Leistungen offenzulegen. Ein Unterlassen der Angabe unter Verweis auf die Schutzklausel des § 286 Abs. 4 HGB ist nicht erlaubt, da § 21 Abs. 3 Nr. 2 VGG als *lex specialis* vorgeht. Ebenso sind Ausschüttungen, die als Berechtigter bezogen wurden, in der persönlichen Erklärung anzugeben. Zur Wahrung des Rechts auf informationelle Selbstbestimmung aus Art. 8, 15, 16 GRCh ist dabei die Möglichkeit einer stufenweisen Angabe, wie im deutschen Recht, nicht nur zulässig, sondern sogar erforderlich. Die Stufen haben nach dem VGG angemessen zu sein, wobei einer Orientierung an § 3 S. 3 Anl. 1 zur GO-BT lediglich eine Indizfunktion zukommt. Ausschüttungen an nahestehende natürliche Personen und verbundene juristische Personen fallen unter die Generalklausel des § 21 Abs. 3 Nr. 4 VGG. Die Eingriffe in die informationelle Selbstbestimmung der Organmitglieder sind aufgrund des Transparenzinteresses der Mitglieder gerechtfertigt. Die persönliche Erklärung ermöglicht der Mitgliederhauptversammlung eine bessere Einschätzung der Handlungen der Geschäftsführungsmitglieder und des Aufsichtsgremiums und ergänzt – soweit die Geschäftsführungsmitglieder verpflichtet sind – deren Kontrolle durch das Aufsichtsgremium.

Daneben sind gemäß § 53 Abs. 1 VGG zukünftige Berechtigte bereits vor dem Vertragsschluss mit der Verwertungsgesellschaft über die ihnen zustehende Rechte und die Abzüge von den Einnahmen zu informieren.[1071] Dabei handelt es sich, anders als bei der korrelierenden Obliegenheiten im Rahmen der §§ 305 ff. BGB, um eine echte Rechtspflicht. Ein Verweis auf das Statut oder den Transparenzbericht genügt dieser Verpflichtung nicht, da das Auffinden der Informationen dadurch kaum erleichtert wird. Der Gesetzgeber hat es leider verpasst mit einem Produktinformationsblatt, z.B. nach dem Vorbild des § 1 TKTransparenzV, eine standardisierte Form der Informationsbereitstellung vorzuschreiben.

1070 Siehe zur persönlichen Erklärung S. 257 ff.
1071 Siehe dazu S. 269 ff.

Nach Vertragsschluss sind den Berechtigten gemäß § 54 VGG kontinuierlich weitere Informationen zur Verfügung zu stellen.[1072] Empfänger der Informationen sind alle Berechtigten, die im abgelaufenen Geschäftsjahr Ausschüttungen ausgezahlt oder zugewiesen bekommen haben. Unter Angabe des Nutzungszeitraums sind individuelle Angaben zu den Ausschüttungen und pauschale Angaben zu den Abzügen für Verwaltungskosten sowie zu sozialen und kulturellen Zwecken zu machen. Die Abzüge sollten trotz fehlender gesetzlicher Verpflichtung in Verhältnis zu den individuellen Ausschüttungsbeträgen gesetzt werden, um dem Rechtsinhaber ohne Weiteres zu zeigen, welche Abzüge er zu tragen hatte. Durch die Informationen wird den Berechtigten neben einer besseren Kontrolle der Verwertungsgesellschaften auch ein Vergleich zwischen den einzelnen Gesellschaften erleichtert. Dies kann den von der Richtlinie 2014/26/EU intendierten Wettbewerb fördern.

b. Informationen für die Allgemeinheit

Ergänzend treffen die Verwertungsgesellschaften auch Informationspflichten gegenüber der Allgemeinheit, vgl. §§ 56 bis 58 VGG.[1073] Nach § 56 Abs. 1 VGG sind u.a. die geschlossenen Gesamtverträge im Wortlaut sowie Tarife auf der Internetseite der Verwertungsgesellschaft zu veröffentlichen. Die Veröffentlichungspflicht erstreckt sich in analoger Anwendung auch auf solche Vereinbarungen mit einzelnen Nutzern, die anstelle von Tarifen und Standardvergütungssätzen treten. Nur so lassen sich die Informationsasymmetrien zwischen den Rechtsinhabern und den Leitungsorganen der Verwertungsgesellschaft abbauen und Kontrollen der individuellen Ausschüttungen durch die Rechtsinhaber ermöglichen.

Unabhängig von ihrer Rechtsform und Größe ist jede Verwertungsgesellschaft nach § 57 Abs. 1 S. 1 VGG verpflichtet, einen Jahresabschluss nach den für große Kapitalgesellschaften geltenden handelsrechtlichen Vorschriften aufzustellen, prüfen zu lassen (§ 57 Abs. 2 VGG) und zu veröffentlichen. Zusammen mit dem Jahresabschluss wird auf diesem Weg eine Gesamtwürdigung der Verwertungsgesellschaft möglich. Die Veröffentlichung hat nicht nur im Bundesanzeiger zu erfolgen, sondern – als Teil des Transparenzberichts – auch auf der Internetseite der Gesellschaft. Die Anlage zu § 58 Abs. 2 VGG listet detailliert die weiteren Angaben des

1072 Siehe dazu S. 271 ff.
1073 Siehe dazu S. 274 ff.

Transparenzberichts auf. Bei der Ausweisung der Bezüge der in § 18 Abs. 1 VGG genannten Personen ist nach den einzelnen Organen zu unterscheiden und eine Berufung auf die Schutzklausel des § 286 Abs. 4 VGG nicht statthaft. Bei den Angaben zu den Abzügen zu sozialen und kulturellen Zwecken und deren Verwendung sollten die Verwertungsgesellschaften möglichst genau aufschlüsseln und konkrete Verwendungszwecke nennen, um den Rechtsinhabern die Überprüfung zu ermöglichen, ob die zwangsweise einbehaltenen Gelder in ihrem Sinne verwendet wurden. In der Praxis besteht hinsichtlich des Transparenzberichts noch Nachbesserungsbedarf bei den Verwertungsgesellschaften.

II. Fazit

Das VGG erlaubt es den Verwertungsgesellschaften, einen *guten Corporate-Governance*-Rahmen zu etablieren – es zwingt allerdings nicht dazu. Durch die großen Umsetzungsspielräume, die das Gesetz belässt, sind auch Gestaltungen denkbar und in der Praxis vorhanden, die aus Sicht der Rechtsinhaber nicht *gut* sind. Diese breiten Gestaltungsmöglichkeiten haben ihren Ursprung in weitgehend allgemein gehaltenen und vielfach konkretisierungsbedürftigen Normen im VGG, welche wiederum Folge einer in vielen Bereichen fast wortwörtlichen Übernahme der Bestimmungen der Richtlinie 2014/26/EU sind. Dass eine Richtlinie nicht zur unmittelbaren Anwendung bestimmt ist und daher häufig ein geringeres Level an Bestimmtheit erreicht, wurde vom deutschen Gesetzgeber bei der Umsetzung nicht ausreichend beachtet. Dies zeigt sich beispielhaft an den fehlenden Rechten des Aufsichtsgremiums gegenüber der Geschäftsleitung oder der fehlenden Abgrenzung von Aufsichtsrat, Aufsichtsgremium und Verwaltungsrat. Hier hätte der Gesetzgeber die Rechtssicherheit durch Bestimmungen erhöhen sollen, die den Regelungsgehalt der Richtlinie ergänzen. Richtlinienkonforme Auslegungen, teleologische Reduktionen und Analogien sind kein gleichwertiger Ersatz dafür. In der Folge leiden besonders die Rechtsinhaber als die strukturell unterlegene Partei an den sich aus den Lücken und unbestimmten Begriffen für die Verwertungsgesellschaften ergebenden Möglichkeiten. Es bleibt zu hoffen, dass der deutsche Gesetzgeber hier nachbessert.

Positiv hervorzuheben ist hingegen, dass der deutsche Gesetzgeber die Beteiligung der Nichtmitglieder an der Entscheidungsfindung in der Verwertungsgesellschaft auch ohne entsprechende obligatorische Bestimmungen in der Richtlinie 2014/26/EU aus dem UrhWahrnG übernommen und sogar ausgebaut hat. Neben attraktiven Finanzzahlen können die Verwertungsgesellschaften auf diese Weise den Rechtsinhabern auch einen konkurrenzfähigen organisatorischen Rahmen bieten. Darin läge ein großer Vorteil der deutschen Verwertungsgesellschaften, sollte sich der von der Richtlinie 2014/26/EU angestrebte Binnenmarkt für die Rechtewahrnehmung tatsächlich etablieren. Zu wünschen wäre es jedenfalls, weil der damit einhergehende Wettbewerb die Verwertungsgesellschaften dazu zwingen würde, die Spielräume des VGG bestmöglich zugunsten der Rechtsinhaber zu nutzen.

III. Ein eigener Corporate-Governance-Kodex für Verwertungsgesellschaften

Unter Geltung des VGG ist eine gute *Corporate Governance* bei den Verwertungsgesellschaften möglich, soweit sie die ihnen vom Gesetz belassenen Spielräume in richtiger Weise nutzen. Für die Verwertungsgesellschaften wäre es hilfreich, wenn sie dabei einen Leitfaden hätten. In anderen Rechtsgebieten sind spezielle *Corporate-Governance*-Kodizes entstanden, die diese Aufgabe erfüllen. Neben dem wohl bekanntesten DCGK für börsennotierte Gesellschaften gibt es eine Vielzahl ähnlicher Kodizes für verschiedene Rechtsformen und Tätigkeitsgebiete.[1074] Ein eigener *Corporate-Governance*-Kodex könnte auch für Verwertungsgesellschaften sinnvoll sein. Ausgehend von den Funktionen eines Kodex (1.) und dem Prinzip der Selbstregulierung (2.) wird gezeigt, dass die Wirkungsweise eines Kodex auch bei Verwertungsgesellschaften funktionieren könnte (3.).

1. Funktionen

Ein Kodex erfüllt verschiedene Aufgaben: Neben einer Norminterpretierungs- und Normkonkretisierungsfunktion (a.) sowie einer Kommunikationsfunktion (b.) kann ihm die Rolle eines Maßstabs (c.) zukommen.

1074 Siehe den Überblick über verschiedene Kodizes bei *Bachmann* in: Kremer u.a., DCGK, 7. Aufl. 2018, Rn. 55 ff.

a. Norminterpretierungs- und Normkonkretisierungsfunktion

Die größte Gefahr für die Rechtsinhaber mit Blick auf das VGG liegt in seiner weitgehenden Offenheit. Es ist nicht immer sofort erkennbar, ob eine bestimmte Gesetzesauslegung durch eine Verwertungsgesellschaft mit dem Gesetz vereinbar und zweckmäßig ist. Ein Kodex kann diese Unsicherheit reduzieren, indem er das Gesetz interpretiert und konkretisiert.[1075] Gleichzeitig können auf diese Weise Normlücken geschlossen werden.[1076] Die Verwertungsgesellschaften bekommen so eine Hilfe an die Hand, wie sie die gesetzlichen Vorgaben und die sich daraus ergebende Spielräume am besten umsetzen. Beispielsweise könnte ein Kodex den Verwertungsgesellschaften empfehlen, wie sie die Mitwirkung der Delegierten ausgestalten sollten, was von § 20 VGG nur grob umrissen wird. Die Rechtsunsicherheit könnte so reduziert und eine gesetzeskonforme Umsetzung durch die Verwertungsgesellschaften sichergestellt werden. Auf diese Weise trägt ein Kodex dazu bei, dass sich bewährte bzw. gesetzeskonforme Praktiken verbreiten und schließlich am Markt durchsetzen.

b. Kommunikationsfunktion

Der DCGK verfolgt ausweislich seiner Präambel u.a. das Ziel, das geltende Recht wiederzugeben (sog. Kommunikationsfunktion).[1077] Insbesondere ausländischen Investoren soll dadurch der Rechtsrahmen in kompakter Form erklärt und so die Attraktivität des Standorts für Investitionen gesteigert werden. Nötig ist dies besonders aufgrund der deutschen Besonderheit des *Two-Tier*-Systems mit Aufsichtsrat und Vorstand sowie der breiten Streuung des deutschen Rechtsrahmens für börsennotierte Aktiengesellschaften über verschiedene Gesetze.[1078]

Bei Verwertungsgesellschaften wäre eine knappe Zusammenfassung des zugrunde liegenden Rechtsrahmens ebenso hilfreich, denn im Gegensatz zu börsennotierten Aktiengesellschaften, die sich an (semi-)professionelle Anleger richten, ist die Tätigkeit der Verwertungsgesellschaften auf Werk-

---

1075 Vgl. *Möllers/Fekonja*, ZGR 2012, 777 (780, 799); *Leyens* in: Hirte/Mülbert/Roth, AktG, 5. Aufl. 2018, § 161 Rn. 53.

1076 *Möllers/Fekonja*, ZGR 2012, 777 (780).

1077 *Bachmann* in: Kremer u.a., DCGK, 7. Aufl. 2018, Rn. 34; *v. Werder* in: Kremer u.a., DCGK, 7. Aufl. 2018, Rn. 102.

1078 *v. Werder* in: Kremer u.a., DCGK, 7. Aufl. 2018, Rn. 102.

schaffende mit völlig verschiedenen Hintergründen ausgerichtet. Nicht nur ausländische, sondern auch inländische Rechtsinhaber können daher von einer Erörterung des geltenden Rechts profitieren: Für Rechtsinhaber aus anderen Mitgliedstaaten kann so die Hemmschwelle eines Wechsels in eine unbekannte Rechtsordnung abgebaut werden, denn trotz der Harmonisierung durch die Richtlinie 2014/26/EU gibt es noch immer deutliche Unterschiede hinsichtlich der rechtlichen Rahmenbedingungen in der EU. Dies lässt sich zurückführen auf die erheblichen Spielräume, die die Richtlinie den Mitgliedstaaten lässt. Bedenkt man, wie unterschiedlich die Verwertungsgesellschaften bereits in Deutschland aufgebaut sind, lässt sich erahnen, dass die Unterschiede zwischen den europäischen Gesellschaften noch größer sein dürften. Die nationalen Rechtsinhaber hingegen werden durch ihr verbessertes Wissen zu einer effektiveren Kontrolle der Agenten befähigt. Da diese Informationen bereits vor Vertragsschluss zur Verfügung stehen, kann zusätzlich der Rechtsinhaber bei Abschluss des Wahrnehmungsvertrags die Leistungen der Verwertungsgesellschaften besser beurteilen. Dies kann helfen, das Problem einer Negativauslese einzudämmen.

c. Maßstabsfunktion

Die §§ 53 ff. VGG bieten den Rechtsinhabern eine Fülle an Informationen. Sie sorgen dafür, dass die Informationsasymmetrien zwischen Prinzipalen und Agenten abgebaut werden. In bestimmten Bereichen helfen die bereitgestellten Informationen dem Rechtsinhaber jedoch nur bedingt weiter. Nicht jeder verfügt über die nötigen Spezialkenntnisse, um die Informationen analysieren zu können. Während Finanzinformationen auch ohne tief greifendes Fachwissen zwischen Verwertungsgesellschaften verglichen werden können, sind die organisatorischen Gestaltungen vielfältiger und komplexer. Nach Nr. 1 lit. d Anlage zu § 58 Abs. 2 VGG ist beispielsweise die Organisationsstruktur darzulegen. Ob ein unmittelbares Mitwirken der Delegierten in der Mitgliederhauptversammlung oder das auf einen zustimmungspflichtigen Beirat ausgelagerte Mitwirken der Nichtmitglieder besser ist, wird der durchschnittliche Rechtsinhaber kaum einschätzen können. Doch auch für über die zur Beurteilung nötiges Spezialwissen verfügende Rechtsinhaber ist die Beantwortung der Frage nach der Vorteilhaftigkeit der Gestaltungen mit einem hohen Aufwand verbunden. So hilft es wenig, wenn die Informationen zwar offengelegt, aber nicht – oder nur unter Erzeugung hoher Transaktionskosten – verarbeitet werden können. In dieser Situation kommt einem Kodex eine wichtige Schlüsselrolle zu. Er kann als Vergleichsmaßstab[1079] die Vergleichbarkeit nichtfinanzieller Informationen erleichtern bzw. überhaupt erst ermöglichen. Entspricht die Gestaltung einer Verwertungsgesellschaft der Kodex-Empfehlung, kann der Rechtsinhaber die zuvor für ihn wenig hilfreiche Information plötzlich für seine Auswahlentscheidung verarbeiten. Ebenso werden die Rechtsinhaber im Rahmen ihrer Mitgliedschaft bei einer Verwertungsgesellschaft in die Lage versetzt, vorgeschlagene Satzungsänderungen besser zu beurteilen. Damit werden sie ein Stück weit unabhängiger von den Vorschlägen der Organe und können so ihre Kontrollfunktion effektiver ausüben.

Aus Sicht der Verwertungsgesellschaften gibt es ebenfalls Vorteile: Gesellschaften, die den Kodex-Empfehlungen folgen, können damit um die Gunst der Rechtsinhaber werben. Insoweit kommt einer Entsprechenserklärung eine Art „Gütesiegel"-Funktion zu.[1080]

2. Selbstregulierung

Die bekannten *Corporate-Governance*-Kodizes sind keine staatlichen Gesetze, sondern privat gesetzte Standards. Es handelt sich bei ihnen um im Wege der Selbstregulierung von dem Adressatenkreis geschaffene Normen. Entscheidend ist die Zusammensetzung des normgebenden Gremiums (a.) und die Homogenität des Adressatenkreises (b.). Gegenüber dem klassischen Gesetzgebungsverfahren bietet die Selbstregulierung Vorteile (c.).

a. Kommissionszusammensetzung

*Selbst*regulierung bedeutet nicht zwingend, dass die betroffenen Adressaten selbst die Verhaltensnormen aufstellen. Vielmehr genügt es, dass sie sich diesen freiwillig unterwerfen. Entsprechend muss der hier vorgeschlagene Kodex nicht von den Verwertungsgesellschaften stammen. Sinnvoll erscheint vielmehr eine Kommission, die neben Vertretern der deutschen Verwertungsgesellschaften mit erfahrenen Experten aus Wissenschaft und Wirtschaft besetzt ist. Neben Professoren könnten so etwa Rechtsanwälte ihre Expertise einbringen.

1079 Vgl. *Leyens* in: Hirte/Mülbert/Roth, AktG, 5. Aufl. 2018, § 161 Rn. 52.
1080 Entsprechend zum DCGK *Ulmer*, AcP 2002 (202), 143 (169).

Damit wird verhindert, dass jede Gesellschaft ihre eigene Praxis als die beste ansieht und man sich nicht auf eine übergeordnete *Best Practice* als Grundlage für Kodex-Empfehlungen einigen kann. Die Einbeziehung von Dritten sorgt für eine Objektivierung und verhindert, dass statt der Interessen der Rechtsinhaber die Interessen der Geschäftsführungen und Aufsichtsgremien der Verwertungsgesellschaften in den Mittelpunkt des Kodex rücken. Um dies zusätzlich abzusichern, sollten auch die Rechtsinhaber an der Entstehung der Empfehlungen beteiligt werden. Denn letztlich ist es wichtig, dass der Kodex bei den Adressaten auf eine breite Akzeptanz trifft:[1081] Empfehlungen, die nicht umgesetzt werden, entfalten keine Wirkung.

b. Homogener Adressatenkreis

Um ein bestmögliches Ergebnis zu erzielen, sollte die sich den Kodex gebende Gruppe möglichst homogen sein.[1082] Ein einheitlicher Kodex für alle Verwertungsgesellschaften in der EU wäre daher aufgrund der nationalen Besonderheiten hinsichtlich der Rechtsformen und dem den Mitgliedstaaten überlassenen Umsetzungsspielraum durch die Richtlinie 2014/26/EU nicht sinnvoll.[1083] Die Richtlinie überlässt nicht nur das *Wie*, sondern bereits das *Ob* der Mitwirkung der Nichtmitglieder den einzelnen Mitgliedstaaten.[1084] Diesbezügliche Kodex-Empfehlungen wären daher kaum möglich.

Bei den deutschen Verwertungsgesellschaften handelt es sich – trotz aller Unterschiede im Detail – um eine relativ homogene Gruppe. Das größte Unterscheidungsmerkmal unter ihnen dürfte die Rechtsform – GmbH oder Verein – sein. Die meisten Regelungen des VGG sind jedoch auf beide Rechtsformen unterschiedslos anzuwenden. Beispielsweise hängt das optimale Stimmgewicht der Nichtmitglieder im Rahmen der Mitgliederhauptversammlung rechtsformunabhängig von denselben Kriterien ab. Lediglich die nötige Umsetzung zur Erreichung des gewünschten Ergebnisses unterscheidet sich zwischen den Rechtsformen. Davon ist eine entsprechende Kodex-Empfehlung jedoch nicht betroffen. Eine rechtsformabhängige Teilung in zwei Kodizes ist daher weder sinnvoll noch nötig.

1081 *Leyens* in: Hirte/Mülbert/Roth, AktG, 5. Aufl. 2018, § 161 Rn. 38.
1082 *Fleischer*, ZGR 2012, 160 (185 f., 196); vgl. *Leyens*, ZEuP 2016, 388 (417).
1083 Vgl. *Fleischer*, ZGR 2012, 160 (182 f.).
1084 Siehe Art. 7 Abs. 2 RL 2014/26/EU und oben S. 130 f.

c. Vorteile

Selbstregulierung zeichnet sich durch eine leichtere und flexiblere Anpassungsfähigkeit aus.[1085] Ein weiterer Vorteil liegt in der gesteigerten Sachnähe der normsetzenden Instanz.[1086] Weil die Kodizes regelmäßig durch eine Kommission von Experten aus Wissenschaft und Praxis entwickelt werden,[1087] werden bekannte Probleme bereits im eigenen Interesse adäquat angegangen und ihre Lösung nicht auf die Anwendungsebene verlagert. Insbesondere bei *Best-Practice*-Ansätzen kommt den Erfahrungen aus der Praxis eine immense Bedeutung zu.

3. Wirkungsweise

Nicht in allen Fällen ist es für die adressierten Gesellschaften sinnvoll, den Empfehlungen des Kodex zu folgen, denn nicht zwangsläufig muss es sich dabei um die beste Lösung für jede Gesellschaft handeln.[1088] Kodizes verpflichten ihre Adressaten daher zumeist nicht streng zu ihrer Befolgung, sondern arbeiten nach dem *Comply-or-Explain*-Prinzip:[1089] Entweder werden die Empfehlungen umgesetzt oder es wird erklärt, wieso ihnen nicht gefolgt wurde. Die dadurch entstehende Flexibilität erlaubt es den Unternehmen, unter Berücksichtigung ihrer jeweiligen Besonderheiten, die *Corporate-Governance*-Struktur anzupassen.[1090] Der Ansatz ist daher gegenüber starren Vorgaben vorzuziehen.[1091] Der Gefahr, dass jegliche Empfehlungen einfach ohne weitere Auseinandersetzung abgelehnt werden, wird dadurch begegnet, dass nicht bloß ein Offenlegen der Abweichung genügt, sondern eine weitergehende Begründung erforderlich ist.[1092] Insbesondere

---

1085 *Hommelhoff*, ZGR 2001, 238 (242).

1086 *Leyens* in: Hirte/Mülbert/Roth, AktG, 5. Aufl. 2018, § 161 Rn. 35.

1087 Ausführlich zu den Normsetzern *Fleischer*, ZGR 2012, 160 (192 ff.).

1088 *OECD*, Grundsätze der Corporate Governance, 2016, S. 13.

1089 Siehe zur Empfehlung des *Comply-or-Explain*-Ansatzes nur *OECD*, Grundsätze der Corporate Governance, 2016, S. 13; Europäische Kommission, KOM(2011), 164 endg., S. 21. Ausführlich zum *Comply-or-Explain*-Prinzip *Leyens*, ZEuP 2016, 388 ff.

1090 Europäische Kommission, KOM(2011), 164 endg., S. 21; *OECD*, Grundsätze der Corporate Governance, 2016, S. 13.

1091 *Fleischer*, ZGR 2012, 160 (184 f.).

1092 Siehe zur Begründungspflicht und ihrer Reichweite *Lutter* in: Kremer u.a., DCGK, 7. Aufl. 2018, Rn. 1860 ff.; MüKo-AktG/*Goette*, 4. Aufl. 2018, § 161 Rn. 52 ff.; *Bayer/Scholz* in: Spindler/Stilz, AktG, 4. Aufl. 2019, § 161 Rn. 57 ff.;

Verwertungsgesellschaften weisen zum Teil Besonderheiten auf, die im Einzelfall ein abweichendes Vorgehen im Vergleich zu den übrigen Verwertungsgesellschaften erfordern. Verfügt eine Verwertungsgesellschaft z.B. nicht über Nichtmitglieder, sondern differenziert nicht zwischen ihren Rechtsinhabern, würde jegliche Regelungen über Mindestrechte der Delegierten in einem Kodex ins Leere laufen.

a. Gesetzliche Verankerung

Üblicherweise werden Kodex-Empfehlungen als *Soft Law* bezeichnet,[1093] da ihre Befolgung nicht erzwungen werden kann. Vielmehr ist die Befolgung in das Belieben der Adressaten gestellt. Die Wirksamkeit eines Kodex hängt also entscheidend von der Rezeption durch die Adressaten ab. Dabei können externe Faktoren die Motivation der Adressaten zur Befolgung beeinflussen. Sanktioniert etwa der Kapitalmarkt die Nichtbefolgung der Kodex-Empfehlungen mit verschlechterten Konditionen oder fallenden Börsenkursen, übt dies Druck auf die Adressaten des Kodex aus.[1094] Probleme hinsichtlich der Wirkungsweise eines Kodex als *Soft Law* entstehen, wenn eine Durchsetzung über den Markt, z.B. an dessen Fehlen, scheitert; denn ohne Durchsetzungsmechanismen ist eine Selbstregulierung nicht wirksam.[1095]

Gelöst werden können solche Probleme über eine Verknüpfung des *Soft Law* mit *Hard Law*: Im Fall des DCGK wurden die privaten Standards mittels eines „hoheitlichen Rezeptionsakts“[1096] (§ 161 AktG) an die staatlichen Gesetze rückgebunden. Daher lässt sich der DCGK nicht als *Soft Law* im klassischen Sinne begreifen.[1097] Unter Beibehaltung des *Comply-or-Explain-*

Leyens, ZEuP 2016, 388 (412 ff.); kritisch mit Blick auf die laxe Handhabung in der Praxis *Spindler*, NZG 2011, 1007 (1009).

1093 Vgl. zum DCGK nur *Busch/Link* in: MünchHdB GesR VII, 5. Aufl. 2016, § 46 Rn. 47; *Schüppen* in: MAHdb AktR, 3. Aufl. 2018, § 1 Rn. 21.

1094 Vgl. zum DCGK *Nowak/Rott/Mahr*, ZGR 2005, 252 (258); *Riesenhuber* in: Rieble/Junker/Giesen, Finanzkriseninduzierte Vergütungsregulierung und arbeitsrechtliche Entgeltsysteme, 2011, S. 142; *Hoffmann-Becking* in: FS Hüffer, 2010, S. 343; *Bachmann* in: FS Hoffmann-Becking, 2013, S. 82; *Schreiner* in: Frodermann/Jannott, HdB AktR, 9. Aufl. 2017, 11. Kap. Rn. 261.

1095 Vgl. *Nowak/Rott/Mahr*, ZGR 2005, 252 (253).

1096 *Möllers/Fekonja*, ZGR 2012, 777 (803).

1097 *Ulmer*, ZHR 2002, 150 (161 f.); *ders.*, AcP 2002 (202), 143 (168); *Grünberger*, RW 2012, 1 (31 ff.); *Möllers/Fekonja*, ZGR 2012, 777 (803 f.); a.A. *Weitnauer*, GWR 2018, 301; *Kort*, AG 2008, 137 f.; vgl. auch *Koch* in: Hüffer/Koch, AktG,

Prinzips fordert § 161 Abs. 1 S. 1 AktG lediglich die Abgabe einer Entsprechenserklärung von Vorstand und Aufsichtsrat.[1098] Da es den Gesellschaften somit freisteht, den Kodex-Empfehlungen nicht zu folgen,[1099] wird auch von einem „Geltungsanspruch mit Ausstiegsklausel" gesprochen.[1100] Allein Verletzungen der Erklärungspflicht sind sanktionierbar, indem sie zur Anfechtbarkeit von Hauptversammlungsbeschlüssen führen.[1101] § 161 Abs. 1 S. 1 AktG dient so als *Opt Out* für die Kodex-Empfehlungen. Der DCGK ist damit ein Sonderfall und nicht mit anderen Kodizes zu vergleichen.[1102]

Im VGG fehlt es an einer vergleichbaren Regelung. *De lege lata* gibt es keinen expliziten gesetzlichen Anwendungsbefehl für einen *Corporate-Governance*-Kodex für Verwertungsgesellschaften. Da sich ein Kodex neben der deskriptiven Wiedergabe des geltenden Rechts auf die Ausfüllung von durch das VGG gelassenen Spielräumen beschränkt, wäre eine solche entsprechende Regelung *de lege ferenda* mit der Richtlinie 2014/26/EU vereinbar. Die Spielräume des VGG leiten sich gerade aus der Richtlinie ab, sodass deren Konkretisierung nicht in den Regelungsgehalt der Richtlinie eingreift. Doch auch ohne eine explizite Verankerung im VGG lassen sich Anknüpfungspunkte für eine gesetzliche Berücksichtigung des Kodex finden. Im Rahmen von §§ 93, 116 AktG sollen die Empfehlungen des DCGK den Sorgfaltsmaßstab für den Vorstand konkretisieren.[1103] In gleicher Weise ließ sich ein *Corporate-Governance*-Kodex für Verwertungsgesellschaften

13. Aufl. 2018, § 161 Rn. 27; *E. Vetter* in: Henssler/Strohn, GesR, 4. Aufl. 2019, § 161 AktG Rn. 4; *Leyens* in: Hirte/Mülbert/Roth, AktG, 5. Aufl. 2018, § 161 Rn. 57 ff.

1098 *Wernsmann/Gatzka*, NZG 2011, 1001 (1006), sehen darin „die Funktion eines Corporate Governance Pranger[s]". Zu der daraus folgenden faktischen Bindungswirkung siehe bereits oben S. 48 f.

1099 *OLG München*, Urt. v. 23.1.2008, NZG 2008, 337 (338); *Runte/Eckert* in: Bürgers/Körber, AktG, 4. Aufl. 2017, § 161 Rn. 3.

1100 *Spindler* in: K. Schmidt/Lutter, AktG, 3. Aufl. 2015, § 161 Rn. 9; *Möllers/Fekonja*, ZGR 2012, 777 (803); *Koch* in: Hüffer/Koch, AktG, 13. Aufl. 2018, § 161 Rn. 27; *Bayer/Scholz* in: Spindler/Stilz, AktG, 4. Aufl. 2019, § 161 Rn. 16; vgl. *Grünberger*, RW 2012, 1 (32).

1101 Siehe ausführlich *Weitnauer*, GWR 2018, 301 ff.; *Busch/Link* in: MünchHdB GesR VII, 5. Aufl. 2016, § 46 Rn. 46 ff.; *Bayer/Scholz*, ZHR 2017, 861 ff.; *Ziemons* in: Ziemons/Binnewies/Jaeger, HdB AG, 82. EL, 04.2019, I. Teil Rn. 8.22 ff.

1102 Vgl. MüKo-AktG/*Goette*, 4. Aufl. 2018, § 161 Rn. 25.

1103 *OLG Schleswig*, Urt. v. 19.9.2002, NZG 2003, 176 (179); *Lutter* in: Hommelhoff/Hopt/v. Werder, Handbuch Corporate Governance, 2. Aufl. 2009, S. 133; *Hölters* in: Hölters, AktG, 3. Aufl. 2017, § 93 Rn. 15 f., § 161 Rn. 44; wohl auch

über § 21 Abs. 1 VGG bei der Konkretisierung des Maßstabs der soliden, umsichtigen und angemessenen Aufgabenerfüllung durch die Geschäftsführung einbinden. Den Empfehlungen des Kodex kann auf diesem Wege eine Indizwirkung zukommen:[1104] Ihre Befolgung wird regelmäßig einer soliden, umsichtigen und angemessenen Aufgabenerfüllung entsprechen.[1105] Daraus folgt jedoch nicht, dass ein Abweichen rechtlich sanktionierbar ist. Da es sich nur um eine widerlegbare Vermutung handelt,[1106] ist eine Nichtbefolgung der Kodex-Empfehlungen nicht *per se* ein Verstoß gegen den Maßstab des § 21 Abs. 1 VGG. Es obliegt jedoch dem betroffenen Organwalter, sich zu entlasten, d.h. darzulegen, dass er trotz Abweichung vom Kodex seine Aufgaben solide, umsichtig und angemessen erfüllt hat.

b. Durchsetzung durch die Aufsichtsbehörde

Aus dieser mittelbaren Einbindung eines *Corporate-Governance*-Kodex für Verwertungsgesellschaften in das VGG lässt sich keine Pflicht zur Abgabe einer Entsprechenserklärung ableiten. Soweit die Verwertungsgesellschaften sie nicht freiwillig abgeben, entsteht eine Begründungspflicht daher nur punktuell, wenn einzelne Handlungen oder Beschlüsse, die sich einer konkreten Empfehlung zuordnen lassen, zum Gegenstand einer Überprüfung werden. Da es im geltenden deutschen Recht an der Verankerung eines *Corporate-Governance*-Kodex für Verwertungsgesellschaften ähnlich dem DCGK über § 161 Abs. 1 AktG fehlt, muss der *Comply-or-Explain*-Ansatz auf einem anderen Weg sichergestellt werden. Dies kann etwa durch eine aktive Aufsicht durch das DPMA geschehen. Soweit eine von der Kodex-Empfehlung abweichende Ausfüllung des Umsetzungsspielraums des VGG nicht mehr gesetzeskonform ist, ist das DPMA im Regelungsbereich der Richtlinie 2014/26/EU bereits aufgrund des unionsrechtlichen *effet utile* zum Eingreifen angehalten. Doch auch im Übrigen sollte die Aufsichts-

---

Möllers/Fekonja, ZGR 2012, 777 (808); *Krieger*, ZGR 2002, 202 (216); differenzierend *Grigoleit/Tomasic* in: Grigoleit, AktG, 2013, § 93 Rn. 41; a.A. *Fleischer* in: Spindler/Stilz, AktG, 4. Aufl. 2019, § 93 Rn. 46 ff.; MüKo-AktG/*Spindler*, 5. Aufl. 2019, § 93 Rn. 42; *Koch* in: Hüffer/Koch, AktG, 13. Aufl. 2018, § 161 Rn. 27.

1104 So zum DCGK *Leyens* in: Hirte/Mülbert/Roth, AktG, 5. Aufl. 2018, § 161 Rn. 103 f.

1105 *Leyens* in: Hirte/Mülbert/Roth, AktG, 5. Aufl. 2018, § 161 Rn. 103.

1106 Vgl. *Möllers/Fekonja*, ZGR 2012, 777 (797 ff.).

behörde nicht untätig bleiben, weil sie nach § 76 Abs. 1 VGG die ordnungsgemäße Erfüllung der den Verwertungsgesellschaften nach dem VGG obliegenden Verpflichtungen sicherzustellen hat. Dazu gehört auch die Verpflichtung des Vorstands aus § 21 Abs. 1 VGG zur soliden, umsichtigen und angemessenen Aufgabenerfüllung. Zwar kommt – wie soeben gezeigt – den Kodex-Empfehlungen in diesem Zusammenhang nur eine Indizfunktion zu, doch scheint es angebracht, im Falle eines Abweichens die betroffene Verwertungsgesellschaft gemäß § 85 Abs. 3 VGG aufzufordern, Auskunft über ihre Beweggründe zu geben. Ergeben sich in der Folge Anhaltspunkte für einen Gesetzesverstoß, hat die Aufsichtsbehörde den Sachverhalt aufzuklären und gegebenenfalls weitere Maßnahmen nach § 85 Abs. 1 VGG zu ergreifen, um sicherzustellen, dass die Verwertungsgesellschaft die ihr nach dem VGG obliegenden Verpflichtungen ordnungsgemäß erfüllt. Ist die Abweichung vom Kodex hingegen mit dem Gesetz vereinbar und nur unzweckmäßig, so sind der Aufsichtsbehörde die Hände gebunden. Das bedeutet indes nicht das Scheitern des *Comply-or-Explain*-Systems, sondern ist vielmehr Ausdruck der unter diesem nicht bestehenden Befolgungspflicht. Trotz seines eingeschränkten Prüfungsumfangs kann das DPMA auf diese Weise den Mechanismus eines Kodex durchsetzen und der Selbstregulierung der Verwertungsgesellschaften zur Wirksamkeit verhelfen.

4. Zusammenfassung

Im Ergebnis lässt sich festhalten, dass ein eigener *Corporate-Governance*-Kodex für Verwertungsgesellschaften sinnvoll wäre. Er hätte mehrere Vorteile: *Erstens* könnte er helfen, eine *Best Practice* herauszubilden und eine einheitliche und rechtskonforme Auslegung des VGG fördern. Der Schutz der Rechtsinhaber als Ausfluss einer guten *Corporate Governance* könnte auf diese Weise sichergestellt werden. *Zweitens* könnte er in- und ausländischen Rechtsinhabern helfen, den Aufbau einer Verwertungsgesellschaft und den Ablauf ihrer internen Willensbildungsprozesse zu verstehen. Dies würde Informationskosten senken und besser informierte Entscheidungen sowie effektivere Kontrollen ermöglichen. *Drittens* würde ein Kodex die Vergleichbarkeit nichtfinanzieller Faktoren zwischen den einzelnen Verwertungsgesellschaften erhöhen, die sonst wohl nicht durch die Rechtsinhaber in den Auswahlprozess einbezogen werden würden. Für gut geführte Verwertungsgesellschaften liegt darin die Chance, ihre Attraktivität nach außen hin sichtbar zu machen und so neue Berechtigte zu gewinnen.

Als Nebeneffekt käme es zu dem von der Richtlinie 2014/26/EU angestrebten Wettbewerb zwischen den Verwertungsgesellschaften. Die Gefahr, dass Kodex-Empfehlungen im Einzelfall nicht sachgerecht sind und zu einer Verschlechterung führen, wird durch den *Comply-or-Explain*-Ansatz ausgeräumt: Durch die Darlegung nachvollziehbarer Gründe für das Abweichen vom Kodex können die Rechtsinhaber verstehen, wieso eine Nichtbefolgung sinnvoll ist. Aufgrund der homogenen Adressatengruppe sollte es sich dabei jedoch um Ausnahmen handeln.

Essenziell für den Erfolg eines eigenen *Corporate-Governance*-Kodex für Verwertungsgesellschaften ist die Zusammensetzung der normsetzenden Gruppe: Die Kommission sollte – neben Vertretern der Verwertungsgesellschaften und Rechtsinhabern – schwerpunktmäßig mit renommierten Experten aus Wissenschaft und Wirtschaft besetzt sein, um eine hohe Akzeptanz auf Seiten der Verwertungsgesellschaften zu erreichen. Daneben sollte das DPMA im Rahmen seiner Aufsichtstätigkeit die Befolgung des Kodex im Rahmen des *Comply-or-Explain*-Prinzips fördern. Mangels einer mit § 161 Abs. 1 AktG vergleichbaren Norm im VGG und dem Fehlen einer Sanktionierung bei Nichtbefolgung durch den Markt läuft ein Kodex sonst Gefahr, ignoriert zu werden. Das DPMA sollte daher den Kodex bei der Konkretisierung der Pflichten aus § 21 Abs. 1 VGG hinzuziehen und im Falle einer Abweichung von den Empfehlungen eine Erklärung fordern.

Die Europäische Kommission hat zwar 2004 explizit „weiches Recht, beispielsweise von den Marktteilnehmern vereinbarte Verhaltenskodizes" als ungeeignet abgelehnt.[1107] Dabei ging es jedoch allein um den „vollständigen Verzicht auf gesetzgeberische Maßnahmen".[1108] Zu einem *ergänzenden* Kodex wurde hingegen keine Aussage getroffen. Vielmehr unterstützt ein solcher die Ziele der Richtlinie 2014/26/EU, die eine gute *Corporate Governance* in den Verwertungsgesellschaften sicherstellen will. In anderen Bereichen wurde der Schritt, einen eigenen Kodex zu etablieren, bereits mit Erfolg gewagt. So ist der im Jahr 2004 aufgrund einer privaten Initiative geschaffene *Governance Kodex für Familienunternehmen* (GKFU), der bereits in der dritten Auflage vorliegt, ein wichtiger Impulsgeber für Famili-

1107 Mitteilung der Kommission v. 16.4.2004, KOM(2004), 261 endg., S. 22 f. Die *European Grouping of Societies of Authors and Composers* (GESAC), eine Vereinigung von Verwertungsgesellschaften aus der Europäischen Union, Island, Norwegen und der Schweiz, stellte in den 1990er-Jahren einen freiwilligen Verhaltenskodex auf. Siehe zu dem Verhaltenskodex der GESAC *Weichaus*, Das Recht der Verwertungsgesellschaften in Deutschland, Großbritannien und Frankreich, 2002, S. 8 ff. und *passim*.

1108 Mitteilung der Kommission v. 16.4.2004, KOM(2004), 261 endg., S. 23.

enverfassungen.[1109] Dieses Beispiel sollte Mut machen, auch für Verwertungsgesellschaften einen eigenen *Corporate-Governance*-Kodex zu etablieren. Mit Blick auf die übrigen Mitgliedstaaten könnten die deutschen Verwertungsgesellschaften damit ihre Vorreiterrolle unterstreichen.

1109 Siehe zum GKFU <www.kodex-fuer-familienunternehmen.de> (zuletzt abgerufen am 15.9.2019).

Literaturverzeichnis

Abeltshauser, Thomas E., Corporate Governance – Standort und Dimension, in: Abeltshauser, Thomas E./Buck, Petra (Hrsg.), Corporate Governance. Tagungsband der 1. Hannoveraner Unternehmerrechtstage, 2004, S. 1–22.

AGICOA/GEMA/GÜFA u.a., Stellungnahme der deutschen Verwertungsgesellschaften vom 14.8.2015 zum Referentenentwurf des VGG, <www.bmjv.de/SharedDocs/Gesetzgebungsverfahren/Stellungnahmen/2015/Downloads/08142015_Stellungnahme_DEU_VGen_RefE_VG_Richtlinie_Umsetzungsgesetz.pdf> (zuletzt abgerufen am 15.9.2019).

Alchian, Armen/Demsetz, Harold, Production, Information Costs, and Economic Organization, in: The American Economic Review, Vol. 62, No. 5, S. 777–795.

Augenstein, Christof, Rechtliche Grundlagen des Verteilungsplans urheberrechtlicher Verwertungsgesellschaften, 2004.

Augsberg, Steffen, Verfassungsrechtliche Aspekte einer gesetzlichen Offenlegungspflicht für Vorstandsbezüge, in: Zeitschrift für Rechtspolitik (ZRP) 2005, S. 105–109.

Bacher, Philipp, Einrichtung eines schuldrechtlichen GmbH-Beirats, in: GmbH-Rundschau (GmbHR) 2005, S. 465–469.

Bachmann, Gregor, Überlegungen zur Reform der Kodex-Regulierung, in: Krieger, Gerd/Lutter, Marcus/Schmidt, Karsten (Hrsg.), Festschrift für Michael Hoffmann-Becking zum 70. Geburtstag, 2013, S. 75–90.

Bachmann, Gregor/Eidenmüller, Horst/Engert, Andreas/Fleischer, Holger/Schön, Wolfgang, Rechtsregeln für die geschlossene Kapitalgesellschaft, 2012.

Bainbridge, Stephen, The New Corporate Governance in Theory and Practice, 2008.

Bartels, Alexander, Die Abzüge der Verwertungsgesellschaften für soziale und kulturelle Zwecke, in: Archiv für Urheber- und Medienrecht (UFITA) 2006/II, S. 325–478.

Bartl, Harald/Bartl, Angela/Beine, Klaus/Koch, Detlef/Schlarb, Eberhard/Schmitt, Michaela C., GmbH-Recht, 8. Auflage 2019 (zitiert: *Bearbeiter* in: Bartl u.a., GmbHR).

Baumbach/Hueck, bearb. v. Beurskens, Michael/Fastrich, Lorenz/Haas, Ulrich/Noack, Ulrich, Gesetz betreffend die Gesellschaften mit beschränkter Haftung: GmbHG, 21. Auflage 2017 (zitiert: *Bearbeiter* in: Baumbach/Hueck, GmbHG).

Bayer, Walter/Scholz, Philipp, Die Anfechtung von Hauptversammlungsbeschlüssen wegen unrichtiger Entsprechenserklärung, in: Zeitschrift für das gesamte Handels- und Wirtschaftsrecht (ZHR) 2017, S. 861–901.

beck-online.GROSSKOMMENTAR zum Zivilrecht, hrsg. v. Gsell, Beate/Krüger,Wolfgang/Lorenz, Stephan/Reymann, Christoph (Gesamthrsg.), Stand: 1.6.2018 (zitiert: BeckOGK/*Bearbeiter*).

Beck, Hanno, Behavioral Economics. Eine Einführung, 2014.

Beck, Lukas, Aktuelles zur elektronischen Hauptversammlung, in: Rheinische Notar-Zeitschrift (RNotZ) 2014, S. 160–168.

Beck'scher Bilanz-Kommentar. Handes- und Steuerrecht, hrsg. v. Grottel, Bernd/Schmidt, Stefan/Schubert, Wolfgang J./Winkeljohann, Norbert, 11. Auflage 2018 (zitiert: *Bearbeiter* in: Beck Bil-Komm).

Beck'sches Handbuch der GmbH. Gesellschaftsrecht – Steuerrecht, hrsg. v. Prinz, Ulrich/Winkeljohann, Norbert, 5. Auflage 2014 (zitiert: *Bearbeiter* in: Beck Hdb-GmbH).

Beck'scher Online-Kommentar BGB, hrsg. v. Bamberger, Heinz Georg/Roth, Herbert/Hau, Wolfgang/Poseck, Roman, 51. Edition, Stand: 1.8.2019 (zitiert: BeckOK-BGB/*Bearbeiter*).

Beck'scher Online-Kommentar GmbHG, hrsg. v. Ziemons, Hildegard/Jaeger, Carsten, 39. Edition, Stand: 1.5.2019 (zitiert: BeckOK-GmbHG/*Bearbeiter*).

Beck'scher Online-Kommentar HGB, hrsg. v. Häublein, Martin/ Hoffmann-Theinert, Roland, 25. Edition, Stand: 15.7.2019 (zitiert: BeckOK-HGB/*Bearbeiter*).

Beck'scher Online-Kommentar Urheberrecht, hrsg. v. Ahlberg, Hartwig/Götting, Horst-Peter, 25. Edition, Stand: 15.7.2019 (zitiert: BeckOK-UrhR/*Bearbeiter*).

Becker, Jürgen, Verwertungsgesellschaften als Träger öffentlicher und privater Aufgaben, in: Becker, Jürgen/Lerche, Peter/Mestmäcker, Ernst-Joachim (Hrsg.), Wanderer zwischen Musik, Politik und Recht. Festschrift für Reinhard Kreile zu seinem 65. Geburtstag, 1994, S. 27–51.

Begemann, Arndt/Laue, Bastian, Der neue § 120 Abs. 4 AktG – ein zahnloser Tiger?, in: Betriebs-Berater (BB) S. 2442–2446.

Beger, Gabriele, Umsetzung der EU-Richtlinie für Verwertungsgesellschaften in deutsches Recht. Umsetzungsbedarf aus Sicht des Deutschen Bibliotheksverbands: Bibliotheken brauchen verlässliche Partner, in: Zeitschrift für Urheber- und Medienrecht (ZUM) 2014, S. 482–484.

Behrens, Peter, Corporate Governance, in: Basedow, Jürgen/Hopt Klaus J./Kötz Hein (Hrsg.), Festschrift für Ulrich Drobnig zum siebzigsten Geburtstag, 1999, S. 504.

Ders., Stimmrecht und Stimmrechtsbindung, in: Lutter, Marcus/Ulmer, Peter/Zöllner, Wolfgang (Hrsg.), Festschrift 100 Jahre GmbH-Gesetz, 1992, S. 539–558.

Bernheim, B. Douglas/Whinston, Michael D., Common Agency, in: Econometrica, Vol. 54, No. 4 (1986), S. 923–942.

Berrar, Carsten, Zur Reform des AR nach den Vorschlägen der Regierungskommission „Corporate Governance", in: Neue Zeitschrift für Gesellschaftsrecht (NZG) 2001, S. 1113–1122.

Bettermann, Peter/Henerick, Oliver, Corporate Governance in börsenfernen Familiengesellschaften, in: Hommelhoff, Peter/Hopt, Klaus J./von Werder, Alex (Hrsg.), Handbuch Corporate Governance. Leitung und Überwachung börsennotierter Unternehmen in der Rechts- und Wirtschaftspraxis, 2. Auflage 2010, S. 849–882.

Beuthien, Volker, Müssen Sonderrechte unentziehbar sein? Zum Begriff, Zweck und Schutz gesellschaftsrechtlicher Vorrechte, in: Zeitschrift für Unternehmens- und Gesellschaftsrecht (ZGR) 2014, S. 24–44.

Bezzenberger, Gerold/Riesenhuber, Karl, Die Rechtsprechung zum „Binnenrecht" der Verwertungsgesellschaften – dargestellt am Beispiel der GEMA, in: Gewerblicher Rechtsschutz und Urheberrecht (GRUR)2003, S. 1005–1014.

Bing, Friederike, Die Verwertung des Urheberrechts. Eine ökonomische Analyse unter besonderer Berücksichtigung der Lizenzvergabe durch Verwertungsgesellschaften, 2002.

Bitter, Georg/Heim, Sebastian, Gesellschaftsrecht, 4. Auflage 2018.

Blath, Simon, Das Mehrheitsprinzip im GmbH-Recht – Grundlegendes und Gestaltungsfragen, in: Rheinische Notar-Zeitschrift (RNotZ) 2017, S. 218–230.

Böckli, Peter, Konvergenz: Annäherung des monistischen und des dualistischen Führungs- und Aufsichtssystems in: Hommelhoff, Peter/Hopt, Klaus J./von Werder, Alex (Hrsg.), Handbuch Corporate Governance. Leitung und Überwachung börsennotierter Unternehmen in der Rechts- und Wirtschaftspraxis, 2. Auflage 2010, S. 255–276.

Börsig, Clemens/Löbbe, Marc, Die gewandelte Rolle des Aufsichtsrats – 7 Thesen zur Corporate Governance Entwicklung in Deutschland, in: Krieger, Gerd/Lutter, Marcus/Schmidt, Karsten (Hrsg.), Festschrift für Michael Hoffmann-Becking zum 70. Geburtstag, 2013, S. 125–156.

Bosse, Christian, Das Gesetz zur Angemessenheit der Vorstandsvergütung (VorstAG) – Überblick und Handlungsbedarf, Betriebs-Berater (BB) 2009, S. 1650–1654.

Brauneck, Jens, EU-Urheberrechtsreform: Umverteilung für Verleger und Pflichten für Online-Dienste unionsrechtmäßig?, in: Europäische Zeitschrift für Wirtschaftsrecht (EuZW) 2017, S. 450–456.

Breithaupt, Joachim/Ottersbach, Jörg H. (Hrsg.), Kompendium Gesellschaftsrecht. Formwahl, Gestaltung, Muster für die Praxis, 2010 (zitiert: *Bearbeiter* in: Breithaupt/Ottersbach, Kompendium GesR).

Bresser, Rudi K. F./Thiele, Reynaldo Valle, Ehemalige Vorstandsvorsitzende als Aufsichtsratschefs: Evidenz zu ihrer Effektivität im Falle des erzwungenen Führungswechsels, in: Zeitschrift für Betriebswirtschaft 2008, S. 175–203.

Bürgers, Tobias/Körber, Torsten (Hrsg.), Aktiengesetz, 4. Auflage, 2017 (zitiert: *Bearbeiter* in: Bürgers/Körber, AktG).

Burner, Carla, Umsetzung der EU-Richtlinie für Verwertungsgesellschaften in deutsches Recht. Diskussionsbericht zur gleichlautenden Arbeitssitzung des Instituts für Urheber- und Medienrecht am 28. März 2014, in: Zeitschrift für Urheber- und Medienrecht (ZUM) 2014, S. 489–493.

Buttlar, Julia von, Directors' Dealings: Änderungsbedarf aufgrund der Marktmissbrauchsrichtlinie, in: Betriebs-Berater (BB) 2003, S. 2133–2139.

Butzke, Volker, Interessenkonflikte von Aufsichtsratsmitgliedern als Thema der Hauptversammlung, in: Krieger, Gerd/Lutter, Marcus/Schmidt, Karsten (Hrsg.), Festschrift für Michael Hoffmann-Becking zum 70. Geburtstag, 2013, S. 229–246.

Calliess, Christian/Ruffert, Matthias (Hrsg.), EUV/AEUV. Das Verfassungsrecht der Europäischen Union mit Europäischer Grundrechtecharta. Kommentar, 5. Auflage 2016 (zitiert: *Bearbeiter* in: Calliess/Ruffert, EUV/AEUV).

Cervellini, Marc, Der Bericht des Aufsichtsrats – Element guter Corporate Governance. Eine Untersuchung unter besonderer Berücksichtigung des Spannungsverhältnisses von Transparenz und Verschwiegenheit, 2012.

Coase, Ronald H., The Nature of the Firm, in: Economica, New Series, Vol. 4, No. 16 (November 1937), S. 386–405.

Conrad, Albrecht/Berberich, Matthias, Vier Urteile und ein Todesfall. Zur Wiederbelebung der Verlegerbeteiligung aus dem Geist der Treuhand, in: Gewerblicher Rechtsschutz und Urheberrecht (GRUR) 2016, S. 648–656.

Cromme, Gerhard, Die Konvergenz der Corporate Governance in ein- und zweigliedrigen Board-Systemen, in: Krieger, Gerd/Lutter, Marcus/Schmidt, Karsten (Hrsg.), Festschrift für Michael Hoffmann-Becking zum 70. Geburtstag, 2013, S. 283–294.

Crozier, Michel/Friedberg, Erhard, Macht und Organisation. Die Zwänge kollektiven Handelns, 1979.

Dauses, Manfred (Begr.)/*Ludwigs, Markus* (Schriftl.), Handbuch des EU-Wirtschaftsrechts, Loseblattsammlung, 47. Ergänzungslieferung, Stand: März 2019 (zitiert: *Bearbeiter* in: Dauses/Ludwigs, HdB EU-WirtschaftsR).

Di Fabio, Udo, Urheberrecht und Kunstfreiheit unter digitalen Verwertungsbedingungen. Verfassungsrechtliche Studie. Studie im Auftrag der GEMA, 2018.

Diekmann, Hans, „Say on Pay" – Wesentliche Änderungen bei der Vergütung von Vorständen und Aufsichtsräten aufgrund der geänderten Aktionärsrechterichtlinie, in: Zeitschrift für Wirtschafts- und Bankenrecht (WM) 2018, S. 796–800.

Discher, Kirsten, Die Mitgliederhaftung im Idealverein, 2012.

Donaldson, Lex/Davis, James H., Stewardship Theory or Agency Theory: CEO Governance and Shareholder Returns, in: Australian Journal of Management, Vol. 16 No. 1 (1991), S. 49–64.

Dördelmann, Jörg-Eckhard, Die gemeinsame Vertretung der Wahrnehmungsberechtigten nach § 6 Abs. 2 WahrnG, in: Schertz, Christian/Omsels, Hermann-Josef (Hrsg.), Festschrift für Paul W. Hertin zum 60. Geburtstag am 25. November 2000, 2000, S. 31–52.

Ders., Gedanken zur Zukunft der Staatsaufsicht über Verwertungsgesellschaften, in: Gewerblicher Rechtsschutz und Urheberrecht (GRUR)1999, S. 890–896.

Dreier, Thomas/Schulze, Gernot, Urheberrechtsgesetz: UrhG. Urheberrechtswahrnehmungsgesetz, Kunsturhebergesetz. Kommentar, 5. Auflage 2015 (zitiert: *Bearbeiter* in: Dreier/Schulze, UrhG, 5. Aufl. 2015).

Dreier, Thomas/Schulze, Gernot, Urheberrechtsgesetz: UrhG. Verwertungsgesellschaftengesetz, Kunsturhebergesetz. Kommentar, 6. Auflage 2018 (zitiert: *Bearbeiter* in: Dreier/Schulze, UrhG, 6. Aufl. 2018).

Drexl, Josef, Das Recht der Verwertungsgesellschaften in Deutschland nach Erlass der Kommissionsempfehlung über die kollektive Verwertung von Online-Musikrechten, in: Hilty, Reto M./Geiger, Christophe (Hrsg.), Impulse für eine europäische Harmonisierung des Urheberrechts. Urheberrecht im deutsch-französischen Dialog, S. 369–398.

Ders., Deutsche Verwertungsgesellschaften im europäischen Wettbewerb, in: Gerlach, Tilo/Evers, Guido (Hrsg.), 50 Jahre GVL. 50 Jahre kollektive Rechtewahrnehmung der Leistungsschutzrechte, 2004, S. 11–28.

Ders., Stellungnahme des Max-Planck-Instituts für Innovation und Wettbewerb vom 14.8.2015 zum Referentenentwurf des VGG, <www.bmjv.de/SharedDocs/Gesetzgebungsverfahren/Stellungnahmen/2015/Downloads/08142015_Stellungnahme_MPI_RefE_VG_Richtlinie_Umsetzungsgesetz.pdf> (zuletzt abgerufen am 15.9.2019).

Ders., Wahrnehmungs- und Abschlusszwang im europäischen Wahrnehmungsrecht, in: von Olenhusen, Albrecht G./Gergen, Thomas (Hrsg.), Kreativität und Charakter. Recht, Geschichte und Kultur in schöpferischen Prozessen. Festschrift für Martin Vogel zum siebzigsten Geburtstag, 2017, S. 227–253.

Dreyer, Gunda/Kotthoff, Jost/Meckel, Astrid (Hrsg.) Urheberrecht. Urheberrechtsgesetz, Urheberrechtswahrnehmungsgesetz, Kunsturhebergesetz, 3. Auflage 2013 (zitiert: *Bearbeiter*, in: Deyer/Kotthoff/Meckel, 3. Aufl. 2013).

Dreyer, Gunda/Kotthoff, Jost/Meckel, Astrid/Hentsch, Christian-Henner, Urheberrecht. Urheberrechtsgesetz, Urheberrechtswahrnehmungsgesetz, Kunsturhebergesetz, 4. Auflage 2018 (zitiert: *Bearbeiter*, in: Deyer/Kotthoff/Meckel/Hentsch, 4. Aufl. 2018).

Drinhauksen, Florian/Keinath, Astrid, Referentenentwurf eines Gesetzes zur Umsetzung der Aktionärsrichtlinie (ARUG) – Ein Beitrag zur Modernisierung der Hauptversammlung, in: Betriebs-Berater (BB) 2008, S. 1238–1245.

Dünnwald, Rolf, Die Verpflichtung der Verwertungsgesellschaften zur Rechtswahrnehmung zu angemessenen Bedingungen, in: Becker, Jürgen/Lerche, Peter/Mestmäcker, Ernst-Joachim (Hrsg.), Wanderer zwischen Musik, Politik und Recht. Festschrift für Reinhard Kreile zu seinem 65. Geburtstag, 1994, S. 161–166.

Ebenroth, Thomas/Boujong, Karlheinz/Joost, Detlev/Strohn, Lutz (Hrsg.), Handelsgesetzbuch: HGB. Band 1: §§ 1–342e. Kommentar, 3. Auflage 2014 (zitiert: *Bearbeiter* in: Ebenroth u.a., HGB).

Ebers, Mark/Gotsch, Wilfried, Institutionenökonomische Theorien der Organisation, in: Kieser, Alfred/Ebers, Mark (Hrsg.), Organisationstheorien, 8. Auflage 2019, S. 196–257.

Eidenmüller, Horst, Kapitalgesellschaften im Spiegel der ökonomischen Theorie, in: Juristen Zeitung (JZ) 2001, S. 1041–1051.

Einem, Götz, Verwertungsgesellschaften im deutschen und internationalen Musikrecht. Rechtliche und praktische Probleme bei der Lizensierung von Musik angesichts der Digitalisierung und Internationalisierung der Rechteverwertung, 2008.

Eisenschmidt, Say on Pay-Votum in Deutschland – Stand der empirischen Forschung und Analyse der Hauptversammlungssaison 2015, in: Der Betrieb (DB) 2016, S. 2793–2798.

Engert, Andreas, Private Macht im Gesellschaftsrecht: Die Macht der Verwaltung und ihre Kontrolle, in: Möslein, Florian (Hrsg.), Private Macht, 2016, S. 381–421.

Ensthaler, Jürgen/Weidert, Stefan (Hrsg.), Handbuch Urheberrecht und Internet, 3. Auflage 2017 (zitiert: *Bearbeiter* in: Ensthaler/Weidert, Hdb UrhR-IntR).

Erlei, Mathias/Leschke, Martin/Sauerland, Dirk, Institutionenökonomik, 3. Auflage 2016.

Erman. BGB, hrsg. v. Westermann, Harm Peter/Grunewald, Barbara/Maier-Reimer, Georg, 15. Auflage. 2017 (zitiert: Erman/*Bearbeiter*).

Esslinger, Detlef, Genug ist nicht Genug, in: Süddeutsche Zeitung (SZ) vom 12.9.2016, S. 9.

Eulerich, Marc/Rapp, Marc Steffen/Wolff, Michael, Ausgewählte Aspekte der Vorstandsvergütung: „Say-on-Pay"-Abstimmungen während der Hauptversammlung. Zur Praxis des Abstimmungsverhaltens in der HV-Saison 2010, in: Zeitschrift für Corporate Governance (ZCG) 2012, S. 69–73.

Fechner, Frank, Geistiges Eigentum und Verfassung. Schöpferische Leistungen unter dem Schutz des Grundgesetzes, 1999.

Feddersen, Dieter, Neue gesetzliche Anforderungen an den Aufsichtsrat, in: Die Aktiengesellschaft (AG) 2000, S. 385–396.

Ferstl, Jürgen, Managervergütung und Shareholder Value. Konzeption einer wertorientierten Vergütung für das Top-Management, 2000.

Fingerhut, Michael/Schröder, Mathias, Recht des GmbH-Gesellschafters auf Beiziehung eines juristischen Beraters in der Gesellschafterversammlung, in: Betriebs-Berater (BB) 1999, S. 1230–1232.

Flechsig, Norbert P., Verlegeranteil und Sukzessionsschutz nach dem nationalem Recht, in: Praxis im Immaterialgüter und Wettbewerbsrecht (GRUR-Prax) 2016, S. 209–211.

Ders., Entstehung und Abtretung gesetzlicher Vergütungsansprüche. Zugleich ein Beitrag zur Frage der Verlegerbeteiligung, in: Gewerblicher Rechtsschutz und Urheberrecht (GRUR) 2016, S. 1103–1112.

Ders., Inhalt der Evidenzkontrolle durch das DPMA, in: Praxis im Immaterialgüter und Wettbewerbsrecht (GRUR-Prax) 2017, S. 160–161.

Ders., Verlegerische Majorate, in: Dreier, Thomas/Peifer, Karl-Nikolaus/Specht, Louisa (Hrsg.), Anwalt des Urheberrechts. Festschrift für Gernot Schulze zum 70. Geburtstag, 2017, S. 249–257.

Fleischer, Holger (Hrsg.), Handbuch des Vorstandsrechts, 2006 (zitiert: *Bearbeiter* in: Fleischer, Hdb VorstandsR).

Ders., Organpublizität im Aktien-, Bilanz- und Kapitalmarktrecht, in: Neue Zeitschrift für Gesellschaftsrecht (NZG) 2006, S. 561–569.

Ders., Das Gesetz zur Angemessenheit der Vorstandsvergütung (VorstAG), in: Neue Zeitschrift für Gesellschaftsrecht (NZG) 2009, S. 801–805.

Ders., Corporate Governance in Europa als Mehrebenensystem. Vielfalt und Verflechtung der Gesetzgeber, Standardsetzer und Verhaltenskodizes, in: Zeitschrift für Unternehmens- und Gesellschaftsrecht (ZGR) 2012, S. 160–196.

Ders., Gestaltungsgrenzen für Zustimmungsvorbehalte des Aufsichtsrats nach § 111 Abs. 4 S. 2 AktG, in: Betriebs-Berater (BB) 2013, S. 835–843.

Ders., Zur organschaftlichen Treuepflicht der Geschäftsleiter im Aktien- und GmbH-Recht, in: Zeitschrift für Wirtschafts- und Bankenrecht (WM) 2003, S. 1045–1058.

Fluck, Bernd, Fehlerhafte Vereinsbeschlüsse. Beschlussmängelfolgen und deren Geltendmachung, 2017.

Flume, Werner, Allgemeiner Teil des Bürgerlichen Rechts. Zweiter Band: Das Rechtsgeschäft, 4. Auflage 1992.

Frodermann, Jürgen/Jannott, Dirk (Hrsg.), Handbuch des Aktienrechts, 9. Auflage 2017 (zitiert: *Bearbeiter* in: Frodermann/Jannott, HdB AktR).

Frohne, Ronald/Müller-Ernstberger, Gertraude, Stellungnahme der GWFF vom 13.8.2015 zum Regierungsentwurf des VGG, <www.bmjv.de/SharedDocs/Gesetzgebungsverfahren/Stellungnahmen/2015/Downloads/08132015_Stellungnahme_GWFF_RefE_VG_Richtlinie_Umsetzungsgesetz.pdf> (zuletzt abgerufen am 15.9.2019zuletzt abgerufen am 15.9.2019).

Fromm/Nordemann, Urheberrecht. Kommentar zum Urheberrechtsgesetz, zum Verlagsgesetz und zum Urheberrechtswahrnehmungsgesetz, hrsg. v. Nordemann, Axel/Nordemann, Jan Bernd, 11. Auflage 2014 (zitiert: *Bearbeiter* in: Fromm/Nordemann).

Fuhrmann, Lambertus/Linnerz, Markus/Pohlmann, Andreas (Hrsg.), Deutscher Corporate Governance Kodex, 2016 (zitiert: *Bearbeiter* in: Fuhrmann/Linnerz/Pohlmann, DCGK).

Gaul, Felix, Das Vergütungsvotum der Hauptversammlung nach § 120 Abs. 4 AktG im Lichte der Reform der Aktionärsrechte-Richtlinie, in: Die Aktiengesellschaft (AG) 2017, S. 178–187.

Gerlach, Tilo, Der Regierungsentwurf für ein Verwertungsgesellschaftengesetz aus Sicht der ausübenden Künstler, in: Zeitschrift für Urheber- und Medienrecht (ZUM) 2016, S. 85–88.

Ders., Europäischer Rechtsrahmen für Verwertungsgesellschaften, in: Zeitschrift für Urheber- und Medienrecht (ZUM) 2013, S. 174–176.

Göx, Robert F./Kunz, Alexis H., Say on Pay: Ein Überblick über Gestaltungsoptionen, ökonomische Konsequenzen und Erkenntnisse aus Empirie und Laborexperimenten, in: Zeitschrift für Betriebswirtschaft (ZfB) 2012, S. 123–151.

Grewenig, Claus, Der Regierungsentwurf für ein Verwertungsgesellschaftengesetz aus Sicht des privaten Rundfunks, in: Zeitschrift für Urheber- und Medienrecht (ZUM) 2016, S. 98–102.

Grigoleit, Hans Christoph (Hrsg.), Aktiengesetz. Kommentar, 2013 (zitiert: *Bearbeiter* in: Grigoleit, AktG).

Grote, Sophia Gräfin, Europäische Perspektiven der Rechtewahrnehmung durch Verwertungsgesellschaften, 2012.

Grünberger, Michael, Geschlechtergerechtigkeit im Wettbewerb der Regulierungsmodelle. Wege zur tatsächlichen Durchsetzung der Gleichberechtigung in Führungspositionen der Wirtschaft, in: Rechtswissenschaft (RW) 2012, S. 1–45.

Ders., Personale Gleichheit. Der Grundsatz der Gleichbehandlung im Zivilrecht, 2013.

Ders., Vergütungspflicht und Lizenzvorrang in der neuen EU-Bildungsschranke. Ein Plädoyer für wissenschaftsspezifische Zugangsregeln, in: Gewerblicher Rechtsschutz und Urheberrecht (GRUR) 2017, S. 1–11.

Guibault, Lucie, Collective Rights Management Directive, in: Stamatoudi, Irini/Torremans, Paul (Hrsg.), EU Copyright Law, 2014, S. 696–763.

Haas, Ulrich/Vogel, Oliver, § 35 BGB als Restrukturierungshindernis für Sportverbände, in: Zeitschrift für Sport und Recht (SpuRt) 2011, S. 50–53.

Habersack, Mathias, Vorstands- und Aufsichtsratsvergütung – Grundsatz- und Anwendungsfragen im Lichte der Aktionärsrechterichtlinie, Neue Zeitschrift für Gesellschaftsrecht (NZG) 2018, S. 127–134.

Haberstumpf, Helmut, Kreativität und Charakter – Festschrift für Martin Vogel zum siebzigsten Geburtstag. Recht, Geschichte und Kultur in schöpferischen Prozessen Studien zum Gewerblichen Rechtsschutz und zum Urheberrecht, in: Gewerblicher Rechtsschutz und Urheberrecht (GRUR) 2018, S. 280.

Hanau, Hans, Die Schranken privater Gestaltungsmacht – Zur Herleitung einer Angemessenheitskontrolle aus den Grenzen der Selbstbindung, in: Möslein, Florian (Hrsg.), Private Macht, 2016, S. 119–144.

Hanfeld, Michael, Großangriff auf die VG Wort, in: Frankfurter Allgemeine Zeitung (FAZ) vom 8.9.2016, S. 9.

Ders., Die nächste Etappe – Mitglieder entscheiden über Zukunft der VG Wort, in: Frankfurter Allgemeine Zeitung (FAZ) vom 25.11.2016, S. 15.

Ders., In der Schwebe – Bei der VG Wort verbleiben Verteilungsfragen offen, in: Frankfurter Allgemeine Zeitung (FAZ) vom 28.11.2016, S. 11.

Ders., Weihnachten, mitten im Mai, in: Frankfurter Allgemeine Zeitung (FAZ) vom 22.5.2017, S. 9.

Ders., Zerstörung der VG Wort, Teil eins, in: Frankfurter Allgemeine Zeitung (FAZ) vom 12.9.2017, S. 9.

Hansen, Gerd/Schmidt-Bischoffshausen, Albrecht, Ökonomische Funktionen von Verwertungsgesellschaften – Kollektive Wahrnehmung im Lichte von Transaktionskosten- und Informationsökonomik, in: Gewerblicher Rechtsschutz und Urheberrecht Internationaler Teil (GRUR Int.) 2007, S. 461–481.

Harbarth, Stephan, Aktienrecht, Gemeinwohl und Vergütungsparameter, in: Zeitschrift für Unternehmens- und Gesellschaftsrecht (ZGR) 2018, S. 379–402.

Hart, Oliver, Corporate Governance: Some Theory and Implications, in: The Economic Journal, Vol. 105, No. 430 (May 1995), S. 678–689.

Hauptmann, Christian, Die Vergesellschaftung des Urheberrechts. Das ausschließliche Recht, Entindividualisierung und Vergesellschaftung bei Wahrnehmung durch Verwertungsgesellschaften am Beispiel der GEMA und der VG Wort, 1994.

Heermann, Peter W., Bindung an die Satzung übergeordneter Verbände durch dynamische Verweisungsklauseln, in: Zeitschrift für das gesamte Handels- und Wirtschaftsrecht (ZHR) 2010, S. 250–293.

Heindorf, Arne Christian, Die staatliche Aufsicht über Verwertungsgesellschaften. Grundstruktur, Spezifika, Vergleich zu anderen Aufsichtsformen des Wirtschaftsverwaltungsrechts, 2011.

Heinemann, Tobias, Die Verteilungspraxis der Verwertungsgesellschaften. Verteilungsmechanismen und wahrnehmungsrechtliche Problemfelder aus einer rechtlichen, ökonomischen, kulturellen und sozialen Sichtweise, 2017.

Henssler, Martin/Strohn, Lutz (Hrsg.), Gesellschaftsrecht. BGB. HGB. PartGG. GmbHG. AktG. GenG. UmwG. InsO. AnfG. IntGesR., 4. Auflage 2019 (zitiert: *Bearbeiter* in: Henssler/Strohn, GesR).

Herberger, Maximilian/Martinek, Michael/Rüßmann, Helmut/Weth, Stephan/Würdinger, Markus (Hrsg.), juris PraxisKommentar BGB, 8. Auflage 2017 (zitiert: *Bearbeiter* in: Herberger u.a., jurisPK-BGB).

Hesse, Katharina, Die Veröffentlichungspflicht für Vorstandsvergütung. Nach Gesellschafts-, Verfassungs- und Europarecht, 2013.

Heymann, Ernst (Begr.), Handelsgesetzbuch (ohne Seerecht). Band 3 – §§ 238–342a, hrsg. v. Horn, Norbert, 2. Auflage 1999 (zitiert: *Bearbeiter* in: Heymann, HGB).

Hillig, Hans-Peter, Zur Rechtsstellung des Beirates in der urheberrechtlichen Verwertungsgesellschaft, in: Becker, Jürgen/Lerche, Peter/Mestmäcker, Ernst-Joachim (Hrsg.), Wanderer zwischen Musik, Politik und Recht. Festschrift für Reinhard Kreile zu seinem 65. Geburtstag, 1994, S. 295–301.

Himmelmann, Ulrich, Die Aufsicht über die GEMA, in: *Kreile, Reinhold/Becker, Jürgen/Riesenhuber, Karl* (Hrsg.), Recht und Praxis der GEMA. Handbuch und Kommentar, 2. Auflage 2008, S. 817–906.

Hirte, Heribert/Mülbert, Peter O./Roth, Markus (Hrsg.), Aktiengesetz Großkommentar, 5. Auflage
Band 2 – Teilband 1: §§ 23–40, 2016,
Band 7 – Teilband 1: §§ 118–130, 2015,
Band 8 – §§ 150–178, 2018
(zitiert: *Bearbeiter* in: Hirte/Mülbert/Roth, AktG).

Hoffmann-Becking, Michael, Deutscher Corporate Governance Kodex – Anmerkungen zu Zulässigkeit, Inhalt und Verfahren, in: Kindler, Peter/Koch, Jens/Ulmer, Peter/Winter, Martin (Hrsg.), Festschrift für Uwe Hüffer zum 70. Geburtstag, 2010, S. 337–354.

Hofmann, Christian, Der Minderheitenschutz im Gesellschaftsrecht, 2011.

Ders., Private Macht im Gesellschaftsrecht – Die Macht der Mehrheit, in: Möslein, Florian (Hrsg.), Private Macht, 2016, S. 353–380.

Holmström, Bengt, Moral Hazard and observability, in: The Bell Journal of Economics, Vol. 10, No. 1 (1979), S. 74–91.

Hölters, Wolfgang (Hrsg.), Aktiengesetz. Kommentar, 3. Auflage 2017 (zitiert: *Bearbeiter* in: Hölters, AktG).

Holzmüller, Tobias, Der Regierungsentwurf für ein Verwertungsgesellschaftengesetz – Auswirkungen für die GEMA, in: Zeitschrift für Urheber- und Medienrecht (ZUM) 2016, S. 88–91.

Ders., Umsetzung der EU-Richtlinie für Verwertungsgesellschaften in deutsches Recht – Umsetzungsbedarf aus Sicht der GEMA, in: Zeitschrift für Urheber- und Medienrecht (ZUM) 2014, S. 468–470.

Hommelhoff, Peter, Die OECD-Principles on Corporate Governance – ihre Chancen und Risiken aus dem Blickwinkel der deutschen corporate governance-Bewegung, in: Zeitschrift für Unternehmens- und Gesellschaftsrecht (ZGR) 2001, S. 238–267.

Höppner, Christian, Stellungnahme des Deutschen Musikrats vom 14.8.2015 zum Referentenentwurf des VGG, S. 3, <www.bmjv.de/SharedDocs/Gesetzgebungsverfahren/Stellungnahmen/2015/Downloads/08142015_Stellungnahme_Musikrat_RefE_VG_Richtlinie_Umsetzungsgesetz.pdf> (zuletzt abgerufen am 15.9.2019).

Houareau, René, Stellungnahme des Bundesverband Musikindustrie e.V. (BVMI) vom 15.2.2016 zum Regierungsentwurf des VGG, <www.bundestag.de/blob/407820/f1ed35380967e95a8fca1a7e2d0ccd89/houareau-data.pdf> (zuletzt abgerufen am 15.9.2019).

Hüffer, Uwe (Begr.)/*Koch, Jens* (Bearb.), Aktiengesetz, 13. Auflage 2018 (zitiert: *Bearbeiter* in: Hüffer/Koch, AktG).

Hüffer, Uwe, Die Gesellschafterversammlung – Organ der GmbH oder bloßes Beschlußverfahren?, in: Lutter, Marcus/Ulmer, Peter/Zöllner, Wolfgang (Hrsg.), Festschrift 100 Jahre GmbH-Gesetz, 1992, S. 521–528.

Jauernig, Othmar (Begr.), Bürgerliches Gesetzbuch mit Rom-I-, Rom-II-VO, EuUnthVO/HUntProt und EuErbVO. Kommentar, hrsg. v. Stürner, Rolf (Hrsg.), 17. Auflage 2018 (zitiert: Jauernig/*Bearbeiter*).

Jensen, Michael C./Meckling, William H., Theory of the Firm: Managerial Behavior, Agency Costs and Ownership Structure, in: Journal of Financial Economics, Vol. 3, No. 4 (October, 1976), S. 305–360.

KEA European Affairs, The Collective Management of Rights in Europe. The Quest for Efficiency, 2006, <www.europarl.europa.eu/meetdocs/2004_2009/documents/dv/study-collective-management-rights-/study-collective-management-rights-en.pdf> (zuletzt abgerufen am 15.9.2019).

Keiderling, Thomas, Geist, Recht und Geld: Die VG WORT 1958–2008, 2008.

Kirberger, Wolfgang, Stimmrechtsbündelung zugunsten von Vereinsorganen und anderen Gruppen von Vereinsmitgliedern?, in: Betriebs-Berater (BB) 1974, S. 1000–1004.

Kirschbaum, Tom/Wittmann, Martin, Selbstregulierung im Gesellschaftsrecht: Der Deutsche Corporate Governance Kodex, in: Juristische Schulung (JuS) 2005, S. 1062–1067.

Kirstein, Roland/Peiss, Matthias, Quantitative Machtkonzepte in der Ökonomik, in: Möslein, Florian (Hrsg.), Private Macht, 2016, S. 110–118.

Klatte, Volkmar, Möglichkeiten des Verzichts auf Angabe von Organbezügen und Ergebnisverwendung, in: Betriebs-Berater (BB) 1995, S. 35–40.

Kleefass, Steffen, Die Anfechtbarkeit von Hauptversammlungsbeschlüssen aufgrund fehlerhafter Entsprechenserklärungen: eine Bestandsaufnahme, in: Neue Zeitschrift für Gesellschaftsrecht (NZG) 2019, S. 298–303.

Klett, Alexander R./Schlüter, Kathrin, Das neue Verwertungsgesellschaftengesetz – Was kommt? Was geht? Was bleibt? in: Kommunikation & Recht (K&R) 2016, S. 567–572.

Kling, Günter, Argumente für den Verzicht auf die Angabe von Organbezügen, in: Betriebs-Berater (BB) 1995, S. 349–350.

Klöhn, Lars, Minderheitenschutz im Personengesellschaftsrecht. Rechtsökonomische Grundlagen und Perspektiven, in: Archiv für die civilistische Praxis (AcP) 2016 (216), S. 281–319.

Ders., Die Herabsetzung der Vorstandsvergütung gem. § 87 Abs. 2 AktG in der börsennotierten Aktiengesellschaft, in: Zeitschrift für Unternehmens- und Gesellschaftsrecht (ZGR) 2012, S. 1–34.

Koch, Jens, Begriff und Rechtsfolgen von Interessenkonflikten und Unabhängigkeit im Aktienrecht, in: Zeitschrift für Unternehmens- und Gesellschaftsrecht (ZGR) 2014, S. 697–730.

Kocher, Dirk, Der Einfluss festgelegter Stimmen auf Hauptversammlungen. Einschränkungen des Prinzips der ergebnisoffenen Präsenzversammlung, in: Betriebs-Berater (BB) 2014, S. 2317–2323.

Kort, Michael, Interessenkonflikte bei Organmitgliedern der AG, in: Zeitschrift für Wirtschaftsrecht (ZIP) 2008, S. 717–725.

Ders., Corporate Governance-Fragen der Größe und Zusammensetzung des Aufsichtsrats bei AG, GmbH und SE, in: Die Aktiengesellschaft (AG) 2008, S. 137–149.

Koss, Claus, Prinzipal-Agent-Konflikte in Nonprofit-Organisationen, in: Hopt, Klaus J./von Hippel, Thomas/Walz, Rainer W. (Hrsg.), Nonprofit-Organisationen in Recht, Wirtschaft und Gesellschaft. Theorien – Analysen – Corporate Governance, 2004, S. 197–219.

Kreile, Johannes, Kein Freibrief – Inhalt und Grenzen der Staatsaufsicht über Verwertungsgesellschaften, in: Zeitschrift für Urheber- und Medienrecht (ZUM) 2018, S. 13–19.

Kremer, Thomas/Bachmann, Gregor/Lutter, Marcus/von Werder, Axel, Deutscher Corporate Governance Kodex. Kodex-Kommentar, 7. Auflage 2018 (zitiert: *Bearbeiter* in: Kremer u.a., DCGK).

Kretschmar, Daniél, Mafiöse Methoden, 2.12.2011, <www.heise.de/-1987887> (zuletzt abgerufen am 15.9.2019).

Kreutz, Marcus, Verhaltenskodices als wesentliches Element von Corporate-Governance-Systemen in gemeinnützigen Körperschaften, in: Zeitschrift für Rechtspolitik (ZRP) 2007, S. 50–54.

Krieger, Gerd, Corporate Governance und Corporate Governance Kodex in Deutschland, in: Zeitschrift für Unternehmens- und Gesellschaftsrecht (ZGR) 2012, S. 202–227.

Kumpan, Christoph, Der Interessenkonflikt im deutschen Privatrecht. Eine Untersuchung zur Fremdinteressenwahrung und Unabhängigkeit, 2014.

Kuntz, Thilo, Gestaltung von Kapitalgesellschaften zwischen Freiheit und Zwang. Venture Capital in Deutschland und den USA, 2016.

Lange, Knut Werner, Der Beirat als Element der Corporate Governance in Familienunternehmen, in: GmbH-Rundschau (GmbHR) 2006, S. 897–904.

Ders., Corporate Governance in Familienunternehmen, in: Betriebs-Berater (BB) 2008, S. 2585–2890.

Lattemann, Christoph, Corporate Governance im globalisierten Informationszeitalter, 2010.

Lehmann, Michael, Eigentum, geistiges Eigentum, gewerbliche Schutzrechte. Property Rights als Wettbewerbsbeschränkungen zu Förderung des Wettbewerbs, in: Gewerblicher Rechtsschutz und Urheberrecht Internationaler Teil (GRUR Int.) 1983, S. 356–362.

Leistner, Matthias/Metzger, Axel, International Review of Intellectual Property and Competition Law (IIC) 2017, S. 381–384.

Lerche, Peter, Verwertungsgesellschaften als Unternehmen „sui generis“, in: Kreile, Reinhold/Becker, Jürgen/Riesenhuber, Karl (Hrsg.), Recht und Praxis der GEMA. Handbuch und Kommentar, 2. Auflage 2008, S. 25–32.

Ders., Verwertungsgesellschaften als Unternehmen »sui generis«, in: Zeitschrift für Urheber- und Medienrecht (ZUM) 2003, S. 34–38.

Leuering, Dieter, Vorstands- und Aufsichtsratsvergütung in der geänderten Aktionärsrechterichtlinie, in: Neue Zeitschrift für Gesellschaftsrecht (NZG) 2017, S. 646–651.

Leyens, Patrick C., Comply or Explain im Europäischen Privatrecht – Erfahrungen im Europäischen Gesellschaftsrecht und Entwicklungschancen des Regelungsansatzes, in: Zeitschrift für Europäisches Privatrecht (ZEuP) 2016, S. 388–426.

Limper, Josef, § 15 FAO Selbststudium Neuer Rechtsrahmen für die kollektive Wahrnehmung von Urheber- und urheberrechtlichen Leistungsschutzrechten durch Verwertungsgesellschaften, in: Der IP-Rechtsberater (IPRB) 2016, S. 163–168.

Loewenheim, Ulrich (Hrsg.), Handbuch des Urheberrechts, 2. Auflage 2010 (zitiert: *Bearbeiter* in: Loewenheim, HdB UrhR).

Ders., Das BGH-Urteil zur Verlegerbeteiligung an den Einnahmen der VG Wort, in: Neue Juristische Wochenschrift (NJW) 2016, S. 2383–2386.

Lutter, Marcus, Deutscher Corporate Governance Kodex, in: Hommelhoff, Peter/Hopt, Klaus J./von Werder, Alex (Hrsg.), Handbuch Corporate Governance. Leitung und Überwachung börsennotierter Unternehmen in der Rechts- und Wirtschaftspraxis, 2. Auflage 2009, S. 123–136.

Ders., Die Empfehlungen der Kommission vom 14.12.2004 und vom 15.2.2005 und ihre Umsetzung in Deutschland, in: Europäische Zeitschrift für Wirtschaftsrecht (EuZW) 2009, S. 799–804.

Ders./Hommelhoff, Peter (Hrsg.), GmbH-Gesetz. Kommentar, 19. Auflage 2016 (*Bearbeiter* in: Lutter/Hommelhoff, GmbHG).

Lutter, Marcus/Krieger, Gerd/Verse, Dirk A., Rechte und Pflichten des Aufsichtsrats, 6. Auflage 2014.

Marsch-Barner, Reinhard/Schäfer, Frank A. (Hrsg.), Handbuch börsennotierte AG. Aktien- und Kapitalmarktrecht, 4. Auflage 2018. (zitiert: *Bearbeiter* in: Marsch-Barner/Schäfer, Hdb börs-AG).

Martens, Klaus-Peter, Grundlagen und Entwicklung des Minderheitsschutzes in der GmbH, in: Lutter, Marcus/Ulmer, Peter/Zöllner, Wolfgang (Hrsg.), Festschrift 100 Jahre GmbH-Gesetz, 1992, S. 607–630.

Mauhs, Angela, Der Wahrnehmungsvertrag, 1990.

Menzel, Hans-Jürgen, Die Aufsicht über die GEMA durch das Deutsche Patentamt. Ein Beispiel für die Aufsicht über Verwertungsgesellschaften, 1986.

Mešević, Iza Razija, Urheberrechtssysteme und kollektive Rechtwahrnehmung in Südosteuropa, 2015.

Mestmäcker, Ernst-Joachim, Zur Anwendung von Kartellaufsicht und Fachaufsicht auf urheberrechtliche Verwertungsgesellschaften und ihre Mitglieder, in: Leßmann, Herbet/Großfeld, Bernhard/Vollmer, Lothar (Hrsg.), Festschrift für Rudolf Lukes zum 65. Geburtstag, 1989, S. 445–461.

Meyer, Jürgen (Hrsg.), Charta der Grundrechte der Europäischen Union, 4. Auflage 2014 (zitiert: *Bearbeiter* in: Meyer, GRCh).

Michalski, Lutz (Begr.), Kommentar zum Gesetz betreffend die Gesellschaften mit beschränkter Haftung (GmbH-Gesetz) hrsg. v. Heidinger, Andreas/Leible, Stefan/Schmidt, Jessica, 3. Auflage 2017,
Band 1 – Systematische Darstellungen, §§ 1–34 GmbHG,
Band 2 – §§ 35–85 GmbHG, §§ 1–4 EGGmbHG
(zitiert: *Bearbeiter* in Michalski, GmbHG).

Möllers, Thomas M.J./Fekonja, Benjamin, Private Rechtsetzung im Schatten des Gesetzes. Ein Beitrag zur Bindungswirkung privaten Rechts am Beispiel des Deutschen Corporate Governance Kodex und der Deutschen Rechnungslegungs Standards, in: Zeitschrift für Unternehmens- und Gesellschaftsrecht (ZGR) 2012, S. 777–816.

Möslein, Florian, Contract Governance und Corporate Governance im Zusammenspiel. Lehren aus der globalen Finanzkrise in: Juristen Zeitung (JZ) 2010, S. 72–80.

Mueller, Christopher/Jangl, Jana, Musik, Label und Musikverlag – Ein Appell für Partnerschaft in der Musikbranche, in: Dreier, Thomas/Peifer, Karl-Nikolaus/Specht, Louisa (Hrsg.), Anwalt des Urheberrechts. Festschrift für Gernot Schulze zum 70. Geburtstag, 2017, S. 260.

Müller, Friedrich/Christensen, Ralph, Juristische Methodik. Band I: Grundlegung für die Arbeitsmethoden der Rechtspraxis, 11. Auflage 2013.

Müller, Klaus J./Wolff, Reimar, Verlagerung von Zuständigkeiten auf den Beirat der GmbH, in: GmbH-Rundschau (GmbHR) 2003, S. 810–817.

Müller, Stefan, Der Verteilungsplan der GEMA. Rechtliche Grundlagen und Prinzipien der Verteilung, 2006.

Ders., Die Beteiligung von Print- und Musikverlegern an den Ausschüttungen von VG WORT und GEMA, in: Zeitschrift für Urheber- und Medienrecht (ZUM) 2014, S. 781–792.

Münchner Anwaltshandbuch Aktienrecht, hrsg. v. Schüppen, Matthias/Schaub, Bernhard, 3. Auflage 2018 (zitiert: *Bearbeiter* in: MAHdb AktR).

Münchener Anwaltshandbuch GmbH-Recht, hrsg. v. Römermann, Volker, 4. Auflage 2018 (zittiert: *Bearbeiter* in: MAHdb GmbHR).

Münchener AnwaltsHandbuch Urheber- und Medienrecht, hrsg. v. Raue, Peter/Hegemann, Jan (Hrsg.), 2. Auflage 2017 (zitiert: *Bearbeiter* in: MAHdb UrhR).

Münchener Handbuch des Gesellschaftsrechts, Band 3 – Gesellschaft mit beschränkter Haftung, hrsg. v. Priester, Hans-Joachim/Mayer, Dieter/Wicke, Hartmut 5. Auflage 2018 (zitiert: *Bearbeiter* in: MünchHdB GesR III).

Münchener Handbuch des Gesellschaftsrechts, Band 4 – Aktiengesellschaft, hrsg. v. Hoffmann-Becking, Michael, 4. Auflage 2015 (zitiert: *Bearbeiter* in: MünchHdB GesR IV),

Münchener Handbuch des Gesellschaftsrechts, Band 5 – Verein – Stiftung bürgerlichen Rechts, hrsg. v. Beuthien, Volker/Gummert, Hans/Schöpflin, Martin, 4. Auflage 2016 (zitiert: *Bearbeiter* in: MünchHdB GesR V),

Münchener Handbuch des Gesellschaftsrechts, Band 7 – Gesellschaftsrechtliche Streitigkeiten (Corporate Litigation), hrsg. v. Born, Manfred/Ghassemi-Tabar, Nima/Gehle, Burkhard, 5. Auflage 2016 (zitiert: *Bearbeiter* in: MünchHdB GesR VII).

Münchener Kommentar zum Aktiengesetz, hrsg. v. Goette, Wulf/Habersack, Mathias,
Band 1 – §§ 1–75 AktG, 5. Auflage 2019,
Band 2 – §§ 76–117 AktG, MitbestG, DrittelbG, 5. Auflage 2019,
Band 3 – §§ 118–178 AktG, 4. Auflage 2018
(zitiert: MüKo-AktG/*Bearbeiter*).

Münchener Kommentar zum Bürgerlichen Gesetzbuch, hrsg. v. Säcker, Franz Jürgen/Rixecker, Roland/Oetker, Hartmut/Limperg, Bettina,
Band 1 – Allgemeiner Teil. §§ 1–240. ProstG. AGG, 7. Auflage 2015
Band 1 – Allgemeiner Teil. §§ 1–240. AllgPersönlR. ProstG. AGG. 8. Auflage 2018
(zitiert: MüKo-BGB/*Bearbeiter*).

Münchener Kommentar zum Gesetz betreffend die Gesellschaft mit beschränkter Haftung, hrsg. v. Fleischer, Holger/Goette, Wulf, 3. Auflage
Band 1 – §§ 1–34, 2018
Band 2 – §§ 35–52, 2019
Band 3 – §§ 53–88, 2018
(zitiert: MüKo-GmbHG/*Bearbeiter*).

Münchener Kommentar zum Handelsgesetzbuch, hrsg. v. Schmidt, Karsten/Ebke, Werner F., Band 4 – §§ 238–342e, 3. Auflage 2013 (zitiert: MüKo-HGB/*Bearbeiter*).

Nérisson, Sylvie, Europäischer Rechtsrahmen für Verwertungsgesellschaften: Die hochfliegenden Pläne der Europäischen Kommission in ihrem Richtlinienvorschlag. Ein Beitrag aus der Wissenschaft, in: Zeitschrift für Urheber- und Medienrecht (ZUM) 2013, S. 185–191.

Neßler, Christian/Lis, Bettina, Corporate Governance – Eine unternehmenskulturelle Frage. „Weiche“ Rahmenfaktoren etablieren, in: Zeitschrift für Corporate Governance (ZCG) 2014, S. 106–109.

Neuroth, Oliver, Betrug mit Musikrechten. Korruption in Spanien, 27.6.2017, <www.br-klassik.de/aktuell/news-kritik/betrug-klassische-musik-spanien-100.html> (zuletzt abgerufen am 15.9.2019).

Nordemann, Wilhelm, Der Begriff der „angemessenen Bedingungen“ in § 6 Absatz 1 Wahrnehmungsgesetz, in: Gewerblicher Rechtsschutz und Urheberrecht Internationaler Teil (GRUR Int.) 1973, S. 306–310.

Ders., Mängel der Staatsaufsicht über die deutschen Verwertungsgesellschaften?, in: Gewerblicher Rechtsschutz und Urheberrecht (GRUR) 1992, S. 584–589.

Nowak, Claudia, Wahl des unabhängigen Finanzexperten nach BilMoG: Praxistipps für den Umgang mit dem neuen § 100 Abs. 5 AktG, in: Betriebs-Berater (BB) 2010, S. 2423–2427.

Nowak, Eric/Rott, Roland/Mahr, Till G., Wer den Kodex nicht einhält, den bestraft der Kapitalmarkt? Eine empirische Analyse der Selbstregulierung und Kapitalmarktrelevanz des Deutschen Corporate Governance Kodex, in: Zeitschrift für Unternehmens- und Gesellschaftsrecht (ZGR) 2005, S. 252–279.

Organisation für wirtschaftliche Zusammenarbeit und Entwicklung (OECD), G20/OECD-Grundsätze der Corporate Governance, 2015.

Palandt, Otto (Begr.), Bürgerliches Gesetzbuch: BGB mit Nebengesetzen, bearb. v. Brudermüller, Gerd/Ellenberger, Jürgen/Götz, Isabell u.a., 78. Auflage 2019 (zitiert: Palandt/*Bearbeiter*).

Paschos, Nikolaos/Goslar, Sebastian, Der Referentenentwurf des Gesetzes zur Umsetzung der Aktionärsrechterichtlinie (ARUG) aus Sicht der Praxis, in: Die Aktiengesellschaft (AG) 2008, S. 605–617.

Peifer, Karl-Nikolaus, Umsetzung der EU-Richtlinie für Verwertungsgesellschaften in deutsches Recht. Umsetzungsbedarf aus wissenschaftlicher Sicht, in: Zeitschrift für Urheber- und Medienrecht (ZUM) 2014, S. 453–468.

Peifer, Karl-Nikolaus, Anmerkung zu BGH, Urteil vom 21. April 2016 – I ZR 198/13 – Verlegeranteil, in: Zeitschrift für Urheber- und Medienrecht (ZUM) 2016, S. 650–652.

Pfennig, Gerhard, Stellungnahme der Initiative Urheberrecht vom 9.2.2016 zum Regierungsentwurf des VGG, <www.bundestag.de/blob/406836/1b57b64610fd267f9894c88a5e841eda/pfennig-data.pdf> (zuletzt abgerufen am 15.9.2019).

Pflüger, Claudius, Gerechter Ausgleich und angemessene Vergütung. Dispositionsmöglichkeiten bei Vergütungsansprüchen aus gesetzlichen Lizenzen, 2017.

Picot, Gerhard, Mehrheitsrechte und Minderheitenschutz in der Personengesellschaft. Unter besonderer Berücksichtigung der Publikums-KG, in: Betriebs-Berater (BB) 1993, S. 13–21.

Piper, Bernd, Virtuelle Mitgliederversammlungen bei Vereinen, in: Neue Zeitschrift für Gesellschaftsrecht (NZG) 2012, S. 735–737.

Podszun, Rupprecht, Die Kontrolle der Verwertungsgesellschaften, in: Grünberger, Michael/Leible, Stefan (Hrsg.), Die Kollision von Urheberrecht und Nutzerverhalten, 2014, S. 172–210.

Ders., Freibrief für Verwertungsgesellschaften? Das Fehlurteil des VG München (ZUM 2017, 779) zur Aufsicht des DPMA über Verwertungsgesellschaften, in: Zeitschrift für Urheber- und Medienrecht (ZUM) 2017, S. 732–740.

Ders., Verwertungsgesellschaften vor der Neuordnung: Der Vorschlag der Kommission zu einer Richtlinie über die kollektive Wahrnehmung von Urheberrechten und verwandten Schutzrechten, in: Zeitschrift für Gemeinschaftsprivatrecht (GPR) 2013, S. 97–103.

Ders./Franz, Benjamin, Das Aufsichtsregime über Verwertungsgesellschaften. Implikationen der Richtlinie 2014/26/EU für das nationale Recht, in: Zeitschrift für geistiges Eigentum (ZGE) 2015, S. 15–48.

Rehbinder, Manfred, Mängel der Staatsaufsicht über die deutschen Verwertungsgesellschaften, Deutsches Verwaltungsblatt (DVBl.) 1992, S. 216–222.

Ders./Peukert, Alexander, Urheberrecht und verwandte Schutzrechte. Ein Studienbuch, 18. Auflage 2018 (zitiert: *Rehbinder/Peukert*, Urheberrecht).

Reinbothe, Jörg, Die Harmonisierung des Rechts der Verwertungsgesellschaften in der Europäischen Union, in: Dreier, Thomas/Peifer, Karl-Nikolaus/Specht, Louisa (Hrsg.), Anwalt des Urheberrechts. Festschrift für Gernot Schulze zum 70. Geburtstag, 2017, S. 283–293.

Ders., Rechtliche Perspektiven für Verwertungsgesellschaften im Europäischen Binnenmarkt, in: Zeitschrift für Urheber- und Medienrecht (ZUM) 2003, S. 27–34.

Reuter, Dieter, Der Beirat der GmbH, in: Lutter, Marcus/Ulmer, Peter/Zöllner, Wolfgang (Hrsg.), Festschrift 100 Jahre GmbH-Gesetz, 1992, S. 631–656.

Richter, Rudolf/Furubotn, Eirik G., Neue Institutionenökonomik. Eine Einführung und kritische Würdigung, 4. Auflage 2010.

Riesenhuber, Karl, Angemessenheitsgebot und Willkürverbot. Zur Auslegung von §§ 6 und 7 UrhWG, in: Archiv für Urheber- und Medienrecht (UFITA) 2005/I, S. 59–108.

Ders., Contract Governance: Regulierung und Selbstbestimmung im Vertragsrecht in: Tröger, Tobias/Karampatzos, Antonios (Hrsg.), Gestaltung und Anpassung von Verträgen in Krisenzeiten, 2014, S. 3–22.

Ders., Die Auslegung und Kontrolle des Wahrnehmungsvertrags, 2004.

Ders., Die Auslegung, in: ders. (Hrsg.), Europäische Methodenlehre. Handbuch für Ausbildung und Praxis, 3. Auflage 2014, S. 199–224.

Ders., Die Verwertungsgesellschaft i. S. v. § 1 UrhWahrnG, in: Zeitschrift für Urheber- und Medienrecht (ZUM) 2008, S. 625–640.

Ders., Die Wertung, in: *Kreile, Reinhold/Becker, Jürgen/Riesenhuber, Karl* (Hrsg.), Recht und Praxis der GEMA. Handbuch und Kommentar, 2. Auflage 2008, S. 578–659.

Ders., Privatrechtsgesellschaft: Leistungsfähigkeit und Wirkkraft im deutschen und Europäischen Recht. Entwicklung, Stand und Verfassung des Privatrechts in: ders. (Hrsg.), Privatrechtsgesellschaft. Entwicklung, Stand und Verfassung des Privatrechts, 2007, S. 1–34.

Ders., Transparenz der Wahrnehmungstätigkeit. Die Pflicht der Verwertungsgesellschaft zu Rechnungslegung, Publizität und zur Information ihrer Berechtigten, in: Zeitschrift für Urheber- und Medienrecht (ZUM) 2004, S. 417–426.

Ders., Urheber und Verleger in Verwertungsgesellschaften, in: Zeitschrift für Urheber- und Medienrecht (ZUM) 2018, S. 407–416.

Ders., Vergütungssysteme unter dem Blick von Governance und Compliance in: Rieble, Volker/Junker, Abbo/Giesen, Richard (Hrsg.), Finanzkriseninduzierte Vergütungsregulierung und arbeitsrechtliche Entgeltsysteme, 2011, S. 133–154.

Ders., Verlegerbeteiligung in Verwertungsgesellschaften, in: Dreier, Thomas/Peifer, Karl-Nikolaus/Specht, Louisa (Hrsg.), Anwalt des Urheberrechts. Festschrift für Gernot Schulze zum 70. Geburtstag, 2017, S. 295–205.

Ders./Möslein, Florian, Contract Governance – Skizze einer Forschungsperspektive, in: Riesenhuber, Karl (Hrsg.), Perspektiven des Europäischen Schuldvertragsrechts, 2008, S. 1–41.

Roth, Holger/Altmeppen, Günter H., Gesetz betreffend die Gesellschaft mit beschränkter Haftung. Kommentar, 9. Auflage 2019 (zitiert: *Bearbeiter* in: Roth/Altmeppen, GmbHG).

Roth, Wulf-Henning/Jopen, Christian, Die richtlinienkonforme Auslegung, in: Riesenhuber, Karl (Hrsg.), Europäische Methodenlehre. Handbuch für Ausbildung und Praxis, 3. Auflage 2015, S. 358–363.

Roth, Günter H./Wörle, Ulrike, Die Unabhängigkeit des Aufsichtsrats – Recht und Wirklichkeit, in: Zeitschrift für Unternehmens- und Gesellschaftsrecht (ZGR) 2004, S. 565–630.

Röttgen, Norbert/Kluge, Hans-Georg, Nachhaltigkeit bei Vorstandsvergütungen, in: Neue Juristische Wochenschrift (NJW) 2013, S. 900–905.

Rühl, Giesela, Ökonomische Analyse des Rechts, in: Krüper, Julian (Hrsg.), Grundlagen des Rechts, 3. Auflage 2016, S. 223–243.

Saenger, Ingo, Gesellschaftsrecht, 4. Auflage 2018.

Sandberger, Georg, Neue Rahmenbedingungen für Verwertungsgesellschaften in einem globalisierten Rechtemarkt, in: von Olenhusen, Albrecht G./Gergen, Thomas (Hrsg.), Kreativität und Charakter. Recht, Geschichte und Kultur in schöpferischen Prozessen. Festschrift für Martin Vogel zum siebzigsten Geburtstag, 2017, S. 307–345.

Sanders, Anne, Der Beirat als Instrument der Family Business Governance in der Entwicklung des Familienunternehmens, in: Neue Zeitschrift für Gesellschaftsrecht (NZG) 2017, S. 961–968.

Sauter/Schweyer/Waldner, Der eingetragene Verein. Gemeinverständliche Erläuterung des Vereinsrechts unter Berücksichtigung neuester Rechtsprechung mit Formularteil, bearb. v. Waldner, Wolfram/Wörle-Himmel, Christof, 20. Auflage 2016 (zitiert: *Bearbeiter* in: Sauter/Schweyer/Waldner, Der eingetragene Verein).

Schack, Haimo, Urheber- und Urhebervertragsrecht, 9. Auflage 2019.

Schaefer, Martin, Das neue Verwertungsgesellschaftengesetz – Ein Wegweiser zum Referentenentwurf, in: Kommunikation & Recht (K&R) 2015, S. 761–767.

Schäfer, Carsten, Besondere Regelungen für börsennotierte und für nichtbörsennotierte Gesellschaften?, in: Neue Juristische Wochenschrift (NJW) 2008, S. 2536–2544.

Schäfer, Hans-Bernd/Ott, Claus, Lehrbuch der ökonomischen Analyse des Zivilrechts, 5. Auflage 2012.

Schieffer, Anita/Wauschkuhn, Antonie, „Unter Freunden“ – Interessenkonflikte erkennen, vermeiden und bereinigen, in: Corporate Compliance Zeitschrift (CCZ) 2017, S. 191–192.

Schierholz, Anke/Gerlach, Tilo, Entwicklung der Verwertungsgesellschaften, in: Dreier, Thomas/Hilty, Reto M.(Hrsg.), Vom Magnettonband zu Social Media. Festschrift 50 Jahre Urheberrechtsgesetz (UrhG), 2015, S. 137–152.

Schmid, Matthias/Wirth, Thomas/Seifert, Fedor, Urheberrechtsgesetz mit Urheberwahrnehmungsgesetz. Handkommentar 2. Auflage 2008 (zitiert: *Bearbeiter* in: Schmid/Wirth/Seifert, HK-UrhG).

Schmidt, Jessica, Die Umsetzung der Aktionärsrechte-Richtlinie 2017: der Referentenentwurf für das ARUG II, in: Zeitschrift für Gesellschaftsrecht (NZG) 2018, S. 1201–1220.

Schmidt, Karsten, Gesellschaftsrecht, 4. Auflage 2002.

Ders./Lutter, Marcus (Hrsg.), Aktiengesetz. Kommentar, 3. Auflage 2015 (zitiert: *Bearbeiter* in: Schmidt/Lutter, AktG).

Schmidt-Schmiedebach, Bodo, Stiftung und Governance Kodex. Ein Comply-or-Explain-Mechanismus zur Lösung des Kontrollproblems der Stiftung, 2016.

Scholz, Franz (Begr.), GmbHG, bearb. v. Bitter, Georg/Cramer, Carsten/Crezelius, Georg/u.a., Band 2 – §§ 35–52, 11. Auflage 2014. (zitiert: *Bearbeiter* in: Scholz, GmbHG).

Schricker, Gerhard (Begr.)/Loewenheim, Ulrich/Leistner, Matthias/Ohly, Ansgar (Hrsg.), Urheberrecht. UrhG, KUG (Auszug), UrhWG. Kommentar, 5. Auflage 2017 (zitiert: *Bearbeiter* in: Schricker/Loewenheim, UrhR).

Schubel, Christian, Verbandssouveränität und Binnenorganisation der Handelsgesellschaften, 2003.

Schuhen, Axel, Kontrollprobleme in Nonprofit-Organisationen und Lösungsansätze – Überlegungen auf Basis der Theorie und Praxis der Nonprofit Governance, in: Hopt, Klaus J./von Hippel, Thomas/Walz, Rainer W. (Hrsg.), Nonprofit-Organisationen in Recht, Wirtschaft und Gesellschaft. Theorien – Analysen – Corporate Governance, 2004, S. 221–241.

Schulze, Erich, Mitgliedsausschluß aus einem wirtschaftlichen Verein am Beispiel der GEMA, Neue Juristische Wochenschrift (NJW) 1991, S. 3264–3265.

Schulze, Gernot, Das Urhebervertragsrecht nach Erlass der EU-Richtlinie über das Urheberrecht im digitalen Binnenmarkt, in: Gewerblicher Rechtsschutz und Urheberrecht (GRUR) 2019, S. 682–686.

Schulze, Reiner (Schriftl.), Bürgerliches Gesetzbuch. Handkommentar, 10. Auflage 2019 (zitiert: *Bearbeiter* in: Schulze, HK-BGB).

Schwab, Martin, AGB-Recht, 3. Auflage 2019.

Seibert, Ulrich, Corporate Governance: The Next Phase – Die Corporate Governance-Debatte schreitet weiter zu den Pflichten der Eigentümer und ihrer Helfer, in: Krieger, Gerd/Lutter, Marcus/Schmidt, Karsten (Hrsg.), Festschrift für Michael Hoffmann-Becking zum 70. Geburtstag, 2013, S. 1102–1118.

Seibt, Christoph H., Informationsfluss zwischen Vorstand und Aufsichtsrat (dualistisches Leitungssystem) bzw. innerhalb des Verwaltungsrats (monistisches Leitungssystem) in: Hommelhoff, Peter/Hopt, Klaus J./von Werder, Alex (Hrsg.), Handbuch Corporate Governance. Leitung und Überwachung börsennotierter Unternehmen in der Rechts- und Wirtschaftspraxis, 2. Auflage 2009, S. 391–422.

Spindler, Gerald, Gesellschaftsrecht und Digitalisierung, in: Zeitschrift für Unternehmens- und Gesellschaftsrecht (ZGR) 2018, S. 17–55.

Ders, Beratungsverträge mit Aufsichtsratsmitgliedern – Vorabzustimmung oder nachträgliche Genehmigung?, in: Neue Zeitschrift für Gesellschaftsrecht (NZG) 2011, S. 334–337.

Ders., Zur Zukunft der Corporate Governance Kommission und des § 161 AktG, in: Neue Zeitschrift für Gesellschaftsrecht (NZG) 2011, S. 1007–1013.

Ders., Internet und Corporate Governance – ein neuer virtueller (T)Raum? – Zum Entwurf der NaStraG, in: Zeitschrift für Unternehmens- und Gesellschaftsrecht (ZGR) 2000, S. 420–445.

Ders./Kepper, Katrin, Funktionen, rechtliche Rahmenbedingungen und Gestaltungsmöglichkeiten des GmbH-Beirats (Teil I), in: Deutsches Steuerrecht (DStR) 2005, S. 1738–1743.

Spindler, Gerald/Stilz, Eberhard (Hrsg.), Kommentar zum Aktiengesetz: AktG, 4. Auflage 2019 (zitiert: *Bearbeiter* in: Spindler/Stilz, AktG).

Staats, Robert, Kollektive Lizenzvergabe mit erweiterter Wirkung nach Art. 12 der DSM-Richtlinie – eine sinnvolle Lösung für Deutschland?, in: Zeitschrift für Urheber- und Medienrecht (ZUM) 2019, S. 703–712.

Ders., Der EU-Richtlinienvorschlag über die kollektive Rechtewahrnehmung – Stellungnahme aus Sicht der Praxis, in: Zeitschrift für Urheber- und Medienrecht (ZUM) 2013, S. 162–168.

Ders., Stellungnahme der VG WORT vom 15.9.2014 zur Umsetzung der Richtlinie 2014/26/EU, <www.vgwort.de/fileadmin/pdf/stellungnahmen/Richtlinie_2014_26_EU_VGWORT_150914.pdf> (zuletzt abgerufen am 15.9.2019).

Ders., Der Regierungsentwurf für ein Verwertungsgesellschaftengesetz aus Sicht der VG WORT, in: Zeitschrift für Urheber- und Medienrecht (ZUM) 2016, S. 81–84.

Staub, Hermann (Begr.), Handelsgesetzbuch: HGB. Band 5: §§ 238–289a, hrsg. v. Canaris, Claus-Wilhelm/Habersack, Mathias/Schäfer, Carsten, 5. Auflage 2014 (zitiert: *Bearbeiter* in: Staub, HGB).

Staudinger, Julius von (Begr.), Kommentar zum Bürgerlichen Gesetzbuch mit Einführungsgesetz und Nebengesetzen.
Buch 1: Allgemeiner Teil:
§§ 21–79 (Allgemeiner Teil 2), Neubearbeitung 2005,
§§ 21–79 (Allgemeiner Teil 2), Neubearbeitung 2019,
§§ 164–240 (Allgemeiner Teil 5), Neubearbeitung 2014,
Buch 2: Recht der Schuldverhältnisse:
Allgemeines Gleichbehandlungsgesetz, Neubearbeitung 2018
(zitiert: Staudinger/*Bearbeiter*).

Staudt, Monika, Die Rechteübertragungen im Berechtigungsvertrag der GEMA, 2006.

Stenger, Jan, Kodex und Entsprechenserklärung. Schwachstellen, Reformvorschläge, Deregulierung, 2013.

Steinau-Steinrück, Robert v./Wohlgemuth, Stefan, Die Aufsicht über die GEMA, in: Kreile, Reinhold/Becker, Jürgen/Riesenhuber, Karl (Hrsg.), Recht und Praxis der GEMA. Handbuch und Kommentar, 2. Auflage 2008, S. 121–206.

Stieper, Malte, Die Richtlinie über das Urheberrecht im digitalen Binnenmarkt, in: Zeitschrift für Urheber- und Medienrecht (ZUM) 2019, S. 211–217.

Stiglbauer, Markus, Corporate Governance Berichterstattung und Unternehmenserfolg. Eine empirische Untersuchung für den deutschen Aktienmarkt, 2010.

Stöber, Kurt/Otto, Dirk-Ulrich, Handbuch zum Vereinsrecht, 11. Auflage 2016 (zitiert: *Bearbeiter* in: Stöber/Otto, Hdb VereinsR).

Teichmann, Christoph, ECLR. Corporate Governance in Europa, in: Zeitschrift für Unternehmens- und Gesellschaftsrecht (ZGR) 2001, S. 645–679.

Thölke, Ulrich, Die Umwandlung eines gemeinnützigen Vereins in eine Stiftung. Regelungsbedarf und Regelungsmöglichkeiten de lege ferenda, in: Zeitschrift für das Recht der Nonprofit Organisationen (npoR) 2017, S. 54–57.

Tietzel, Manfred/Weber, Marion, Urheberrechte im Zeitalter der Fotokopie. Zur Ökonomik von Verwertungsgesellschaften am Beispiel der VG WORT, in: Ott, Claus/Schäfer, Hans-Bernd (Hrsg.), Ökonomische Analyse der rechtlichen Organisation von Innovation. Beiträge zum IV. Travemünder Symposium zur ökonomischen Analyse des Rechts (23. – 26. März 1994), 1994, S. 128–147.

Traut, Johannes, Die Corporate Governance von Kapitalgesellschaften der öffentlichen Hand. Eine gesellschafts- und europarechtliche Betrachtung unter Einbeziehung rechtsökonomischer Erwägungen, 2013.

Ulmer, Peter/Habersack, Mathias/Löbbe, Marc (Hrsg.), Gesetz betreffend die Gesellschaft mit beschränkter Haftung (GmbHG). Großkommentar, 2. Auflage 2014 (zitiert: *Bearbeiter* in: Ulmer/Habersack/Löbbe, Großkommentar GmbHG).

Ulmer, Peter, Der Deutsche Corporate Governance Codex – ein neues Regulierungsinstrument für börsennotierte Aktiengesellschaften, in: Zeitschrift für das gesamte Handels- und Wirtschaftsrecht (ZHR) 2002, S. 150–181.

Ders., Aktienrecht im Wandel. Entwicklungslinien und Diskussionsschwerpunkte, in: Archiv für die civilistische Praxis (AcP) 2002 (202), S. 143–178.

Ungern-Sternberg, Joachim von, Die Rechtsprechung des EuGH und des BGH zum Urheberrecht und zu den verwandten Schutzrechten im Jahr 2016, in: Gewerblicher Rechtsschutz und Urheberrecht (GRUR) 2017, S. 217–235.

Ders., Ausschüttungsansprüche von Berechtigten gegen ihre Verwertungsgesellschaft, in: Zeitschrift für geistiges Eigentum (ZGE) 2017, S. 1–20.

Ders., Verwertungsgesellschaften und ihre Berechtigten, in: Ahrens, Hans-Jürgen/ Bornkamm, Joachim/Fezer, Karl-Heinz/u.a. (Hrsg.), Festschrift für Wolfgang Büscher, 2018, S. 265–280.

Ders., Das Urteil des BGH "Verlegeranteil" und seine Folgen – zugleich eine Erwiderung auf Riesenhuber, ZUM 2018, 407, in: Internet-Zeitschrift für Rechtsinformatik und Informationsrecht (JurPC), Web-Dok. 105/2018, <www.jurpc.de/jurpc/show?id=20180105> (zuletzt abgerufen am 15.9.2019).

Ders., Die Rechtsprechung des EuGH und des BGH zum Urheberrecht und zu den verwandten Schutzrechten im Jahr 2018, in: Gewerblicher Rechtsschutz und Urheberrecht (GRUR) 2019, S. 1–11.

Velte, Patrick, Stewardship-Theorie, in: Zeitschrift für Planung & Unternehmenssteuerung (2010) (ZP) 2010, S. 285–293.

Ders., Der Vergütungsbericht und die Vergütungsvoten nach dem ARUG II-RefE. Eine erste Zwischenbilanz, in: Deutsches Steuerrecht (DStR) 2018, S. 2445–2449.

Ders., „Nachhaltige“ Vorstandsvergütung bei börsennotierten Aktiengesellschaften. Notwendige Einbeziehung von nichtfinanziellen Leistungsindikatoren?, in: Neue Zeitschrift für Gesellschaftsrecht (NZG) 2016, S. 294–299.

Ders., Say on Pay als wirkungsvolles europäisches Regulierungsinstrument?, in: Europäische Zeitschrift für Wirtschaftsrecht (EuZW) 2013, S. 893–898.

Ders., Say on Pay-Regulierung nach der Neufassung der Richtlinien 2007/36/EU und 2013/34/EU, in: Neue Zeitschrift für Gesellschaftsrecht (NZG) 2017, S. 368–371.

Ders., Stewardship-Theorie, in: Zeitschrift für Planung & Unternehmenssteuerung (ZP) 2010, S. 285–293.

Ventroni, Stefan, Paukenschlag zur Verlegerbeteiligung: Aus für die Verteilungspraxis der GEMA?, in: Zeitschrift für Urheber- und Medienrecht (ZUM) 2017, S. 187–207.

Verband unabhängiger Musikunternehmen e.V., Stellungnahme des Verbands unabhängiger Musikunternehmen e. V. (VUT) vom 11.8.2015 zum Referentenentwurf des VGG, <www.urheberrecht.org/topic/UmsetzungVG-RL/VGG-Stellungnahme%20des%20VUT.pdf> (zuletzt abgerufen am 15.9.2019).

Verse, Dirk A., Regulierung der Vorstandsvergütung – mehr Macht für die Aktionäre? Überlegungen zur geplanten Reform des say on pay, in: Neue Zeitschrift für Gesellschaftsrecht (NZG) 2013, S. 921–930.

Voigt, Stefan, Institutionenökonomik, 2. Auflage 2009.

Voormann, Volker, Der Beirat im Gesellschaftsrecht, 2. Auflage 1989.

Wagner, Jürgen, Die Entwicklungen im Vereinsrecht, in: Neue Zeitschrift für Gesellschaftsrecht (NZG) 2019, S. 46–53.

Wandtke, Artur-Axel, Grundsätze der Richtlinie über das Urheberrecht im digitalen Binnenmarkt, in: Neue Juristische Wochenschrift (NJW) 2019, S. 1841–1847.

Ders., Werkbegriff im Urheberrechts-Wissensgesellschafts-Gesetz, in: Neue Juristische Wochenschrift (NJW) 2018, S. 1129–1135.

Ders./Bullinger, Winfried (Hrsg.), Praxiskommentar zum Urheberrecht, 4. Auflage 2014 (zitiert: *Bearbeiter* in: Wandtke/Bullinger, Praxiskommentar UrhR, 4. Aufl.).

Ders./Bullinger, Winfried (Hrsg.), Praxiskommentar zum Urheberrecht, 5. Auflage 2019 (zitiert: *Bearbeiter* in: Wandtke/Bullinger, Praxiskommentar UrhR, 5. Aufl.).

Watzenberg, Anja, Der homo oeconomicus und seine Vorurteile. Eine Analyse des zivilrechtlichen Benachteiligungsverbots, 2014.

Weber, Christoph, Privatautonomie und Außeneinfluss im Gesellschaftsrecht, 2000.

Weber, Stefan C./Velte, Patrick, Der Zusammenhang zwischen Corporate Governance und Kapitalkosten des Unternehmens, in: Deutsches Steuerrecht (DStR) 2011, S. 39–45.

Wedemann, Frauke, Gesellschafterkonflikte in geschlossenen Kapitalgesellschaften, 2013.

Weichaus, Bernd, Das Recht der Verwertunsgegesellschaften in Deutschland, Großbritannien und Frankreich, 2002.

Weitnauer, Manuel, Verstöße gegen den Deutschen Corporate Governance Kodex als Anfechtungsgrund für Hauptversammlungsbeschlüsse, in: Gesellschafts- und Wirtschaftsrecht (GWR) 2018, S. 301–306.

Welge, Martin/Eulerich, Marc, Corporate-Governance-Management: Theorie und Praxis der guten Unternehmensführung, 2. Auflage 2014.

Weller, Marc-Philippe, Corporate Governance in geschlossenen Gesellschaften: Status quo und Anforderungen, in: Zeitschrift für Unternehmens- und Gesellschaftsrecht (ZGR) 2012, S. 386–417.

Werder, Axel von, Führungsorganisation. Grundlagen der Corporate Governance, Spitzen- und Leitungsorganisation, 3. Auflage 2015.

Ders., Ökonomische Grundfragen der Corporate Governance, in: Hommelhoff, Peter/Hopt, Klaus J./von Werder, Alex (Hrsg.), Handbuch Corporate Governance. Leitung und Überwachung börsennotierter Unternehmen in der Rechts- und Wirtschaftspraxis, 2. Auflage 2010, S. 3–38.

Wernsmann, Rainer/Gatzka, Ulrich, Der Deutsche Corporate Governance Kodex und die Entsprechenserklärung nach § 161 AktG. Anforderungen des Verfassungsrechts, in: Neue Zeitschrift für Gesellschaftsrecht (NZG) 2011, S. 1001–1007.

Wessing, Kurt/Max, Dietrich H., Zur Rückfallkompetenz der Gesellschaftsversammlung bei Funktionsunfähigkeit des Beirats, in: von Hadding, Walther/Immenga, Ulrich/Mertens, Hans-Joachim/u.a. (Hrsg.), Festschrift für Winfried Werner zum 65. Geburtstag am 17. Oktober 1984: Handelsrecht und Wirtschaftsrecht in der Bankpraxis, 1984, S. 975–988.

Wicke, Hartmut, Gesetz betreffend die Gesellschaften mit beschränkter Haftung (GmbHG). Kommentar, 3. Auflage 2016 (zitiert: *Wicke*, GmbHG).

Williamson, Oliver E., Die ökonomischen Institutionen des Kapitalismus. Unternehmen, Märkte, Kooperationen, 1990.

Wilsing, Hans-Ulrich (Hrsg.), Deutscher Corporate Governance Kodex: DCGK. Kommentar, 2012 (zitiert: *Bearbeiter* in: Wilsing, DCGK).

Wischmeyer, Thomas, Der „Wille des Gesetzgebers". Zur Rolle der Gesetzesmaterialien in der Rechtsanwendung, in: JuristenZeitung (JZ) 2015, S. 957–966.

Woywode, Michael/Keese, Detlef/Tänzler, Jan, Corporate Governance in geschlossenen Gesellschaften – insbesondere in Familienunternehmen – unter besonderer Berücksichtigung von Aufsichtsgremien, in: Zeitschrift für Unternehmens- und Gesellschaftsrecht (ZGR) 2012, S. 418–445.

Ziemons, Hildegard, Rechtsanwälte im Aufsichtsrat – im Dickicht von Berufsrecht, Aktienrecht und Corporate Governance Kodex, in: Zeitschrift für Unternehmens- und Gesellschaftsrecht (ZGR) 2016, S. 839–865.

Dies./Binnewies, Burkhard/Jaeger, Carsten (Hrsg.), Handbuch der Aktiengesellschaft. Gesellschaftsrecht – Steuerrecht, Loseblattsammlung, 82. Ergänzungslieferung, Stand: April 2019 (zitiert: *Bearbeiter* in: Ziemons/Binnewies/Jaeger, HdB AG).

Zöllner, Christine, Interne Corporate Governance. Entwicklung einer Typologie, 2007.